Steuermoral und Steuerrecht

Europäische Hochschulschriften
Publications Universitaires Européennes
European University Studies

Reihe II
Rechtswissenschaft

Série II Series II
Droit
Law

Bd./Vol. 2226

PETER LANG
Frankfurt am Main · Berlin · Bern · New York · Paris · Wien

Alexander Klein

Steuermoral und Steuerrecht

Akzeptanz als Element einer steuerlichen Rechtfertigungslehre

PETER LANG
Europäischer Verlag der Wissenschaften

Die Deutsche Bibliothek - CIP-Einheitsaufnahme

Klein, Alexander:

Steuermoral und Steuerrecht : Akzeptanz als Element einer steuerlichen Rechtfertigungslehre / Alexander Klein. - Frankfurt am Main ; Berlin ; Bern ; New York ; Paris ; Wien : Lang, 1997
(Europäische Hochschulschriften : Reihe 2, Rechtswissenschaft ; Bd. 2226)
Zugl.: Freiburg (Breisgau), Univ., Diss., 1996
ISBN 3-631-32231-3

D 25
ISSN 0531-7312
ISBN 3-631-32231-3

Vorwort

Die Arbeit wurde im Wintersemester 1996/1997 von der Rechtswissenschaftlichen Fakultät der Albert-Ludwigs-Universität Freiburg im Breisgau als Dissertation angenommen. Das Manuskript wurde im März 1996 abgeschlossen.

Besonderen Dank schulde ich Herrn Professor Dr. Thomas Würtenberger, der die Arbeit stets mit Interesse verfolgt und durch vielfältige Anregungen und konstruktive Kritik gefördert hat. Mein Dank gilt auch Herrn Professor Dr. Manfred Rehbinder für die Erstellung des Zweitgutachtens. Großzügige Unterstützung habe ich durch die Aufnahme als Stipendiat der Landesgraduiertenförderung Baden-Württemberg erfahren. Zu Dank bin ich schließlich all jenen verpflichtet, die sich dem Thema dieser Arbeit in vielen Gesprächen und durch aktive Unterstützung gewidmet haben - insbesondere Frau Dr. Birgitta Stückrath, meinem Großvater Herrn Dr. Franz Klein, Herrn Prof. Dr. Hermann-Josef Blanke sowie dem Bund der Steuerzahler e. V., der mir unter anderem bislang unveröffentlichtes empirisches Material zur Verfügung stellte.

Stuttgart, im Juni 1997

Alexander Klein

Inhaltsverzeichnis

A. Einführung

Das Steuerrecht ist öffentliches Recht. In seinen Grundlagen ist es dem Staats- und Verfassungsrecht zuzuordnen, in seinen einzelnen Konkretisierungen dem besonderen Verwaltungsrecht. Seine praktische Relevanz ist kaum zu unterschätzen. Das Steuerrecht erfaßt heute nahezu alle Lebensbereiche[1]. Von der Autofahrt zum Arbeitsplatz oder dem Einkauf im Supermarkt über den Hausbau oder die Eheschließung, bis hin zur Vermietung ausländischer Immobilien, überall spielt das Steuerrecht eine zumindest kleine, oft sogar die entscheidende Rolle.

So einfach diese Feststellungen sind, so schwierig sind die Resonanzen zu verstehen, die das Steuerrecht erfährt.

Dies beginnt schon in Fachkreisen: Das Steuerrecht findet in der akademischen Lehre nur vergleichsweise wenige Vertreter[2]. Kaum ein Hochschullehrer käme auf den Gedanken, anstelle des klassischen Polizeirechts das Steuerrecht vorzustellen, wenn er das Eingriffsverwaltungsrecht erläutern möchte. Umfassend konzipierte Nachschlagewerke mit Vollständigkeitsanspruch - beispielsweise über das "Öffentliche Wirtschaftsrecht" - würdigen das Steuerrecht keines Wortes[3].

Bei den Adressaten des Steuerrechts, den Bürgern also, die Steuern zahlen sollen, ist die Situation ähnlich: Sie werden, je nach Erfolg, mit Hochachtung oder Mitleid bedacht, wenn sie sich dazu bekennen, ihre Steuererklärung selbst erstellt zu haben. Darüberhinaus scheinen die meisten von ihnen daran interessiert zu sein, so wenig wie möglich mit dem Steuerrecht in Berührung zu kommen. Die steuerrechtliche Abstinenz hat offensichtlich größere Reize als eine intensive Auseinandersetzung mit der Steuer und ihren eventuell geldwerten Vorteilen.

Diese Teilnahmslosigkeit weiter Kreise wäre an sich kein Anlaß für Besorgnis, gäbe es nicht jenen Umstand, der für fortlaufende Irritationen sorgt: Der vom Grundgesetz verfaßte Staat, in dem sich alle gesellschaftlichen Aktivitäten entfalten, ist Steuerstaat[4]. Die Steuer ist seine typische Einnahmequelle, aus der er fast alle seine Aufgaben erfüllen soll. Mit dieser Verknüpfung von Steuern und staatlichen Aufgaben beginnt jener Prozeß, an dessen Ende der "steuermüde" oder

---

[1] *Oechsle*, Die steuerlichen Grundrechte in der jüngeren deutschen Verfassungsgeschichte, 19 m. Nw.

[2] Vgl. dazu *Tipke*, Steuerrechtsordnung, 50, der feststellt, daß im Jahr 1990 ganze 18 (auch) im Steuerrecht Habilitierte an deutschen Hochschulen tätig waren.

[3] So der in der von *Franz von Liszt* und *Walter Kaskel* begründeten Enzyklopädie der Rechts- und Staatswissenschaft erschienene Band von *Reiner Schmidt* (Hrsg.), Öffentliches Wirtschaftsrecht, Besonderer Teil 1, Berlin 1995.

[4] *Isensee*, FS Ipsen, 409ff.; *Schuppert*, FS Zeidler, Band 1, 691.

sogar staatsverdrossene Bürger steht, der sich im Regelfall zur Steuerhinterziehung legitimiert sieht.

Diesem Prozeß soll hier aus dem Blickwinkel des Steuerrechts nachgegangen werden. Ansatzpunkt ist die Bedeutung der Steuerpflicht für das Staatswesen. Beschäftigt man sich aus der Warte der Staatsbürger mit der Problematik, ist das Steuerrechtsbewußtsein eine wichtige Größe. Würde das Steuerrecht mit seinen Pflichten von den Bürgern durch entsprechende Verhaltensweisen umgesetzt, liessen sich die Vorgaben des Steuerstaates in optimaler Weise erfüllen.

Das Steuerrecht und die Bürger sollen somit im Mittelpunkt der Betrachtungen stehen. Das sogleich folgende zweite Kapitel (B.) wird in diesem Sinne in die Problematik einführen. Daher wird zunächst geschildert, welchen Einfluß das Steuerrecht auf die Einstellungen der Bürger zum Staat ausübt. Umgekehrt wird auch der Bedeutung der bürgerlichen Bewußtseinslagen im Steuerbereich für den Staat und insbesondere für seine Einnahmen nachgegangen. Aus diesen Erkenntnissen lassen sich Rückschlüsse auf die gesamtstaatliche Relevanz der bürgerlichen Einstellungen zum Steuerrecht ziehen. Auf die Berücksichtigung dieser Einstellungen in Legislative, Exekutive, Judikative und Rechtswissenschaft wird kurz eingegangen, bevor die der Untersuchung zugrundeliegende Konzeption eines sich mit den Rechtsadressaten ständig entwickelnden Rechtswesens erläutert wird. Die These eines sich mit den Mitgliedern einer Rechtsgemeinschaft ändernden Rechts ist hier speziell für den Bereich des Steuerrechts darzustellen. Es soll gezeigt werden, daß auch das Steuerrecht nicht losgelöst von den Rechtsadressaten geschaffen oder fortentwickelt werden kann. Den Abschluß dieses Kapitels bildet schließlich die Steuerrechtfertigung. Sie ist als die Grundlage jeglicher Besteuerung das letztlich entscheidende Moment für die Einstellung der Bürger zu ihrer Steuerpflicht und damit ein geeigneter Ansatzpunkt für allfällige Verbesserungen.

Im dritten Kapitel (C.) wird der Begriff der "Steuermoral" vorgestellt und sein Verhältnis zum Rechtsbewußtsein und der Steuerrechtfertigung erläutert. Um die Steuermoral feststellen zu können, werden zunächst die möglichen Feststellungsmethoden diskutiert, um anschließend die Steuermoral zumindest in groben Zügen zu bestimmen. Aus den so gewonnenen Erkenntnissen können wichtige Rückschlüsse auf das heutige Steuerrechtsbewußtsein gezogen werden.

In Kapitel D. werden einige Faktoren vorgestellt, die möglicherweise Einfluß auf die Steuermoral haben. Für den Bereich des Steuerrechtsbewußtseins wird ausführlich auf die Akzeptanzfaktoren des Steuerrechts eingegangen. Denn diese entscheiden letztlich, wie das Steuerrecht in seinem rechtlichen Bedeutungsgehalt von den Rechtsadressaten aufgenommen wird. Um die

Übersichtlichkeit zu gewährleisten, wurde die Untersuchung der Akzeptanzfaktoren in zwei Bereiche unterteilt. Der eine betrifft die Akzeptanzfaktoren, die direkt auf das Gerechtigkeitsgefühl der Rechtsadressaten einwirken. Der andere Bereich setzt sich mit den Akzeptanzfaktoren auseinander, bei denen die übrigen steuerrechtfertigenden Wirkungen im Vordergrund stehen.

Schließlich wird im fünften Kapitel (E.) versucht, aus den vorangegangenen Erkenntnissen Ertrag zu ziehen. Dabei wird von der These ausgegangen, daß die Steuerrechtfertigung eine bedeutende Größe des Steuerrechtsbewußtseins und letztlich auch der Steuermoral ist. Da es bislang nicht gelang, eine mit dem Grundgesetz vereinbare Steuerrechtfertigungstheorie im Bewußtsein der Steuerzahler und der Gesetzgeber zu verankern, verlor das Steuerrecht fortwährend an Qualität[5]. Denn es erfüllte die Aufgabe jeglichen Rechts, für Ordnung, Verläßlichkeit, Konsequenz und Rechtsfrieden zu sorgen[6], immer unzureichender. Resignation breitete sich nicht nur in der Wissenschaft aus[7]. Selbst der durch das Grundgesetz verfaßte Staat wurde in Zweifel gezogen. Für derart weitgehende Enttäuschungen besteht allerdings kein Anlaß. Insbesondere die Analyse der neueren Rechtsprechung des Bundesverfassungsgericht zeigt, daß eine Entwicklung eingesetzt hat, die einige der systembedingten Defizite der repräsentativen Demokratie im Finanzbereich überwinden helfen kann: Das Bundesverfassungsgericht befindet sich - bislang weitgehend noch unerkannt - in einem Prozeß, an dessen Ende eine von breiten Bevölkerungskreisen akzeptierte Rechtfertigung der Steuern stehen könnte. Die wichtigsten Grundlagen dazu sind bereits gelegt.

Das Ergebnis macht zuversichtlich: Auch die schwersten systembedingten staatlichen Krisen können durch die "Selbstheilungskräfte" des auf den Bürger ausgerichteten grundgesetzlichen Rechtsstaates überwunden werden. Mögen viele Entscheidungen des Bundesverfassungsgerichts in jüngster Zeit auf Widerspruch gestoßen sein, im Steuerrecht ist es seiner Verantwortung gerecht geworden.

---

5 Vgl. *Vogel*, Der Verlust des Rechtsgedankens im Steuerrecht als Herausforderung an das Verfassungsrecht, DStJG 12 (1989), 123 ff.

6 Vgl. *Zippelius*, Grundbegriffe der Rechts- und Staatssoziologie, 39, der das Bemühen um diese Punkte als die grundlegenden Aufgaben jeder Rechtsgemeinschaft ansieht.

7 Vgl. *Hill*, ZG 1987, 241; *Tipke*, FS Zeidler, Band 1, 734; *Tipke*, StBJb 1993/94, 8; *Leisner*, NJW 1995, 2592.

B. Der Beitrag des Steuerrechtsbewußtseins zur allgemeinen staatlichen Stabilität

I. Das Steuerrechtsbewußtsein als Indikator für die Qualität der Staat-Bürger-Beziehung

Der redliche Bürger erlebt konkrete Pflichten gegenüber seinem Staat vor allem im Steuerrechtsverhältnis[8]. Daher wirken anläßlich der Besteuerung erfahrenen Begegnungen mit dem Staat besonders intensiv auf das Gesamtverhältnis des Bürgers zu seinem Staat ein: Das Steuerrechtsverhältnis prägt in wesentlichen Bereichen das Verhältnis des Bürgers zu seinem Staat[9]. Das Stichwort "Staatsverdrossenheit" fällt[10], wenn man diese Beziehung für verbesserungsbedürftig hält.

Ein Rechtsbewußtsein, das sich in weiten Teilen der Bevölkerung durchgesetzt hat - und sei dies nur in einem Rechtsgebiet -, kann weitreichende Folgen zeitigen:

1. Die Bedeutungen des Steuerrechtsbewußtseins für andere Rechtsgebiete

Das Rechtsbewußtsein, das der Einzelne im Bereich des Steuerrechts entwickelt, kann zunächst Ausstrahlungswirkungen auf andere Rechtsgebiete haben. Das Steuerrechtsbewußtsein vermag andere Rechtsgebiete zu beeinflussen, indem es dort das ursprünglich vorhandene Rechtsbewußtseins stärkt oder schwächt. Dies kann immer dann besonders leicht der Fall sein, wenn zwischen den jeweiligen Rechtsgebieten Berührungspunkte existieren. Denn dann strebt der Mensch danach, die in dem einen Rechtsgebiet gemachten Erfahrungen auch auf das andere Rechtsgebiet zu übertragen. Es wird sich eine kognitive Prädisposition herausbilden, die die Interpretation und Wahrnehmung auch des anderen Rechtsgebietes beeinflussen wird[11]. Dabei wird sich der Beeinflussungsvorgang nach der individuellen Wertigkeit des jeweiligen Rechtsgebietes für den Rechtsunterworfenen richten: Das Rechtsgebiet, das im Bewußtsein stärker präsent ist, wird Maßstäbe auch für die Einstellung zu anderen, vergleichbaren Rechtsgebieten setzen.

---

8 *Kirchhof*, Finanzverwaltung und Grundgesetz, in: Vogelgesang (Hrsg.), Perspektiven der Finanzverwaltung, 2.

9 Vgl. *Felix*, JZ 1995, 33, der dem Steuerrecht eine erstrangige Funktion für Staat und Gesellschaft zuschreibt.

10 Vgl. *Mack*, DStR 1981, 26.

11 Auf dieser Annahme baut die sog. Hypothesentheorie der sozialen Wahrnehmung auf. Vgl. *Lilli/Frey*, Die Hypothesentheorie der sozialen Wahrnehmung, in: Frey/Irle (Hrsg.), Theorien der Sozialpsychologie 1, 49.

Das hier interessierende Steuerrecht findet beispielsweise enge Anknüpfungspunkte überall dort, wo sich die Steuerpflichtigen zivilrechtlicher Gestaltungsmöglichkeiten bedienen können, um ihre Steuerzahlungen zu minimieren. Die Steuerfolgen prägen die Praxis des Zivilrechts weithin[12]. So wird etwa das Gesellschaftsrecht merklich von steuerlichen Aspekten geprägt[13]. Die mangelnde Rechtsform-Neutralität der Unternehmensbesteuerung beeinflußt beispielsweise die Rechtsformwahl erheblich. Dies führt dazu, daß komplizierte und atypische gesellschaftsrechtliche Gestaltungen in Folge der steuerlichen Einflüsse geschaffen und umgesetzt werden[14].

Auch andere Rechtsbereiche werden durch das Steuerrecht stark beeinflußt. So prägen steuerliche Aspekte mitunter die private Bauplanung: Die Entscheidung des Bauherrn, ob er investiert oder nicht, kann entscheidend davon abhängen, ob er beispielsweise seine Projekte als gewerblich einstufen lassen muß oder nicht.

Da das Steuerrecht weite Bereiche anderer Rechtsgebiete dominiert, ist anzunehmen, daß auch das dort herrschende Rechtsbewußtsein auf andere Rechtsbereiche ausstrahlen wird. Diese Ausstrahlungswirkungen sind kaum zu belegen, dennoch sind sie naheliegend. Ein Beispiel mag diese These veranschaulichen: Ein gering ausgeprägtes Steuerrechtsbewußtsein könnte gemäß den obigen Überlegungen zur Folge haben, daß beispielsweise gesellschaftsrechtliche

---

12 *Felix*, BB 1995, 2293; *Tipke/Lang*, Steuerrecht, § 1, RN 32; *Raupach*, FS Tipke, 105 f. m. Nw.

13 Vgl. zum neuen Umwandlungssteuerrecht *Felix*, JZ 1995, 34. Als Beispiel für die Relevanz steuerlicher Regelungen auf gesellschaftsrechtliche Gestaltungen sei folgender Fall genannt: § 5 Abs. 1 Nr. 10 KStG gewährt Wohnungsgenossenschaften bzw. Vereinen eine Befreiung von der Körperschaftsteuer, wenn sich deren Geschäfte auf die Wohnungsversorgung der Mitglieder beschränkt und die Einnahmen aus anderen Tätigkeiten wie Bauträgerschaft, Eigentumsverwaltung oder Geschäftsbesorgung für Dritte nicht mehr als 10 % der Einnahmen ausmachen. Die vor 1990 geltende Fassung dieses Paragraphen ließ für die Steuerbefreiung allerdings die Kriterien des WGG (Gesetz über die Gemeinnützigkeit im Wohnungswesen) genügen. Satzungsänderungen der Genossenschaften aufgrund der geänderten Rechtslage werden die Folge sein. Insbesondere der rückwirkend steuerunschädlichen Satzungsänderung kommt dabei erhebliche Bedeutung zu (vgl. §§ 61 Abs. 3 AO, 16 GenG). Denn diese birgt weitreichende eigentumsrechtliche Gestaltungsmöglichkeiten, wenn in der Satzung die ehemals notwendige Gemeinnützigkeitsbindung des Gesellschaftsvermögens (entsprechend § 11 WGG) aufgehoben werden sollte.

14 Vgl. dazu insbesondere *Knobbe-Keuk*, Das Steuerrecht - Eine unerwünschte Rechtsquelle des Gesellschaftsrechts?; *Raupach*, FS Klein, 310 ff. mit weiteren Beispielen für das Handelsbilanz-, Subventions-, Arbeits-, Sozialversicherungs- sowie das Familienrecht.

"Meldepflichten" (z.B. nach § 64 GmbHG) ebensowenig beachtet werden, wie die steuerlichen (z.B. § 34 AO).

2. *Die Auswirkungen auf das Verhältnis von Staat und Bürger*

a. Die Konsequenzen für das Steuerwesen

Auch eine direkte Beeinflussung des Verhältnisses von Staat und Bürger durch das Rechtsbewußtsein in einem bestimmten Rechtsgebiet kann nicht ausgeschlossen werden. Die Möglichkeit, zunächst selektiven[15], also auf das Rechtsgebiet beschränkten Rechtsgehorsam zu üben, steht dem nicht entgegen. Der Schluß der Rechtsadressaten von der noch isolierten Einschätzung eines speziellen Rechtsbereichs auf das grundsätzliche Verhältnis zu ihrem Staat wird dabei besonders leicht erfolgen können, wenn der Staat durch jenen speziellen Rechtsbereich in den Augen der Rechtsadressaten quasi verkörpert wird. Ein bestimmtes Rechtsgebiet wird dabei um so eher auf das grundsätzliche Verhältnis von Staat und Bürger Einfluß nehmen können, je intensiver die staatliche Präsenz von den Rechtsadressaten erlebt wird[16]. Werden die Bürger beispielsweise häufig wiederkehrenden Rechtspflichten ausgesetzt, die einen ständigen Erinnerungseffekt auslösen, wird dieses Rechtsgebiet zumindest mitbestimmend sein für die Einstellung dieser Rechtsadressaten zur staatlichen Gewalt. Die besondere Bedeutung bestimmter Rechtsgebiete für das Staat-Bürger-Verhältnis mahnt daher zu besonderer Aufmerksamkeit. Insbesondere in Fällen mit hoher Medienbeteiligung können partielle Mißstände in das öffentliche Bewußtsein gehoben werden und so die individuelle Unzufriedenheit kollektiv verstärken[17].

Das Steuerrecht ist ein derartiges, besondere Aufmerksamkeit beanspruchendes Rechtsgebiet. Da es als das klassische Eingriffsrecht jeden Bürger sein ganzes Leben lang fast ständig erreicht, ist es einsichtig, daß gerade dieser Rechtsbereich eine maßgebliche Größe für das Verhältnis von Staat und Bürger darstellt.

b. Die Konsequenzen für das Finanzwesen

Auf einer nächsten Stufe entfaltet auch das staatliche Finanzwesen eine gewisse Relevanz für die Staat-Bürger Beziehung. Allerdings sind die Haushaltsentscheidungen der Parlamente weniger bedeutsam als die omnipräsente Besteuerung, da diese den Bürger nicht unmittelbar betreffen. Sie stehen lediglich deshalb

---

15 *Würtenberger*, Rechtsprechung und sich wandelndes Rechtsbewußtsein, 549.

16 Entsprechende Gedanken finden sich im Verfassungs- und Verwaltungsrecht, wo von der "Eingriffsintensität" bestimmter (hoheitlicher) Maßnahmen gesprochen wird.

17 Vgl. *Würtenberger*, Beständigkeit im Wandel, 16.

so oft im Mittelpunkt des bürgerlichen Interesses, weil sich die staatlichen Ausgaben zu einem Großteil aus Steuern speisen[18].

Die Bedeutung des staatlichen Steuer- und Finanzwesens ist somit in seiner Relevanz für das Staatsbewußtsein der Bevölkerung kaum zu unterschätzen. Diskutiert der Bundestag Steuer- und Finanzangelegenheiten, so behandelt er auch das gesamte Staatswesen - eben den Etat in seiner ursprünglichen Bedeutung.

II. Die Steuermoral als Einflußfaktor staatlicher Einnahmen

Wie zu zeigen sein wird, ist das Steuerrecht eine wesentliche Determinante der Steuermoral. Es beeinflußt maßgeblich die Einstellungen der Rechtsadressaten zu ihren Steuerpflichten. Der Zustand des Steuerrechts ist daher nicht nur für das allgemeine Verhältnis des Bürgers zu seinem Staat mitverantwortlich, sondern auch für die sich daraus entwickelnden weiteren Konsequenzen, wie etwa die Arbeitslage der Finanzverwaltung und der Gerichte.

Wesentlich dramatischer und tiefgreifender als in Verwaltung und Justiz können die Auswirkungen im Bereich der Staatsfinanzen und der Haushaltspolitik[19] sein. Für die Erzielung von Staatseinnahmen ist das Verhalten der Steuerzahler von entscheidender Bedeutung. Das Verhalten der Steuerpflichtigen aber, das die Ergiebigkeit der Besteuerung mitunter sehr stark beeinflussen kann, ist wesentlich von der Steuermoral abhängig[20]. Die Finanzpsychologie hat gezeigt, daß gerade die Finanzpolitik ihre Rechnung nicht ohne den Wirt, d.h. den steuerpflichtigen Bürger, machen kann. Alle gesetzgeberischen Vorhaben müssen erfolglos bleiben, wenn sie den Einstellungen und Verhaltensweisen der Staatsbürger nicht ausreichend Rechnung tragen[21]. Die Macht des Staates, normwidriges Verhalten zu unterbinden, ist gerade im Bereich der Steuern äußerst begrenzt. Er kann sie nur zum Teil und dann auch nur unter erheblichen Anstrengungen und sozialen Kosten durchsetzen. Zwar steht es im Belieben des Staates, (fast) jeden Steuersatz festzusetzen, doch kann er den Bürger nur in Ausnahmefällen zwingen, den Steuertatbestand zu verwirklichen[22] oder zu offenbaren. Insofern gilt auch hier die Regel, daß Staat und Verfassung zumindest in grundlegenden Angelegenheiten auf eine gefühlsmäßige Verbundenheit der Bürger mit ihrem Staat angewiesen sind[23]. Gerade der demokratische Staat basiert auf der bürgerlichen Tugend der "Liebe zu den Gesetzen"[24]. Ein mit dem demokratischen Staatswesen

---

18 Zum Einfluß staatlicher Haushaltspolitik auf die Steuermoral vgl. unten D. V. 1. a.

19 *Neckels*, DStZ 1993, 29.

20 *Schmölders*, HwStR I, 506.

21 *Schmölders*, Finanzpsychologie, 71.

22 *Schmölders*, HwStR I, 506; vgl. auch *Hill*, JZ 1988, 377.

23 *Benda*, DStZ 1984, 161.

24 Zu Montesquieus "Tugend der Bürger" vgl. *Maihofer*, Handbuch des

übereinstimmender optimaler Steuerrechtsvollzug kann daher nur erreicht werden, wenn sich der Staat auch um jene psychosoziale Komponente bemüht, die hier mit dem Begriff der "Steuermoral" umschrieben wird.

III. Die bisherige legislative Berücksichtigung der Rechtsadressaten

Obwohl sich das Steuerrechtsverhältnis prägend auf das Verhältnis von Staat und Bürger auswirkt, wurde ihm bislang nur wenig Beachtung zuteil. Zwar gibt es seit Bestehen der Bundesrepublik Deutschland ein "fast permanentes Reformpalaver und weitgreifende Reformversprechungen"[25], doch wurden im Sinne der Normadressaten insgesamt nur sehr geringe Fortschritte erzielt[26]. Eine Kommunikation des Staates mit dem Bürger existiert auch heute noch in weiten Bereichen des Steuerwesens nicht[27]. Es scheint, als ob gerade im Finanzbereich noch ein letzter Hauch absolutistischen Machtdenkens erhalten geblieben ist[28]. Mit der Erlangung des Haushaltsrechts, das die Stände und sodann die frühen Volksvertreter den jeweiligen Herrschern abgerungen haben, übernahmen sie deren Sichtweisen: Das Volk hat auch heute noch das zu zahlen, was ihm vom Legislator auferlegt wird[29]. Auch damals lag, ebenso wie heute in weiten

Verfassungsrechts, § 12, RN 29 f.

25 *Tipke*, FS Zeidler, Band 1, 717. So versprach erst kürzlich auf dem 18. Deutschen Steuerberatertag 1995 der Parlamentarische Staatssekretär im Bundesfinanzministerium, Kurt *Faltlhauser*, daß die Vorarbeiten für ein bis zum Jahr 2000 zu schaffendes einheitliches Steuergesetzbuch im Bundesfinanzministerium "bald beginnen" würden, FAZ vom 24.10.1995. Es ist absehbar, daß - neben dem utopisch anmutenden Vorhaben - bereits der gesteckte Zeitrahmen nicht eingehalten werden wird. Vgl. dazu den von *Uelner* im Dezember 1969 (!) gemachten Vorschlag, ein "Deutsches Steuergesetzbuch" zu schaffen, *Uelner*, DStR 1977, 123.

26 Vgl. ausführlich dazu unten D. V. 2. b. (B) (IV) (1)

27 Insofern erstaunt es nicht, daß der Bereich "Steuern" fast (eine Ausnahme ist der Problembereich Steuererhöhungen für den DDR-Aufbau) gänzlich in der umfassenden Responsivitätsforschung von *Brettschneider*, Öffentliche Meinung und Politik - Eine empirische Studie zur Responsivität des deutschen Bundestages zwischen 1949 und 1990 (1995), fehlt. *Hill*, JZ 1993, 331, entnimmt dem Grundgesetz sogar eine Pflicht und Verantwortung des Staates zur Kommunikation mit dem Bürger. Zu dem bisher wissenschaftlich festgestellten Einfluß der öffentlichen Meinung auf politisches Handeln in der Bundesrepublik Deutschland vgl. *Brettschneider*, Öffentliche Meinung und Politik, 24 ff.

28 Vgl. auch *Pezzer*, StuW 1989, 226, FN 80, der im deutschen Steuerrecht auch heute noch eine "vorkonstitutionelle Mentalität" weit verbreitet sieht.

29 *Vogel*, Der Staat 25 (1986), 482 f.: "Wir dürfen auch nicht übersehen, daß von den Steuerzahlern, der Bevölkerung, das unbegrenzte staatliche Recht zur Besteuerung offenbar nicht als so selbstverständlich betrachtet wird, wie von Politikern, Steuerverwaltungsbeamten und weitgehend auch in der Wissenschaft." Selbst den tatsächlichen Rechtszustand wollen viele Volksvertreter nicht wahrhaben, wobei sich hier allerdings schon eine Wende abzeichnet. Vgl. *Raupach*, FS Klein, 313f.; *Leisner*,

Bereichen, der Gedanke fern, daß der Steuergesetzgeber in die verfassungsmäßigen Rechte der Bürger eingreifen und damit legislatives Unrecht begehen könnte[30]. Eine derartige Staatsethik drängt auf steuerlichem Gebiet die Bevölkerung auch heute noch in jene passive Untertanenstellung, die den absoluten Staat auf allen Lebensgebieten kennzeichnete. Die gesetzestechnisch gebotenen und letztlich demokratischen Gesichtspunkte eines Bemühens um Verständlichkeit und Sachgerechtigkeit, mithin also um Akzeptanz, werden außer acht gelassen. Die Steuergesetzgebung sieht den Bürger auch heute noch weitgehend nur als ein Objekt an, von dem die Befolgung staatlicher Befehle, nicht aber Verständnis für die Belange des Gemeinwesens und Mitgestaltung erwartet wird[31]. Das ist umso erstaunlicher, als mittlerweile auch dort bekannt sein dürfte, daß die Einsicht der Bürger in die Notwendigkeit und Vernünftigkeit eines Gesetzes die wünschenswerteste und zugleich wirksamste Quelle für die Wirksamkeit der Gesetze ist[32]. Nur die freiwillige Befolgung eines Gesetzes durch die Masse der Bürger kann einem Gesetz die faktische Geltung verleihen[33], die es für sich normativ beansprucht.

Die legislative Geringschätzung der Einstellungen der Bevölkerung zum gesetzten Recht entspricht nicht nur im Steuer- und Finanzbereich einer langen Tradition. Insbesondere das Rechtsbewußtsein der Bevölkerung hat weder legislatorische Berücksichtigung noch ein breiteres wissenschaftliches Interesse gefunden[34], obwohl schon zu Beginn des 20. Jahrhunderts offensichtlich wurde, wie nachteilig ihre Abkopplung von der Wirklichkeit und der Politik für die Rechtsentwicklung werden kann[35]. Dieser Haltung liegt die idealistische Sichtweise *Kelsens Reiner Rechtslehre* zugrunde, die alle Rechtsprobleme im Recht selbst sucht und aus ihm heraus zu lösen trachtet[36]. Justiz und Recht seien der Gesellschaft vorgegeben, so daß das Recht und seine Verwirklichung keinesfalls ein Produkt der Gesellschaft sein könnten[37]. Vielmehr habe sich die Auslegung und Rechtsfortbildung primär an den Maßstäben der Rechtsordnung zu orientieren[38].

NJW 1995, 2592 m. Nw. sieht sogar eine deutliche Verschlimmerung: "Der Abgabengesetzgeber konnte weiter frei die Abgabenhöhe bestimmen, und er tat dies nicht mit der Zurückhaltung weit vorgrundgesetzlicher Steuergewalten, etwa in einer Kaiserzeit, auf die sich erstaunlicherweise gerade auch jene berufen, welche dem Parlament als Vertreter des Volkssouveräns eine freie Steuergasse schlagen wollen".

30 *Benda*, DStZ 1984, 159; *Leisner*, NJW 1995, 2592: "Die abgeordneten Vertreter des Volkssouveräns walteten in nahezu grundrechtsfreiem Raum".

31 *Haubrichs*, FS Schmölders, 15.

32 *vgl. Herzog*, FG Gesellschaft für Rechtspolitik, 131.

33 *Hill*, JZ 1988, 377.

34 *Würtenberger*, Zeitgeist und Recht, 92; *Heldrich*, AcP 186 (1986), 75 f.

35 Vgl. *Strempel*, FS Helmrich, 1152 f.

36 Vgl. *Strempel*, FS Helmrich, 1152 m. Nw.

37 *Stürner*, FS Gernhuber, 981.

38 Vgl. *Würtenberger*, Jurist und Staatsbewußtsein, 83 m. Nw.

Das Steuerrechtswesen jedenfalls leidet erheblich unter dieser Betrachtungsweise; und das nicht nur deshalb, weil es heute bereits schwierig ist, steuerrechtseigene Maßstäbe zu erkennen[39]. Um einiges schwerer wiegt folgender Befund: Eine normative Integration[40] des Steuerbürgers wird schon gar nicht angestrebt. Derartiges Verhalten kann sogar dazu führen, daß die Wirksamkeit der Steuerrechtsnormen zur Disposition gestellt werden, wenn das normenbezogene Verhalten der Rechtsunterworfenen vollkommen außer Betracht gelassen wird[41]. Bei einer ernsthaften Gefährdung der Finanzierungsfunktion der Steuern müssen die Normadressaten allerdings zumindest schon aus der Erwägung heraus Berücksichtigung finden, daß der Staat an dem Erfolg des privaten Wirtschaftens teilhaben will und muß[42].

Für seine Versäumnisse hat der Staat in den Augen der mittlerweile "mündig gewordenen" Bürger[43] einen hohen Preis zahlen müssen: Durch die Nichtberücksichtigung und die damit einhergehende Überforderung der Normadressaten hat er nicht nur das bürgerliche Vertrauen zumindest in das Steuergesetz untergraben, sondern auch Glaubwürdigkeit und Ansehen verloren[44], und damit in erheblichem Maße die von ihm beklagte Politik- und Staatsverdrossenheit[45] mitverursacht. Da Rechtsstaats- und Demokratiezufriedenheit der Bevölkerung maßgeblich von der Rechtsakzeptanz abhängen[46], schafft der Staat eine Ursache für das Fehlen der gewünschten bürgerlichen Staatszufriedenheit selbst, wenn er die Akzeptanz seiner Gesetze und seines Rechts bei Gesetzgebung und Rechtsanwendung außer Betracht läßt.

---

39 *Tipke*, Steuerrechtsordnung, 1443, spricht von einer "Prinzipienerosion".

40 *Würtenberger*, Zeitgeist und Recht, 104, bezeichnet so den Einklang zwischen Rechtsbewußtsein und positivem Recht, der zu einer Identifikation des Bürgers mit dem Recht und damit auch dem Staat führt.

41 Vgl. Rehbinder, Die Rechtstatsachenforschung im Schnittpunkt von Rechtssoziologie und soziologischer Jurisprudenz, in: *Würtenberger* (Hrsg.), Abhandlungen zur Rechtssoziologie, 56.

42 Vgl. etwa *Schmölders*, HWBSW, Band X., 123, der das Vordringen der Umsatzsteuer in den fortschrittlichen Steuersystemen moderner Staaten als eine - wenn auch zunächst unbewußte - Anpassung an die psychischen Reaktionen der Steuerpflichtigen wertet, die die kritische Schwelle, an der das Steuerbewußtsein sich zur Wehr setzt, hinreichend weit hinausschieben könne.

43 Vgl. *Würtenberger*, Zeitgeist und Recht, 110 ff.

44 So schon *Limbach*, Theorie und Wirklichkeit der GmbH, 122.

45 *Böckenförde*, Demokratie und Repräsentation, in: ders., Staat, Verfassung, Demokratie, 401, weist zu Recht darauf hin, daß der Ausdruck "Staatsverdrossenheit" vorrangig eine Verdrossenheit am System der Parteiherrschaft wegen des konstatierten Defizits an inhaltlicher demokratischer Repräsentation im Handeln der politischen Parteien kennzeichnet. Zur Politikverdrossenheit vgl. *Hill*, FS Helmrich, 513 ff.

46 *Pichler/Giese*, ÖJP 1992, 746.

IV. Der Pragmatismus der Praxis

Der mit der Anwendung des Steuerrechts befaßte Rechtsstab beginnt, sich über die Anwendbarkeit bestimmter Normen zunehmend Gedanken zu machen[47]. Nicht nur aufgrund knapper Verwaltungskapazitäten sind daher Vollzugsdefizite in weiten Bereichen bereits Wirklichkeit[48]. Das gerade im Steuerrecht somit festzustellende Auseinanderklaffen von rechtlicher Normierung und Realität weist auf den Zerfall des Steuerrechtssystems hin. Es kann davon ausgegangen werden, daß ein von der legislativen Sollensordnung sich stark unterscheidendes tatsächliches Sein auf die Wahrnehmung des Rechts durch alle Mitglieder der Rechtsgemeinschaft einwirkt. Wenn Anwendungszweifel zu einem faktischen Verhalten selbst des Rechtsstabes führen, in dem die Steuergesetze als die steuerliche Sollensordnung in der Rechtswirklichkeit keine hinreichende Entsprechung mehr finden, liegt die Vermutung nahe, daß es sich mit dem Steuerrecht nicht mehr um ein "lebendes" Rechtsgebiet handelt[49].

Allerdings ist diese Entwicklung im Steuerrecht noch nicht besonders auffällig geworden. Neben den fortlaufend an die Rechtswirklichkeit angepassten Steuergesetze, fühlt sich vor allem Die Exekutive der Bürgernähe des Steuerrechts verbunden. In der alltäglichen Steuerrechtsanwendung ist, anders als in der Legislative, ein sich langsam vollziehender Verständniswandel für das Verhältnis von Staat und Bürger festzustellen. Dieser Wandel kann beispielsweise in dem Bedeutungszuwachs sowie der Entwicklung und Ausgestaltung von Grundsätzen beobachtet werden, die den Rechtsanwendern die Anpassung des gesetzten Rechts an die tatsächlichen Verhältnisse erlauben[50]. Vor allem die Gerichte können mit ihrer Hilfe als das "Sprachrohr" des allgemeinen Rechtsbewußtseins[51] fungieren und so den gewandelten Auffassungen Rechnung tragen. Einer der wichtigsten

---

47 In der Regel werden verfassungsrechtliche Bedenken geltend gemacht. Vgl. etwa die verfassungsrechtlichen Bedenken von Finanzbehörden (FAZ vom 21.3.1994: Zweifel an der Verfassungsmäßigkeit des Zinsabschlags - Finanzbeamte sehen Ungleichbehandlung bei derzeitiger Regelung) oder des BFH-Präsidenten *Offerhaus* auf dem 18. Deutschen Steuerberatertag gegen die derzeitige Besteuerungspraxis der Kapitalerträge in: FAZ vom 24.10.1995.

48 Vgl. dazu unten D. V. 1. b. (B).

49 *Vgl. Rehbinder*, Die Rechtstatsachenforschung im Schnittpunkt von Rechtssoziologie und soziologischer Jurisprudenz, in: *Würtenberger* (Hrsg.), Abhandlungen zur Rechtssoziologie, 56; *Robbers*, FS Benda, 211.

50 Diese Entwicklung entspricht wohl den Vorstellungen einer "responsiven Dogmatik", wie sie von *Teubner*, Folgenkontrolle und responsive Dogmatik, Rechtstheorie 6 (1975), 179ff., vertreten wird. Allerdings wird hier nicht nur dem sozialen Wandel Rechnung getragen, sondern vor allem den wachsenden Unzulänglichkeiten des Steuerrechts.

51 *Larenz*, Methodenlehre, 223.

Grundsätze ist das Prinzip von Treu und Glauben, das im Steuerrecht nach zunächst vehementer Ablehnung nun auf immer mehr Interesse stößt[52].

Die zögerliche Aufnahme des Grundsatzes von Treu und Glauben überrascht, da gerade das Steuerrecht für diese Rechtsfigur besonders geeignet erscheint: Der Fiskus weiß grundsätzlich nichts über die Einkünfteerzielung oder die Vermögenslage der Steuerpflichtigen. Alle wichtigen Informationen müssen von dem Betroffenen selber oder von seinem Berater kommen. Um diesem Defizit entgegenzuwirken, gibt es - anders als beispielsweise im Strafprozeßrecht mit dem "Nemo tenetur" - Grundsatz[53] - im Steuerrecht eine Fülle von Aufzeichnungs-, Mitwirkungs- und Erklärungspflichten, die dem eigenen Interesse des Betroffenen strukturell widerstreiten. Aufgrund dieser Pflichten des Steuerpflichtigen im Besteuerungsverfahren ist die Steuerwilligkeit des Bürgers[54] eine der wichtigsten Voraussetzungen für das Funktionieren des Staates mitsamt seinen verfassungsrechtlichen Vorgaben[55] (z.B. der Sozialstaatlichkeit). Um die Steuerwilligkeit zu erhalten, kann daher im Rahmen der Rechtsanwendung mit Hilfe des Grundsatzes von Treu und Glauben versucht werden, individuelle Ungerechtigkeiten zu vermeiden bzw. geringstmöglich zu halten. Mit Hilfe der Billigkeit wird das Gesetz korrigiert, soweit es auf Grund seiner Verallgemeinerungen oder sonstiger Gründe mangelhaft ist[56]. Durch Billigkeitsregelungen kann daher auch materielles Recht gestaltet werden. Allerdings nur mit geringer Reichweite: Materielle Gesetzeslücken, die etwa durch einen Spruch des Bundesverfassungsgerichts entstehen können, sind grundsätzlich vom Gesetzgeber zu schließen[57].

Die zunehmende Beliebtheit dieser Rechtsfigur hat gezeigt, daß die Rechtsanwender in der Finanzverwaltung und der Rechtsprechung, die die Probleme der Besteuerungspraxis direkter miterleben, nach Möglichkeiten suchen, systemkonform in ihrem Bereich eine optimale Besteuerung durch die Vermeidung unbilliger Ungerechtigkeiten zu schaffen[58]. Der enorme Bedeutungszuwachs, den dieses

---

52 *Kreibich*, Treu und Glauben, 8ff.; vgl. auch für den Bereich des Steuerstrafrechts die Möglichkeit der Verfahrenseinstellungen, vor allem nach den §§ 153, 153a StPO, 398 AO. Sie machen es nach *Salditt*, FS Tipke, 482, möglich, die Steuernorm "in ihrem überschießenden, die gerechte Lastenverteilung verfehlenden Anwendungsbereich anzuwenden, ohne mit dem Verhältnismäßigkeitsprinzip in Konflikt zu geraten".

53 "Niemand ist gehalten, sich selbst zu belasten", vgl. z.B. §§ 136 Abs. 1 Satz 2, 243 Abs. 4 Satz 1 StPO.

54 Der sich nach *Kreibich*, Treu und Glauben, 14, insofern zum "Erforschungsgehilfen gegen sich selbst macht".

55 *Kreibich*, Treu und Glauben, 14

56 *Weber-Grellet*, StuW 1993, 104.

57 *Kirchhof*, Finanzverwaltung und Grundgesetz, in: Vogelgesang (Hrsg.), Perspektiven der Finanzverwaltung, 20.

58 Vgl. *Zippelius*, Methodenlehre, 77. Vgl. aber auch die Einschätzung des Finanzamts in den Augen der Steuerzahler bei *Grunow/Hegner/Kaufmann*, VwA 66 (1975), 1 ff.

Institut erfahren hat, ist letztlich als eine Folge der Neubewertung des Verhältnisses von Steuerfiskus und Steuerpflichtigen zu verstehen[59]. Die noch überwiegende Einstellung im Rechtsstab ist also von dem Gedanken geprägt, das beste aus der vorgefundenen (Steuerrechts-)Lage zu machen. Durch individuelle Berücksichtigung des Einzelfalls wird versucht, gesetzlich vorgezeichnete Unbilligkeiten zu entschärfen. Die Rechtsanwender, und hier vor allem die Rechtsprechung, sorgen somit mit ihren kleinen pragmatischen Lösungen dafür, daß der deutsche Steuerstaat trotz der noch zu schildernden Überkompliziertheit des Steuerrechts funktioniert[60].

V. Der Erkenntnisstand der Steuerrechtswissenschaft

Im Bereich der Steuerrechtswissenschaft wurde die steuerbürgerliche Bewußtseinslage bislang nur sehr zurückhaltend und ohne sichtbare legislative Erfolge problematisiert[61]. Noch in den 70er Jahren befaßten sich Steuerrechtswissenschaftler ganz überwiegend mit der Deskription des positiven Rechts[62]. Mittlerweile erkennt die Steuerrechtswissenschaft, daß sie bisher zu sehr Anwendungswissenschaft gewesen ist und sich zu wenig mit methodischen und systematischen Fragen beschäftigt hat[63], die letztlich über Rechtsverbesserungen auch Auswirkungen auf das Steuerzahlungsverhalten haben können. Erst vor wenigen Jahren wurde das Problem der Steuergerechtigkeit aus steuerrechtswissenschaftlicher Sicht "entdeckt". Die Steuerrechtswissenschaft begann allmählich, mittlerweile aber mit zunehmender Intensität, sich mit dieser zentralen Problematik eingehend zu beschäftigen[64]. Ein Zäsurbewußtsein ist im Begriff zu entstehen. Der Ruf nach Reformen und Strukturen wird immer deutlicher und gipfelt in einer Kodifikationsbewegung[65].

Die von der wissenschaftlichen Seite gehegten Hoffnungen auf ein "besseres" Steuerrecht werden in jüngster Zeit vom Bundesverfassungsgericht bestätigt, das zunehmend die von der Steuerrechtswissenschaft entwickelten Gedanken

[59] *Kreibich*, Treu und Glauben, 16.

[60] *Isensee*, StuW 1994, 14.

[61] Anders stellt sich die Situation mittlerweile in der Verfassungsrechtsprechung dar. Auf sie wird im letzten Teil der Arbeit eingegangen.

[62] *Tipke*, Steuerrechtsordnung, 277.

[63] *Hill*, ZG 1987, 241.

[64] Vgl. *Tipke*, Steuerrechtsordnung, 277; *Lang*, FR 1993, 666, der diesen Wandel bereits in den siebziger Jahren feststellen kann.

[65] So muß wohl auch der Aufruf des Verfassungsrichters *Paul Kirchhof* auf einer Tagung der Hanns Martin Schleyer-Stiftung im Juni 1995 in Innsbruck verstanden werden: "Lassen Sie uns ein Bundesgesetz für das Steuerrecht entwerfen.", FAZ vom 10.06.1995; vgl. auch schon: *Kirchhof*, NJW 1987, 3224; *Kirchhof*, Finanzverwaltung und Grundgesetz, in: Vogelgesang (Hrsg.), Perspektiven der Finanzverwaltung, 9; *Tipke*, Steuerrechtsordnung, 1047 ff.

aufgreift[66]. Dabei zeichnet sich eine die Rechtsadressaten verstärkt berücksichtigende Entwicklung ab. Indem die Verfassungsrichter davon ausgehen, daß Steuergesetze gegen den Gleichheitssatz verstoßen, wenn sie an einem strukturellen Vollzugsdefizit leiden[67], rücken sie das verfassungsrechtliche Augenmerk auch auf die Einstellungen der Steuerpflichtigen. Auch hier werden Mängel der Lastenverteilungsfunktion des Steuerrechts, die letztendlich auf Reaktionen der Steuerpflichtigen zurückzuführen sind, zum Anlaß dafür genommen, die Aufmerksamkeit des Gesetzgebers auf die Steuerpflichtigen zu lenken und neue Rechtsgestaltungen einzufordern.

Auslöser dieser Entwicklung war neben dem Zustand der heutigen Steuerrechtsordnung vor allem ein Phänomen, das umgangssprachlich mit dem Begriff der "Dummensteuer" umschrieben wird[68]. Danach zahlt der steuerlich Dumme, also der unerfahrene, naive, streitvermeidende, schlecht beratene oder nur idealistische Staatsbürger im Vergleich zu dem Steuerschlauen zuviel Steuern, weil er sich mit seiner Besteuerung abfindet[69]. Das führt zwangsläufig zu Verzerrungen, da der Staat seine Finanzen durch Steuererhöhungen oder Kreditaufnahmen nun so gestalten muß, daß er insgesamt keine Einkommensausfälle erleidet[70]. Damit werden aber die "Dummen" erheblich mehr belastet, als sie es eigentlich wären, wenn alle Steuerpflichtigen entsprechend den Gesetzen ihre Steuern zahlen würden[71]. Aus diesem Grund hat das Bundesverfassungsgericht seinerzeit beispielsweise die Erfassung der Kapitalerträge als verfassungswidrig beanstandet: Das Gleichheitsgebot werde durch eine Besteuerung verletzt, bei der der Ehrliche letztlich den Schaden habe[72].

Zwei Aspekte des eben Dargestellten sind bemerkenswert und werden daher später noch einmal aufzugreifen sein. Zum einen waren Gleichheitsaspekte Auslöser für eine grundlegende Auseinandersetzung mit der Besteuerungspraxis. Zum anderen erhebt sich mit der Feststellung eines relevanten Steuerwiderstandes, der über den Gleichheitsaspekt in den Mittelpunkt der Betrachtungen rückt, sofort die Frage nach den Gründen für diese Entwicklung. Diese Frage wird sogar als die

---

66 Vgl. jüngst die Beschlüsse des BVerfG zur Vermögens- und Schenkungssteuer, BVerfG NJW 1995, 2615 ff. und BVerfG NJW 1995, 2624 ff.

67 So beispielsweise BVerfGE 84, 239 ff.

68 Vgl. zum sog. "Dummensteuereffekt" *Tipke/Lang*, Steuerrecht, § 8, RN 14, § 9, RN 4, 180, 224 m. Nw.; *Salditt*, FS Tipke, 475 ff.

69 Vgl. etwa die Beispiele bei *Rose*, FS Tipke, 155 ff.

70 *Tipke*, Steuerrechtsordnung, 1405.

71 *Salditt*, FS Tipke, 479 f., sieht in dieser zusätzlichen Last der Steuerehrlichen und der damit verbundenen ungleichen Lastenverteilung das durch den Straftatbestand der Steuerhinterziehung (§ 370 AO) eigentlich geschützte Rechtsgut und nicht so sehr - wie bislang immer wieder vertreten wird - die öffentlichen Kassen.

72 BVerfGE 84, 239 ff.

Grundfrage des Steuerwesens angesehen[73]. Mit ihr ist zugleich die Steuermoral angesprochen, die im Steuerwiderstand ihren Ausdruck findet.

VI. Der moderne Ansatz: Wandlungen im Recht

Ein neuer Ansatz versucht die Fehler der Vergangenheit zu vermeiden. Seine Kernthese ist, daß sich das Recht in der Zeit mit den Menschen ändert[74] und daher das Recht den Kontakt zu den Menschen nicht verlieren dürfe. Diesem Ansatz liegen folgende Überlegungen zugrunde: Das Recht verdankt sein Bestehen den Menschen, deren soziale Existenz es seinerseits regeln will. Mit den Wandlungen der Gesellschaft ändert sich zwangsläufig auch das Recht. Diese Wandlungen betreffen den sozialen und ökonomischen Bereich, teilweise aber auch den sogenannten Zeitgeist[75]: Veränderungen in den Kultur- und Lebensgewohnheiten, der Sitten und Gebräuche ziehen auch Änderungen der sie regelnden rechtlichen Grundlagen nach sich, ob dies nun bewußt oder unbewußt geschieht. Anders gewendet: Der Rechtsadressat steht im Mittelpunkt der Betrachtungen über das "bessere" Recht.

Das Phänomen der Anpassung des Rechtswesens an die Entwicklung der Gesellschaft und der Rechtsadressaten ist für ein modernes funktionierendes Rechtswesen kennzeichnend und unabdingbar. Denn nur so werden die soziale Effektivität des Rechts und die grundlegenden Ziele des Rechtsstaates, Rechtsfriede und Rechtssicherheit, hinreichend gewahrt. Die Interdependenzen zwischen Wandlungen in den gesellschaftlichen Wert- und Gerechtigkeitsvorstellungen und der Fortentwicklung der Rechtsordnung müssen daher um eben dieser Ziele willen beachtet werden[76].

Erstaunlicherweise ist dieser enge Konnex zwischen dem Recht als der angestrebten Seinsordnung und dem alltäglichen Sein in der Bundesrepublik Deutschland auch unter widrigsten Umständen festzustellen. Gerade die Rechtsgebiete, die das Verhältnis des Bürgers zu seinem Staat regeln, das gesamte öffentliche Recht[77] und zuvorderst die Verfassung, können sich auf längere Sicht nicht dem Rechtsbewußtsein der Bevölkerung entziehen oder gar entgegenstellen[78]. Denn der Staat stellt im weitesten Sinne das Produkt der in ihm

---

[73] *Lang*, FS Meyding, 42.

[74] *Otto*, Rechtsidee, 7.

[75] Vgl. dazu *Würtenberger*, Zeitgeist und Recht, 2. Aufl., 1991.

[76] *Würtenberger*, Zeitgeist und Recht, 195.

[77] Erstaunlich ist insofern, daß die deutsche Rechtssoziologie ihrer Entwicklung nach in erster Linie eine Soziologie des Privatrechts und des Privatverfahrensrechts sein soll. Vgl. *Heldrich*, AcP 186 (1986), 77.

[78] *Würtenberger*, Rechtsprechung und sich wandelndes Rechtsbewußtsein, 545f.; *Kirchhof*, StuW 1996, 3, definiert daher die Verfassung "als ein im Herkömmlichen

geeinten Staatsbürger dar. Ihre Werte, ihre Kultur, ihre sozialen und ökonomischen Verhältnisse, ihre Lebensgewohnheiten und nicht zuletzt auch ihr Rechtsbewußtsein formen den "Staat"[79]. Zur Illustration dieser These eignet sich wohl kein Rechtsgebiet besser als das Steuerrecht. Denn wäre der freiheitlich demokratische Staat Bundesrepublik Deutschland in der Lage, - soviel sei an dieser Stelle schon vorweggenommen - das hinter der allgemeinen Entwicklung weit zurückgebliebene Steuerrecht zu "aktualisieren", wäre das der beste Beweis für die ungebrochene Eignung des grundgesetzlich verfaßten Staates, den Herausforderungen der Zeit zu begegnen.

VII. Die Rechtfertigung der Steuern

Die Erhebung jeglicher Steuer bedarf der Rechtfertigung[80]. Der die Steuer erhebende Staat kann den Bürger nur der Besteuerung unterwerfen, wenn er dazu legitimiert ist. Damit ist die Rechtfertigung der Steuern das grundlegende Verbindungselement zwischen Staat und Bürger.

1. Die grundsätzliche Rechtfertigung der Steuern

Schon seit Jahrhunderten befassen sich verschiedene Wissenschaften mit diesem Thema. Vor allem der Kameralismus[81], die Staatsphilosophie und im letzten Jahrhundert fast ausschließlich die Finanzwissenschaft waren es, die sich der Problematik der Rechtfertigung von Steuern angenommen haben.

Die Rechtfertigung des grundsätzlichen staatlichen Verlangens nach steuerlichen Abgaben bedarf keiner ausführlichen Erörterung. Vielmehr ist der herrschenden gemeinsamen[82] Grundthese zuzustimmen[83]: Die Bundesrepublik Deutschland darf Steuern erheben. Ihre im Grundgesetz vorausgesetzte

---

wurzelndes Versprechen der Rechtsgemeinschaft..., tradierte Werte und gewachsene politische Erfahrung in Regelungen verbindlich werden zu lassen, die nach der jeweils erreichten Rechtskultur richtig erscheinen".

79 Vgl. etwa das Beispiel *Maihofers* in: Handbuch des Verfassungsrechts, § 25, RN 31, der die Entstehung des "modernen Staates" auf die in der Aufklärungszeit entstehende Kultur zurückführt.

80 Vgl. zum Begriff der Rechtfertigung *Rodi*, Die Rechtfertigung von Steuern als Verfassungsproblem, 7 ff. und speziell zur verfassungsrechtlichen Rechtfertigung 73 ff.

81 Einschränkend ist allerdings zu erwähnen, daß im Merkantilismus, dessen deutsche Ausprägung eben der Kameralismus war, sich die Vorstellung fand, daß die Steuer als Finanzierungsinstrument nur in Ausnahmefällen in Frage käme; die Staaten sollten sich normalerweise aus Erwerbseinkünften finanzieren.

82 "Gemeinsam" soll hier sowohl die Finanz- als auch die Rechtswissenschaft umfassen, die beide den staatsphilosophischen Aspekt der steuerlichen Rechtfertigung behandeln müssen, vgl. *Vogel*, Der Staat (25) 1986, 483.

83 Vgl. *Tipke*, Steuerrechtsordnung, 254 m.w.N.

Steuerstaatlichkeit[84] führt zu einer prinzipiellen verfassungsrechtlichen Legitimation des Besteuerungseingriffs[85]. Dies soll auch nicht weiter problematisiert werden. Denn indem die "prinzipielle Notwendigkeit einer staatlichen Ordnung", so wie sie durch das Grundgesetz verkörpert wird, im Rahmen eines Basiskonsenses[86] offenbar allgemein anerkannt ist[87], stellt sich die Frage nach einer Rechtfertigung der Notwendigkeit der Besteuerung nicht mehr[88].

Die Frage, ob der Staat Steuern erheben darf, ist somit als beantwortet anzusehen. Allein die angesprochene "prinzipielle Notwendigkeit" der Besteuerung genügt allerdings den heutigen Anforderungen, die die Steuerzahler an die steuerliche Rechtfertigung in einem rechtsstaatlichen und demokratischen Staat stellen, nicht mehr. Die Beantwortung der Frage nach dem "Ob" darf die Beantwortung der Frage nach dem "Wie" nicht überflüssig machen. Denn beide Fragen sind wesentliche Bestandteile des Gesamtproblems. Sie sind die logische Konsequenz der ursprünglichen Suche nach der Rechtfertigung der Steuern, der Frage nach dem "Warum"[89]. Dennoch wird die Frage nach der Art und Weise, dem Ausmaß und den Grenzen der Besteuerung nur selten im Rahmen einer Rechtfertigungsdiskussion gestellt und beantwortet. Dieses Defizit könnte ein Hauptgrund für die fehlende Präsens des Steuerrechts im Rechtsbewußtsein der Steuerbürger sein[90].

Gegenstand der Erörterung soll hier vielmehr die umfassende grundsätzliche Rechtfertigung der Steuern vor ihren Adressaten sein. Dieser Ansatz folgt dem individual- und gemeinschaftsbezogenen Verständnis des Steuerwesens von *Lorenz von Stein*[91]. Seine steuerliche Rechtfertigung beruhte maßgeblich auf der Annahme eines mit den Individuen - den Persönlichkeiten[92] - in Wechselwirkung stehenden Gemeinwesens[93]. Denn für ihn war neben "der Bethätigung der

---

84 Vgl. dazu *Isensee*, FS Ipsen, 409 ff.

85 *Papier*, Handbuch des Verfassungsrechts, § 18, RN 94; *Isensee*, FS Ipsen, 420 f.

86 *Czybulka*, Die Verwaltung 1993, 33.

87 Vgl. etwa BVerfGE 67, 100, 143; *Vogel*, Der Staat 25 (1986), 483 f., sieht es als bei der Bevölkerung anerkannt an, daß Steuern notwendig sind, nicht aber deren heutige Höhe. Vgl. auch *Ehrlicher*, Staatslexikon, Band V, "Steuer", Sp. 297: "Heute kann man sich kaum vorstellen, wie der Bedarf der modernen Staaten ohne die Erhebung von Steuern gedeckt werden könnte".

88 *Tipke*, Steuerrechtsordnung, 255 m. Nw.

89 Vgl. *Rodi*, Die Rechtfertigung von Steuern als Verfassungsproblem, 29.

90 Aus diesem Grund verbietet sich auch eine vorschnelle Kategorisierung der Problematik der steuerlichen Rechtfertigung in juristische oder nichtjuristische Aspekte, so etwa *Rodi*, ebd., 12, 30.

91 Der Ansatz *Lorenz von Steins* wurde deshalb gewählt, weil er einer der letzten Wissenschaftler war, der sich mit der Besteuerungsproblematik "interdisziplinär" befaßte. Bereits zu seiner Zeit begann die Spezialisierung der Staatswissenschaften, die heute eine Verständigung und die Ausarbeitung einer Gesamtlösung erschwert.

92 Zum Persönlichkeitsbegriff Steins vgl. *Heilmann*, Lorenz von Stein, 65f.

individuellen Kraft" auch "die Gemeinschaft der Menschen in der Wechselwirkung aller einzelnen aufeinander" "eine der beiden großen Bedingungen aller Entwickelung"[94]. Der einen gewissen Freiheitsspielraum voraussetzende Persönlichkeitsbegriff Steins bildet die gemeinsame Basis im Wechselverhältnis zwischen der Persönlichkeit der Staatsbürger und der zur organischen Persönlichkeit erhobenen Gemeinschaft der Staatsbürger im Staat[95]. Gemeinsames Wohlergehen durch die umfassende Entwicklung aller Persönlichkeiten kann somit nur im Zusammenwirken der in den Persönlichkeiten und ihren egoistischen Interessen liegenden Kraft mit der im Staat organisierten Kraft der Gemeinschaft erreicht werden[96]. Staat und Staatsbürger bedingen sich. "Das Staatsleben ist somit der beständige Prozeß der Wechselwirkung beider, in welcher die Harmonie und Kraft des einen zur Harmonie und Kraft des anderen, die Bewegung und das Leiden der einen zu denen des anderen werden."[97] Die Rechtfertigung der Steuern betrifft sowohl den Staat als auch die Bürger. Das staatliche Finanzwesen ist kein Selbstzweck, sondern es ist seinem inneren und äußeren Wesen nach nur die Verwaltung dessen, was die Gemeinschaft als Bedingung ihrer eigenen Entwicklung dem "persönlichen Staate" übergibt und dann als Ergebnis dieser Verwaltung von ihm wieder empfängt[98]. Eine moderne steuerliche Rechtfertigung muß daher neben den Bedürfnissen des Staates auch und gerade die Bedürfnisse und Erwartungen der Bürger berücksichtigen. Dies umso mehr, als sich bei der Gestaltung und Verwaltung des Gemeinwohls zunehmend pluralistische Ansätze durchsetzen[99]. Ihnen ist durch eine Integration der Interessen der steuerzahlenden Staatsbürger in die Rechtfertigung der Steuern zu begegnen.

Aber auch rechtstatsächliche Gründe sprechen für eine adressatenbezogene Rechtfertigung der Steuern. Für die Erringung von Folgebereitschaft und Akzeptanz ist es unverzichtbar, den Steuerpflichtigen vor Augen zu führen, warum und zu welchem Zweck sie Geldleistungen zu erbringen haben. Die Einsicht in die Notwendigkeit der Steuern gilt es zu erhalten und entsprechend den tatsächlichen, gesellschaftlichen und politischen Entwicklungen weiterzuentwickeln. Gerade bei der Steuererhebung zeigt sich die Angewiesenheit des Staates auf dieses

---

93 *Vogel*, Der Staat 25 (1986), 499.

94 *Lorenz von Stein*, Lehrbuch der Finanzwissenschaft, Bd. II, 348.

95 *Heilmann*, Lorenz von Stein, 67.

96 *Ebd.*

97 *Lorenz von Stein*, Lehrbuch der Finanzwissenschaft, Bd. I, 10.

98 *Ebd.*, 178. Diese Idee aktualisiert *Hill*, JZ 1993, 332: "Der Staat darf nicht als Selbstzweck, sondern muß als Gemeinschaft aller Bürger verstanden werden. Dazu müßte von außen nach innen gedacht werden."

99 Vgl. etwa für den Bereich des ursprünglich äußerst hoheitlich ausgestalteten Verwaltungsrechts: *Würtenberger*, Die Akzeptanz von Verwaltungsentscheidungen, 24 ff., der in der Idee eines Akzeptanz-Managements im Verwaltungsverfahrensrecht eine modernisierte Planungs- und Verwaltungskultur erblickt.

Bewußtseins in aller Schärfe: Die Steuern, die auch nur im geringsten auf eigenen Angaben, auf der Buchführung oder einer sonstigen organisatorischen Mitwirkung beruhen, erfordern die auf Einsicht basierende Mitwirkungsbereitschaft des Steuerpflichtigen. Anders gewendet: Die Bereitschaft zur Rechtstreue und Steuermoral steht in einem engen Zusammenhang mit dem Begriff der steuerlichen Rechtfertigung[100].

Die sowohl der Rechtswissenschaft wie auch der Finanzwissenschaft vorausgehende Frage nach der Rechtfertigung der Steuern[101] muß daher aus einer an den Normadressaten orientierten Perspektive gestellt werden.

a. Die historische Entwicklung der Rechtfertigung der Steuern

Um den status quo verstehen zu können, ist trotz der oben angesprochenen Begrenzung auf die adressatenbezogene Steuerrechtfertigung zunächst auf die Entwicklung der Rechtfertigung nach überkommenem staatsphilosophischen bzw. finanzwissenschaftlichem Verständnis einzugehen[102].

Die Rechtfertigung der Steuern unterlag mit dem Wandel des Staatsverständnisses einer ständigen Neuinterpretation[103]. Hier zeigt sich besonders anschaulich der enge Konnex zwischen Staat und Besteuerung. Denn ebenso wie der Rechtfertigung des Staates liegt auch jeder Form der Besteuerung zwangsläufig ein bestimmtes Staatsverständnis zugrunde[104].

Über die Jahrhunderte hinweg sind verschiedene Steuerrechtfertigungstheorien entwickelt worden. Sie lassen sich in verschiedene Gruppen zusammenfassen[105]. Von der früher herrschenden **Äquivalenz- oder Nutzentheorie** der Steuer[106], wonach einem naturrechtlichen Verständnis folgend die Steuer als die

---

100 *Schmölders*, HwStR I, 505.

101 *Vogel*, Der Staat 25 (1986), 484.

102 Zu den verschiedenen historischen Rechtfertigungsansätzen vgl. *Rodi*, Die Rechtfertigung von Steuern als Verfassungsproblem, 13 ff.

103 *Vogel*, Der Staat 25 (1986), 497, spricht insofern von der historischen Dimension von Staat und Steuer; vgl. zur Bedeutung des Staatsverständnisses für den Inhalt der Steuergesetzgebung: *Kirchhof*, NJW 1987, 3224.

104 *Rodi*, Die Rechtfertigung von Steuern als Verfassungsproblem, 13.

105 *Vogel*, Der Staat 25 (1986), 485: "Abgesehen davon ist die Aufteilung auch zu eng, sie wird der Vielfalt der Theorien und ihrer historischen Entwicklung nicht gerecht". Dennoch soll an dieser Aufteilung der Übersichtlichkeit halber festgehalten werden. Vgl. auch *Ehrlicher*, Staatslexikon, Band V, "Steuer", Sp. 297 f., der die organizistisch-kollektivistischen Theorien von der individualistisch-rationalistisch-utilitaristischen Staatsauffassung unterscheidet.

106 Diese wurde beispielsweise von *J. Bornitz, H. Grotius, Th. Hobbes, S. v. Pufendorf, J. Locke* und vielen anderen Anhängern des Naturrechts vertreten. Vgl. *Schmölders*,

Gegenleistung des einzelnen Bürgers für die ihm zugute kommenden Leistungen des Staates angesehen wurde, hat sich die Rechtfertigung hin zu der sogenannten **Opfertheorie** der Romantik entwickelt[107], in der der Staat die Einzel-Existenz als objektive sittliche Macht beherrschend überragte[108]. Es fand eine Ethisierung der Steuer statt: Der einzelne erfülle mit ihrer Zahlung eine sittliche Verpflichtung gegenüber dem Höheren, dem sittlich oder moralisch Guten[109], jenem "absoluten, unbewegten Endzweck"[110], dem Staat. Obwohl zunehmend rationale Erwägungen in den Vordergrund traten, hat sich bis heute an dieser Sichtweise grundsätzlich wenig geändert. Mit der Übernahme ökonomischer Analysemethoden in Grundsatzbetrachtungen über das Staatsfinanzwesen wurden politische und moralische Bewertungen ausgeklammert. Insbesondere unter dem Einfluß von Menschen- und Bürgerrechten, wie sie auch im Grundgesetz zu finden sind, wurde das Opferprinzip zum Leistungsfähigkeitsprinzip[111]. Schließlich gab es noch eine dritte große Rechtfertigungslehre, die schon seit dem 13. Jahrhundert Steuern als gerechtfertigt ansah, wenn sie der Verfolgung eines bestimmten Zwecks (beispielsweise der Kriegsführung) dienten (**Steuerzwecktheorie**)[112]. Allerdings verlor diese Rechtfertigungslehre bereits im 19. Jahrhundert ihre Bedeutung, als den Steuern eine allgemeine Finanzierungsfunktion zugeschrieben wurde. Sowohl die Äquivalenztheorien als auch die Leistungsfähigkeitstheorien wurden ebenso wie die Steuerzwecktheorien über die Jahrhunderte hinweg in verschiedenen Ausprägungen nebeneinander vertreten[113] .

Damit war allerdings die Interpretation der steuerlichen Rechtfertigung abgeschlossen - der, wie *Vogel* es ausdrückt, "moralische Impuls dieser Theorie"[114] erlosch. Die Finanzwissenschaft zog sich ebenso wie die Staatsrechtslehre[115] und

---

HwStR I, 445.

107 *Schmölders*, HwStR I, 445; *Vogel*, Der Staat 25 (1986), 487 ff.

108 *Vogel*, Der Staat 25 (1986), 489, *Schmoller* zitierend.

109 *Schmölders*, HwStR I, 445.

110 *Hegel*, Grundlinien der Philosophie des Rechts, § 258.

111 *Vogel*, Der Staat 25 (1986), 491f.; zum Leistungsfähigkeitsprinzip vgl. *Tipke*, Steuerrechtsordnung, 478 ff. Nach *Tipke* entspricht das heute herrschende Leistungsfähigkeitsprinzip dem allgemeinen Rechtsbewußtsein.

112 *Rodi*, Die Rechtfertigung von Steuern als Verfassungsproblem, 17 f.

113 *Ebd.*, 18 f. Erstaunlich ist, daß selbst das Bundesverfassungsgericht sich nicht eindeutig einer Theorie anschließen konnte und je nach Bedarf aus den verschiedenen Theorien die passende auswählte. Vgl. etwa zur sogenannten "Fundustheorie" *Rodi*, Die Rechtfertigung von Steuern als Verfassungsproblem, 36 ff., sowie *Tipke*, Steuerrechtsordnung, 776 f. m. w. N.

114 *Vogel*, Der Staat 25 (1986), 491.

115 *Isensee*, FS Ipsen, 421, spricht dementsprechend lediglich von der mit Verfassungsrang ausgestalteten Steuerstaatlichkeit, die unter der Voraussetzung gegeben sei, daß die förmlich geregelten Einrichtungen des Grundgesetzes nicht wirkungslos oder sinn-pervertiert werden würden.

die Verfassungsrechtsprechung[116] auf einen "Steuerrechtfertigungspositivismus"[117] zurück. Positivismus deshalb, weil die angesprochenen Kreise die Besteuerung in der Folgezeit als eine Tatsache übernahmen, über deren Rechtfertigung sie nicht mehr zu befinden brauchten. Diese Problematik galt als abgehandelt oder uninteressant[118]. Bis in die heutige Zeit hinein, und das ist der Hauptkritikpunkt *Vogels*[119], wurden die verschiedenen Rechtfertigungstheorien wissenschaftlich nicht weiterentwickelt[120]. Nachdem übereinstimmend festgestellt worden war, daß der Staat Steuern erheben dürfe, wandte sich die Wissenschaft von diesem Thema ab[121].

In der Zwischenzeit haben sich die staatlichen und steuertatsächlichen Verhältnisse allerdings grundlegend gewandelt. Sowohl die Staatsform hat sich geändert, als auch die Vorstellungen über das ihr zugrundeliegende Menschenbild und

---

116 Vgl. etwa BVerfGE 67, 100, 143.

117 Vgl. *Vogel*, Der Staat 25 (1986), 491 m. Nw., der diese Entwicklung der Finanzwissenschaft in eine Reihe stellt mit der Positivierung der Rechtswissenschaft seit den Werken Gerbers und Labands.

118 *Ebd.*, 481.

119 *Ebd.*, 481 ff; vgl. auch *Rodi*, Die Rechtfertigung von Steuern als Verfassungsproblem, 1.

120 Eine Ausnahme dürften wohl die von *Lang*, Entwurf eines Steuergesetzbuchs, 31 ff., 93 ff., formulierten "Grundsätze" bzw. "Maximen der Besteuerung" und die von *Tipke* in seiner "Die Steuerrechtsordnung" vorgestellte rechtsstaatsorientierte besondere Steuerrechtfertigungslehre sein. Vgl. auch die von *Kirchhof* formulierten "Grundgedanken des Verfassungsrechts, die das Steuerrecht anleiten und verständlich machen sollen", *Kirchhof*, Finanzverwaltung und Grundgesetz, in: Vogelgesang (Hrsg.), Perspektiven der Finanzverwaltung, 2 ff. Konkret befaßte sich in jüngster Zeit *Rodi* ausführlich mit diesem Themengebiet, allerdings mit einer wohl überholten zu starken Berücksichtigung der "besonderen Natur des Steuerrechts", die er an der Ungeeignetheit des herkömmlichen Verhältnismäßigkeitsgrundsatzes (241) festmacht. Diese konziliante Weichenstellung mag auf seinen Ansatz zurückzuführen sein, konkrete Einzelsteuern der verfassungsrechtlichen Rechtfertigungsfrage zu unterwerfen. Aber auch dort hätte deutlich werden können, daß die rechtliche Ausgestaltung des deutschen Steuerwesens gerade unter dem Einfluß der Verfassungsprinzipien und der Grundrechte eben keine Sonderbehandlung erfahren darf, sei sie auch noch so gut mit (nicht fortentwickelten) Traditionen begründbar. Vgl. *Rodi*, Die Rechtfertigung von Steuern als Verfassungsproblem, 4, 12, aber auch 42, 49.

121 Dementsprechend erstarb jegliche Kreativität bei der Entwicklung neuer Lösungsmodelle, die zur Einschränkung der Steuerhinterziehung dienen könnten, vgl *Pommerehne/Weck-Hannemann*, ZWS 1992, 441: "Auch die steuertechnischen Vorschläge zur Einschränkung der Hinterziehung sind erstaunlich invariant über die Zeit. Was sich unter Politikern und innerhalb der öffentlichen Verwaltung bis in die heutigen Tage allgemeiner Beliebtheit erfreut - man halte sich nur die periodisch wiederkehrenden Forderungen nach mehr Kontrollpersonal, höheren Strafen und weiteren pönalen Remeduren vor Augen -, bildet seit langem auch einen festen Bestandteil der schöngeistigen Literatur".

das sie tragende Demokratieverständnis[122]. Damit haben sich zugleich auch die Ansprüche der Rechtsunterworfenen an das Recht verändert[123]. Darüber hinaus hat sich nicht nur die Belastung der Steuerpflichtigen vervielfacht, sondern auch die staatliche Wirtschaftsaktivität und mit ihr die Staatsquote[124]. Zudem wandelte sich das Steuerrecht zu einem Werkzeug des Verwaltungsrechts, indem es zu vielfältigen staatlichen Interventionen herangezogen wurde. Mit *Papier* ist somit davon auszugehen, daß alle einmal gültigen Parameter Änderungen unterlagen: "Anders als unter dem staatsrechtlichen Konstitutionalismus und dem ökonomischen Liberalismus ist der Steuerzugriff des Staates heutiger Dimension weder gering noch neutral"[125].

Trotzdem werden vielfach die Antworten, die vor hundert und mehr Jahren gefunden wurden, auch heute noch für ausreichend gehalten[126]. Dieser Befund fällt besonders dann auf, wenn man sich vor Augen führt, daß eine Konnexität zwischen einem Wandel von Rechts-, Gerechtigkeits- und Wertvorstellungen einerseits und einem Wandel der Rechtsordnung andererseits besteht[127]. Auch das Steuerrecht und seine Rechtfertigung kann sich dem sog. Zeitgeist, der die kollektiven Vorstellungen der Steuerpflichtigen und damit auch das Steuerrechtsbewußtsein prägt[128], nicht entziehen[129].

In der heutigen Zeit ist es fast unmöglich, angesichts dieser Entwicklungen eine herrschende moderne Theorie der Rechtfertigung der Steuern zu erkennen[130].

[122] Vgl. etwa *Klages*, Häutungen der Demokratie, 161 ff.; Zum Wandel der gesellschaftsbezogenen individuellen Ansichten der Bürger vgl. auch *Bisani*, Personalwesen und Personalführung, 679 ff.

[123] Vgl. etwa die als "augenfällig gewordene allgemeine gesellschaftliche Wandlung der Einstellung zum Recht" beschriebene Entwicklung bei *Hradil/Lucke*, LdR, Stichwort "Rechtskenntnis der Bevölkerung und Einstellung zum Recht", 3/170, 3 f.

[124] Zur Entwicklung der Staatsquote, also des Gesamtanteils der öffentlichen Haushalte am Bruttosozialprodukt vgl. *Vogel*, FS Maunz, 420: Sie stieg "von 36 % im Jahre 1961 über 1971 39,2 % auf 1981 voraussichtlich 46,5 %". *Papier*, Handbuch des Verfassungsrechts, § 18, RN 96 m. Nw., berichtet von einem Anteil der öffentlichen Haushalte von 45 bis 50 % am Sozialprodukt, nach unkonventionellen Berechnungen sogar von fast 80 %; zu dem "Hinausschieben der Belastungsgrenzen" vgl. *Timm*, Wandlungen der Besteuerung seit dem vorigen Jahrhundert, in: Häuser (Hrsg.), Wandlungen der Besteuerung, 46 ff.

[125] *Papier*, Handbuch des Verfassungsrechts, § 18, RN 96 m. Nw.

[126] *Vogel*, Der Staat 25 (1986), 482.

[127] *Würtenberger*, Beständigkeit im Wandel, 15.

[128] Vgl. *Würtenberger*, Zeitgeist und Recht, 13 f., 22. Zur zeitgeistorientierten Rechtsetzung und Rechtsfortbildung, ebd., 192.

[129] Ähnlich *Rodi*, Die Rechtfertigung von Steuern als Verfassungsproblem, 1, der seine "Überraschung" hinsichtlich dieses Befundes vor allem mit der dramatisch gestiegenen Steuerbelastung begründet.

[130] *Rodi*, ebd., 27, sieht selbst bei der Rechtfertigung einer bestimmten Einzelsteuer bis

Eine von den einzelnen Mitgliedern der Rechtsgemeinschaft akzeptierte Steuerrechtfertigung existiert schon gar nicht. Gerade für den Steuerpflichtigen ist es oft nicht einmal mit Hilfe juristischer Kommentare möglich, überhaupt herauszufinden, aus welchen Gründen der Gesetzgeber eine Steuer für gerechtfertigt hält[131]. Obwohl der Gesetzgeber grundsätzlich für jedermann erkennbar und verstehbar den jeweiligen Belastungsgedanken für die Einzelsteuer und für die individuell zu tragende Gesamtsteuerlast hervorzuheben hätte[132], hat er nicht nur aufgrund der fehlenden Fortentwicklung der steuerlichen Rechtfertigung als der "vergessenen Vorfrage der Besteuerung"[133], sondern auch aus der Natur des Steuerwesens heraus mittlerweile erhebliche Schwierigkeiten, die Steuerwürdigkeit eines Sachverhaltes zu begründen[134]. Das Steuerrecht ist notwendigerweise abstrakt, weil es allein die Belastbarkeit des einzelnen durch Geldsummen behandelt. Damit fehlt ihm eine Anschaulichkeit, die Regelungsgegenstände in anderen Rechtsgebieten (z.B. im Polizei- oder Baurecht) vorweisen können[135]. Das Steuerrecht enthält demnach keine spezifische immanente Rechtfertigung dafür, warum gerade diese Steuer auf gerade diese Weise erhoben wird. Umso notwendiger ist die grundsätzliche Rechtfertigung jeglicher Besteuerung und das der speziellen Steuerrechtfertigung zuzuordnende erkennbare Diktum des Gesetzgebers[136], warum jene Steuer gerade zu jenem Zweck erhoben wird.

Daher kann wohl davon ausgegangen werden, daß das staatsbürgerliche Bewußtsein der Steuerzahler neben "äquivalenztheoretischen Versatzstücken"[137] wohl keine - auch nur ansatzweise grundrechtliche und vor allem demokratische Strukturen berücksichtigende - Rechtfertigungstheorie der Steuern umfaßt.

---

heute keinen erzielten Konsens.

131 *Tipke*, Steuerrechtsordnung, 955.

132 *Kirchhof*, Finanzverwaltung und Grundgesetz, in: Vogelgesang (Hrsg.), Perspektiven der Finanzverwaltung, 9.

133 *Vogel*, Der Staat 25 (1986), 481 ff.

134 Vgl. *Tipke*, StuW 1993, 11: "Der Gesetzgeber bringt zur Begründung gern buntes Allerlei, führt gern allerhand Gründe an ("Wer vieles bringt, wird manchem etwas bringen") und gelangt zu einer Pauschalsumme."

135 Zur weitgehend fehlenden Gegenständlichkeit des Steuerrechts: *Kirchhof*, NJW 1987, 3218.

136 Vgl. *Tipke*, Steuerrechtsordnung, 1049, bei seinen Vorstellungen zu einem neuen Steuergesetzbuch: "Zu jeder Steuer sollte der Rechtfertigungs- oder Belastungsgrund angegeben werden; d.h. bei Fiskalzwecksteuern wäre klarzustellen, daß die Bemessungsgrundlage direkt oder indirekt dem Leistungsfähigkeitsprinzip entspricht. Eine etwaige Bezeichnung des Steuerobjekts darf den Rechtfertigungs- oder Belastungsgrund nicht verdunkeln"; *Isensee*, StuW 1994, 7 m. Nw.

137 Illustrativ sind diesbezüglich Antworten auf die Nachfrage, warum der einzelne Bürger Steuern zahlen müsse. Aussagen wie: "Keine Autobahn ohne Steuern" oder "Der Sozialstaat erfordert den Steuerstaat" sind repräsentativ. Sie umfassen, wie auch in der Wissenschaft, zumeist nur das "Ob" der Steuererhebung.

Die moderne Psychologie will lediglich festgestellt haben, daß sich der per Gesetz ausgesprochene Appell, es mit der Steuerpflicht ernst zu nehmen, fast ausschließlich an die Einsicht der "Ich-Person" richtet, an den "guten Willen", der das Ergebnis der rationalen Erkenntnis sein soll, daß das Gemeinwesen auch finanziert sein will[138]. Dem entspricht auch die Erkenntnis, daß der Gegenleistungsgedanke wissenschaftlicherseits wieder zunehmend an Beliebtheit gewinnt[139].

b. Die Konsequenzen für die Steuerbürger

Einhergehend mit der in weiten Bereichen überholten Rechtfertigung der Steuern werden im heutigen Steuerstaat sehr hohe Anforderungen an den Steuerbürger gestellt[140]. Sie sind insbesondere unter dem Aspekt des "erloschenen moralischen Impulses der Opfertheorie"[141] beachtlich:

Ohne wissenschaftliche Begleitung, ohne legislatorische Begründung und erst recht ohne eine breite, öffentlich geführte Rechtfertigungsdiskussion muß der Steuerpflichtige den Staat, so wie er sich täglich ihm gegenüber darstellt[142], von dem Ideal des Gemeinwesens, dem Höheren, unterscheiden können[143], um nicht seine alltäglichen staatsbürgerlichen Frustationen in die ihm stets erneut gestellte Steuerfrage miteinfliessen zu lassen. Er muß dabei die Bereitschaft entwickeln, eigene persönliche Lasten und eigene Verantwortung für das Gemeinwesen zu übernehmen[144], auch wenn er sich in seinen diesbezüglichen Bemühungen oft enttäuscht sehen wird.

Diese - von einem mündigen Bürger zu leistende - Abstraktion kann oder will allerdings von einem Großteil der Steuerpflichtigen schon im grundsätzlichen Bereich nicht geleistet werden. Das verwundert nicht, wenn man sich noch einmal vergegenwärtigt, daß das wissenschaftliche Interesse an der Rechtfertigungsproblematik sehr gering war[145], und die Gesetzgebung sich dieses

138 *Schmölders*, HwStR I, 504.

139 *Vogel*, Der Staat 25 (1986), 492 ff., 517, wobei allerdings nicht an eine Bemessung als Gegenleistung für individuell empfangene Leistungen gedacht werden soll. Den Gegenleistungsgedanken vertritt wohl auch *Beutter*, Staatslexikon, Band V, "Steuermoral", Sp. 309 f.

140 Vgl. *Schmölders*, HWBSW, Band X., 120 f.

141 *Vogel*, Der Staat 25 (1986), 491.

142 *Kirchhof*, Finanzverwaltung und Grundgesetz, in: Vogelgesang (Hrsg.), Perspektiven der Finanzverwaltung, 1: "Ein Staat zeigt sein alltägliches Gesicht in der Art seiner Finanzierung."

143 Die Notwendigkeit einer Trennung von dem Staat als Idee und dem Staat als einem Komplex konkret erlebter Erscheinungen sieht auch *Schmölders*, Finanzpsychologie, 75, allerdings nur für den Bereich der empirischen Sozialforschung.

144 *Benda*, DStZ 1984, 161.

145 *Vogel*, Der Staat 25 (1986), 481; dies gilt selbst für die Rechtfertigung der einzelnen

Themas nicht annahm, da angeblich kein Anlaß dazu bestand: Mit der Wandlung hin zu einem positivistischen Verständnis in den relevanten Wissenschaften (dahingehend, daß Steuern erhoben werden dürfen), hat auch der Gesetzgeber es nicht mehr für nötig befunden, sich um die steuerliche Rechtfertigung zu bemühen. Dieser Umstand mag zu den bereits angesprochenen absolutistischen Zügen des Steuergesetzgebers beigetragen haben und wird, wie zu zeigen sein wird, auch auf die Reaktionen der Steuerpflichtigen von Einfluß sein.

c. Die Folgen der vernachlässigten Rechtfertigung

Sei es nun ein zu gering entwickeltes Staatsbürgerbewußtsein, die auf einer fehlenden aktuellen Rechtfertigung der Steuern beruhende negative Einstellung zur Besteuerung überhaupt[146] oder aber die "Unmündigkeit" der Bürger in den Augen des Gesetzgebers, der sich offensichtlich kaum um die Akzeptanz seiner Steuergesetze bemüht, fest steht: Das hehre Ziel des "Staates" findet fast keinen Platz in der tatsächlichen individuellen Steuerrechtfertigung der Bürger. Das tradierte Vorverständnis, daß der Staat Steuern erheben dürfe, wird von den Steuerzahlern lediglich als ein Faktum angesehen. Dieses "Sichabfinden" mit der vorgefundenen Situation wird allerdings nicht begleitet von dem Bewußtsein, daß der Staat aufgrund eines überzeugenden moralischen Rechts zur Steuererhebung berechtigt ist[147]. Stattdessen dominieren so "vordergründige" und negativ besetzte Faktoren wie die Gesamtbelastung der Bürger, das Ausgabenverhalten des Staates und die steuerliche Gerechtigkeit das bürgerliche Steuerbewußtsein.

Die angesprochene Vernachlässigung einer "steuerlichen Integration" des Bürgers hat weitreichende Folgen, da der Staatsbürger fast immer und überall Abgaben zu leisten hat und auf diese Weise mit dem Staat in Berührung kommt. Die von der Verfassung vorausgesetzte Solidarität der Gesellschaft, als der Gesamtheit der Individuen, gerät in Vergessenheit, da die Gesellschaft sich in schwindendem Maße mit ihrem Staat identifiziert. Diese Ablösung manifestiert sich am deutlichsten darin, daß viele Steuerpflichtige den steuervereinnahmenden Staat zunächst als einen Störenfried, ja sogar als einen Gegner betrachten, und allenfalls nachrangig als die von allen Bürgern erwünschte und verkörperte Institution, die das geordnete Zusammenleben erst ermöglicht[148]. Er erscheint ihnen als ein

---

Steuern in den einschlägigen Steuerrechtskommentaren, vgl. *Tipke*, Steuerrechtsordnung, 900.

146 *Schmölders*, Finanzpsychologie, 121.

147 *Vogel*, Der Staat 25 (1986), 518; *Kirchhof*, Finanzverwaltung und Grundgesetz, in: Vogelgesang (Hrsg.), Perspektiven der Finanzverwaltung, 6, spricht von einem "Recht ohne Idee".

148 Auf diese merkwürdige ambivalente Sichtweise weist insbesondere *Schmölders*, Finanzpsychologie, 72 hin. Vgl. auch *Otto*, Rechtsidee, 23: "Als geistige Realität, die das bonum commune verwirklicht, wird der Staat nur noch von wenigen akzeptiert."

unersättlicher Gegenspieler, ohne erkennbare Verbindung zu der tatsächlich gelebten staatlichen Gemeinschaft.

Selbst Fachleute versuchen, diese Problematik auf die "Natur der meisten Menschen" zurückzuführen. Nach ihrer Auffassung leisten die Menschen nur dann bereitwillig, "wenn sie auch eine greifbare Gegenleistung erhalten"[149]. Diese vereinfachende Sichtweise wird allerdings den komplexen sozialen und rechtlichen Beziehungen, durch die der Mensch heutzutage in Gesellschaft und Staat eingebunden ist, nicht mehr gerecht. Im übrigen widerspricht sie dem Menschenbild des Grundgesetzes, das mit der Unantastbarkeit der Menschwürde in Art. 1 Abs. 1 Satz 1 GG neben der Personalität des Menschen die Solidarität zwischen Menschen und die Sozialität anspricht[150]. Was der selbstbewußte, sensibilisierte Bürger auch ohne greifbare materielle Gegenleistung zu leisten imstande ist, haben vor noch nicht allzu langer Zeit die Ereignisse in Ostdeutschland gezeigt. Im Gegensatz dazu hat die Ausbildung einer staatsbürgerlichen Konsumentenmentalität im Wohlfahrtsstaat bundesdeutscher Prägung aber auch gezeigt, daß selbst greifbare Gegenleistungen keinen direkten Bezug zu der grundsätzlichen steuerlichen Rechtfertigung haben müssen. Jedenfalls ist die Rechtfertigung der Steuern den Bürgern dadurch nicht bewußter geworden.

Der Staat darf sich nicht mit derart entschuldigenden Erklärungen aus seiner Verantwortung stehlen, die Bürger in die Grundlagen seines Bestehens und Wirkens zu integrieren. Denn hier scheint der Ursprung der meisten Defizite zu liegen, die derzeit das Steuerrecht kennzeichnen[151]. Die gesetzgeberische Maß- und Prinzipienlosigkeit, die noch im einzelnen erörtert werden wird, kann auch als eine Folge der fehlenden Fortentwicklung der Rechtfertigung der Steuern verstanden werden. Der auf das Individuum ausgerichtete Rechtsstaat, so wie ihn das Grundgesetz einfordert, wurde beispielsweise kaum in eine Weiterentwicklung einbezogen[152]. Wie sonst konnte bis vor kurzem noch die Anwendbarkeit der Grundrechte im Steuerrechtsbereich ernsthaft bestritten werden[153]?

---

149 *Tipke*, Steuerrechtsordnung, 1064.

150 Vgl. dazu *Maihofer*, Handbuch des Verfassungsrechts, § 12, RN 106 ff.

151 Vgl. *Lang*, FS Tipke, 4: "Und schließlich haben auch ungerechte Steuern (einschließlich fehlender Rechtfertigung von Steuern dem Grunde und der Höhe nach) immer wieder die Staatsautorität im ganzen gefährdet...".

152 *Tipke*, StuW 1993, 13: "Lange Zeit hatten die Steuerjuristen das Reflektieren über ein gerechtes Steuerrecht den Finanzwissenschaftlern überlassen". Daher auch der "Erkenntnisvorsprung" auf dem finanzwissenschaftlichen Sektor. Hier wurden die "steuerpolitischen Ideale", so wie sie *F.K. Mann* über die Jahrhunderte hinweg aufzeigte, als ein echter Ausdruck des "Zeitgeistes" erkannt. Damit war die Annahme eines einmal festgelegten Zustandes unvereinbar. Vgl. dazu *Schmölders*, Finanzpsychologie, 97.

153 *Vogel*, HbStaatsR, Band IV, § 87 RN 82; *Schuppert*, FS Zeidler, Band 1, 693 ff. m.

d. Ausweg Verfassungsrecht?

Das Grundgesetz übernahm die zu seiner Entstehungszeit herrschende Ansicht: Wie selbstverständlich geht es davon aus, daß der von ihm konstituierte Staat und die anderen Gebietskörperschaften Steuern erheben dürfen[154]. In den Art. 105 bis 108 GG spiegelt sich damit lediglich der bei Schaffung des Grundgesetzes herrschende Steuerrechtfertigungspositivismus wieder, Steuern als ein Finanzierungsinstrument des Staates zuzulassen. Im Hinblick auf grundlegende materielle Besteuerungsprinzipien (wie sie etwa in Art. 134 WRV zu finden waren) ist das Grundgesetz weitgehend ohne eine konkrete Aussage.

Die Entwicklung der Steuerrechtfertigung zwingt dazu, zumindest mit Hilfe der Verfassung Betrachtungen anzustellen, die über die Behandlung der Finanzkompetenzen hinausgehen und die grundrechtlichen Verbürgungen auch für die Rechtfertigung der Steuern nutzbar machen. Das Verfassungsrecht kann damit dem Steuerrecht den zu beschreitenden Weg weisen, es kann als "Orientierungshilfe wie ein weithin in der Landschaft sichtbarer Baum"[155] dienen. Da auch die Verfassung nicht ohne Bezug auf gemeinschaftsrelevante Werte und Entwicklungen auskommt[156] und ihre Vorgaben in einer aktuellen steuerlichen Rechtfertigung enthalten sein müssen, scheint sie für diesen Zweck geradezu prädestiniert zu sein. Sicherlich auch aus diesem Grund sieht es die Rechtswissenschaft in einem zunehmenden Maße als berechtigt an, den Streit über die Rechtfertigung der Steuern gerade auf der Ebene des Verfassungsrechts auszutragen[157]. So versteht etwa *Lang* unter der steuerlichen Rechtfertigung einen "aus dem verfassungsrechtlichen Wertsystem abgeleiteten Gerechtigkeitsdiskurs"[158].

Nw.; *Pezzer*, StuW 1989, 226, FN 80.

154 *Tipke*, Steuerrechtsordnung, 256. Auch das Bundesverfassungsgericht sieht sich durch Art. 106 II Nr. 1 GG einer Rechtfertigungsprüfung enthoben, da das Grundgesetz damit die Vermögensteuer (auch für den ruhenden Bestand des Vermögens) in ihrer historisch gewachsenen Bedeutung aufgenommen und als zulässige Form des Steuerzugriffs anerkannt habe, BVerfG NJW 1995, 2615, 2616. Vgl. dazu die Kritik von *Tipke*, MDR 1995, 1178, die die Frage nach der grundsätzlichen Rechtfertigung der Steuern aufnimmt, indem sie Gesamtbelastungsaspekte angesichts "tabuisierter Steuergegenstände" anführt.

155 *Kirchhof*, Finanzverwaltung und Grundgesetz, in: Vogelgesang (Hrsg.), Perspektiven der Finanzverwaltung, 3; ebenso: *Pezzer*, Bundesverfassungsgerichtsgesetz, 69, RN 5: Grundgesetz liefert Orientierungsmaßstäbe.

156 *Robbers*, FS Benda, 215.

157 Vgl. *Rodi*, Die Rechtfertigung von Steuern als Verfassungsproblem, 2 m. Nw.; *Oechsle*, Die steuerlichen Grundrechte in der jüngeren deutschen Verfassungsgeschichte, 1993; vgl. auch *Felix*, BB 1995, 2293, der für eine grundlegende rechtswissenschaftliche Befassung mit dem Steuerrecht plädiert.

158 *Lang*, StuW 1989, 207; Gegen die so vorprogrammierte Verdrängung freiheitsrechtlicher Erwägungen wendet sich *Rodi*, Die Rechtfertigung von Steuern als

Allerdings sollte auch vor der juristischen Vorliebe gewarnt werden, alle Phänomene, sobald sie einen hinreichenden Bezug zur Verfassung haben, ausschließlich über die Verfassung und damit über das Recht beurteilen zu wollen[159]. Da gerade die verfassungsgerichtliche Überprüfung von Steuergesetzen engen Prüfungsmaßstäben unterworfen ist, darf die Entwicklung einer Rechtfertigungslehre somit auch nicht dem Bundesverfassungsgericht allein überlassen bleiben[160].

Eine Verfassung kann im Sinne *Kirchhofs* eine ausgezeichnete Orientierungshilfe bei der Herausarbeitung einer Steuerrechtfertigungslehre darstellen, falls, wie es mit dem Grundgesetz der Fall ist, sie die vorherrschenden Gerechtigkeits- und Wertvorstellungen der Gesellschaft verkörpert.

Das Grundgesetz stellte die althergebrachten Rechtfertigungstheorien vor neue Herausforderungen. Der Mensch erlangte eine zentrale verfassungsrechtliche Dimension: erstmals stehen ihm gegen staatliche Zugriffe durchsetzbare Grundrechte zur Seite, die durch die Legislative nicht beliebig eingeschränkt werden können. Schon diese Vorgabe müßte vollinhaltlich in die Weiterentwicklung der Rechtfertigung der Steuern einfließen. Dementsprechend wurde beispielsweise erkannt, daß die steuerliche Rechtfertigung für die Grenzen der Besteuerung von Bedeutung ist[161]. Dies ist aber nur ein Aspekt, der innerhalb einer

---

Verfassungsproblem, 46 f.

159 Vgl. *Helsper*, BB 1995, 17 ff., der auf die evolutionshemmende Wirkung expertenorientierter Lösungsmodelle hinweist. Für die hier fragliche Steuerrechtfertigung gibt es zwar noch keine eigene Disziplin, doch wäre auch die Kombination der jeweiligen Teildisziplinen denkbar (Psychologie, Soziologie, Finanzwissenschaft, Rechts- und Staatswissenschaft etc.). Auch *Tipke* greift für den Entwurf einer konkreten, objektiv belegten Ordnung des Steuerrechts nicht nur auf die Verfassung zurück, sondern beispielsweise auch auf ökonomische Theorien, vgl. *Lang*, FS Tipke, 11. Bei der notwendigen Vermittlung der verschiedenen Ansätze sollte die Politik nach *Helsper*, BB 1995, 23 f., die Führung durch Zielsetzungen übernehmen. Die Experten wären auf das zu beschränken, wofür sie auch Kompetenz besitzen. Institutionalisiert würde das Vorgehen dem Verfahren bei der Erstellung öffentlicher Großbauten entsprechen, das auch ein informationsumsetzender Prozeß wäre. Insofern ist *Bull*, NJW 1996, 284, zuzugeben: "Die Verfassungsrechtler sollten insofern die Grenzen ihrer Kompetenz in steuerpraktischen Fragen erkennen".

160 *Tipke/Lang*, Steuerrecht, § 4, RN 62.

161 So *Vogel*, Der Staat 25 (1986), 484 f., der die Existenz des übermäßigen Steuerstaats vor allem dem Fehlen einer zeitnahen steuerlichen Rechtfertigung zuschreibt. Bei der von ihm angebotenen modifizierten *Stein*schen Rechtfertigung setzt er allerdings zu einseitig auf die Einhaltung des Reproduktivitätsprinzips. Dies kann schon deshalb nicht überzeugen, als der Steuerstaat unter dem Grundgesetz wesentlich stärker in das Sozialstaatsprinzip eingebunden ist als zu den Zeiten von Steins. Dies hat *Vogel* (S. 519) mit dem Notnagel einer Einbeziehung des "rohen" Nutzenprinzips in seine steuerliche Rechtfertigung wohl auch selbst gesehen. Zu der verfassungsrechtlichen Diskussion über die Grenzen der Besteuerung vgl. *Oechsle*, Die steuerlichen

konsensfähigen Rechtfertigungstheorie geklärt werden müßte. Durch die anschließend auch zu beantwortende komplexere Frage, "wie" der Staat Steuern erheben darf, würde die Rechtfertigung der Steuern Auswirkungen darauf haben, wie die Besteuerung von den Bürgern aufgenommen wird. Denn die Rechtfertigung der Steuern ist verantwortlich für die Bildung und Entwicklung des Steuerrechtsbewußtseins der mittlerweile mit demokratischen Prinzipien vertrauten und selbstbewußten Steuerpflichtigen[162].

Dennoch könnte es mitunter fruchtbarer sein, die Befindlichkeiten der Bürger nicht nur mittelbar über die Verfassung bei der Weiterentwicklung bestimmter Rechtsgebiete zu berücksichtigen, sondern auch die Erkenntnisse zu verwerten, die die Beobachtung der bürgerlichen Reaktionen auf das Recht nahelegt. Die Rechtssoziologie kann dazu wertvolle Hilfen geben. Insbesondere diejenigen Faktoren gilt es zu berücksichtigen, die sich nicht in das rationale Verfassungsgefüge einpassen lassen. Angesprochen sind etwa die gerade im Finanzbereich besonders ausgeprägt vorhandenen Emotionen der Steuerzahler. Emotionen sind Realitäten, die Energien enthalten und freisetzen können[163]. Eine adressatenbezogene Rechtfertigung der Steuern müßte daher unter anderem auch die Emotionen der Steuerzahler berücksichtigen.

e. Die neue bürgerbezogene Steuerrechtfertigung

Es ist davon auszugehen, daß sich der steuerliche Eingriff nur mit einer zeitnahen adressatenbezogenen Rechtfertigung der Steuern[164] vollumfänglich legitimieren läßt: Die aktuelle bürgerliche Akzeptanz ist ein wesentlicher Bestandteil demokratischer Legitimität[165].

Das bedeutet zum einen, daß die Rechtfertigung der Steuern ständig daraufhin überprüft werden muß, ob sie alle Wandlungen in Gesellschaft und Staat aufgenommen und berücksichtigt hat. Denn wenn Wandlungen innerhalb der Gesellschaft sich auf das Recht auswirken können, müssen sie auch die steuerliche Rechtfertigung beeinflussen. Nimmt die Rechtfertigung der Steuern nicht an der allgemeinen staatlichen und gesellschaftlichen Evolution teil und vernachlässigt sie daher neue relevante Gesichtspunkte, verliert sie ihre Wirkung.

Grundrechte in der jüngeren deutschen Verfassungsgeschichte, 25 ff. m. Nw.

162 Dementsprechend sieht *Schmölders*, HwStR I, 506, die Grenzen der Besteuerung vor allem als eine psychologische Frage.

163 Vgl. *Hill*, JZ 1993, 334, der deshalb eine Verknüpfung von Rationalität und Emotionalität anstrebt.

164 Auch *Lorenz von Stein* erkannte die historische Bedingtheit seiner Steuerprinzipien, vgl. *Vogel*, Der Staat 25 (1986), 504; *Heilmann*, Lorenz von Stein, 102 ff.

165 Vgl. *Würtenberger*, FG Gesellschaft für Rechtspolitik, 541.

Zum anderen ist die Ausrichtung der Rechtfertigung der Steuern an den Rechtsadressaten unerläßlich im mittlerweile erreichten "Steuerchaos". Denn gerade unter solchen Vorzeichen, wie sie derzeit das Steuerrecht und die Finanzverwaltung kennzeichnen, müssen sich Recht und Rechtsfortbildung vor dem Forum der Öffentlichkeit legitimieren[166], wenn sie von der Bevölkerung aufgenommen werden sollen. Ein realer "Legitimationsdruck"[167] gegenüber der Rechtsgemeinschaft baut sich auf. Die Erscheinungsformen des noch zu schildernden Steuerwiderstandes werden dies zeigen. Grundvoraussetzung eines legitimierten Steuerrechts ist eine vor den Rechtsadressaten legitimierte Rechtfertigung der Steuern. Deshalb wirkt der Legitimationsdruck direkt auf die Rechtfertigung der Steuern. Nur eine allgemein anerkannte Steuerrechtfertigung kann in diesem soziologischen Sinn[168] die Legitimität des Steuerrechts stützen. Sie dient als Basis für ein allgemein anerkanntes oder zumindest für anerkennungswürdig gehaltenes Steuerrecht.

Die Rechtfertigung der Steuern spricht in ihren wesentlichen Punkten unmittelbar tief verwurzelte Bereiche des Rechtsbewußtseins an. Sie berührt den Verfassungskonsens ebenso wie sozialethische Vorstellungen (hier vor allem den Gleichheitsaspekt und die Eigentumsproblematik)[169]. Da das Rechtsbewußtsein zu einem erheblichen Teil die Steuermoral der Bürger bestimmt, muß in der Rechtfertigung der Steuern eine dafür maßgebliche Größe gesehen werden.

Angesichts der oben geschilderten historischen Entwicklung, kann davon ausgegangen werden, daß die Einstellung der Bürger zu ihren steuerlichen Pflichten in einem engen Zusammenhang mit der im Bewußtsein der Steuerzahler nicht aktualisierten steuerlichen Rechtfertigung steht. Idealerweise könnte eine aktualisierte Steuerrechtfertigung neben der bürgerlichen Bewußtseinsänderung weitere Aufgaben erfüllen: Sie wäre die sehnsüchtig vermißte[170] "verschüttete

166 Vgl. *Würtenberger*, Jurist und Staatsbewußtsein, 79.

167 Vgl. *Zippelius*, Rechtsphilosophie, 148, der die Gerichte einem derartigen realen "Legitimationsdruck" ausgesetzt sieht, der dazu führt, daß sie die Identifikationsbereitschaft der Bürger mit ihrer Rechtsprechung anzustreben versuchen. So weit fortgeschritten ist die Steuergesetzgebung noch nicht.

168 Vgl. zu dem soziologischen Ansatz der Legitimität von Recht und Staat: *Würtenberger*, Jurist und Staatsbewußtsein, 82.

169 Zu den Feldern des Rechtsbewußtseins: *Würtenberger*, Zeitgeist und Recht, 96 ff.; vgl. auch *Lang*, FS Tipke, 3 f.: "Die Vorgänge des Zuteilens werden nach ethischen Normen vollzogen, um das friedliche Zusammenleben von Menschen zu ermöglichen und zu bewahren".

170 Vgl. *Kirchhof*, Finanzverwaltung und Grundgesetz, in: Vogelgesang (Hrsg.), Perspektiven der Finanzverwaltung, 9 f.; *Felix*, BB 1995, 2293: "Es liegt auf der Hand, daß in einem Kultur- und Rechtsstaat, der als Steuerstaat von seinen Steuerbürgern ohne Gegenleistung einseitig Geldzahlungen abverlangt, Bedarf besteht nach einer allgegenwärtigen Basisregel für diese Wegnahme".

Grundstruktur"[171], der Ausgangspunkt für die gesetzliche Entwicklung von Steuerverteilungsregeln[172], wenn es gelänge, die mit jeder Steuerrechtfertigung verbundenen Gemeinwohlziele zu spezifizieren und zu konkretisieren[173]. Dieser "Grundlageneffekt" müßte dazu führen, daß alle Steuerrechtsregelungen an rationalen, gemeinwohlorientierten Gesichtspunkten zu messen wären. Die Gesetzgebung würde damit nicht nur psychologische, sondern auch konkret-technische Anforderungen erhalten, die sich letztendlich auf die Qualität der Steuergesetze positiv auswirken könnten[174].

Eine dem heutigen Stand der gesellschaftlichen und verfassungsrechtlichen Verhältnisse entsprechende gefestigte Rechtfertigung der Steuern, die auch das "Wie" der Besteuerung umfaßt, könnte somit viele der derzeit virulenten Probleme im Steuerwesen lösen oder vermeiden helfen. Davon würde auch der Staat durch die dann folgende Besserung der Steuermoral profitieren. Denn eine an den Bürgern ausgerichtete und von den Bürgern übernommene Rechtfertigung der Steuern würde eine weitaus höhere Akzeptanz der Steuererhebung bewirken[175]. Gleichzeitig würde aber auch das Verantwortungsbewußtsein der Steuerzahler gestärkt werden, wenn durch eine verständliche Rechtfertigung der Steuern die Grundlagen staatlichen Handelns den Bürgern einsichtig gemacht werden könnten. Eine adressatenorientierte Rechtfertigung der Steuern, die unter Ausschöpfung aller zur Verfügung stehenden wissenschaftlichen Hilfsmittel fortentwickelt und den Bürgern vermittelt wurde, kann zu einer umfassenden Bewußtseinsschärfung innerhalb der Gesellschaft führen. Vorstellbar wäre etwa, daß ein weitergehendes Verantwortungsbewußtsein des Einzelnen initiiert werden könnte, da die Steuerrechtfertigung dem Bürger verdeutlicht, daß nicht nur Staat und Verwaltung

---

171 *Isensee*, StuW 1994, 5.

172 *Ehrlicher*, Staatslexikon, Band V, "Steuer", Sp. 297.

173 Prinzipien der Besteuerung, über die weitgehend Einigkeit besteht, nennt etwa *Schelle*, FS Haubrichs, 236. Bei einem solchen Befund verschiebt sich das Problem der Steuerrechtfertigung für den "Wie"-Bereich auf die Festlegung der Rangfolge.

174 Vgl. *von Arnim*, Ist "der rationale Staat" möglich?, in: ders. (Hrsg.), Wirtschaftlichkeit in Staat und Verwaltung, 73 f.

175 Da die verfassungsrechtlichen und insbesondere grundrechtlichen Mindestanforderungen mitberücksichtigt werden würden, wäre in Übereinstimmung mit Befunden der empirischen Sozialforschung eine bürgerbezogene akzeptierte Steuerrechtfertigung ein probates Mittel gegen die Steuerhinterziehung, vgl. *Pommerehne/Weck-Hannemann*, ZWS 1992, 461: "Moralische Appelle, wie sie uns von den Romantikern angetragen wurden, stellen kein brauchbares, längeranhaltendes Mittel gegen Steuerhinterziehung dar. Aber auch durch bloße Steuertechnik, namentlich hohe Strafen und die Intensivierung von Fahndung und Kontrolle, ist eine längerfristige Sicherung des Steuerstaates nicht erreichbar. Bleibt die Stärkung der individuellen Freiheitsräume über die Ausweitung der Volksrechte, den Ausbau des föderativen Konzepts und - gegebenenfalls - die konstitutionelle Beschränkung der traditionellen staatlichen Institutionen."

allein für das Gemeinwohl zuständig sind, sondern auch jeder einzelne Steuerzahler. Dies würde zwangsläufig zu einer verstärkten Kommunikation zwischen den Bürgern und den Instanzen der Legislative und der Exekutive führen, zu einer "Staatskommunikation", die sich wesentlich durch ihr Streben nach Gemeinwohlverwirklichung auszeichnet[176]. Durch diese "kommunikative Politikentwicklung"[177] könnte wiederum jener politische Kreislauf in Gang gesetzt werden, der die adressatenbezogene steuerliche Rechtfertigung für das Steuerrechtswesen fruchtbar machen könnte: die Herausbildung einer politischen Kultur, die durch die Merkmale einer responsiven Repräsentation geprägt wird. Auch sie weist als ein Hauptmerkmal die am Gemeinwohl orientierte Kommunikation zwischen Repräsentanten und Repräsentierten auf, was auf die Qualität der Gesetzgebungsarbeit sicher nicht ohne Einfluß bleiben würde. Das auf diese Weise geschaffene Steuerrecht würde aufgrund seiner Entstehungsweise und seiner Inhalte eine erhöhte Akzeptanz erfahren, die sich wiederum in einer höheren bürgerlichen Folgebereitschaft ausdrücken würde. Die Analyse der Steuermoral und der Rechtfertigungsfaktoren wird zeigen, daß alle aufgezeigten Größen - die Rechtfertigung der Steuern, das Verhalten der Repräsentanten, der Zustand des Steuerrechts und schließlich das Steuerrechtsbewußtsein - in einem engen Konnex zueinander stehen. Sie bedingen sich gegenseitig.

Daher spricht einiges für die folgende These: Die im Steuerwesen zumeist festzustellende negative Tendenz könnte durch die Schaffung einer neuen Rechtfertigungslehre der Steuern, die im Bewußtsein der Bürger präsent ist und akzeptiert wird, durchbrochen werden. Falls es gelänge, eine adressatenbezogene steuerliche Rechtfertigung durch die Schaffung eines "Rechtfertigungsbewußtseins" auf breiter gesellschaftlicher Ebene durchzusetzen, könnte dem darniederliegenden Steuerstaat des Grundgesetzes neues Leben eingehaucht werden[178].

Die Steuerzahlungsbereitschaft würde sich deutlich von der heutigen unterscheiden. Jedenfalls spricht vieles für die Annahme, daß eine breite Aktualisierung des Verantwortungsbewußtseins der Steuerzahler mehr zur Steuerredlichkeit beiträgt als eine Erhöhung des staatlichen Drucks, etwa durch höhere Strafen und strengere Kontrollen[179]. Die Steuermoral kann ein Hinweis

---

176 Zum Begriff "Staatskommunikation" vgl. *Hill*, JZ 1993, 331.

177 Ebd.

178 Auch *Tipke/Lang*, Steuerrecht, § 4, RN 62, sehen in der Steuerrechtfertigung die Voraussetzung für Besserung: "Die Rechtfertigungslehre muß also über die formal-rechtsstaatliche Kompetenz des BVerfG hinaus entwickelt werden, um den Gesetzgeber bei seinen Schritten aus dem Steuerchaos wirksam unterstützen zu können".

179 *Brandstätter*, Determinanten der Steuerhinterziehung: Ergebnisse der experimentellen Psychologie, in: Smekal/Theurl (Hrsg.), Stand und Entwicklung der Finanzpsychologie, 219; *Schwartz/Orleans*, On legal sanctions, in: The University of

dafür sein, die Grundlagen der Besteuerung zu überdenken. Je offensichtlicher ein gesellschaftliches Verständnis- oder Akzeptanzdefizit ist, das das kollektive Rechtsbewußtsein maßgeblich beeinflußt, um so grundlegender müssen die dann anzustellenden Betrachtungen sein.

Der dem Rechtfertigungsstreit entsagende Positivismus der Finanzwissenschaft mag ein Ausdruck der Stabilität gewesen sein[180]; eben diese Stabilität ist aber heute nicht mehr vorhanden. Von Staat und Gesellschaft werden Anpassungsvorgänge von bisher nicht gekannten Ausmaßen abverlangt[181]. Die Wandlungen bei der staatsrechtlichen Einordnung des Individuums können die Rechtfertigung der Steuern ebenfalls nicht unbeeinflußt lassen. Auch im Steuerwesen haben sich grundlegende Wandlungen ereignet. Neue Überlegungen müssen daher angestellt werden, um die Steuern auch und gerade im Bewußtsein der Rechtsadressaten zu rechtfertigen. Der Staat hat daher um seiner selbst willen fortwirkend um die Rechtfertigung der Steuern zu ringen[182]. Er und die ihn beratenden Wissenschaften tragen insofern die permanente steuerliche Rechtfertigungslast[183]. In einem "ethischen Diskurs"[184] haben sie nicht nur aufzudecken, sondern auch der Bevölkerung zu vermitteln, welche (ethischen) Maßstäbe die Steuern prägen und rechtfertigen.

Chicago Law Review, vol. 34 (1966-67), 300, die zusammenfassend ihr sog. "fieldexperiment" bewerten: "The threat of punishment appears, however, to produce some resistance to compliance. Such resistance can be minimized through alternative techniques of securing compliance, such as the utilization of appeals to conscience and to a sense of civic responsibility, motives which can be more powerful than sanction threat in increasing compliance with the law."

180 *Vogel*, Der Staat 25 (1986), 497.

181 *Raupach*, FS Klein, 310, nennt beispielsweise die europäische Einigung, die Entwicklungen in Osteuropa, die durch die Aufbaufinanzierung in Ostdeutschland geleerten öffentlichen Kassen, die Schwächung der Wirtschaft durch ein wirtschaftliches Konjunkturtief und eine nicht überwundene Strukturkrise.

182 In den Worten von *Lorenz von Stein*, Lehrbuch der Finanzwissenschaft, Bd. II, 351, hat der Staat die Idee der Steuer, "die Entwickelung des Begriffs und Wesens aus dem höheren Wesen der Persönlichkeit und des Staats" durch seine Gesetzgebung zu verwirklichen; diese rechtlichen Bindungen ergäben sich aus der Notwendigkeit, den Steuerbegriff zu rechtfertigen, vgl. *Vogel*, Der Staat 25 (1986), 500.

183 Vgl. *Hill*, JZ 1993, 332, dessen Leitbild des "lebendigen Staates" auch auf die steuerliche Rechtfertigung übertragen werden könnte: "Dem Staat muß daran gelegen sein, seine Bürger in den Prozeß seiner Willensbildung einzubeziehen. Ohne ihre Mitwirkung, ohne ihr Engagement, ohne Resonanz beim Bürger verkümmert ein Staatsleben."

184 Vgl. *Lang*, FS Tipke, 5 m. Nw., der den auf Kant zurückgehenden Grundansatz *Tipke*s erläutert: "Der Staat hat die Steuerlasten ethisch (moralisch) richtig zu verteilen".

2. *Die spezielle Rechtfertigung der einzelnen Steuer*

Die soeben angesprochene Rechtfertigungslast umfaßt auf einer nächsten Ebene auch die spezielle Rechtfertigung der einzelnen Steuern[185]. Darunter ist die Rechtfertigung der Notwendigkeit[186] und vor allem der Höhe[187] der einzelnen Steuerarten zu verstehen. Die spezielle Rechtfertigung muß dem Steuerzahler die Antwort auf die Frage geben können, warum auf bestimmte Art bestimmte Geldzahlungen verlangt werden[188]. Diese zweite Rechtfertigungsstufe kann allerdings erst dann ihre Bedeutung entfalten, wenn auf der ersten Stufe, also der Ebene der grundsätzlichen Rechtfertigung von Steuern, dem Rechtfertigungsverlangen der Steuerzahler hinreichend Rechnung getragen wurde.

---

185 Vgl. *Tipke*, Steuerrechtsordnung, 257 f.; *Rodi*, Die Rechtfertigung von Steuern als Verfassungsproblem, 12.

186 Vgl. dazu umfassend für die wichtigsten Steuern *Tipke*, Steuerrechtsordnung, 551 - 1016.

187 Nach *Vogel*, Der Staat 25 (1986), 484, liegt der wissenschaftliche Schwerpunkt heute auf der Frage, in welchen Grenzen sich eine Besteuerung - noch - rechtfertigen läßt. Erreicht die Gesamtsteuerbelastung Werte, die die grundsätzliche Rechtfertigung der Steuern in Frage stellen, kann die grundsätzliche Steuerrechtfertigung angesprochen sein. Denn erst durch die Kumulation aller Steuern und Abgaben erfährt das subjektive Belastungsgefühl jene Anstöße, die Betrachtungen grundsätzlicher Art hervorrufen. Vgl. dazu die vom BVerfG NJW 1995, 2617 genannte Obergrenze einer Belastung des Privatvermögens "in der Nähe einer hälftigen Teilung", die nach der "Gesamtbelastung" ausgerichtet werden soll.

188 Diese Rechtfertigungsebene bestimmt vorrangig den Gegenstand der *Tipke*schen Lehre: hier wird die Frage nach der Rechtfertigung der konkreten Steuerrechtsordnung, d.h. der einzelnen Steuergesetze, gestellt. Vgl. *Lang*, FS Tipke, 6.

C. Die Steuermoral

I. Begriff

1. Die Steuermoral als eine Ausprägung des Rechtsbewußtseins im Steuerrecht

a. Steuermoral - Rechtsbewußtsein - Rechtfertigung der Steuern

Der Begriff der Steuermoral ist mit der Rechtfertigung der Steuern eng verbunden. Der für den Übergang von der adressatenbezogenen Rechtfertigung der Steuern zur Steuermoral maßgebliche Knotenpunkt ist das Rechtsbewußtsein. Das Steuerrechtsbewußtsein tritt in Wechselwirkung zu beiden Elementen, sowohl zur Steuermoral, als auch zur steuerlichen Rechtfertigung.

Die steuerliche Rechtfertigung hat einen kaum zu unterschätzenden Einfluß auf das Rechtsbewußtsein der Steuerzahler. Überzeugt die dem Bürger präsente Rechtfertigung der Steuern, so kann dies akzeptanzfördernde Wirkungen auch auf den Besteuerungsvorgang haben. Darauf ist noch näher einzugehen.

Auf der anderen Seite ist die Steuermoral der Steuerzahler jenes Phänomen, bei dem das Rechtsbewußtsein der Steuerrechtsadressaten am deutlichsten zutage tritt. Die negativste Ausprägung der Steuermoral wird durch den Gesetzesbruch verkörpert. Spätestens zu diesem Anlaß offenbart sich ein negatives Rechtsbewußtsein auch für den Außenstehenden.

Man kann sich also dem Steuerrechtsbewußtsein von zwei Seiten nähern: von seiten der Rechtfertigung der Steuern oder von seiten der Steuermoral. Da es bislang an einer adressatenbezogenen steuerlichen Rechtfertigung fehlt, soll versucht werden, die Steuermoral zu erfassen, um mit ihrer Hilfe das Steuerrechtsbewußtsein feststellen zu können. Auf diese Weise könnten zumindest die Eckwerte für die allfällige Weiterentwicklung der Rechtfertigung der Steuern dargelegt und zur Diskussion gestellt werden. Schon die rechtspsychologische Kenntnis der Steuerrechtskultur kann sowohl für die Rechtsetzung als auch für die richterliche Rechtsfortbildung von großem Nutzen sein[189].

b. Erläuterungen zum Begriff "Steuermoral"

Der Begriff "Steuermoral" ist nicht nur mit dem Tatbestand der Steuerhinterziehung in Zusammenhang zu setzen[190]. Er soll hier vielmehr weitaus umfassender

---

189 Vgl. *Würtenberger*, Rechtsprechung und sich wandelndes Rechtsbewußtsein, 553.

190 So etwa *Tipke*, Steuerrechtsordnung, 1404 ff.

verstanden werden: Dem Begriff "Steuermoral" ist nicht allein eine dem Unwerturteil zugängliche ethische Dimension[191] zu eigen, sondern er soll vor allem die handlungsleitende Einstellung der Steuerzahler hinsichtlich ihrer Steuerzahlungsbereitschaft bezeichnen[192]. Insofern besteht die Steuermoral auch schon im Vorfeld des Gesetzesbruchs. Sie ist nicht zwangsläufig negativ zu bewerten. Als Manifestation des Steuerrechtsbewußtseins ist sie ebenso wie dieses in breiten Intensitätsbereichen möglich. Diese Einstellung der Steuerzahler, die als Steuermoral bezeichnet wird, ändert sich ständig[193] und ist eine Folge der Einwirkung einer Vielzahl von Faktoren, die allerdings, soviel sei bereits erwähnt, nicht abschließend aufzählbar sind.

Auch der Wortteil "Steuer-" soll nicht der engen Definition des § 3 Abs. 1 AO unterliegen. Die Steuermoral wird nicht nur bestimmt von "Geldleistungen, die nicht eine Gegenleistung für eine besondere Leistung darstellen und von einem öffentlich-rechtlichen Gemeinwesen zur Erzielung von Einnahmen allen auferlegt werden, bei denen der Tatbestand zutrifft, an den das Gesetz die

---

191 *Schmidtchen*, Vom nichtmarginalen Charakter der Steuermoral, in: Smekal/Theurl (Hrsg.), Stand und Entwicklung der Finanzpsychologie, 203, FN 47, möchte neutraler von Steuerehrlichkeit als Verhaltensregel sprechen, da Steuermoral nichts mit Ethik und Gerechtigkeit zu tun habe. Auch eine Ethik könne zum gleichen Ergebnis führen (nämlich der möglichst hohen Steuerwilligkeit), aber die Triebkräfte seien völlig andere.

192 Etwa vergleichbar mit der umgangssprachlichen "Zahlungsmoral", bei der auch kein ethisches Werturteil stattfindet. Nach Erkenntnissen der modernen Psychologie hat die Steuerpflicht mit der eigentlich "moralischen" Instanz der Persönlichkeit, die im Gewissen verkörpert ist, wenig oder gar nichts zu tun (vgl. *Schmölders*, HwStR I, 504). Ethische Dimensionen werden eventuell aber im Rahmen der steuerlichen Rechtfertigung Relevanz erlangen können (vgl. etwa *Lang*, FS Tipke, 3 ff.).
Der in diesem Sinne in der finanzwissenschaftlichen Literatur oft gebrauchte Begriff der "Steuermentalität" (vgl. etwa *Tretter*, Die Steuermentalität, 1974), der die Einstellung zur Besteuerung schlechthin bezeichnen soll, während die "Steuermoral" lediglich die individuelle Einstellung zum "Steuerdelikt" kennzeichnet (vgl. *Schmölders*, HwStR I, 503), wäre daher an sich passender. Auf ihn wird aber zugunsten einer neu definierten "Steuermoral" verzichtet, da diese anschaulicher schildert, welches Phänomen hier behandelt werden soll. Dieses "Austauschen" der Begriffe ist hier durchaus möglich, da gerade über die unterschiedlichen Bedeutungsinhalte oftmals Unsicherheit herrscht und der hier vorgeschlagene Gebrauch die Verständlichkeit wegen seiner Bildhaftigkeit wesentlich erhöht.
Eine andere, ebenfalls dem hier vorgeschlagenen Gebrauch entsprechende Unterscheidung von Moral und Ethik schlägt *Stolleis*, KritV 1995, 58, vor: Die "Moral" umfaßt konsensfähige Sätze, während die "Ethik" solche Sätze betrifft, die der Autonomie des Individuums oder der Gruppen überantwortet sind. Wird hier von "der" Steuermoral gesprochen, liegt diesem Wortgebrauch die Vorstellung eines gewissen übergreifenden Konsenses zugrunde.

193 Vgl. *Pommerehne/Weck-Hannemann*, ZWS 1992, 459.

Leistungspflicht knüpft" (§ 3 Abs. 1 AO), sondern auch von allen anderen Abgaben, die das Staatswesen, mit oder ohne Gegenleistung, von dem Staatsbürger verlangt. So kann zum Beispiel auch eine als ungerecht empfundene Müllgebühr[194] das Rechtsbewußtsein des Zahlungspflichtigen beeinflussen. Falls diesen Bürger die "ungerechte" Müllgebühr emotional stark beschäftigt, kann es dazu kommen, daß er sich den vermeintlich zuviel gezahlten Teil seiner Müllgebühren im Rahmen seiner Einkommensteuererklärung durch bewußt falsche Angaben wieder "zurückholt"[195]. Denn da die Steuerbehörden ganz wesentlich auf die Mitwirkung des Einzelnen bei der Erfassung seiner Steuerschulden angewiesen sind, sind alle Umstände von Relevanz, die vor dem "forum internum" des Steuerpflichtigen die Rechtfertigung der tatsächlichen Steuern beeinflussen können. Dem Bürger erscheint ein "übermäßiger Staat" als ein Gegenüber, das an seinem Geld teilhaben will, sei es in Form von Steuern, Gebühren, Beiträgen oder Sozialabgaben. Deshalb wird das Steuerrechtsbewußtsein auch von Faktoren beeinflußt, die einen Bezug zu einer staatlich veranlaßten Zahlungsverpflichtung des Bürgers erkennen lassen[196]. Gleichwohl wird an dem Begriff "Steuermoral" festgehalten, weil er als vertrauter Terminus die Bildlichkeit erhöht und die Darstellung somit leichter verständlich macht. Zudem sind es gerade die Steuern, die den Haupteinfluß auf die Steuermoral ausüben.

c. Das Steuerrechtsbewußtsein

Das grundsätzlich nicht meßbare Phänomen des Rechtsbewußtseins[197] findet für den speziellen Bereich des Steuerrechts in der Steuermoral seinen Niederschlag: Die Bereitwilligkeit der Bürger, ihren steuerlichen Pflichten nachzukommen offenbart zugleich ihre Einstellung zu dem hinter den Steuergesetzen stehenden hoheitlichen Befehl. Die Steuermoral kann daher als ein Indikator des Steuerrechtsbewußtseins angesehen werden.

---

194 So insbesondere die Bemessung der Müllgebühren nach Gefäßvolumina und nicht nach dem Müllaufkommen, vgl. VGH BW, VBlBW 1995, 198 ff.; BVerwG VBlBW 1995, 472 ff.

195 Die "Reaktanztheorie" der Sozialpsychologie, auf die noch gesondert eingegangen wird, erklärt ein derartiges Verhalten anschaulich. Vgl. dazu *Dickenberger/Gniech/Grabitz*, Die Theorie der psychologischen Reaktanz, in: Frey/Irle, Theorien der Sozialpsychologie 1, 243 ff.

196 Geschickt, und von Finanzwissenschaftlern deshalb gelobt, wenn auch nicht ganz ehrlich, sind daher die sogenannten "indirekten Steuern", deren Erhebung der Steuerpflichtige kaum oder gar nicht realisiert.

197 Einen Überblick über die historische Entwicklung und den aktuellen Stand der Rechtsbewußtseinsforschung geben *Lucke/Schwenk*, Rechtssoziologie 1992, 192 ff. m. Nw.

Obwohl im Bereich des Steuerwesens die Rechtsunkenntnis oft ein gewichtiger Grund für ein fehlendes Rechtsbewußtsein ist, sind dennoch beide Merkmale deutlich zu unterscheiden. Die Rechtskenntnis erschließt die kognitive Ebene des Rechtsbewußtseins. Die für den Bereich der Steuermoral wichtigere Einstellung des Steuerzahlers zum Steuerrecht betrifft dahingegen die normative, affektive und handlungsleitende Ebene des Rechtsbewußtseins[198]. Dennoch: Erst eine gewisse Rechtskenntnis ermöglicht die Ausbildung eines positiven Rechtsbewußtseins, also der inneren Bejahung der konkreten Rechtsnorm[199].

Das Rechtsbewußtsein läßt sich dadurch positiv beeinflussen, daß die Rechtsnormen von dem Rechtsadressaten innerlich für bindend angesehen, also akzeptiert werden. Die Akzeptanz des Steuerrechts spielt eine maßgebliche Rolle für das Steuerrechtsbewußtsein. Damit wird aber auch für die Steuermoral die Akzeptanz des Steuerrechts zu einer wichtigen und beachtenswerten Größe[200].

II. Die Methoden zur Feststellung der Steuermoral

Um das nicht meßbare Phänomen der Steuermoral zu erfassen, sind fachpsychologische Erklärungsmodelle von untergeordneter Bedeutung. Denn die Registrierung von Verhaltensweisen der Steuerpflichtigen hängt nicht davon ab, wie die Fachpsychologie ihr Zustandekommen zu erklären versucht. Es spielt daher keine ausschlaggebende Rolle, ob man beispielsweise dem "Behaviorismus" oder der "Tiefenpsychologie" *Freuds*, *Adlers* oder *Jungs* anhängt[201]. Es geht hier vielmehr darum, die Rechtswirklichkeit zu erfassen, nämlich die innere Einstellung der Steuerpflichtigen zu ihrer Steuerpflicht. Psychologische Erklärungsmodelle gewinnen dagegen an Bedeutung, wenn es darum geht, das Verhalten der Steuerzahler zu deuten.

Die Steuerwirklichkeit steht im Mittelpunkt. Um das Ziel einer möglichst realitätsgetreuen Erfassung zu erreichen, erscheint eine Kombination mehrerer Erkenntnismethoden sinnvoll[202]. Denn keine von ihnen ist allein für sich verläßlich genug, um nicht in Zweifel gezogen werden zu können. Aus unterschiedlichen Ansätzen heraus soll vielmehr ein Gesamtbild dargestellt werden, das es erlaubt, aus der Gesamtheit der Einzelergebnisse eine Tendenz oder eine Regelmäßigkeit zu erkennen[203].

---

198 Vgl. *Hradil/Lucke*, LdR, Stichwort "Rechtskenntnis der Bevölkerung und Einstellung zum Recht", 3/170, 1.

199 *Pichler/Giese*, JRP 1993, 109 f.

200 Auf die Einzelheiten und die einzelnen Akzeptanzfaktoren wird noch zurückzukommen sein. S. unten D. III.

201 *Schmölders*, HwStR I, 502.

202 So auch *Tretter*, Die Steuermentalität, 15: "Die Thematik ist also nur mit einer Vielfalt von Methoden zu fassen."

Aufgrund der Natur der Sache ist es unmöglich, die innere Einstellung der Bevölkerung mit Zahlenwerten verläßlich darzustellen. Deshalb kann sich eine Analyse der Steuermoral nur auf Tendenzen und Entwicklungslinien beschränken. Fallen diese aber hinreichend deutlich auf, so spricht einiges dafür, daß ein gewisser Handlungsbedarf in die eine oder andere Richtung besteht. Denn dann weichen die herausgefundenen Ergebnisse derart stark von der gewohnten Regel ab, daß eben diese regelbildenden Normen zunehmend als Beurteilungsgrundlage infragegestellt werden. Man kann auch sagen, daß ein Wandel der inneren Einstellungen der Normadressaten erst dann sichtbar wird, wenn der "Zeitgeist" bereits am Werk gewesen ist, wenn dessen Wirken sichtbar geworden ist. Ein Wandel wird erst dann auffallen, wenn ein Zustand erreicht ist, der von dem vorherigen abweicht. Indem der Wandel aber auffällig geworden ist, ist bereits der erste Schritt zu einer Änderung der rechtlichen Gegebenheiten getan.

1. Die Feststellungsmethoden

Es mag angezweifelt werden, ob es überhaupt Sinn macht, die Steuermoral feststellen zu wollen. Denn letztendlich geht sie auf eine autonome und vor allem geheime Einstellung bzw. Entscheidung des Steuerpflichtigen zurück, die er der Beurteilung nicht preisgeben muß und dies ohne hinreichenden Grund wohl auch nicht tun wird. Es scheint mithin unmöglich, die wahren Gründe für eine Steuerverweigerung zu erforschen.

a. Das tatsächliche Verhalten

Allerdings ist es durchaus möglich, Tendenzen in der Bevölkerung durch die Auswertung von steuerlich veranlaßtem Verhalten sichtbar zu machen. Denn tatsächliches Verhalten läßt sich erfassen. Da Tatsachen dem Beweis zugänglich sind, liegt die Problematik dieser Vorgehensweise weniger in der Erfassung, als vielmehr in deren Bewertung. So könnte zum Beispiel die Zunahme der Steuerstrafverfahren auf mehrere Gründe zurückzuführen sein - etwa auf eine verbesserte Steuerfahndung, auf eine höhere Kontrolldichte oder aber eben auch auf eine gesunkene Steuermoral. Allerdings wird es in der Regel Hinweise dafür geben, welcher Ursache ein bestimmtes Ergebnis wahrscheinlicher zuzuordnen sein wird. Ähnlich den in der Rechtswissenschaft gebrauchten Zurechnungsmodellen können zunächst hierbei alle Möglichkeiten als ursächlich herangezogen werden, die tatsächlich im Sinne einer "conditio sine qua non" auslösend sind, die aber sodann zusätzlich noch durch das Korrektiv der Adäquanz "nicht außerhalb jeglicher Lebenserfahrung" stehen dürfen. Eindeutige Ursachenzusammenhänge können hiermit allerdings auch nicht gefunden werden, da auch soziologisch für ein Verhalten immer mehrere Motive gleichzeitig verantwortlich sein können.

---

[203] Vgl. *Schmölders*, Finanzpsychologie, 69.

Auch die Hinzunahme ökonomischer Modelle (wie z.B. dem Bild des homo oeconomicus) kann hier nicht weiterführen, da diese fälschlicherweise von einem Unmittelbarkeitszusammenhang von Denken und Handeln ausgehen: Sie setzen voraus, daß die Einstellungen oder die Verhaltensentscheidungen der Menschen unmittelbar zu Verhalten führen, was aus psychologischer Sicht aber eben nicht vorausgesetzt werden darf[204].

(A) Dokumente bürgerlicher Steuerunlust

Bei der Auswertung von Tatsachen werden zum einen Phänomene dargestellt, die bereits so offensichtlich sind, daß sich ein quantitativer Beweis, der nach naturwissenschaftlichen Maßstäben an sich erforderlich wäre[205], erübrigt. Denn auch hier geht es nur darum, mit Hilfe der Phänomene eine Lagebestimmung der Steuermoral vorzunehmen. Das Schwergewicht liegt daher auf der Interpretation der Phänomene. Da auch hier mannigfaltige Motivationsgründe für ein bestimmtes Verhalten in Betracht kommen, wird zumeist eine eindeutige Zuordnung in Bezug auf das Steuerrechtsbewußtsein nicht möglich sein.

Als zu untersuchende Phänomene, die Aufschluß über die Steuermoral der Steuerpflichtigen geben könnten, kommen vor allem jene in Betracht, die in auffälliger Weise die Unlust der Bürger dokumentieren, Steuern zu zahlen. Der sogenannte Steuerwiderstand, der sich durch seine Massenhaftigkeit auszeichnet, bildet den Oberbegriff für jegliches Steuerzahlerverhalten, das der staatlichen Besteuerung zuwiderläuft. Seine einzelnen Ausprägungen, wie beispielsweise die Rechtsmittelflut, die Auswüchse der "Steuerberatungsindustrie" und die "Steuersünden" werden im einzelnen untersucht werden.

(B) Autoritätenmeinungen

Als einen weiteren Anhaltspunkt für die Richtung, in die sich ein kollektives Rechtsbewußtsein entwickelt, können die gefilterten und für durchsetzungswürdig gehaltenen Forderungen herangezogen werden, wie sie von den meinungsführenden und meinungsbildenden Autoritäten einer Gesellschaft formuliert werden. Diese Autoritäten werden als meinungsbündelnde und Extremforderungen entschärfende Instanzen der Sinnvermittlung empfunden, die auch edukatorische Funktionen[206] übernehmen können - gerade wenn sie für das jeweilige Gebiet eine spezielle politische oder soziale Autorität in Anspruch nehmen können[207].

---

204 *Frey/Brandstätter/Schuster*, Das ökonomische Modell aus psychologischer Sicht, in: Smekal/Theurl (Hrsg.), Stand und Entwicklung der Finanzpsychologie, 70.

205 Vgl. zu einer methodolgischen Kritik an der mathematisch-experimentellen Forschungsmethode: *Tretter*, Die Steuermentalität, 13.

206 *Würtenberger*, Rechtsprechung und sich wandelndes Rechtsbewußtsein, 557.

Als solche Autoritäten können für den Problembereich des Steuerrechts neben den staatlichen Kompetenzträgern (Regierung, Bundestag, Bundesrat, Bundespräsident) auch die Gerichte (Bundesverfassungsgericht, Bundesfinanzhof), einige große Interessenverbände (z.B. Bund der Steuerzahler, Deutsche Steuergewerkschaft), die Parteien und nicht zuletzt auch die führenden Vertreter der Steuerrechtswissenschaft genannt werden.

Die Äußerungen und Einschätzungen derartiger Autoritäten geben dem einzelnen Steuerzahler eine gewisse Orientierungssicherheit. Kommt hinzu, daß die Verlautbarungen der meisten Autoritäten sich decken, kann das anthropologisch tief verwurzelte Bedürfnis nach gemeinschaftlicher Integration und Zugehörigkeit zur Majorität[208] dazu führen, daß sich auch an sich "meinungslose" Bürger dieser Sichtweise anschließen. Sie können dadurch ihr Verhalten dem sozial Anerkannten entsprechend ausrichten. Auf diese Weise kann die Autorität des allseits Anerkannten meinungsbildend wirken. Damit ist zugleich der Einfluß der Autoritäten auf die öffentliche Meinung dargestellt, die wiederum entscheidend die Einstellung des Einzelnen zum Recht beeinflussen kann[209].

b. Die empirische Sozialforschung

Um die Deutungsgenauigkeit bei der Analyse der geschilderten Tatsachen zu erhöhen, wird ein anderer - zusätzlicher - Beurteilungsfaktor benötigt, der die Interpretationsrichtung zumindest grob bestimmen helfen kann. Als eine derartige Orientierungshilfe können Ergebnisse der empirischen Sozialforschung dienen[210]. Die Demoskopie hat sich seit den 40er Jahren dieses Jahrhunderts in der Bundesrepublik Deutschland zu einer wissenschaftlichen Methode entwickelt, mit deren Hilfe alle gesellschaftlich und staatlich interessierten Stellen die Einstellungen zu politischen Sachfragen, zu Ideologien, Wertorientierungen oder anderen politisch relevanten Einstellungen ermitteln lassen können[211].

---

207 *Würtenberger*, Rechtsbewußtsein und Staatsverständnis der Parteien, 26; *Würtenberger*, Zeitgeist und Recht, 220.

208 Vgl. *Würtenberger*, Zeitgeist und Recht, 25 f.

209 *Würtenberger*, Zeitgeist und Recht, 171 f. m. Nw. schildert den Einfluß der öffentlichen Meinung auf die Rechtsinterpretation.

210 Zu der grundsätzlichen Eignung empirischer Demoskopie für die Feststellung von Rechtstatsachen (hier als Beweismittel im Markenrecht) vgl. *Rehbinder*, Demoskopie als Beweismittel im Markenrecht, in: *Würtenberger* (Hrsg.), Abhandlungen zur Rechtssoziologie, 209 ff.

211 Vgl. *Brettschneider*, Öffentliche Meinung und Politik, 23, der besonders die Relevanz der Demoskopie für die Politik herausstreicht.

(A) Methodenkritische Aspekte

Allerdings ist gerade diese Erkenntnismethode mit erheblichen Vorbehalten zu verwenden. Denn auch die Demoskopie kann das Rechtsbewußtsein nicht eindeutig enthüllen[212]. Auf eine Umfrage ist im Idealfall nur zu erfahren, was Menschen sagen. Das Rechtsbewußtsein betrifft aber im weiteren Sinne das Denken über rechtliche Dinge. Da Denken und Gesagtes nicht notwendig übereinstimmen müssen[213], entsteht hier ein zusätzlicher Unsicherheitsfaktor. Gerade im Steuerrecht ist dieses Phänomen hinlänglich bekannt. Neuere Untersuchungen haben gezeigt, daß zwischen dem geäußerten und tatsächlichen Deklarationsverhalten von Steuerpflichtigen oft beträchtliche Differenzen bestehen[214]. Gleiches gilt auch für Umfrageantworten. Insbesondere blieb das tatsächliche Verhalten in aller Regel weit hinter den geäußerten Einstellungen zurück[215].

Aber nicht nur aus diesen Gründen ist die Steuermoral empirisch schwer erhebbar[216]. Dies ist zum einen auch auf die Differenziertheit und Reichhaltigkeit der Gründe, die zu einer Ablehnung der Steuerpflicht führen[217], zurückzuführen[218]. In der Finanzpsychologie hat sich gezeigt, daß es aufgrund fehlender Daten häufig sehr schwierig ist, die theoretisch aufgestellten Hypothesen, warum ein bestimmter Grund zu einer Ablehnung der Steuerpflicht führt, empirisch zu testen[219]. Auch hier ist wieder das oben schon angesprochene Heimlichkeitsbedürfnis der Befragten dafür verantwortlich: Niemand hat ein Interesse daran, sein pflichtwidriges Verhalten und damit die Manifestation seiner Einstellung zum Steuerrecht in irgendeiner Weise zu deklarieren. Im Gegenteil: Vielfach trägt die Angst vor staatlicher Repression wesentlich dazu bei, die Erklärungen zu unterlassen oder zumindest zu verfälschen.

---

212 Vgl. *Lucke/Schwenk*, Rechtssoziologie 1992, 188 f.

213 *Pichler/Giese*, JRP 1993, 113 f.

214 *Pommerehne/Weck-Hannemann*, ZWS 1992, 448 (FN 25).

215 *Lucke/Schwenk*, Rechtssoziologie 1992, 189 m. Nw.

216 Dagegen spielen die Kosten einer Repräsentativumfrage hier wohl nur eine untergeordnete Rolle. Für den Bereich der zivilgerichtlichen Praxis vgl. *Heldrich*, AcP 186 (1986), 89 ff

217 Vgl. für das gleichgelagerte Problem der Rechtsakzeptanz *Pichler/Giese*, ÖJP 1992, 767.

218 *Lucke/Schwenk*, Rechtssoziologie 1992, 189.

219 *Schneider*, Determinanten der Steuerhinterziehung und der Schwarzarbeit im internationalen Vergleich, in: Smekal/Theurl (Hrsg.), Stand und Entwicklung der Finanzpsychologie, 273 f.

(B) Die Notwendigkeit einer langfristigen Betrachtungsweise

Neben der Frage nach der Ehrlichkeit der Befragten ist auch die Abhängigkeit der so gewonnen Erkenntnisse von kurzfristigen Gefühls- oder Stimmungsschwankungen zu berücksichtigen, die, z.B. über die Medien vermittelt, zu einer beträchtlichen Verfälschung der langfristigen Einstellungen führen können[220]. Umfragen im zeitlichen Umfeld von medienintensiven "Amigoaffären" und "Diätenerhöhungsdiskussionen" werden daher in aller Regel nur ein Zerrbild der tatsächlichen langfristigen Grundstimmung darstellen können. Allerdings kann dieses Zerrbild mit der steigenden Häufigkeit steuerrechtsbewußtseinsrelevanter Berichterstattung zu einem tatsächlichen Abbild des Steuerrechtsbewußtseins der Bevölkerung werden. Die kurzzeitige Empörung über steuerliche Mißstände kann durch wiederholte Kommunikations- und Beeinflussungsvorgänge in das allgemeine Bewußtsein Einzug halten und auf diese Weise das Steuerrechtsbewußtsein maßgeblich beeinflussen.

Deshalb können Umfragen nur dann einer Standortbestimmung dienen, wenn sie über einen längeren Zeitraum hinweg Tendenzen in der Einstellung des Bürgers zum Recht erkennen lassen, so daß die langfristige Entwicklungslinie sichtbar wird. Damit kann über den Verlauf des Rechtsbewußtseins Sicherheit gewonnen werden, nicht aber über seine Intensität und seine konkreten Ausprägungen. Auch durch Umfrageergebnisse sind Quantitäten nur beschränkt festzustellen. So läßt sich beispielsweise mit Umfragen keinesfalls das Ausmaß der Schwarzarbeit[221] oder der Steuerhinterziehung aufdecken, bestenfalls sind sie als Grundlage für vorsichtige Schätzungen zu gebrauchen. Allenfalls läßt sich eine Unterteilung in ein Mehrheits- und Minderheitsverhältnis vornehmen. *Würtenberger* teilt dementsprechend die so gewonnenen Erkenntnisse über die Einstellungen zum Recht in ein kollektiv minoritäres oder ein kollektiv majoritäres Rechtsbewußtsein ein[222].

(C) Die Fragestellung

Die Formulierung einer Frage innerhalb einer empirischen Umfrage kann die Neutralität des Fragenden aufheben oder die Voreingenommenheit des Befragten maßgeblich beeinflussen. Eine geschickt formulierte Frage kann beispielsweise eine mentale Unterwerfung des Befragten unter die Fragestellung bewirken. Der Befragte legt bei seiner Beantwortung den Wertemaßstab des Fragenden

220 *Würtenberger*, Zeitgeist und Recht, 221 f.

221 *Schneider*, Determinanten der Steuerhinterziehung und der Schwarzarbeit im internationalen Vergleich, in: Smekal/Theurl (Hrsg.), Stand und Entwicklung der Finanzpsychologie, 250.

222 *Würtenberger*, Zeitgeist und Recht, 99 ff.

zugrunde, den er bei freier Entscheidung nicht angelegt hätte. Bei relativ allgemein gehaltenen Fragen besteht zudem die Gefahr, daß die Frage zu einer Projektion des subjektiven Idealzustandes verführt, was ebenfalls Verfälschungen nach sich ziehen kann[223]. So treten beispielsweise bei allgemeinheitsbezogenen Aspekten innerhalb einer entsprechend formulierten Frage die eigenen Interessen und Beurteilungen des Steuerzahlers regelmäßig zurück. Er beurteilt dann das steuerliche Geschehen nicht mehr aus der Warte eines Steuerzahlers, sondern eher aus der eines das Allgemeinwohl vertretenden Politikers. Daher ist eine möglichst konkret-neutrale Fragestellung eine der wichtigsten Voraussetzungen einer verläßlichen empirischen Untersuchung.

Die Fragestellung ist aber auch noch aus anderen Gründen wichtig: Um die längerfristigen Tendenzen zu erkennen, ist es von besonderer Bedeutung, die Fragefassung strikt einheitlich zu gestalten[224]. Daher sind Umfragen verschiedener Meinungsforschungsinstitute nur sehr bedingt kombinierbar, da zwangsläufig die Fragestellungen erheblich differieren. Trotzdem kann ein einheitliches Bild entstehen, wenn in allen Fällen eine gleichgerichtete Einteilung in deutliche Minderheiten und Mehrheiten möglich ist. Allein das sollte schon ausreichen, um eine Lokalisierung - unter Zuhilfenahme der anderen erwähnten Bestimmungsfaktoren - des Rechtsbewußtseins vornehmen zu können.

III. Die Bestimmung der Steuermoral anhand empirischer Sozialforschung

Obwohl verbindliche Aussagen über die Steuermoral anhand der empirischen Sozialforschung nicht möglich sind, soll anhand ausgesuchter[225] Umfrageergebnisse versucht werden, eine bestimmte Tendenz sichtbar zu machen. Dabei wurden neben finanzwissenschaftlichen Umfrageergebnissen - soweit verfügbar - vor allem Untersuchungen der großen deutschen Meinungsforschungsinstitute berücksichtigt, um den Gefahren einer unprofessionellen Fragestellung oder

---

223 *Zippelius*, Rechtsphilosophie, 152; vgl. auch *Tretter*, Die Steuermentalität, 14 f., zu der von ihm in Anlehnung an W. Heisenberg bezeichneten "psychologischen Unschärferelation".

224 Vgl. *Lucke/Schwenk*, Rechtssoziologie 1992, 190 m. Nw.; *Noelle-Neumann*, Diskussion, in: Weigelt (Hrsg.), Freiheit-Recht-Moral, 112.

225 "Ausgesucht" soll hier nicht bedeuten, daß empirische Ergebnisse lediglich zur "Illustration einer Hypothese" benutzt werden sollen, so wie *Rehbinder*, Die Rechtstatsachenforschung im Schnittpunkt von Rechtssoziologie und soziologischer Jurisprudenz, in: *Würtenberger* (Hrsg.), Abhandlungen zur Rechtssoziologie, 61, es ausdrückt. Vielmehr sollte mit dem "Aussuchen" die grundsätzliche Eignung der vorgefundenen empirischen Daten für die Bestimmung der Steuermoral überprüft werden.

Auswertung zu entgehen. Aus diesem Grund wurde auch auf die Erstellung eigener Umfragen verzichtet.

Erfreulich ist, daß gerade in jüngster Zeit - nach einigen Jahren der Abstinenz[226] - Steuerrechtsfragen wieder zum Gegenstand derartiger Forschungen gemacht werden. Dies für sich genommen könnte allein schon als Anhaltspunkt für ein gewandeltes Bewußtsein gewertet werden, oder zumindest Anlaß zu der Feststellung geben, daß im Bereich der Besteuerung sozialwissenschaftliches Konfliktpotential enthalten ist.

1. Die allgemeine Steuermoral im Zeitverlauf

Nach einer 1994 durchgeführten, bislang unveröffentlichten Untersuchung der Forschungsstelle für empirische Sozialökonomik (Prof. Dr. G. Schmölders) e.V.[227] hat sich die allgemeine[228] Steuermoral seit 1984 erheblich verschlechtert. Der Meinung "Wer bei der Steuer nicht mogelt, verdient nur Mitleid" stimmten 1994 43% der Befragten zu[229], während es 1985 noch 26% waren. Ebenso verhielt sich die Zustimmung zu der Aussage "Ehrliche Steuerzahler verdienen Respekt und Anerkennung". Von 1985 mit einem Anteil von 88% sank die Zustimmungsquote bis 1994 auf 78%[230].

In der gleichen Weise erstaunt die hohe Prozentquote derjenigen Befragten, die der Ansicht sind, daß Steuerehrlichkeit von niemandem honoriert werde. Schon 1985 lag diese bei 75%, 1994 schließlich bei 80%[231]. In diesen Zahlen

---

226 *Mackscheidt*, Die Entwicklung der Kölner Schule der Finanzpsychologie, in: Smekal/Theurl (Hrsg.), Stand und Entwicklung der Finanzpsychologie, 59: "Eine so umfassende vergleichende Steuermentalitätsforschung wie die der 60er Jahre hat es bedauerlicherweise nicht mehr gegeben".

227 Die öffentliche Finanzkrise im Urteil der Bürger, Eine empirisch-finanzpsychologische Untersuchung der Wahrnehmung und Bewertung der öffentlichen Einnahmen- und Ausgabenpolitik. Zur Verfügung gestellt wurde die Studie vom Bund der Steuerzahler Nordrhein-Westfalen e.V.

228 Auf die in der Studie angesprochene Differenzierungen nach Einkommensklassen, Berufs- und Altersgruppen sei hier der Übersichtlichkeit halber verzichtet. Erwähnenswert ist lediglich, daß die Steuermoral der jungen Leute deutlich schlechter ist, als die der älteren. Die Akzeptanz traditioneller Werte sei bei den jüngeren Steuerzahlern nicht mehr in einem Maße wie bei den älteren vorhanden. Vgl. S. 54 des Manuskripts.

229 Die Forschungsstelle (S. 51 des Manuskripts) merkt dazu an, daß eine auffällige Übereinstimmung bestünde zu der Meinung "Dem Staat ein Schnippchen zu schlagen, macht Spaß". Die Zustimmung zu den jeweiligen Vorgaben sei mit 44 % bzw. 50 % ähnlich hoch.

230 Forschungsstelle für empirische Sozialökonomik, Die öffentliche Finanzkrise im Urteil der Bürger, S. 51 des Manuskripts.

offenbart sich die Distanz von Staat und Bürger. Der Bürger empfindet sich offensichtlich nicht als einen integrierten Teil seines Gemeinwesens, sondern betrachtet den Staat bestenfalls als eine Institution, die ihm zwar übergeordnet, doch im Finanzbereich seinen Interessen weitgehend entgegengerichtet ist.

Die gleiche Entwicklung zeigt eine Allensbacher Untersuchung[232]. Auf die Frage, ob man Steuern hinterziehen sollte, wenn man die Möglichkeit dazu hat, antworteten 1981 52% der Befragten, daß dies auf keinen Fall zulässig sei. Zehn Jahre später waren es dagegen nur noch 40%, die dies ablehnten. In entsprechender Weise, fanden es 1981 noch 8% der Befragten weitgehend in Ordnung, Steuern zu hinterziehen, 1991 dagegen schon 10%.

Die entsprechende Gegenfrage, "Auf keinen Fall darf man Steuern hinterziehen, wenn man die Möglichkeit hat", ergab im Rahmen einer anderen Befragung ein weitaus positiveres Bild, obwohl auch hier eine abnehmende Tendenz feststellbar ist. Dies mag damit erklärt werden, daß die theoretische Befassung mit der grundsätzlichen Normbefolgungsbereitschaft zu einem gewissen Teil unabhängig davon erfolgt, wie der einzelne seine Entscheidung persönlich trifft. Wird das normative Bewußtsein direkt angesprochen ("Was man auf keinen Fall tun darf"), kann angenommen werden, daß gemeinwesenbezogene, staatliche Belange vermehrt Berücksichtigung finden. Es findet die oben angesprochene Projektion des subjektiven Idealzustandes statt. Trotzdem läßt sich auch hier die Tendenz erkennen, daß die Bereitschaft zur Normverletzung im Steuerrecht deutlich zugenommen hat. Interessant an der eben genannten Untersuchung ist auch, daß die Einstellung der westdeutschen Bevölkerung zu Normverletzungen offenbar auf die Ostdeutschen "abgefärbt" hat[233].

Die aufgezeigte Entwicklung ist allerdings nicht nur in Deutschland zu beobachten. Auch bei finanzpsychologischen Untersuchungen in Italien, Belgien, Frankreich und in den USA hat sich gezeigt, daß die Steuermoral im Verlauf von zwei Jahrzehnten abgenommen hat[234]. Es scheint sich somit um einen Wandel in

---

231 Forschungsstelle für empirische Sozialökonomik, Die öffentliche Finanzkrise im Urteil der Bürger, S. 51 des Manuskripts.

232 Allensbacher Archiv, IfD-Umfragen 1295, 2287.

233 *Noelle-Neumann*, Das demokratische Defizit, in: Frankfurter Allgemeine Zeitung vom 20. September 1995, S. 5. Im einzelnen ergaben sich für die Steuerhinterziehung folgende Zahlen:
"Auf keinen Fall darf man Steuern hinterziehen, wenn man die Möglichkeit hat":

1981		1990		1995	
West	Ost	West	Ost	West	Ost
76 %	-	68 %	88 %	63 %	63 %

234 *Schneider*, Determinanten der Steuerhinterziehung und der Schwarzarbeit im internationalen Vergleich, in: Smekal/Theurl (Hrsg.), Stand und Entwicklung der

den Einstellungen ihrer Bürger zu handeln, mit dem sich die meisten westlichen Demokratien auseinanderzusetzen haben[235].

2. *Die Steuerhinterziehung*

Erhebt sich für den Einzelnen die Frage, ob er Steuern hinterziehen soll, stellt diese interne Überlegung praktisch die Feuerprobe für das Steuerrechtsbewußtsein des Steuerpflichtigen dar. Die zur Steuerhinterziehung gestellten Fragen offenbaren damit die Steuermoral, gerade wenn sie zu Ungunsten der gesetzlichen Steuerpflicht beantwortet wurden. Hier zeigt es sich, ob der Steuerpflichtige seiner Mißbilligung Taten folgen lassen will, ob also das Rechtsbewußtsein schon so weit gesunken ist, daß ein Gesetzesverstoß begangen werden kann. Aus diesem Grund sind auch die (insoweit nicht nur theoretischen) Einstellungen der Steuerbürger zur Steuerhinterziehung von äußerster Relevanz. Denn mit der Billigung oder dem Verständnis für die Steuerhinterziehung, wird dem eigenen gesetzeswidrigen Verhalten der Weg geebnet: Die damit verbundene resignative Einstellung zum Steuerrecht rechtfertigt Devianz und Kriminalität, die vor allem das eigene Fehlverhalten der Steuerzahler stützen können[236].

Bereits oben wurde erwähnt, daß mit der vermißten Honorierung von Steuerehrlichkeit die Bereitschaft eng verbunden ist, Steuern zu hinterziehen. Es besteht angesichts eines solchen "undankbaren" Umfeldes kein Anreiz mehr, auf die Gemeinschaft Rücksicht zu nehmen, da unmittelbar keine Vorteile[237] für den Steuerehrlichen ersichtlich sind. Daher sind nach den Ergebnissen der Forschungsstelle für empirische Sozialökonomik 1994 fast 45% der Befragten bereit, Steuertricks am Rande des gesetzlich Erlaubten anzuwenden. Rund ein Viertel würde sogar Geld ins Ausland schaffen, selbst schwarzarbeiten oder Steuern hinterziehen[238].

Finanzpsychologie, 263, 277 Tabelle 5.

235 Einen Sonderweg scheint lediglich die Schweiz zu beschreiten, die ihre Bürger allerdings wesentlich stärker in staatliche (auch: Finanz-) Entscheidungen einbindet. Vgl. *Weck-Hannemann/Pommerehne*, SZVS 1989, 515 ff.

236 Vgl. *Hradil/Lucke*, LdR, Stichwort "Rechtskenntnis der Bevölkerung und Einstellung zum Recht", 3/170, 1.

237 Diese angesprochenen Vorteile müssen nicht materieller Art sein. Anerkennung oder Sozialprestige sind mindestens ebenso entlohnend wie Geldleistungen; vgl. *Schmölders*, Finanzpsychologie, 116.

238 Forschungsstelle für empirische Sozialökonomik, Steuerprojekt 94 BdSt - Grundauszählung, A 19, Tab. 11: Auf die Frage, mit welchen Möglichkeiten man sich gegen die Belastung und Kompliziertheit des Steuersystems zur Wehr setzen kann, antworteten die Befragten im einzelnen (Auszug): Steuertricks am Rande des gesetzlich Erlaubten verwenden 44,9 %

selbst schwarzarbeiten	25,0 %
Steuern hinterziehen	23,9 %

Schließlich ist eine deutliche Mehrheit der Befragten der Ansicht, daß ein Großteil aller Steuerpflichtigen Steuern vorenthalten würde, wenn die Gelegenheit dazu bestünde. Rund ein Drittel meint sogar, daß 80 % und mehr aller Steuerpflichtigen diese Gelegenheit wahrnehmen würden[239].

Eng damit verbunden ist die Strafwürdigkeit des Steuerdelikts. Schon *Schmölders* fand 1975 heraus, daß die Beurteilung der Steuerhinterziehung "ziemlich milde"[240] sei. Diese Schlußfolgerung zieht auch die Forschungsstelle für empirische Sozialökonomik auf der Grundlage ihrer Untersuchungen 1994: "Der Umstand, daß Steuerehrlichkeit nicht honoriert wird, sondern lediglich Mitleid hervorruft, impliziert, daß Steuerhinterziehung kaum verwerfungs- oder gar strafwürdig erscheint."[241]

Äußerst aufschlußreich ist in diesem Zusammenhang auch die Beurteilung der Steuerhinterzieher durch die Befragten[242]. In erster Linie werden Steuersünder mit "raffinierten Geschäftsleuten" gleichgestellt (37,9 %). Antwortvorgaben, die Cleverness ausdrücken (Raffinierter Geschäftsmann, gerissener Typ, Lebenskünstler) werden zu etwa 65 % genannt, während diejenigen, die eine Gesetzesverletzung darstellen (Betrüger, Dieb, Verbrecher, Verkehrssünder) nur zu etwa 34 % genannt werden[243].

Geld ins Ausland schaffen	26,3 %
Bar und ohne Rechnung bezahlen	21,7 %

239 Forschungsstelle für empirische Sozialökonomik: Steuerprojekt 94 BdSt - Grundauszählung, A 19, Tab. 12.

240 Vgl. *Schmölders*, Finanzpsychologie, 119, wonach ein Drittel der Befragten Geldstrafe als Höchststrafe für ausreichend hielt und nur ein knappes Siebtel für Zuchthaus plädierte.

241 Forschungsstelle für empirische Sozialökonomik, Die öffentliche Finanzkrise im Urteil der Bürger, S. 49 des Manuskripts.

242 Vgl. dazu auch eine ähnliche von *Schmölders* durchgeführte Untersuchung aus dem Jahr 1958, die bereits in die heutige Richtung tendierte: *Schmölders*, Das Irrationale in der öffentlichen Finanzwirtschaft, 106.

243 Forschungsstelle für empirische Sozialökonomik, Die öffentliche Finanzkrise im Urteil der Bürger, S. 55 des Manuskripts, Tabelle 8: Die Nennungen im einzelnen:

"Cleverness"	raffinierter Geschäftsmann	37,9 %
	gerissener Typ	19,8 %
	Lebenskünstler	7,1 %
"Gesetzes-verletzung"	Betrüger	26,5 %
	Dieb	3,0 %
	Verbrecher	2,4 %
	Verkehrssünder	1,9 %
	keine Angabe	1,4 %

Besondere Relevanz erlangen diese Zahlen dadurch, daß sich in einem Vergleich dieser Image-Fragen mit den gleichen Fragen von 1987[244] zeigt, daß die "Cleverness"-Antworten um etwa 5 % zugelegt haben, während die "Gesetzesverletzungs"-Antworten um rund 7 % abgenommen haben. Besonders auffällig ist dabei die Bewertung als "Betrüger". Während 1987 noch 33 % der Befragten diese Vorgabe gewählt haben, wählten 1994 nur noch rund 27 % aller Befragten diese Imagedarstellung. Insgesamt bedeuten diese Werte eine deutliche Imageverbesserung für die Steuersünder, was nach Auffassung der Forschungsstelle für empirische Sozialökonomik gleichzusetzen sei mit einer weiteren Verschlechterung der Steuermoral[245].

In einer vom Institut für Demoskopie Allensbach durchgeführten Untersuchung zu dem Thema "Was man auf keinen Fall tun darf", ergaben sich bestätigende Werte[246]. So sank der Anteil der Befragten, die die Meinung vertraten, daß man auf keinen Fall Steuern hinterziehen dürfe, wenn man die Möglichkeit dazu habe, von 76 % (1981) auf 63 % im Jahr 1995. Über die Jahre hinweg betrachtet, läßt sich eindeutig ein Trend zu einer Verschlechterung des Steuerrechtsbewußtseins ausmachen, von dem sich auch die Ostdeutschen erfassen ließen.

3. *Staatsbewußtsein und Steuerrecht*

Die Vermutung, daß die Einstellung des Einzelnen zu seinem Staat in Verbindung mit seiner Steuerzahlungsbereitschaft steht, wurde bereits oben angesprochen. Honoriert der Staat die ehrliche Erfüllung der Steuerpflicht nicht ausreichend, besteht für den Bürger auch kein Anlaß, auf den die Allgemeinheit repräsentierenden Staat Rücksicht zu nehmen. Die genannten empirischen Ergebnisse stützen diese Ansicht. Es spricht daher viel dafür, daß der Bürger die mit dem Wandel der Staatsauffassung verbundene Abstraktion der Rechtfertigung der Steuern[247], nun ohne konkrete Gegenleistung mit seinen Steuern etwas für das Gemeinwesen beizutragen, nicht mitvollzogen hat, insbesondere wenn er mit der konkreten Politik nicht übereinstimmen sollte. Der Grund für dieses Defizit könnte in der fehlenden Weiterentwicklung der steuerlichen Rechtfertigung gesehen werden, die - falls vorhanden - die Zusammenhänge von Staat - Bürger und Finanzen im Bewußtsein der Steuerpflichtigen präsent gehalten und aktualisiert hätte.

---

244 Forschungsstelle für empirische Sozialökonomik, Die öffentliche Finanzkrise im Urteil der Bürger, S. 56 (Manuskript), Abb. 36.

245 Forschungsstelle für empirische Sozialökonomik, Die öffentliche Finanzkrise im Urteil der Bürger, S. 56 (Manuskript); vgl. auch schon *Schmölders*, Untertan, 185.

246 *Noelle-Neumann*, Das demokratische Defizit, in: Frankfurter Allgemeine Zeitung vom 20. September 1995, S. 5.

247 Vgl. dazu oben II. G. 1.

Der These von einem Konnex zwischen Staatsbewußtsein und Steuerzahlungswilligkeit entspricht auch eine Umfrage des Institutes für Demoskopie Allensbach, die für die Frankfurter Allgemeine Zeitung im Januar und im Juli 1994 durchgeführt wurde[248]. Auf die Frage, was sie empfinden, wenn sie Steuern zahlen, antworteten im Juli 1994 37 % der befragten Westdeutschen, "Ich leiste einen Beitrag für die Allgemeinheit" (48 % im Januar 1994). Für dieselbe Antwort entschieden sich im Juli 1994 29 % der befragten Ostdeutschen (37 % im Januar 1994). Der Rest war dagegen der Auffassung, daß man durch das Steuernzahlen auf etwas verzichten müsse, oder gar, daß man dem Steuerzahler etwas wegnehme[249]. Diese ablehnenden Meinungen stellen - abgesehen von den je nach Fragezeitpunkt erheblichen Schwankungen, die sich bei wohlwollender Betrachtung wohl noch im Rahmen des Üblichen halten - deutlich die Mehrheit dar. Beachtlich ist auch, daß die Extremposition der "Wegnahme-Theorie" fast ein Drittel der Befragten auf sich vereinigen kann, sowohl in Ost- als auch in Westdeutschland.

Die Analyse solcher Ergebnisse wird sich letztendlich mit der Frage auseinanderzusetzen haben, ob ein Gemeinwesen, das auf die Unterstützung des Einzelnen angewiesen ist, sich eine derart distanzierte oder sogar feindliche Einstellung seiner Mitglieder auf Dauer leisten kann. Dem Heer der aus der Bevölkerung an ihn herangetragenen Egoismen kann der für das Gemeinwohl zuständige Staat scheinbar nicht mehr allein durch Lastenverteilung entgegentreten. Die Notwendigkeit einer von einem Großteil der Bevölkerung mitgetragenen Rechtfertigung der Steuern zeigt sich hier in aller Deutlichkeit.

Insgesamt betrachtet, lassen die Umfrageergebnisse zumindest den Schluß zu, daß die Bürger ihre Steuerpflicht zu einem beträchtlichen Anteil nicht oder nur wenig akzeptieren. Dementsprechend lassen sich Rückschlüsse auf ein nur gering entwickeltes Steuerrechtsbewußtsein ziehen.

---

248 *Noelle-Neumann*, Die Deutschen und der Staat, in: Frankfurter Allgemeine Zeitung vom 11. Januar 1995, S. 5.

249 "Ich muß auf etwas verzichten"

Westdeutschland	Juli 1994	24 %
	Januar 1994	18 %
Ostdeutschland	Juli 1994	27 %
	Januar 1994	23 %

"Man nimmt mir etwas weg"

Westdeutschland	Juli 1994	30 %
	Januar 1994	21 %
Ostdeutschland	Juli 1994	30 %
	Januar 1994	26 %

IV. Die Bestimmung der Steuermoral anhand von Verhalten

Der frustrierte Steuerzahler kann seine Einstellungen am Stammtisch, bei Demonstrationszügen und in Leserbriefen an seine Zeitung[250] kundtun. Ob er dann tatsächlich die Grenze zum aktiven Steuerwiderstand oder sogar zum Gesetzesbruch überschreitet, ist dagegen ungewiß. Es stellt sich mithin dasselbe Problem zwischen Denken bzw. Sagen und Handeln wie bei der Bewertung empirischer Umfrageergebnisse.

Eine gewisse Verortung der Steuermoral läßt sich aber mit der Bewertung von Tatsachen erreichen, die hinreichend deutlich die steuerliche Einstellung der Bürger zeigen. Ausgewählt wurde zu diesem Zweck zum einen der Steuerwiderstand, der die bürgerliche Unlust, Steuern zu bezahlen kennzeichnet. Zum anderen ist die Meinungslage innerhalb der Steuerrechtswissenschaft zu schildern, die bereits oben als die vorzugswürdigste Autoritätenmeinung ausgewählt wurde.

1. Der Steuerwiderstand

Unter Steuerwiderstand[251] wird die Gesamtheit der Gegenreaktionen verstanden, welche die Besteuerung bei den von ihr Betroffenen auslöst. Der Steuerwiderstand manifestiert den psychischen Widerwillen, Steuern zu zahlen[252], und ist damit als Indikator des Steuerrechtsbewußtseins äußerst geeignet. Dies wurde schon früh erkannt. So sah *Oermann*[253] mit Berufung auf *Holtgrewe* den Steuerwiderstand als "im Primitivpotential beheimatet, in den natürlichen Trieben und Strebungen des Menschen, die der Erfüllung der lediglich rational empfundenen Steuerpflicht diametral und mit ungleich größerer Kraft entgegenwirken". Wichtig für die Beurteilung des Steuerwiderstandes ist die Erkenntnis, daß die Entscheidung, Steuern zu vermeiden, zu umgehen, zu hinterziehen oder auch planmäßig zu unterschlagen nicht nur Ausfluß ökonomischen Räsonierens ist[254]. Ebenso entscheidungsrelevant wie rationale Überlegungen sind beispielsweise **Gerechtigkeitsempfindungen** oder **Rechtfertigungsdefizite**. Dies hat die Finanzpsychologie gezeigt, indem sie darauf hinwies, daß der Steuerwiderstand um so stärker ist, je ungerechter die Steuerlastenverteilung empfunden wird, je negativer die

---

250 *Rößler*, DStZ 1993, 172.

251 In den Zwanziger Jahren dieses Jahrhunderts wurde der Begriff des "Steuerwiderstandes" erstmals von Wilhelm Gerloff in die wissenschaftliche Literatur eingeführt. Daneben wurden aber auch die Ausdrücke "Steuerabneigung" (*Amilcare Puviani*), "Steuerabwehr" (*F.K. Mann*) und "Finanzgesinnung" (*Eugen Grossmann*) vertreten. Vgl. *Tretter*, Die Steuermentalität, 18 m. Nw.

252 *Schmölders*, Finanzspsychologie, 122.

253 *Oermann*, StbJb 1957/58, 72 f.

254 So aber sieht es die Finanzwissenschaft mit ihrem Modell des "homo oeconomicus", vgl. *Pommerehne/Weck-Hannemann*, ZWS 1992, 435.

Beurteilung der Institutionen des Staates und ihres Umganges mit den Steuermitteln erfolgt, je mehr die Mitbürger als steuerunehrlich empfunden werden und je weniger das Gewissen in Steuerfragen eine Rolle spielt[255]. Die Ausprägungen des Steuerwiderstandes erscheinen damit als ein geeigneter Ansatzpunkt, um die Steuermoral zu bestimmen.

Ebenso wie die Besteuerung, hat auch der Steuerwiderstand eine lange Geschichte. Aktiver Steuerwiderstand trat schon früh aufgrund einer immer weiteren Erhöhung der Abgabenlast auf. So soll er nicht wenig zum Verfall der griechischen Stadtstaaten, zum Niedergang des Römischen Reiches und zum Versagen der Kaisermacht im deutschen Mittelalter beigetragen haben, ebenso wie zu dem Abfall der Niederlande von der spanischen Herrschaft, der Boston Tea Party mit der ihr folgenden Unabhängigkeitserklärung der Vereinigten Staaten von Amerika oder auch der Französischen Revolution[256].

Auch in den modernen demokratischen Staaten spielt der Steuerwiderstand eine gewisse Rolle: 1956 gewannen die "Poujadisten" (genannt nach der von Pierre Poujade gegründeten Partei UDCA, die den Mittelstand gegen eine mißglückte Steuer- und Wirtschaftspolitik der französischen Regierung vertreten sollte) immerhin 52 Abgeordnete in der Nationalversammlung. In den Vereinigten Staaten von Amerika entstand mit der sogenannten "Steuerrevolte" gegen Ende der siebziger Jahre eine Bürgerinitiative, die die Einführung von Besteuerungshöchstgrenzen in der Verfassung erreichen wollte und in einer Reihe von US-Bundesstaaten damit Erfolg hatte[257].

Auch in Deutschland gab es Beispiele für eine offene Konfrontation mit dem Fiskus, die von der Finanzwissenschaft der Unterart des Steuerprotestes[258] zugeordnet werden. Zu erwähnen sind hier der Winzersturm auf das Finanzamt

---

255 *Brandstätter*, Determinanten der Steuerhinterziehung: Ergebnisse der experimentellen Psychologie, in: Smekal/Theurl (Hrsg.), Stand und Entwicklung der Finanzpsychologie, 217; vgl. auch *Schmölders*, Steuerlehre, 103. *Tretter*, Die Steuermentalität, 17, weist darauf hin, daß gerade die in der Scholastik angestellten steuerlichen Rechtfertigungsüberlegungen erstmals Anlaß zu psychologischen Erörterungen gaben.

256 *Schmölders*, Finanzpsychologie, 122f.; *Flämig*, HwStR II, "Steuerprotest", 1312.

257 *Vogel*, Der Staat 25 (1986), 483; *Mackscheidt*, Die Entwicklung der Kölner Schule der Finanzpsychologie, in: Smekal/Theurl (Hrsg.), Stand und Entwicklung der Finanzpsychologie, 56; vgl. für Kalifornien: *Galles/Long/Sexton*, Restricting Taxation: The Impact of Proposition 13 on California Tax and Expenditure Trends, The Journal of Social, Political and Economic Studies 1995, 81ff.; ausführlich zur "Tax revolt": *Folkers*, Begrenzungen von Steuern und Staatsausgaben in den USA, 15ff.; *Reis*, Fesseln für den Leviathan. Die Steuerrevolte in den Vereinigten Staaten und die Problematik budgetärer Schranken.

258 *Flämig*, HwStR II, "Steuerprotest", 1312.

Bernkastel[259], der 1926 zur Aufhebung der Reichsweinsteuer führte, und die pommersche Bauernbewegung von 1931 im Zeichen der Schwarzen Fahne[260]. Die in neuerer Zeit versuchte Gründung einer Steuerprotestpartei[261] oder gar die lautgewordenen Steuerboykottaufrufe konnten sich dagegen bislang nicht zu offenen Massenphänomenen entwickeln[262].

Bemerkenswert ist in diesem Zusammenhang, daß der Steuerwiderstand der Bevölkerung im modernen Staat von Seiten des Parlaments nur noch eine sehr gedämpfte Resonanz erfährt. Findet der bürgerliche Aufschrei bei jeder Steuererhöhung noch ein schwaches parlamentarisches Echo, so scheint der alltägliche Steuerwiderstand, wie er sich in den nun aufzuführenden Phänomenen zeigt, keine parlamentarische, allenfalls eine ministerielle Reaktion hervorzurufen. Verstanden sich die Parlamentarier in früheren Zeiten als Sachwalter der Interessen der Bürger gegen die Ansprüche der Regenten, so haben sie heute dieses Selbstverständnis weitgehend aufgegeben. Erklärt wird dieses Phänomen vielfach mit dem machtpolitisch bedingten Interesse der Parlamentarier an der Ausweitung der Staatsausgaben[263].

Der Steuerwiderstand hat in jüngster Zeit - auch wissenschaftliche - Aufmerksamkeit erfahren, da sich zäher Widerstand des Steuerpflichtigen nicht selten im wahrsten Sinne des Wortes ausgezahlt hat[264]. Lange Zeit[265] kamen nämlich nur diejenigen Steuerzahler in den Genuß verfassungsgerichtlicher oder rückwirkender gesetzgeberischer[266] Entscheidungen, die sich aktiv durch Rechtsbehelfe gegen ihre Besteuerung zur Wehr gesetzt haben. Denn dann erwuchsen ihre Steuerbescheide nicht in Bestandskraft. Die Konsequenz der Situation war, daß eine rückwirkende Änderung der angefochtenen Steuerbescheide nur zugunsten der "Streithanseln" möglich war. Alle anderen Steuerzahler, die auf die Rechtmäßigkeit der von ihnen erhobenen Steuern vertrauten, bekamen eben wegen jener Bestandskraft ihrer Steuerbescheide bescheinigt, daß sie zwar unrechtmäßig

259 Vgl. *Oechsle*, Die steuerlichen Grundrechte in der jüngeren deutschen Verfassungsgeschichte, 22, FN 17 m. w. N.

260 *Schmölders*, Finanzpsychologie, 123.

261 *Flämig*, HwStR II, "Steuerprotest", 1312.

262 Die Auffassung *Tipkes*, Steuerrechtsordnung, 1065, daß ziviler Ungehorsam und Widerstand in Form von Steuerverweigerung kein zulässiges Mittel politischer Auseinandersetzung seien, kann daher als in der deutschen Bevölkerung (noch) vorherrschend angesehen werden.

263 *Kirchgässner/Pommerehne*, Staatsaufgaben, 152.

264 *Miehler/Kronthaler*, DStZ 1992, 258.

265 Mittlerweile werden die Steuerfestsetzungen durch Vorläufigkeitsvermerke nach § 165 Abs. 1 AO generell unter Vorbehalt gestellt.

266 Zum Beispiel durch eine rückwirkende Gesetzesänderung aus Anlaß der BVerfG-Entscheidungen zum Kinderlastenausgleich der Jahre 1983 - 1985, vgl. *Miehler/Kronthaler*, DStZ 1992, 258.

besteuert wurden, daß daran aber nichts mehr zu ändern sei. Der gut beratene Steuerzahler zieht einmal mehr Vorteile aus seinem Mißtrauen gegenüber dem Staat (sog. Dummensteuereffekt)[267]. Um sich vor derartigen Ungerechtigkeiten zu schützen, schlossen sich viele Steuerpflichtige - notgedrungen - dem so zutagegetretenen Steuerwiderstand an. Denn die Steuerzahler und ihre Berater haben daraus ihre Lektion gelernt: Zur Vorsicht wenden sie sich jetzt bei den geringsten Zweifeln an der Rechtmäßigkeit ihrer Besteuerung gegen die Steuerfestsetzung - auch wenn mittlerweile § 165 Abs. 1 Satz 2 Nr. 2 und 3 AO den Vorläufigkeitsvermerk bei Ungewißheiten über die Verfassungswidrigkeit von Steuergesetznormen ermöglichen[268], und somit eine Bestandskraft diesbezüglich nicht zu befürchten steht. Auf diese Weise konnte sich der individuelle Steuerwiderstand wiederum zu einer Massenerscheinung entwickeln.

Steuerwiderstand an sich ist nach finanzwissenschaftlicher Auffassung in seiner Quantität eine "unbeobachtbare Größe"[269]. Dennoch ist es möglich, ihn anhand tatsächlicher Entwicklungen zu orten. Das mag für die hier beabsichtigten Zwecke genügen, da keine volkswirtschaftlichen Implikationen errechnet werden müssen, sondern lediglich die Einstellungen der Bürger zu einem für den Staat vitalen Rechtsbereich dargestellt werden sollen.

a. Der "massenhafte" Steuerwiderstand durch Rechtsbehelfe

Dem Steuerpflichtigen stehen zunächst zwei Möglichkeiten zur Verfügung, sich der Steuerpflicht zu entziehen. Zum einen kann er sich durch Manipulationen anläßlich ihm auferlegter Mitwirkungspflichten der Steuerpflicht entziehen. Zum anderen kann er sich gegen Maßnahmen der Finanzbehörden zur Wehr setzen. Als Mittel dazu dienen dem Steuerpflichtigen das verwaltungsinterne Einspruchsverfahren sowie die Gerichtsverfahren vor den Finanzgerichten und dem Bundesverfassungsgericht. Unter Steuerfachleuten ist allerdings bekannt, daß durch eine dramatisch ansteigende Zahl unerledigter Verfahren vor den Gerichten der Finanzgerichtsbarkeit und der auch daraus resultierenden überlangen Verfahrensdauer ein Zustand geschaffen wurde, der mitunter die Züge einer Rechtsverweigerung für den Bürger annimmt[270]. Gerade dieser offenkundige Widerstand kann, da er als so dramatisch wie noch nie in der Steuerrechtsgeschichte der Bundesrepublik beurteilt wird[271], als ein Indiz für einen Wertewandel, also für eine grundlegende Änderung in der Einstellung zur Besteuerung, gewertet werden[272]. Allerdings gilt es zu berücksichtigen, daß viele Steuerpflichtige sich der ihnen zur

267 *Tipke/Lang*, Steuerrecht, § 8, RN 14, § 9, RN 4, 180, 224.

268 Zu den Einzelheiten vgl. *Tipke/Lang*, Steuerrecht, § 22, RN 290 ff.

269 *Kirchgässner/Pommerehne*, Staatsaufgaben, 153.

270 *Tipke*, FS Zeidler, Band 1, 726.

271 *Miehler/Kronthaler*, DStZ 1992, 262.

272 So *Bülow*, in: Hoppe, Krawietz, Schulte, Rechtsprechungslehre, 567 (Diskussion).

Verfügung stehenden Rechtsmittel nur deshalb bedienen, weil sie über die Verfassungsmäßigkeit der sie besteuernden Gesetze im Unklaren sind[273] und sich vor Präklusionswirkungen schützen wollen. Obwohl die Finanzverwaltung dieser so veranlaßten Rechtsmittelflut mit dem Instrument der vorläufigen Steuerfestsetzung nach § 165 AO bei allen Steuerbescheiden entgegengetreten ist[274], konnte die Streitfreudigkeit der Bürger nicht eingedämmt werden. Steuerpflichtige mußten nun keine unmittelbaren Nachteile mehr befürchten. Dennoch wandten sie sich weiterhin gegen befürchtete Ungerechtigkeiten. Das "Duldungspotential" vieler Steuerpflichtiger scheint somit bereits erschöpft zu sein. Rechtsbehelfswelle folgt auf Rechtsbehelfswelle[275]. Manche sprechen sogar schon von einer wahren Massenhysterie[276]. Insofern liegt die Vermutung nahe, daß die betroffenen Bürger durch Taten beweisen wollen, daß sie mit der Steuergesetzgebung und der Steuerpraxis nicht einverstanden sind[277], indem sie trotz fehlender zu befürchtender eigener Nachteile Rechtsmittel in Anspruch nehmen. Die nervlichen und finanziellen Belastungen[278] eines derartigen Vorgehens werden darüber schlichtweg vernachlässigt. Das enttäuschte Vertrauen auf einen verfassungstreuen Gesetzgeber lähmt somit durch die massenhafte Wahrnehmung verfahrensmäßiger Rechte den Gesetzesvollzug und die Rechtsprechung.

Ab einer gewissen Phase können sich effektverstärkende Kommunikationsvorgänge durchsetzen, die kollektive Lernprozesse initiieren: Durch die Interaktionen zwischen einzelnen Steuerzahlern, aber auch über Meinungsführer und Massenmedien kann es zu "uniformen Interpretationen von und Reaktionen auf ökonomische Parameter"[279] kommen. Einer dieser Parameter ist das staatliche Steuerverlangen. Es ist anzunehmen, daß in Deutschland die Steuerpflichtigen in diesen kollektiven Lernprozeß bereits eingetreten sind: Parallelen zu den jüngsten Massenbewegungen im Osten Deutschlands und Europas werden bereits gezogen[280]. Dieses Phänomen könnte als Steuerwiderstand von historischen Ausmaßen, wie sie oben geschildert wurden, angesehen werden; allerdings mit dem Unterschied, daß sich die einzelnen Steuerpflichtigen hier nicht zur Erreichung eines gemeinsamen Zwecks öffentlich zusammenschließen. *Vogel* spricht daher von einer "heimlichen Steuerrevolte"[281].

---

273 Von einem erschütterten Vertrauen in die Verfassungsmäßigkeit von Steuernormen spricht *Halaczinsky*, DStZ 1995, 622.

274 *Neckels*, DStZ 1993, 23 ff.

275 *Miehler/Kronthaler*, DStZ 1992, 257.

276 *Rößler*, DStZ 1993, 172.

277 *Pleister*, LdR/StuFR, Stichwort "Steuerrechtsentwicklung in der BRD", 481.

278 Dazu *Schelle*, FS Schmölders, 58, der darauf hinweist, daß die Gegenseite regelmäßig solchen Belastungen nicht ausgesetzt ist.

279 *Frey/Brandstätter/Schuster*, Das ökonomische Modell aus psychologischer Sicht, in: Smekal/Theurl (Hrsg.), Stand und Entwicklung der Finanzpsychologie, 70.

280 *Miehler/Kronthaler*, DStZ 1992, 257.

Schon diese Anmerkungen zu der Inanspruchnahme steuerlicher Rechtsmittel lassen einen ersten gesicherten Befund zu: Der Rechtsfriede hat im steuerlichen Bereich erhebliche Verluste erfahren[282].

(A) Die Einspruchsflut in Steuersachen

Hinreichend bekannt ist, daß auch die Finanzverwaltung sich mit der gesunkenen Hinnahmebereitschaft der Bevölkerung auseinanderzusetzen hat. Als Mittler zwischen Staat und Bürger erleben die Finanzämter unmittelbar die sogenannte Steuerverdrossenheit. Dort wurde festgestellt, daß die Bürger zunehmend kritischer und kämpferischer werden[283]. Abgesehen von den alltäglichen Arbeitserschwerungen, denen sie sich aufgrund der kritischen Einstellung der Steuerzahler ausgesetzt sehen, müssen sie daher in vermehrtem Maß auch über Einsprüche entscheiden.

Eindeutig diagnostiziert wurde schon in den achtziger Jahren die Einspruchsflut gegen Steuerbescheide. Die Zahl der eingelegten Einsprüche hat sich allein in den letzten zwei Jahrzehnten mehr als verdoppelt und überstieg schon Anfang der neunziger Jahre die 3-Millionen-Grenze[284] deutlich. Die Deutung dieser Zahlen ist schwierig. Verglichen mit der Gesamtzahl an jährlich erlassenen

281 *Vogel*, Der Staat 1986, 481.

282 *Miehler/Kronthaler*, DStZ 1992, 261.

283 Stellungnahme des SV *Altehoefer*, PROT. ÖFF. ANH. FINAUSSCHUß V. 22.11.1993, 121f.

284 *Klein*, Gegenwart und Zukunft der Finanzverwaltung aus der Sicht der Finanzgerichtsbarkeit, in: Vogelgesang (Hrsg.), Perspektiven der Finanzverwaltung, 45 f. spricht lediglich von der "2-Millionen-Grenze"; vgl. aber die genauen Zahlen: Im einzelnen werden bei der Stellungnahme des SV *Altehoefer*, PROT. ÖFF. ANH. FINAUSSCHUß V. 22.11.1993, 130, folgende Einspruchszahlen (in Tsd.) für die alten Bundesländer genannt:

	Zugang Einsprüche	Unerledigte Einsprüche am 31.12.
1980	1.714	770
1981	1.812	784
1982	1.892	788
1983	1.963	851
1984	2.224	957
1985	2.156	1.032
1986	2.373	1.201
1987	2.113	1.149
1988	2.146	1.197
1989	2.139	1.252
1990	3.504*	2.695*
1991	4.386*	6.180*
1992	3.013*	4.359*

(*Massenrechtsbehelfe teilweise nicht erfaßt)

Steuerbescheiden von rund 100 Millionen, nehmen sich die Einspruchszahlen relativ gering aus[285].

Aussagekräftiger ist es daher, die Entwicklung innerhalb der Steuerverwaltung zu beobachten. Daß die Finanzverwaltung auf einen derartigen Ansturm nicht eingerichtet war, zeigen die Zahlen der unerledigten Einsprüche: Während sie beispielsweise 1982 noch bei 788.000 lag, betrug sie 1992 schon 4.359.000[286].

Auch heute wird noch die Kostenfreiheit des außergerichtlichen Rechtsbehelfsverfahrens für die von der Steuerverwaltung nicht erwarteten Einspruchszahlen verantwortlich gemacht, da sie viele Bürger zu rein vorsorglichen Einsprüchen verleite[287]. Allerdings kann eine solche Begründung einer kritischen Betrachtung kaum standhalten, da nach einer Erhebung des Bundesministers der Finanzen schon 1978 rund die Hälfte aller eingelegten Einsprüche erfolgreich war und sich diese Tendenz als mehr als stabil erwies[288].

(B) Die steuerlich bedingte Prozeßflut

(I) Die Finanzgerichtsbarkeit

Die mangelhafte Eignung der Steuergesetze, der Ordnungsfunktion des Rechts zu entsprechen, die bereits zu den hohen Einspruchszahlen geführt hat, führt in ihrer weiteren Konsequenz zu einer hohen Zahl von Verfahren vor den Finanzgerichten. Das Anwachsen der Streitfälle hat nach Expertenmeinung bereits "besorgniserregende Ausmaße" angenommen[289]. Ende 1992 waren über 94000 unerledigte Verfahren beim Bundesfinanzhof und den Finanzgerichten der alten Bundesländer anhängig[290]. Obwohl in Nordrhein-Westfalen rund 25 % bis 30 %

---

285 Vgl. *Offerhaus*, in: FAZ vom 19.01.1996.

286 Vgl. die Auflistung für die alten Bundesländer bei Stellungnahme des SV *Altehoefer*, PROT. ÖFF. ANH. FINAUSSCHUß V. 22.11.1993, 130.

287 Stellungnahme des SV *Altehoefer*, PROT. ÖFF. ANH. FINAUSSCHUß V. 22.11.1993, 122; Stellungnahme des SV *Faulhaber*, PROT. ÖFF. ANH. FINAUSSCHUß V. 22.11.1993, 155; *Mack*, DStR 1981, 27.

288 *Haubrichs*, FS Schmölders, 11; 1992 waren es bereits mehr als 60 %, vgl. *Klein*, Gegenwart und Zukunft der Finanzverwaltung aus der Sicht der Finanzgerichtsbarkeit, in: Vogelgesang (Hrsg.), Perspektiven der Finanzverwaltung, 46. Noch erstaunlicher ist nach Ansicht des BFH-Präsidenten *Offerhaus*, in: FAZ vom 19.01.1996, daß von den Verfahren, die schließlich vom BFH zu behandeln sind, die Steuerbürger immer noch 18,7 Prozent gewinnen würden.

289 *Maier*, Steuerrecht im Wandel, 32.

290 So der Bund der Steuerzahler in der öffentlichen Anhörung des Finanzausschusses vom 9.3.1994, PROT. ÖFF. ANH. FINAUSSCHUß V. 9.3.1994, 4, sowie in seiner Schrift

nach Auffassung des Präsidenten des Niedersächsischen Finanzgerichts Seeger allein darauf zurückzuführen sind, daß Steuererklärungen nicht rechtzeitig abgegeben worden sind[291], bleibt immer noch ein Großteil an Verfahren, die auf die rechtliche oder die Sachverhaltsermittlung betreffende Verunsicherung der Steuerzahler zurückzuführen sind. Allerdings wird die Überschwemmung der Finanzgerichte mit Prozessen auch auf die Kompliziertheit, Unübersichtlichkeit und Widersprüchlichkeit des Steuerrechts zurückgeführt[292]. Insofern mag es zutreffen, daß ein bedeutender Teil der Prozeßflut nicht unmittelbar auf die "Normenflut" zurückzuführen ist[293]. Für Sorglosigkeit des Gesetzgebers genügt dieser Befund allerdings noch nicht[294]. Der Einfluß der Gesetzgebung auf die Steuermoral wird unten gesondert untersucht werden.

Ob die oben genannten Verfahrenszahlen allerdings das Urteil einer "Prozeßflut" rechtfertigen, mag unterschiedlich beurteilt werden. Führt man sich die riesige Anzahl von Steuerbescheiden vor Augen, so ist die finanzgerichtliche Anfechtungsquote bezogen auf alle anfechtbaren Steuerverwaltungsakte von unter 0,1 %[295] wohl nicht unverhältnismäßig hoch[296].

Ein Vergleich mit den Eingangszahlen der Finanzgerichte zeigt allerdings die Dramatik der Entwicklung: Von 1970 bis 1982 stiegen die Eingänge um mehr als 357 %[297].

Noch bessere Einblicke gewährt ein Vergleich der Erledigungszahlen. Die Erledigungszahlen geben Aufschluß über jenes bislang übliche Prozeßaufkommen, das aufgrund der ausstattungsbedingten "Produktivität" der Gerichte bewältigt werden kann. Liegen die Erledigungszahlen deutlich unter den neu hinzukommenden Streitverfahren, muß von einem Anwachsen der Rechtsstreitigkeiten ausgegangen werden, was die Annahme einer "Prozeßflut" stützen könnte. Die

---

"Steuervereinfachung, Bestandsaufnahme - Reformvorschläge", 10. Zu den Zahlen von 1970 und 1982: *Pleister*, LdR/StuFR, Stichwort "Steuerrechtsentwicklung in der BRD", 477.

291 PROT. ÖFF. ANH. FINAUSSCHUß V. 9.3.1994, 47.

292 *Pleister*, LdR/StuFR, Stichwort "Steuerrechtsentwicklung in der BRD", 477.

293 *Haegert*, BB 1991, 37.

294 Vgl. *Tipke*, Steuerrechtsordnung, 1376 m. Nw., der von einer weit verbreiteten Meinung spricht, daß die Überlastung der Gerichte der Finanzgerichtsbarkeit sich hauptsächlich aus den Mängeln der Steuergesetze erkläre.

295 Stellungnahme des Bundes Deutscher Finanzrichter, PROT. ÖFF. ANH. FINAUSSCHUß V. 9.3.1994, 163; *Voß*, BB 1991, 247 geht dagegen von einer Quote von unter 0,5 % aus.

296 Obwohl statistische oder rechtstatsächliche Erhebungen über die Konfliktträchtigkeit des Steuerrechts im Vergleich zu anderen Rechtsgebieten, die ähnlich eingriffsintensiv sind, fehlen.

297 *Pleister*, LdR/StuFR, Stichwort "Steuerrechtsentwicklung in der BRD", 477.

Zahlen für die Finanzgerichte deuten jedenfalls darauf hin: Obwohl sich die Erledigungszahlen deutlich erhöht haben (60188 im Jahre 1988 gegenüber 16354 im Jahre 1970), wuchs die Anzahl der unerledigten Verfahren im Jahre 1988 auf 103751 an[298]. Aufgrund prozeßrechtlicher Veränderungen wurde 1990 erstmals eine geringfügige Wende zu niedrigeren Zahlen sichtbar: Die Eingänge fielen auf 59487, denen Erledigungen von 61652 Fällen gegenüberstanden. Somit verringerte sich die Zahl der offenen Fälle auf 100071[299].

Zwar sind umfassende Untersuchungen mit konkreten Zahlen nicht verfügbar, doch von einem Anwachsen der Streitverfahren über das Übliche hinaus kann ausgegangen werden, da in einschlägigen Kommentaren von einer "Verstopfung der Finanzgerichtsbarkeit" oder einer "Überschwemmung der Finanzgerichte" gesprochen wird[300]. Schon 1983 stellten die Finanzgerichte der Bundesrepublik in ihrem Geschäftsbericht für das Jahr 1982 fest, daß "im Bereich der Finanzgerichtsbarkeit ein angemessener Rechtsschutz nicht mehr gewährleistet" und "der Verfassungsverstoß unabwendbare tägliche Praxis in vielen Verfahren" sei. Durch das Ansteigen der Eingangszahlen und die im Durchschnitt längere Verfahrensdauer, hat sich die Situation sogar noch verschlechtert[301].

Auch aus der Wortwahl lassen sich Hinweise auf die tatsächlichen Verhältnisse erkennen. Die Wertungsbezeichnung "Prozeßflut" zeigt die Einschätzung, daß zu viele Verfahren vor den Gerichten ausgetragen werden.

Die Annahme einer derartigen Prozeßflut kann mittlerweile als herrschende Auffassung angesehen werden. Insofern wird in der Wissenschaft die deutliche Meinung vertreten, daß zu viele Verfahren vor den Gerichten geklärt werden müssen[302]. Dieser Ansicht scheint sich auch der Steuergesetzgeber angeschlossen zu haben. Mit der Aufnahme einer Präklusionsregelung in die Abgabenordnung (§ 364 b AO[303]), mit deren Hilfe das Finanzamt im Einspruchsverfahren durch einfache Fristsetzung Tatsachenvorträge auch für das finanzgerichtliche Verfahren ausschließen kann, soll nun der "Streitfreudigkeit" der Bundesbürger begegnet werden[304].

---

298 Ebd., 477 m. Nw.

299 Ebd.

300 Vgl. nur ebd., 477 und 481.

301 *Haegert*, BB 1991, 36.

302 Vgl. nur *Klein*, Gegenwart und Zukunft der Finanzverwaltung aus der Sicht der Finanzgerichtsbarkeit, in: Vogelgesang (Hrsg.), Perspektiven der Finanzverwaltung, 46 f.

303 Dazu: *Siegert*, DStZ 1995, 517 ff.

304 Rechtsstaatliche Einwände gegen diese Regelung von Seiten der Steuerberater, Rechtsanwälte, Finanzrichter und des Bundesjustizministeriums wurden nicht berücksichtigt, vgl. FAZ vom 24.10.1995. Vgl. auch *Grune*, DStZ 1995, 463, der

(II) Die Verfassungsgerichtsbarkeit

Das Bundesverfassungsgericht ist kein Superrevisionsgericht in Steuerrechtssachen, sondern lediglich Garant des Verfassungsrechts auch in der Handhabung des Steuerrechts[305]. Obwohl die Verfassungsbeschwerde daher kein alltäglicher Rechtsbehelf der Besteuerungspraxis sein soll, kommt ihr gerade in diesem Bereich offenbar eine besondere Bedeutung zu.

Schon die Anzahl der vom Bundesverfassungsgericht zur Entscheidung angenommenen Verfahren rechtfertigt dieses Urteil. Bereits 1992 waren mehr als 400 Verfahren mit steuerrechtlichen Fragestellungen am Bundesverfassungsgericht anhängig[306]. In keinem anderen Rechtsgebiet wird das Bundesverfassungsgericht häufiger angerufen als im Steuerrecht[307]. Eine Verbesserung der Situation war und ist insbesondere angesichts der zunehmenden Bedeutung verfassungsgerichtlicher "Wegweisungen" nicht in Sicht[308]. Dementsprechend bezeichnet der Bundesrechnungshof die derzeitige Lage der Steuerverwaltung als die "Ruhe vor dem Sturm"[309].

Ein Grund für die hohe Zahl von Verfassungsbeschwerden mag die große Vertrauensstellung sein, die das Bundesverfassungsgericht in den Augen der Bundesbürger genießt[310]. Obwohl die Erfolgsaussichten einer Verfassungsbeschwerde, wie allgemein bekannt ist, als gering einzuschätzen sind[311], hat dies offensichtlich keinen Einfluß auf den Entschluß der Betroffenen, Verfassungsbeschwerde einzulegen. Viele Bundesbürger sehen in der Verfassungsbeschwerde

rechtsstaatliche Defizite in § 364 b AO kritisiert. Zu der Neigung der Steuergesetzgeber, verfassungsrechtliches Grenzverhalten zu üben, vgl. unten D. V. 3. c.

305 *Kirchhof*, JFSt 1992/93, 31.

306 *Miehler/Kronthaler*, DStZ 1992, 258; zu den derzeit steuerlich bedeutsamen Verfahren vor dem Bundesverfassungsgericht vgl. die Auflistung in DStZ 1995, 138 ff.

307 *Lang*, FS *Tipke*, 10.

308 Vgl. schon *Rodi*, NJW 1991, 2865, der eine Verschärfung verfassungsrechtlicher Maßstäbe gegenüber dem Steuergesetzgeber feststellt.

309 Stellungnahme des Bundesrechnungshofes, PROT. ÖFF. ANH. FINAUSSCHUß V. 22.11.1993, 355.

310 Das Image des Bundesverfassungsgerichts hat sich in den letzten Jahren deutlich gesteigert: Während 1974 und 1980 noch 47 % der Bevölkerung eine sehr gute oder gute Meinung über das Bundesverfassungsgericht hatten, waren es 1988 schon 53 %. Neben dem Bundespräsidenten war dies der höchste Wert aller Bundesinstitutionen. Diese Zahlen zeigen, daß das Bundesverfassungsgericht immer präsenter im Bewußtsein der Bevölkerung wird. Vgl. Allensbacher Jahrbuch, Band 9, 652 f.

311 Die Erfolgsquote lag Ende 1991 bei 2,95 %, vgl. *Simon*, Handbuch des Verfassungsrechts, § 34, RN 22; vgl. aber auch die Betrachtungen zur "effektiven Erfolgsquote", die wesentlich größer sei, bei *Luetjohann*, 131 f.

eine letzte Rettungsmöglichkeit, das in den Staat gesetzte Vertrauen auf Legalität und Gerechtigkeit durch den Spruch der Verfassungsrichter wiederherzustellen. Das Bundesverfassungsgericht wird in Not und Ratlosigkeit als letzter Helfer angerufen[312]. Je mehr die Parteien und die politische Führungsschicht das Vertrauen der Bevölkerung verlieren, desto mehr wird das Bundesverfassungsgericht zu der einzigen neutralen Instanz, der Vertrauen und Sachkompetenz zugestanden wird[313] und die gerade im Steuerrecht das bürgerliche Selbstbewußtsein[314] zunehmend stärkt. Denn indem das Bundesverfassungsgericht auch im Steuerrechtsbereich hoheitliche Akte einer genaueren grundrechtsbezogenen Prüfung unterwirft[315] und damit die verfassungsrechtliche Grundordnung bewahrt[316], stärkt es das bürgerliche Vertrauen in die Legalität des Staates insgesamt. Die verfassungsgerichtliche Kontrolle der Gesetzgebung mitsamt der immer möglichen Erklärung für verfassungswidrig versöhnt den sich oft ohnmächtig fühlenden Bürger mit dem gesamten System[317]. Dementsprechend hat die Verfassungsbeschwerde im Bewußtsein der Bevölkerung einen festen Platz eingenommen[318]. Dieser Erfolg des Bundesverfassungsgerichts bei den Bürgern nährt seine steigende Beliebtheit. *Luetjohann* spricht insofern von einer Wirkungsakzelleration und -ausdehnung, da die Rechtsprechung des Bundesverfassungsgerichts die Bedeutung der Verfassungsbeschwerde noch gesteigert habe[319]. Dazu dürften auch die "großen" steuerrechtlichen Entscheidungen des Bundesverfassungsgerichts[320] der letzten Jahre mit ihren Aufträgen an den Gesetzgeber maßgeblich beigetragen haben[321]. Dem Steuerbürger erscheint das Bundesverfassungsgericht vielfach als das einzige Organ mit ausreichender Autorität, das dem Wirken des Gesetzgebers im Steuerrecht Einhalt zu gebieten vermag. Insofern erweisen sich die hohen Verfahrenszahlen im steuerrechtlichen Bereich nicht nur als ein Ausdruck des Steuerwiderstandes und damit als ein Indikator der Steuermoral, sondern zugleich auch als ein Zeichen des weitgehend noch ungebrochenen bürgerlichen Vertrauens in den Rechtsstaat.

---

312 *Luetjohann*, 132.

313 Vgl. *Neckels*, DStZ 1993, 27.

314 Vgl. *Luetjohann*, 133.

315 Vgl. zu der Rechtsprechungsentwicklung im Steuerrechtsbereich unten E. I. 6. sowie E. III. 2. a.

316 *Luetjohann*, 132 m. Nw.

317 Ebd., 133.

318 Ebd., 130 m. Nw.

319 Ebd., 131.

320 Beispielsweise Kohlepfennig, BVerfGE 91, 186 ff., Existenzminimum, BVerfGE 87, 153 ff., Besteuerung der Kapitalerträge, BVerfGE 84, 239 ff; Einheitswerte, BVerfG NJW 1995, 2615 ff., 2624 ff.

321 Die "schärfere Gangart" des Bundesverfassungsgerichts in Steuersachen scheint die Ministerialbürokratie zu überraschen, vgl. etwa *Halaczinsky*, DStZ 1995, 622, 624.

b. Der "legale" Steuerwiderstand

Der Bürger kann seinem Steuerwiderstand auch dadurch Ausdruck verleihen, daß er sich zwar den Gesetzen entsprechend verhält, im Besteuerungsverfahren aber versucht, für ihn möglichst günstige Sachverhalte seiner Besteuerung zugrunde zu legen[322]. Solange kein Tatbestand verwirklicht wird, an den das Gesetz eine Steuerschuld knüpft, ist der Bürger nicht steuerpflichtig. Daher erfreuen sich sogenannte Steuersparmodelle größter Beliebtheit. Von ihren Mandanten dazu veranlaßt, entwerfen Steuerberater und Anwälte[323] tatsächliche und rechtliche Gestaltungen, die geeignet sind, das vorgegebene Ziel, den hohen Steuersätzen zu entgehen, zu erreichen. Finales Ziel aller Aktivitäten ist daher die Steuervermeidung als legale Steuerersparung[324]. Dabei werden Gesetzeslücken gezielt gesucht und ausgenutzt - mit der Maßgabe, die Merkmale des gesetzlichen Steuertatbestandes (§ 38 AO) bewußt nicht zu erfüllen[325]. Das geltende Steuerrecht bietet aufgrund seiner Tendenz zur Detailregelung und aufgrund seiner Unübersichtlichkeit dazu mannigfaltige Ansatzmöglichkeiten.

(A) Der Ratgeber-Boom

Ein besonderes Phänomen im Steueralltag der Bürger ist die sog. Steuertip- und Steuertrickliteratur[326]. In all ihren Ausprägungen, sei es nun als redaktioneller Artikel, als kurzinformierender "Brief", als Zeitschrift oder als Buch, erfreut sie sich äußerster Beliebtheit.

Die besondere Beliebtheit von Empfehlungen, wie sich der Bürger dem staatlichen Zugriff auf sein Vermögen auf mehr oder weniger legale Weise entzieht, zeigt sich darin, daß in keiner wirtschaftlich ausgerichteten Zeitschrift Tips und Empfehlungen fehlen dürfen, die zu Steuerersparnissen führen sollen. Diese Hinweise entsprechen den Bedürfnissen des Marktes: Die Leser suchen nach derartigen Informationen und belohnen solche Angebote mit einer gestiegenen Anzahl an verkauften Exemplaren. Allerdings ist zuzugeben, daß sich diese Entwicklung auch selbst nährt. Die Flut derartiger Veröffentlichung steigert die steuerbürgerliche Sensibilität und erhöht die Kritik am derzeitigen Zustand[327].

---

322 Der Grenzfall der Steuerumgehung i.S.v. § 42 AO, der den Mißbrauch von Gestaltungsmöglichkeiten im Rahmen der steuerminimierenden Planung betrifft und zu den am häufigsten angewendeten Vorschriften der Abgabenordnung gehört, soll hier nicht erörtert werden. Quantitätsmäßig gehen die Fälle der "mißbräuchlichen Steuervermeidung" in der nachfolgend dargestellten "Steuerhinterziehung" auf. Vgl. dazu grundlegend: *Tipke*, Steuerrechtsordnung, 1323 ff. m.Nw.

323 Aber auch Ministerialbeamte schreiben Bücher und Kommentare über die von ihnen verfaßten (und deswegen so komplizierten?) Gesetze.

324 *Tipke*, Steuerrechtsordnung, 1324.

325 Vgl. *Hillenbrand/Brosig*, BB 1997, 445.

326 *Lang*, FS Tipke, 8.

Ganz besonders auffällig manifestiert sich das Bedürfnis der Steuerzahler nach steuersparenden Hinweisen in dem großen Interesse an sogenannten Steuer-Ratgebern. Diese zumeist preisgünstigen und jährlich neu als Taschenbuch erscheinenden Ratgeber erzielen Millionenauflagen[328]. Ihr Erfolg entspricht der Not der Steuerbürger: Sie fühlen sich inmitten der Steuervorschriftenflut orientierungslos und erhoffen sich von - teilweise sogar unseriösen - Ratgebern Patentlösungen aus ihrer vermeintlichen Steuernot.

(B) Das Rent-seeking

Dem Leitbild der Steuersparmodelle entspricht auch das sogenannte "rent seeking"[329]. Das oben erwähnte Streben nach Steuervermeidung kommt hier zum Tragen, weil der staatliche Eingriff in die Eigentums- und Verfügungsrechte durch die Besteuerung besonders stark empfunden wird[330]. Allerdings finden hier auch die Umverteilungsinstrumente des Steuer- und Sozialrechts Berücksichtigung. Ziel des "rent-seekings" ist es daher, nach Gestaltungen zu suchen, mit denen sich Steuern sparen und Subventionen oder Unterstützungen erlangen lassen.

Als Beispiel sei die Beteiligung an sogenannten Verlustzuweisungs- oder Abschreibungsgesellschaften genannt. Hier soll der Kapitaleinsatz zumindest teilweise durch Steuerersparnisse aufgrund steuerlich wirksamer Verluste finanziert werden[331]. Diese Gesellschaften erfreuen sich immer größerer Beliebtheit bei immer mehr Steuerzahlern und sorgen so zugleich für immer mehr Konfliktstoff zwischen Fiskus und Kapitalanlegern[332].

Die Normierungen des Steuer- und Transfersystems können so dazu führen, daß das natürliche Gewinnstreben des Einzelnen dadurch mitunter vollständig zum Erliegen kommt. Denn derartige Aktivitäten führen zu solchen Gestaltungen, die lediglich auf das Endergebnis ausgerichtet sind, wobei das Steuerverlangen des Staates maßgeblich Berücksichtigung findet. Der Steuerzahler wird sich also für ein an sich unrentables Modell entscheiden, wenn es sich für ihn als im Endeffekt sinnvoller erweist, weniger zu verdienen, um nach der Steuer mit Hilfe des Staates mehr übrig zu behalten[333].

---

327 Vgl. Stellungnahme des SV *Altehoefer*, PROT. ÖFF. ANH. FINAUSSCHUß V. 22.11.1993, 122.

328 *Lang*, FR 1993, 661.

329 *Pohmer*, FS Meyding, 24.

330 *Franke*, Steuerpolitik in der Demokratie, 422.

331 Vgl. *Tipke/Lang*, Steuerrecht, § 9, RN 67, 521. Dort findet sich auch eine Bewertung zu dem gesetzgeberischen Unterbindungsversuch durch § 15a EStG, der auch "normale" Kommanditgesellschaften in Mitleidenschaft gezogen hat.

332 *Pleister*, LdR/StuFR, Stichwort "Steuerrechtsentwicklung in der BRD", 481.

333 *Pohmer*, FS Meyding, 23 nennt in diesem Zusammenhang die steuerrechtlich

Auch Unternehmen verfolgen mitunter eine weitreichende systematische Steuervermeidungstaktik. Sehen sie sich internationaler Konkurrenz ausgesetzt, sind sie sogar auf die betriebliche Steuerplanung angewiesen, um wettbewerbsfähig zu bleiben[334]. Das Ziel der Steuerminimierung kann daher auch Auswirkungen auf die Unternehmensstruktur haben.

c. Der Steuerwiderstand durch "Steuersünden"

Es bedarf zunächst des Hinweises, daß nicht jeder Gesetzesverstoß als eine Ausprägung des Steuerwiderstandes zu verstehen ist. Ebenso wie sich im Steuerbereich kriminelle Energie verwirklichen kann, kann ein Verstoß gegen Steuergesetze auch andere als die Gründe haben, die ihren Ursprung in dem Rechtsbewußtsein des Steuerpflichtigen haben.

Für die Entwicklung eines Rechtsbewußtseins bedarf es zumindest theoretisch der Möglichkeit, sich rechtskonform verhalten zu können, auch wenn die einzelnen rechtlichen Regelungen nicht bekannt sind[335]. Dies scheint für das Steuerrecht nach heutigem Stand in vielen Bereichen fast unmöglich zu sein. Dann darf aber auch nicht in jeder Gesetzesverletzung die Manifestation einer rechtsfeindlichen Gesinnung gesehen werden.

Für den Bereich der Steuersünden ist es schwierig, verläßliche Quantitäten anzugeben. Die wesentliche Schwierigkeit bei ihrer größenmäßigen Erfassung liegt in dem Umstand, daß die Beteiligten einen Anreiz haben, ihr Tun zu verheimlichen. Bei Kenntniserlangung durch die Finanz- oder Strafverfolgungsbehörden drohen den Beteiligten Verfolgung und Bestrafung. Die amtlichen Zahlen über derartige Verfahren sind daher nicht besonders aussagekräftig. Es besteht nach fachkundiger Einschätzung eine erhebliche Dunkelziffer[336]. Allerdings wurden in der Finanzwissenschaft Methoden entwickelt, die darauf abzielen, mit Hilfe der Spuren, die derartige illegale Aktivitäten hinterlassen, auf das Ausmaß etwa der Schattenwirtschaft zu schließen[337]. Allerdings kann keines dieser

---

veranlaßten Zusatzlasten ("excess burden") für die Steuerzahler, die zu beträchtlichen, verteilungspolitisch bedenklichen Überlasten führen müßten. Ebenso: *Tipke*, Steuerrechtsordnung, 541: "Die Aktivitäten der Verlustzuweisungsgesellschaften haben nicht nur volkswirtschaftliche Kosten verursacht, sie haben auch zu erheblicher Ressourcenverschwendung geführt".

334 Vgl. *Hillenbrand/Brosig*, BB 1997, 445.

335 *Würtenberger*, Rechtsprechung und sich wandelndes Rechtsbewußtsein, 548.

336 Vgl. *Hillenbrand/Brosig*, BB 1997, 445.

337 Im einzelnen dazu: *Schneider*, Determinanten der Steuerhinterziehung und der Schwarzarbeit im internationalen Vergleich, in: Smekal/Theurl (Hrsg.), Stand und Entwicklung der Finanzpsychologie, 249 ff.

Verfahren auch nur annähernd exakte Ergebnisse liefern. Dennoch erlauben zumindest einige dieser Methoden, die groben Entwicklungslinien zu bestimmen[338].

(A) Die Steuerhinterziehung

Seit 1974 stehen die Delikte gegen das Steuer- und Zollrecht mit 32,5 % an der Spitze aller Wirtschaftsverbrechen[339]. In diesem Bereich besteht daher eine erhebliche Bereitschaft, die einschlägigen Vorschriften zu mißachten.

Aber auch bei einer genaueren Analyse der Steuerdelikte wird diese Annahme bestätigt. Im folgenden soll die gängigste Steuersünde, die Steuerhinterziehung, untersucht werden. Mit Steuerhinterziehung ist die vorsätzliche Steuerverkürzung im Sinne von § 370 AO sowie die leichtfertige Steuerverkürzung im Sinne der §§ 378 ff. AO gemeint. Daß ein direkter Zusammenhang im Sinne einer negativen Beziehung zwischen Steuermoral und Steuerhinterziehung besteht, wurde in zahlreichen empirischen Tests und experimentellen Studien ermittelt[340]. Auch hier sind allerdings genaue Aussagen über den tatsächlichen Umfang der Hinterziehung nicht möglich. Die Quantität der Steuerstrafverfahren ist in diesem Zusammenhang nur von untergeordneter Aussagekraft, da eine sehr hohe Dunkelziffer an nicht erkannten und verfolgten Steuerhinterziehungen existiert. Die einzelnen Zahlen seien trotzdem genannt, da sich auch hier Auffälligkeiten zeigen: 1973 ergingen 7.712 Urteile bzw. Strafbefehle und 9.055 Bußgeldbescheide wegen vorsätzlicher (§ 370 AO) oder leichfertiger (§§ 378 ff. AO) Steuerverkürzung im Bereich der Besitz- und Verkehrsteuern. 1981 erhöhten sich die Urteile bzw. Strafbefehle auf 11.801 und die Bußgeldbescheide auf 9.294. Die in diesem Zeitraum hinterzogene oder verkürzte Summe an Steuern stieg von 154 Mio. DM auf 468 Mio. DM, was einem Anstieg um 303,9 % entspricht[341]. Im Jahr 1992 ergingen 8.502 rechtskräftige Strafbefehle und Urteile allein wegen Steuerhinterziehung (§ 370 AO), wobei die hinterzogenen Steuern den Betrag von 652 Mio. DM überschritten[342]. Auch diese Zahlen lassen eine ansteigende Tendenz vermuten.

---

338 *Schneider*, Determinanten der Steuerhinterziehung und der Schwarzarbeit im internationalen Vergleich, in: Smekal/Theurl (Hrsg.), Stand und Entwicklung der Finanzpsychologie, 257.

339 *Pleister*, LdR/StuFR, Stichwort "Steuerrechtsentwicklung in der BRD", 482 m. Nw.

340 *Schmidtchen*, Vom nichtmarginalen Charakter der Steuermoral, in: Smekal/Theurl (Hrsg.), Stand und Entwicklung der Finanzpsychologie, 187 m.w.N.; zu den finanzwissenschaftlichen Methoden der Untersuchung von Steuerhinterziehung vgl. *Petrick-Rump*, Ökonomische Wirkungen von Steueramnestien, 61 ff.

341 *Pleister*, LdR/StuFR, Stichwort "Steuerrechtsentwicklung in der BRD", 482 m. Nw.

342 Steuerstrafsachenstatistik 1992 des Bundesministeriums der Finanzen, IV A 6 - S 0093 - 1/93.

Wegen der hohen Dunkelziffer gehen Experten davon aus, daß mindestens 90 % aller Steuerzahler Steuern verkürzen[343]. Denn schon mit "alltäglichen" Läßlichkeiten, wie zum Beispiel der Nichtangabe von Sparbuchzinsen oder der Nichtversteuerung von Nebentätigkeiten (Aushilfs- oder Autorentätigkeit, Erteilung "privaten" Nachhilfeunterrichts), werden Steuern hinterzogen. Die Hinterziehung ist damit die Regel[344] und daher zwangsläufig auch zu einem Bestandteil der staatlichen Finanzordnung geworden, auch wenn dies viele Verantwortliche nicht wahrhaben wollen[345]. Vor allem jene Verantwortlichen verschliessen dann vor den Konsequenzen für den Gesetzgeber und die Exekutive die Augen[346].

Für den Bereich der privaten Kapitaleinkünfte gehen vorsichtige Schätzungen davon aus, daß zumindest die Hälfte aller Erträge aus privatem Kapitaleinkommen der Besteuerung vorenthalten wird[347]. In der Literatur liegen die Schätzungen, wie bereits erwähnt, deutlich höher[348].

Auf internationaler Ebene besagen neuere Schätzungen, daß in westlichen Industrieländern insgesamt 10 bis 20 % der Einnahmen rechtswidrig der Besteuerung entzogen werden und daß 20 bis 30 % der Steuerpflichtigen ihr Einkommen entsprechend manipulieren[349].

Obwohl oder gerade weil die meisten Steuerpflichtigen ihre Pflichten zumindest grundsätzlich kennen, wird in der Steuerhinterziehung auch eine Erscheinung gesehen, die der oben geschilderten Staatsverdrossenheit - etwa im Sinne eines Überdruckventils - entgegenwirken kann[350]. Der Steuerpflichtige empfindet eine gewisse Genugtuung, wenn er sich über seine Pflichten hinwegsetzt. Er nimmt auf

---

343 *Streck*, DStBTag 1984, 110 mit der Tendenz, eine Hinterziehungsquote von fast 100 % anzunehmen; ebenso: *Schmölders*, Untertan, 179.

344 *Streck*, DStBTag, 1984, 111.

345 Zuerst müssen sich die staatlichen Stellen damit auseinandersetzen, die gegen die Steuerhinterziehung vorzugehen haben. Dementsprechend wird selbst bei der Steuerfahndung die Meinung vertreten, daß sie ihrer Hauptaufgabe, der Aufklärung von Steuerstraftaten, nur noch eingeschränkt nachkommen kann. "Das Legalitätsprinzip, § 152 StPO, ist reduziert auf ein "Kapazitätsprinzip"". Vgl. Stellungnahme des SV *Heina*, PROT. ÖFF. ANH. FINAUSSCHUß V. 22.11.1993, 180.

346 Vgl. *Kruse*, FR 1995, 526; *Tipke*, Steuerrechtsordnung, 1404.

347 Vgl. nur BVerfGE 84, 239, 276 ff. mit umfassenden Nachweisen.

348 Für den Bereich der Zinseinkünfte sollen die Falschangaben 70 bis 85 % ausmachen, vgl. die Nachweise in BVerfGE 84, 239, 277f.; vgl. auch den ehemaligen Präsidenten des BFH Franz *Klein* in: DER SPIEGEL, 22/1993, S. 115.

349 *Brandstätter*, Determinanten der Steuerhinterziehung: Ergebnisse der experimentellen Psychologie, in: Smekal/Theurl (Hrsg.), Stand und Entwicklung der Finanzpsychologie, 214.

350 *Streck*, DStBTag 1984, 111.

diese Weise seine "kleine, höchst private Abrechnung mit dem Staat für erfahrene bürokratische, gesetzliche oder rechtgesprochene Unbilligkeit oder Ungerechtigkeit"[351] vor. Diese kann durchaus begleitet werden von einer "ehrlichen staatsbürgerlichen Entrüstung darüber, daß man sich zum Einschlagen so krummer Wege gezwungen sieht"[352].

(B) Die Steuerflucht

Eine weitere Erscheinung, die Rückschlüsse auf die Steuermoral der Bundesbürger zuläßt, ist die Verlagerung von Einkommen oder Vermögen in das Ausland, mit der erwünschten Folge, daß es dem Zugriff des deutschen Fiskus entzogen ist. Die Steuerflucht kann dabei als Steuervermeidung, Steuerumgehung oder Steuerhinterziehung ihren Niederschlag finden[353].

Dei Steuerflucht in Niedrigsteuerländer war bis vor einiger Zeit noch wohlhabenderen Kreisen oder Unternehmen vorbehalten, da Wohnsitzwechsel oder Einkünfteverlagerungen nicht jedermann möglich waren[354]. Durch die Einführung der Quellensteuer und die tatkräftige Unterstützung fast sämtlicher größerer Kreditinstitute erfuhr die Alternative der Steuerflucht allerdings eine ungeahnte Konjunktur. Über 100 Milliarden DM sind seit Anfang 1992 bis Mitte 1993 allein in Luxemburger Investmentfonds deutscher Anlagegesellschaften geflossen. Zusätzlich sind etwa 50 Milliarden DM durch solventere Kapitalanleger direkt angelegt worden, so daß in 18 Monaten insgesamt 150 Milliarden DM in das Großherzogtum transferiert wurden. Experten gehen davon aus, daß ein ähnlich hoher Betrag in die traditionellen Fluchthochburgen Schweiz, Österreich, Belgien und Dänemark geflossen ist[355]. Da diese Gelder und ihre Erträge in aller Regel nicht versteuert werden, entgehen dem deutschen Fiskus jährlich mindestens rund 13 Milliarden DM an Steuereinnahmen[356]. Dementsprechend gestalten sich die

---

351 Ebd.

352 *Schmölders*, Untertan, 179.

353 Vgl. *Hillenbrand/Brosig*, BB 1997, 445; *Tipke*, Steuerrechtsordnung, 1324 m.Nw.; *Tipke/Lang*, Steuerrecht, § 7, RN 21.

354 Vgl. dazu das Außensteuergesetz, das als Maßnahmengesetz gegen den Wohnsitzwechsel (§§ 2 - 6 AStG) und Einkünfteverlagerungen (§§ 1, 7ff. AStG) in niedrigbesteuernde Gebiete (§§ 2 - 6 AStG) konzipiert ist.

355 FAZ vom 21.3.1994: "Nach Schätzungen der Steuerverwaltung seien in den vergangenen drei Jahren rund 300 Milliarden DM ins Ausland verlagert worden". Vgl. dazu die Stellungnahme des SV *Altehoefer*, PROT. ÖFF. ANH. FINAUSSCHUß V. 22.11.1993, 142, der den Gesamtbetrag aller deutschen Steuerfluchtgelder mit mindestens 330 Mrd. DM (absolute Untergrenze) beziffert, sowie *Salditt*, FS Tipke, 477 f.

356 Vgl. zu den Schätzungen der Steuerverwaltung: FAZ vom 21.3.1994: "Schätzungen sprechen davon, daß es dadurch zu jährlichen Steuerausfällen in Höhe von 13

Steuereinnahmen: 1993 konnten statt der geschätzten 80 bis 90 Milliarden DM an Kapitalerträgen nur etwa 47,5 Milliarden DM erfaßt werden. Anstelle der erwarteten 24 bis 27 Milliarden DM Steuereinnahmen, konnte der Fiskus mit seiner Zinsabschlagsregelung nur 14,3 Milliarden DM Einnahmen verbuchen[357].

Trotz dieser absolut gesehen hohen Beträge schienen die vor der Entscheidung des Bundesverfassungsgerichts zur Besteuerungspraxis von Kapitalerträgen eingeholten Daten zur Kapitalflucht nicht sehr beunruhigend gewesen zu sein, wenn man sie in Verhältnis zu dem verfügbaren Privatkapital der Bundesbürger setzt[358]. Die absoluten Zahlen sind allerdings seit der Einführung der nun existierenden Quellenbesteuerung erheblich gestiegen. Insofern wurde der von der Quellenbesteuerung ausgehende Impuls auch von seiten des Bundesverfassungsgerichts stark unterschätzt. Es scheint, daß der Bürger durch das neue Quellensteuerverfahren aus seiner Duldungsphase nachhaltig aufgeschreckt wurde[359]. Im Vergleich zu der früheren "kleinen Quellensteuer" sind die neuen Zahlen vielleicht auch unter dem Aspekt zu betrachten, daß nun nach der Entscheidung des Bundesverfassungsgerichts nicht mehr mit einer Kursänderung zugunsten einer "steuerhinterzieherfreundlicheren" Besteuerungspraxis zu rechnen ist.

(I) Der Steuerfluchtgrund Abgabenlast

Kein Bundesbürger flieht ohne Grund vor dem Zugriff des Fiskus. Die Anlässe für eine Steuerflucht sind zahlreich und nicht abschließend aufzählbar. Eines ist aber gewiß: Hauptanlaß der Steuerflucht ist die drückende Steuerlast[360].

Erst vor kurzem entschied das Bundesverfassungsgericht über einen weiteren Anlaß zur Steuerflucht, nämlich über die unterschiedliche Bewertung des Immobilienvermögens einerseits und des übrigen Vermögens andererseits[361]. Die Bewertung des Immobilienvermögens mittels Einheitswerten verletzte nicht erst

---

Milliarden DM kommt". Vgl. dazu die bei der Stellungnahme des SV *Altehoefer*, PROT. ÖFF. ANH. FINAUSSCHUß V. 22.11.1993, 139 zitierte Schätzung des Ifo-Instituts (Schnelldienst 20/1993), die von einem realen Steuerausfall von etwa 13 bis 14 Mrd. DM jährlich ausgeht.

357 Süddeutsche Zeitung vom 14.3.1994.

358 *Kirchhof*, JFSt 1992/93, 21.

359 Solche Bumerangeffekte bei einer gesetzlichen Regelung, die den Freiheitsbedürfnissen der Rechtsadressaten widerspricht und als illegitim empfunden wird, erklärt anschaulich die Reaktanztheorie. Vgl. *Frey/Brandstätter/Schuster*, Das ökonomische Modell aus psychologischer Sicht, in: Smekal/Theurl (Hrsg.), Stand und Entwicklung der Finanzpsychologie, 81.

360 *Hillenbrand/Brosig*, BB 1997, 445.

361 BVerfG NJW 1995, 2615 (Vermögensteuer) und BVerfG NJW 1995, 2624 (Erbschaftsteuer).

seit der Judikatur des Bundesverfassungsgerichts den Gleichheitssatz, wenn das übrige Vermögen mit seinem Nennwert bewertet wird. In dieser Diskriminierung wurde ein "wesentlicher Grund für die Steuerflucht des Finanzvermögens" gesehen[362]. Da dieses besonders leicht zu transferieren sei, entziehe sich "das freizügige Vermögen der laufenden Enteignung durch den Steuerfiskus mittels Steuerflucht"[363] besonders schnell.

Es zeigt sich also, daß ein Zusammenspiel von als ungerecht empfundenen Regelungen und hohen Abgabensätzen die Steuerflucht besonders herausfordert. Auf die Bedeutung, die das Gerechtigkeitsgefühl für die Gesetzestreue haben kann, wird noch einzugehen sein.

(II) Der Einfluß der Besteuerungspraxis

Der Einfluß der Besteuerungspraxis auf die Kapitalströme, die aus Deutschland herausfließen, ist evident. Die Einführung der "kleinen Kapitalertragssteuer" von 10 % auf Kapitalerträge 1988 hat die Vermutung bestätigt, daß eine effektivere Besteuerung von Kapitaleinkünften zu enormen Kapitalverlegungen ins Ausland führen würde[364]. Schon diese Quellensteuer wurde als ein "Schulbeispiel eines mißglückten Politikmanagements" betrachtet, da der Schock für die Steuerzahler bei dem ebenso möglich gewesenen, aber sinnvolleren und weniger aufwendigen Kontrollmitteilungsverfahren kaum größer hätte sein können[365]. Es trat die Divergenz von Gesetzeslage und Rechtsbewußtsein "peinlich ans Licht"[366], indem die neue Besteuerungsart als eine neue Art von Steuer verteufelt wurde. Mit der halbherzigen Rücknahme der Quellensteuer wurde ein weiterer Schritt des auf Wählerempfindlichkeiten achtenden Gesetzgebers in Richtung eines frei disponiblen Steuerrechts getan.

(III) Die Rolle der Kreditinstitute

Erst allmählich zeichnet sich ab, welchen Einfluß die Banken auf das Steuerzahlungsverhalten der Steuerpflichtigen haben können.

Als Kompensation zur Einführung der Quellensteuer wurde 1988 das sogenannte "Bankgeheimnis" in § 30 a AO geschaffen[367]. Damit wurden die bisherigen als "Bankenerlaß" bekannten Verwaltungsvorschriften durch einen

---

362 *Tipke*, MDR 1995, 1177.
363 *Flume*, DB 1995, 1797.
364 *Rodi*, NJW 1991, 2867.
365 *Maier*, Steuerrecht im Wandel, 50.
366 *Isensee*, in: Weigelt (Hrsg.), Freiheit-Recht-Moral, 20.
367 *Nieland*, DStZ 1990, 192.

legislatorischen Akt mit dem Steuergeheimnis (§ 30 AO) gleichgestellt. Da der die Gleichmäßigkeit der Rechtsanwendung nicht gerade unterstützende[368] § 30 a AO auch nach der Abschaffung der "kleinen Quellensteuer"[369] erhalten blieb[370], mußte der Gesetzgeber zum Ausgleich für das noch härtere neuerliche Quellensteuerverfahren und selbstredend auch auf den Druck des Bundesverfassungsgerichtes[371] hin, das eine vollständigere Erfassung aller Kapitaleinkünfte forderte, ein neues "Beruhigungsmittel" für die aufgeschreckten Steuerzahler anbieten. Um zudem das "Bankgeheimnis" bei der Einführung des neuerlichen Quellensteuerverfahrens unangetastet lassen zu können, wurden nach Ansicht von Experten unangemessen hohe Freibeträge eingeführt[372]. Auf diese Weise wurde der argwöhnische Steuerzahler mit einer "sozialen Wohltat" beruhigt - in Wahrheit aber der Schaden minimiert, der durch die konsequente Ausnutzung der Steuerquellen entstanden wäre[373]. Es ist anzunehmen, daß gerade die Erhaltung des § 30 a AO unter dem erheblichen Einfluß der Bankenlobby zustandekam[374]. Natürlich war das "Bankgeheimnis" auch ein Mittel, den Kapitalanleger in seiner "Erduldungsphase"[375] zu belassen und ihm keinen zusätzlichen Anlaß zu geben, seine Gelder im Ausland anzulegen. Doch diente es auch den ureigensten Geschäftsinteressen der deutschen Banken, die kein Interesse daran haben konnten, lukrative Kapitalanleger an ausländische Banken zu verlieren. Da dies offensichtlich trotzdem nicht ganz zu vermeiden gewesen ist, gründeten viele deutsche Banken im Ausland

---

368 *Tipke*, Gleichmäßigkeit der Steuerrechtsanwendung, in: Vogelgesang (Hrsg.), Perspektiven der Finanzverwaltung, 97 und kritisch zu der "bürgerfreundlichen" Regierungsbegründung, 113f.. Das Bundesverfassungsgericht hielt die Vorgängerregelungen des § 30 a AO, den sog. Bankenerlaß, für die wesentliche Ursache für den gerade im Bereich der Kapitalbesteuerung festzustellenden Erhebungsmangel, vgl. BVerfGE 84, 239, 278; *Petrick-Rump*, Ökonomische Wirkungen von Steueramnestien, 171, weist darauf hin, daß gerade die wiederholten Hinweise auf das mit der Einführung des § 30 a AO relevant gewordene Entdeckungsrisiko für das Verhalten der Steuerpflichtigen "bedeutungsvoll" gewesen sind.

369 Auch die Zurücknahme des 1989er Quellensteuerverfahrens erfolgte auf massiven Druck des Bundesverbandes Deutscher Banken und der anderen Spitzenverbände der Kreditwirtschaft, vgl. *Uldall*, PROT. ÖFF. ANH. FINAUSSCHUß V. 9.3.1994, 42.

370 Das Bundesverfassungsgericht kommentierte das Scheitern der zehnprozentigen Quellenbesteuerung und die Beibehaltung des § 30 a AO in BVerfGE 84, 239, 284: "Übrig geblieben ist von den gesetzgeberischen Neuregelungen die gegenläufige Bestimmung des § 30 a AO. Im Ergebnis ist so lediglich ein Hindernis für die Gewährleistung von Gleichheit im steuerlichen Belastungserfolg verfestigt worden. Damit tritt die Verantwortlichkeit des Gesetzgebers für eine erneute Nachbesserung offen zutage."

371 BVerfGE 84, 239 ff.

372 *Neckels*, DStZ 1993, 24.

373 Ebd.

374 *Nieland*, DStZ 1990, 192.

375 *Bilsdorfer*, DStR 1984, 506.

(beispielsweise in Luxemburg) Tochtergesellschaften, um die Kunden wenigstens noch innerhalb ihrer Organisation halten zu können. Im Rahmen dieses eigennützigen "Entgegenkommens" gingen einige Kreditinstitute sogar noch einen Schritt weiter. Durch übertrieben kundenfreundliche, da rechtswidrige Hilfestellungen bei der Anlage von Kundengeldern im Ausland, sind etliche Banken Opfer von Durchsuchungsaktionen der Steuerfahndung und der Staatsanwaltschaft geworden[376]. Dies könnte zum Anlaß dafür genommen werden, die Rolle der Banken im Rahmen des Steuerwiderstandes mehr als bisher zu beachten.

Im Zusammenhang mit den Querelen um die "Quellensteuer" war bemerkenswert, mit welcher Leichtigkeit diese von bestimmten Kreisen als eine neue Steuer verkauft werden konnte, obwohl lediglich ein anderes Besteuerungsverfahren eingeführt werden sollte. *Isensee*[377] führt den politischen Erfolg dieses "juristisch hanebüchenen Arguments" zu Recht darauf zurück, daß die gesetzliche Steuerpflicht allgemein ignoriert und die Steuerverkürzung allgemein geübt wird. Erfolg hatte diese gezielte Fehlinformation wohl auch, da "bestimmte Kreise" handfeste wirtschaftliche Interessen an der Verhinderung der "Quellensteuer" hatten.

(C) Die Schattenwirtschaft

Auch der Bereich der Schattenwirtschaft ist geeignet, Anhaltspunkte für die Steuermoral zu liefern[378], wenn eine Aussage über deren Quantität möglich sein sollte. Hier zeigt sich die Ohnmacht des Steuerrechts besonders deutlich, da nicht einmal die Mindestvoraussetzung der Besteuerung erreicht werden kann, nämlich die Erfassung der Steuerpflichtigen[379]. Dieses "wirtschaftliche Aussteigertum"[380] ist dadurch gekennzeichnet, daß an sich steuer- oder sozialabgabenpflichtige

---

376 Steuerfahnder durchsuchten die Geschäftsräume z.B. der Dresdner Bank Düsseldorf bereits am 11.01.1994, der HCM am 02.02.1995, der NordLB am 25.04.1995, der DG-Bank Frankfurt am 09.05.1995, der Deutschen Bank Saarbrücken am 29.06.1995. Am 24.10.1995 durchsuchte die Berliner Staatsanwaltschaft die Zentrale und mehrere Filialen der Dresdner Bank in Berlin. Mit der (verfassungsgemäßen) Beschlagnahme von Unterlagen bei der Dresdner Bank wegen des Verdachts der Steuerhinterziehung durch Kunden und der Beihilfe durch Bedienstete der Bank mußte sich auch das Bundesverfassungsgericht beschäftigen, vgl. BVerfG EuGRZ 1995, 73 ff. Als Beispiel für dadurch veranlaßte wissenschaftliche Stellungnahmen vgl. *Streck/Mack*, BB 1995, 2137 ff; *Klos*, INF 1995, 609 ff. Die Maßnahmen der Steuerfahndungen bei "hilfsbereiten" Banken dauern bis heute an.

377 *Isensee*, in: Weigelt (Hrsg.), Freiheit-Recht-Moral, 20.

378 Vgl. *Pleister*, LdR/StuFR, Stichwort "Steuerrechtsentwicklung in der BRD", 481.

379 *Tipke*, Steuerrechtsordnung, 1139.

380 *Posser*, DStZ 1983, 155 f.

Geschäfte ohne Offenbarung gegenüber den staatlichen Stellen durchgeführt werden, um eben diese Abgaben zu vermeiden.

Nach Schätzungen der Deutschen Steuergewerkschaft[381] entstehen jährlich durch die Schattenwirtschaft - Schwarzarbeit und Ohne-Rechnung-Geschäfte - mindestens 130 Milliarden DM an Steuerausfällen. Allein 12 % des Bruttosozialproduktes sollen jährlich an den Finanzämtern vorbei erwirtschaftet werden, wobei in den alten Bundesländern Steuerausfälle von mindestens 130 Milliarden DM entstehen. Andere Schätzungen veranschlagen das durch Schwarzarbeit verdiente unversteuerte Einkommen auf inzwischen mehr als 10 % des offiziellen Sozialprodukts[382]. Mögen die Zahlen im einzelnen auch streitig sein[383], ersichtlich ist, daß es sich hierbei nicht um eine zu vernachlässigende Dimension handelt und daß die Steuerausfälle sehr hoch sind[384]. Die Werte lassen so zumindest den Schluß zu, daß heute das Steuerrechtsbewußtsein nicht mehr besonders intensiv ausgeprägt sein kann.

Bei Versuchen, das Ausmaß der Schattenwirtschaft mit verschiedenen finanzwissenschaftlichen Modellansätzen konkret zu errechnen, zeigen sich erhebliche Schwankungen. Signifikant ist aber, daß nach dem Großteil aller Verfahren ein Anstieg der Schattenwirtschaft im Laufe der Zeit festzustellen ist[385]. Allerdings spricht einiges dafür, daß das Potential an Schattenwirtschaft, das von den Steuerpflichtigen relativ leicht ausgeschöpft werden kann, langsam erreicht ist. Dies zeigen die Entwicklungszahlen der Schattenwirtschaft, die mit Hilfe des Bargeldansatzes über die Jahrzehnte errechnet wurden. So betrug die Zunahme der Schattenwirtschaft im Zeitraum 1970 - 1980 in Deutschland 232 Prozent, im Zeitraum 1980 - 1990 dagegen nur noch 27 Prozent[386]. Obwohl diese Zahlen nur zur Verdeutlichung einer groben Entwicklungslinie herangezogen werden sollten, könnte daraus gefolgert werden, daß die Funktion der Schattenwirtschaft, als Überdruckventil gegen zu hohen staatlichen Abgabendruck[387] zu wirken, bald

381 DStG 1991, 89; Stellungnahme der Deutschen Steuer-Gewerkschaft, PROT. ÖFF. ANH. FINAUSSCHUß V. 22.11.1993, 305; *Klotz*, FS Klein, 294.

382 *Pommerehne/Weck-Hannemann*, ZWS 1992, 436.

383 *Tipke*, Gleichmäßigkeit der Steuerrechtsanwendung, in: Vogelgesang (Hrsg.), Perspektiven der Finanzverwaltung, 101, spricht von weit höheren Schätzungen.

384 *Klotz*, FS Klein, 294.

385 *Schneider*, Determinanten der Steuerhinterziehung und der Schwarzarbeit im internationalen Vergleich, in: Smekal/Theurl (Hrsg.), Stand und Entwicklung der Finanzpsychologie, 259f., der den Anstieg im Zeitverlauf insbesondere für die Zeit von 1960 bis 1980 als evident ansieht.

386 *Schneider*, Determinanten der Steuerhinterziehung und der Schwarzarbeit im internationalen Vergleich, in: Smekal/Theurl (Hrsg.), Stand und Entwicklung der Finanzpsychologie, 261, 275 - Tab. 4.

387 *Schneider*, Determinanten der Steuerhinterziehung und der Schwarzarbeit im internationalen Vergleich, in: Smekal/Theurl (Hrsg.), Stand und Entwicklung der

nicht mehr gewährleistet sein wird. Berücksichtigt man, daß das Gesamtvolumen der Sozial- und Steuerabgaben in letzter Zeit nicht nur nicht gesunken, sondern noch angestiegen ist, könnte darin ein Umstand zu sehen sein, der der heute noch geübten Duldung des gesamten Steuerwesens bald ein Ende bereiten könnte[388] und damit wesentlich zu einem Wandel des Rechtsbewußtseins beitragen würde.

2. Die Analyse von Autoritätenmeinungen

Ein zusätzlicher Indikator für den Stand des Steuerrechtsbewußtseins kann, wie bereits ausgeführt, in den Äußerungen und Forderungen führender Vertreter der Organe der sozialen Sinnvermittlung gefunden werden, die die gesellschaftliche und politische Willens- und Meinungsbildung stark beeinflussen können. Im folgenden wird daher die "Stimmung" innerhalb der vom heutigen Steuerrecht betroffenen Kreise und der Steuerrechtswissenschaft dargestellt werden.

a. Die Steuerrechtswissenschaft

Besondere Beachtung gebührt in diesem Zusammenhang den angesehenen Vertretern der Steuerrechtswissenschaft. Sie haben als Mahner gegenüber der Gesetzgebung eine besondere Rolle inne, die bislang allerdings durch unverbindliche und zumeist nicht umgesetzte legislative Beratungstätigkeiten relativiert wurde[389]. Als Vorbereiterin einer grundlegenden Reform des Steuerrechts bietet die Steuerrechtswissenschaft (wobei die Betonung auf "Recht" liegen sollte) den anderen Instanzen der Sinnvermittlung realisierbare Lösungswege an. Die von ihr geleistete dogmatische und systematische Aufbereitung der Steuerrechtsfrage ist gerade in einem derart komplexen Rechtsgebiet wie dem Steuerrecht von großer Bedeutung[390]. Ohne die wissenschaftliche Fundierung würden alle Reformansätze nicht zu umsetzbaren Reformmodellen formuliert werden können.

Als ein gesondert zu untersuchender Tatsachenaspekt soll daher die "Meinungslage" der Steuerrechtswissenschaft behandelt werden. Sie spielt im Rahmen der Vorbereitungen für eine umfassende Steuerreform eine bedeutende Rolle. Nicht nur der Gesetzgeber wird sich ihrer - zumindest teilweise - bedienen, falls er sich zu einer Reform entschließen sollte, sondern auch die Gerichte werden bei der Beurteilung des status quo nicht unbeeinflußt die Haltung der Steuerrechtswissenschaft zur Kenntnis nehmen, sofern sie hinreichend homogen ist. Entscheidend für die vorrangige Erörterung der Steuerrechtswissenschaft als

Finanzpsychologie, 262.

388 Dieser Annahme entspricht die in den achtziger Jahren aufkommende Rechtsmittelflut.

389 Vgl. ausführlich dazu unten D. V. 2. b. (B) (IV) (1), sowie den von *Lang*, StuW 1995, 1 f., beschriebenen "Erfolg" der sog. Bareis-Kommission.

390 Vgl. etwa die Rezension *Tipke*s "Die Steuerrechtsordnung" durch *Vogel*, JZ 1993, 1121 ff.

"Autoritätenmeinung" ist allerdings der Umstand, daß diese mittlerweile jenes Maß an politischer Unbeachtlichkeit erlangt hat, das den Verdacht interessenpolitischer Ausrichtung verstummen läßt. Denn gerade weil die Politik die Mahnungen der Steuerrechtswissenschaften unverdrossen überhört hat, konnte sich dort eine unabhängige Sichtweise entwickeln, die im Gegensatz zu parlamentarischen Kreisen nur wenig von Opportunismus und tagespolitischen Erwägungen beeinflußt ist. Der Steuerrechtswissenschaft kommt somit das zu, was nur wenigen der angesprochenen Autoritäten zu eigen ist: steuerpolitische Neutralität und der Blick für das gemeinwohlorientierte Notwendige, auch wenn es tagespolitisch inopportun sein sollte.

Obwohl sich die Steuerwissenschaft noch weitgehend als Anwendungswissenschaft begreift, die sich vor allem mit spezifisch betriebs-, finanzwissenschaftlichen und gesetzesimmanenten Problemen beschäftigt[391], ergreifen in jüngster Zeit zumeist Rechtswissenschaftler die Initiative, wenn es darum geht, die Rolle des Steuerrechts in einem verfassungsrechtlich geprägten Gemeinwesen kritisch zu durchleuchten. Doch gebührt der Rechtswissenschaft in diesem Zusammenhang nicht uneingeschränkter Ruhm, da eine verbreitete unkritische Loyalität zum jetzigen Steuerrechtssystem festzustellen ist. So ist es für viele Steuerrechtswissenschaftler zur Zeit das höchste Ziel, "die Geburt, Weiterentwicklung oder Hinrichtung einer Theorie"[392] zu verfolgen. Allerdings scheinen sich die Schwerpunkte zu verlagern. Von der immer noch herrschenden Betrachtung der Rechtsanwendung wenden sich vermehrt die Blicke der Rechtsetzung zu. Die von *Kirchhof* vorgeschlagene Wiederaufnahme der Tradition einer Beratung der Gesetzgebung durch die Rechtswissenschaft scheint sich auch allmählich im Steuerrecht durchzusetzen[393].

Nach anfänglicher Resignation im Schrifttum[394], die dazu führte, daß die Mängel des Steuerrechts als durch dessen Eigenart strukturell bedingt und weitgehend unabänderlich empfunden wurden und auch das

---

391 Dies mag daran liegen, daß sich Steuerwissenschaftler sowohl aus Wirtschafts- als auch aus Rechtswissenschaftlern rekrutieren. Steuer*rechts*wissenschaftliche Arbeiten spielen in dem Gesamtsystem keine bedeutende Rolle, da sie in der finanzwissenschaftlichen Literatur nur vereinzelt beachtet werden; vgl. auch zu den "Verständigungsschwierigkeiten" beider Zweige und der rechtswissenschaftlichen Abstinenz im Steuerrecht: *Tipke*, Steuerrechtsordnung, 10f., 58 ff.

392 *Lang*, FS Meyding, 41.

393 *Kirchhof*, NJW 1987, 3217.

394 *Hill*, ZG 1987, 241; *Tipke*, FS Zeidler, Band 1, 734; *Tipke*, StBJb 1993/94, 8, der als Zeitrahmen für einen Paradigmenwechsel mindestens einen Generationswechsel veranschlagt; *Maier*, Steuerrecht im Wandel, 2; *Pezzer*, Bundesverfassungsgerichtsgesetz, 69, RN 5; auch im Steuerstrafrecht gibt es diese Resignation, vgl. *Salditt*, FS Tipke, 476 f.

Bundesverfassungsgericht zunächst kein deutliches Machtwort gegenüber dem Gesetzgeber aussprach, entwickelt sich nunmehr innerhalb der Steuerrechtswissenschaft eine zunehmend kämpferische Einstellung[395].

Die renommierten Vertreter der Steuerrechtswissenschaft, wie beispielsweise *Paul Kirchhof*, *Joachim Lang*, *Klaus Tipke* und *Klaus Vogel*, erwarten grundlegende Veränderungen im Steuerrechtsbereich. Sie sehen, daß es so, wie bisher, nicht weitergehen kann[396].

b. Sonstige relevante Meinungen

Auch aus dem Kreise der Steuerzahler, der Steuerberater, der Steuerbeamten sowie der Finanzrichter[397] und all ihrer Organisationen sind neuerdings neben den bisher bekannten resignierenden[398] Äußerungen auch solche zu vernehmen, die sich kritisch und offensiv gegen eine Mißachtung der Idee des Rechts durch den Gesetzgeber wenden[399]. Sie fordern ein grundlegend vereinfachtes Steuerrecht, das zugleich auch mehr Steuergerechtigkeit zu liefern vermag[400].

Insgesamt ist eine Aufbruchsstimmung festzustellen. Die Vertreter der für das Steuerrecht maßgeblichen nichtstaatlichen Organisationen der Sinnvermittlung wenden sich in einem zunehmenden Ausmaß gegen den steuerrechtlichen status quo. Gesetzgebungsimpulse könnten von dieser Ebene auch für ein neues Steuerrecht ausgehen, sofern es die Politik versteht, tagespolitischen Opportunismus und wahltaktische Erwägungen von Reformdiskussionen fern zu halten.

---

395 Vgl. *Tipke*, StuW 1990, 308ff., der seinen Aufsatz "Über Steuergesetzgebung und Verfassungsgerichtsbarkeit" mit "Von der Euphorie über die Resignation zu neuer Hoffnung" untertitelte; *Lang*, StuW 1995, 1 f., sieht "die Akteure der Steuergesetzgebung schon so weit abgehoben, daß die Stimmen des Volkes und der Experten nicht mehr vernommen werden".

396 Vgl. beispielsweise nur die Zitate bei der Schilderung des derzeitigen Rechtszustandes unten D. V. 3. a. (A) (II).

397 Zur Resignation der Finanzrichter aufgrund des Steuerrechts: *Tipke*, StuW 1993, 8.

398 Als Reaktionsmöglichkeit auf Kontrollverlust stehen Resignation und Apathie von Individuen in einem wesentlichen Zusammenhang mit deren Einstellung dazu, ob sie die sie störende Situation für veränderbar oder unveränderbar halten. Vgl. *Wortmann/Brehm*, Responses to uncontrollable outcomes: An integration of reactance theory and the learned helplessness model, in: Berkowitz, (Hrsg.), Advances in experimental social psychology, vol. 8 (1975).

399 Vgl. *Dann*, StB 1993, 245: Der Präsident der Bundessteuerberaterkammer spricht sogar von einer "Auflehnung" gegen das gesetzgeberische Wirken. Vgl. dazu auch den Oberfinanzpräsidenten der Oberfinanzdirektion Saarbrücken *Michaelis*, HANDELSBLATT vom 30.07.1996: "Eine umfassende Steuervereinfachung duldet keinen Aufschub".

400 *Lang*, StuW 1995, 1 f.

V. Das heutige Steuerrechtsbewußtsein

Die Hoffnung, innere Vorgänge wie das Rechtsbewußtsein quantitativ erfassen und bewerten zu können, muß bislang noch enttäuscht werden. Es fehlt die dazu notwendige Maßeinheit samt ihrer Meßmethoden. Trotzdem läßt sich aus den genannten empirischen Untersuchungen und Tatsachen ein Gesamtbild erkennen. Das Ergebnis überrascht nicht: Die Steuermoral ist schlecht und wird im Zeitverlauf zunehmend schlechter. Die Hinterziehung wurde zur Regel und zu einem gerne ausgeblendeten "Teil unserer staatlichen Ordnung"[401].

Indem der Steuerwiderstand, sei es nun durch Beachtung der formalen Legalität oder durch gesetzeswidriges Verhalten, zu einem "Volkssport" aufgewertet wurde, bei dem jeder in der Art eines Schachspielers unter Wahrung formaler Regeln (die immer seltener von der Gesetzgebung vorgegeben werden) den größtmöglichen Vorteil gegenüber dem Finanzamt zu erkämpfen versucht[402], trat die ursprünglich vorhandene Rechtfertigung der Steuern, die Belastungsidee, zunehmend in den Hintergrund im Bewußtsein der Rechtsadressaten[403]. Verstärkt wurde die Neigung der Steuerpflichtigen zum Gesetzesbruch durch eine Verwaltung, die fast ohnmächtig dieser Entwicklung gegenübersteht und so andere Steuerpflichtige zum Trittbrettfahren ermutigt[404]. Der Steuergehorsam erscheint somit in den Worten *Kirchhofs* mittlerweile bestenfalls als eine ungewollte Vorübung für das ohne Rechtfertigung existierende Steuerrecht, einem Recht ohne Idee[405]. Es ist also nicht nur "moralische Laxheit"[406] der Rechtsunterworfenen, die die heutige Steuermoral kennzeichnet, sondern auch das Symptom einer weiterreichenden staatlichen Krise.

Es bildet sich ein bislang noch weitgehend von dem allgemeinen Rechtsbewußtsein abgekoppeltes spezifisches Steuerrechtsbewußtsein heraus: Das Steuerrechtsrechtsbewußtsein wurde mit dem "unangenehmen" Steuerrecht aus dem

---

401 *Streck*, DStBTag 1984, 111.

402 *Isensee*, StuW 1994, 8: "Steuervermeidung wird zum allgemeinen, wenn auch einzeln und diskret betriebenen Glücks- und Geschicklichkeitsspiel". Dementsprechend sah auch die Wissenschaft in ihren Modellen überwiegend die Steuerhinterziehung als reines "Spiel gegen die Natur" an, bei dem es nicht darauf ankommt, wie der Staat seine Steuereinnahmen erzielt, noch, wie über die damit finanzierten Ausgaben entschieden wird, vgl. *Pommerehne/Weck-Hannemann*, ZWS 1992, 458 f.

403 *Kirchhof*, Finanzverwaltung und Grundgesetz, in: Vogelgesang (Hrsg.), Perspektiven der Finanzverwaltung, 6.

404 *Tipke*, Gleichmäßigkeit der Steuerrechtsanwendung, in: Vogelgesang (Hrsg.), Perspektiven der Finanzverwaltung, 97; zur Situation der Steuerverwaltung vgl. unten D. V. 1. b. (B).

405 *Kirchhof*, Finanzverwaltung und Grundgesetz, in: Vogelgesang (Hrsg.), Perspektiven der Finanzverwaltung, 6.

406 *Pleister*, LdR/StuFR, Stichwort "Steuerrechtsentwicklung in der BRD", 482.

nicht-juristischen Alltag verdrängt[407]. Rechtstreue hat hier eine nur untergeordnete Bedeutung und wird mitunter sogar als individualschädlich betrachtet. Der "Volkssport" läßt sich auch ohne Bindung an formale Voraussetzungen betreiben, mitunter sogar mit einem größerem Erfolg, da auch bei der (höchst unwahrscheinlichen) Tatentdeckung dem Steuerhinterzieher alle seine Rechte gegenüber dem Staat und den Gemeinden erhalten bleiben[408] und er somit auf die Unterstützung oder zumindest Verständnis von Justiz und Verwaltung hoffen darf. Gesellschaftliche Ächtung muß der "Spieler" jedenfalls nicht befürchten. Selbst die strafbare Steuerhinterziehung wird mittlerweile von großen Bevölkerungsteilen als ein Kavaliersdelikt angesehen[409].

Eines scheint jedenfalls eindeutig zu sein: In einem immer größer werdenden Ausmaß werten die Bürger die Problematik der Steuerpflicht in ähnlicher Weise. Sieht man in diesen Wertungsdispositionen einen intuitiven Gleichklang des Wertens und Bewertens[410] steuerlicher Fragen, und spitzt man - wie auch im Steueralltag üblich - diese Wertungen auf die Frage nach der Normentreue zu, so erhält man mit den Befunden über die Steuermoral als Ergebnis das kollektive Steuerrechtsbewußtsein der Deutschen: Die Entscheidung fällt zunehmend gegen das Gesetz.

Es scheint, daß immer mehr Bürger einen Freiheitskampf gegen ihren eigenen Staat führen, der auch bei ihren Mitbürgern zumindest auf Verständnis trifft. Dadurch aber geben sie dem so herausgeforderten Staat die Möglichkeit, die verfassungsrechtlich geschützte Distanz von Staat und Bürger aufzuheben. Der gegen die Steuergesetze verstoßende Bürger wird "latent abberufbar" aus seiner gegenwärtigen Geborgenheit, Privatheit und Machtposition[411]. Die Vorzeichen werden so auf Eskalation gestellt, wenn es der Staat nicht versteht, die ihm eigene Macht sinnvoll einzusetzen.

Geht man davon aus, daß das individuelle Wohl des Einzelnen handlungsleitend im Vordergrund steht, weil es an erwiesen verläßlichen und akzeptierten

---

407 Vgl. *Lang*, FR 1993, 661, der von einem Bürger spricht, der die Besteuerung jenseits seines Rechtsbewußtseins zu erleben scheint; *Lucke/Schwenk*, Rechtssoziologie 1992, 190.

408 *Tipke*, Gleichmäßigkeit der Steuerrechtsanwendung, in: Vogelgesang (Hrsg.), Perspektiven der Finanzverwaltung, 97.

409 *Posser*, DStZ 1983, 155; *Streck*, DStBTag 1984, 111; *Lang*, FS Meyding, 37f.; *Schmölders*, HwStR I, 504. Das gilt selbst für die als vergleichsweise günstig zu beurteilende Steuermoral in der Schweiz. Vgl. *Weck-Hannemann/Pommerehne*, SZVS 1989, 550.

410 *Würtenberger*, Zeitgeist und Recht, 103 f.

411 *Kirchhof*, Finanzverwaltung und Grundgesetz, in: Vogelgesang (Hrsg.), Perspektiven der Finanzverwaltung, 6.

sinngebenden Gründen fehlt, die dem Gemeinwohl den ihm zukommenden Platz vor dem "forum internum" der Steuerzahler zu behaupten helfen, so kann der Staat hier ansetzen. Solche bewußtseinsbildenden Gründe könnten den Rechtsadressaten durch eine adressatenfreundliche steuerliche Rechtfertigung zur Verfügung gestellt werden. Die Psychologie vermutet, daß die Steuermoral nur dann optimierbar ist, wenn das Steuerwesen und/oder die Verwendung der Steuermittel mit den sozialen Werten des Einzelnen (wie etwa Wahrhaftigkeit, Gerechtigkeit oder Solidarität) übereinstimmt[412]. Um daher die eigene Orientierung der Steuerzahler von staatlicher Seite vorwegnehmen zu können, muß eine Steuerrechtfertigung die den Bürgern wichtigen sozialen Werte herausfinden und umsetzen. Wichtigstes Postulat ist dann aber, daß jene bürgerbezogenen Belange in einem ausreichenden Maß, also zumindest dem Grundgesetz gemäß, berücksichtigt werden. Dieser Steuerrechtfertigung müssen schließlich entsprechende gesetzliche Regelungen folgen, soll sie nicht zu einer weiteren nicht umgesetzten Theorie verkümmern.

---

412 *Brandstätter*, Determinanten der Steuerhinterziehung: Ergebnisse der experimentellen Psychologie, in: Smekal/Theurl (Hrsg.), Stand und Entwicklung der Finanzpsychologie, 219.

D. Bestimmungsfaktoren der Steuermoral

Alle hier untersuchten "Indikatoren" sprechen dafür, daß die Steuermoral der Deutschen im Zeitverlauf stetig abgenommen hat. Ein eventuell einmal vorhandenes positives Rechtsbewußtsein im Steuerwesen wurde zunehmend von einer großen Unwilligkeit verdrängt. Über die genauen Gründe dafür lassen sich lediglich Vermutungen anstellen[413], weil individuelle Entscheidungen einzelner Bürger nicht notwendig im Gleichklang erfolgen müssen und höchstwahrscheinlich auch nicht erfolgen. Da die Steuermoral als Ausfluß der allgemeinen Staatseinstellung angesehen werden kann, die ihrerseits von einer Vielzahl von Faktoren abhängt[414], wirken sich unterschiedliche Prädispositionen, Einstellungen, Erfahrungen, Interessen usw. in unterschiedlichem Maße auf das Steuerzahlungsverhalten aus, wobei in vielen Fällen Motivbündel vorliegen werden[415]. Geht man davon aus, daß sich die Einstellung der Bürger zu ihrer Steuerpflicht erkennbar gewandelt hat und damit auch ihr Rechtsbewußtsein und ihre sozialethischen Vorstellungen, so kann dafür nicht nur eine Erscheinung verantwortlich gemacht werden. Vielmehr sind derartige Wandlungen auslösende Tendenzen mitunter sehr verschieden, manchmal sogar widersprüchlich[416]. Dennoch soll im folgenden versucht werden, durch die Schilderung im Steuerwesen virulenter Probleme aufzuzeigen, woran es liegen könnte, daß die Bundesbürger immer "steuerverdrossener" wurden.

I. Der generelle Verfall des Rechtsbewußtseins

Die These eines generellen Verfalls des Rechtsbewußtseins innerhalb der Bevölkerung wird vielfach herangezogen, um staatlichen Kontrollverlust bei der Durchsetzung von Gesetzen zu begründen[417]. Das Rechtsbewußtsein der Bevölkerung wäre früher "besser" gewesen, das Recht "wirksamer" und die Rechtsordnung insgesamt "intakter"[418]. Auch im Steuerrecht ist dieses Argumentationsmodell nicht fremd: Die Steuermoral sei deshalb so schlecht, weil der allgemeine "Egoismus" um sich gegriffen habe[419]. Indes konnte nie schlüssig

---

413 So auch *Klotz*, FS Klein, 296.

414 *Pommerehne/Weck-Hannemann*, ZWS 1992, 445.

415 *Klotz*, FS Klein, 296.

416 *Würtenberger*, Rechtsbewußtsein und Staatsverständnis der Parteien, 18 f.

417 Vgl. dazu die Beispiele bei *Lucke/Schwenk*, Rechtssoziologie 1992, 187 f. m. Nw.; *Helmrich*, in: Weigelt (Hrsg.), Freiheit - Recht - Moral, 196; *Otto*, Rechtsidee, 21, schildert den aus seiner Sicht heute üblichen "Narziß" wie folgt: "Dieses Individuum zeichnet sich durch infantile Ichbezogenheit, Widerwillen gegen emotionale, moralische und soziale Bindungen aus, scheut die Verantwortung und ist - vom Pennäler bis zum Professor - voll mit seiner Selbstdarstellung ausgelastet; *Würtenberger*, Beständigkeit im Wandel, 16.

418 *Lucke/Schwenk*, Rechtssoziologie 1992, 188.

dargelegt, geschweige denn bewiesen werden, daß es einen generellen Verfall des Rechtsbewußtseins tatsächlich gegeben habe, und dieser auch das Steuerrechtsbewußtsein erfaßt habe. Er wurde lediglich in einigen wenigen Rechtsgebieten festgestellt und verallgemeinert[420]. Gerade dies ist aber nicht möglich, da eine Vielzahl unterschiedlichster Einstellungssegmente das Rechtsbewußtsein bestimmt[421]. "Das" Rechtsbewußtsein gibt es daher nicht. Vielmehr ist von einer Vielzahl von verschiedenen Einstellungen zu dem jeweiligen Recht auszugehen[422]. Auch der Rückgriff auf den allgemeinen "Egoismus" geht daher fehl. Wie sozialpsychologische Untersuchungen[423] gezeigt haben, üben Eigeninteressen grundsätzlich keinen dominierenden Einfluß auf die gesellschaftsrelevanten Einstellungen der Bürger. Eine herausragende Ausnahme bildet lediglich die persönliche Steuerbelastung[424]. Das kollektive Rechtsbewußtsein kann daher nicht mit Hilfe eines beobachteten Werteverfalls diagnostiziert werden. Und auf keinen Fall darf aus dem "allgemeinen" Rechtsbewußtsein auf das Steuerrechtsbewußtsein geschlossen werden.

Das Argument eines generellen Verfalls des Rechtsbewußtseins verhindert somit durch seine beabsichtigte Allgemeingültigkeit für alle Rechtsbereiche eine eingehende Problemanalyse in den einzelnen Rechtsgebieten und ist daher wenig geeignet, zu einer grundlegenden Lösung beizutragen. Diese kann allein durch eine unvoreingenommene Betrachtung der Vorgänge, die die Steuermoral bestimmen, erreicht werden.

---

419 Vgl. dazu die ausführliche Schilderung der sozialpsychologischen Forschung bei *Sears/Funk*, The role of self-interest in social und political attitudes, in: Zanna (Hrsg.), Advances in experimental social psychology, vol. 24 (1991), 5 ff. Danach ist das Erklärungsmodell des "Egoismus" auf beinahe alle Lebensbereiche schlüssig anwendbar: "Far more pervasive, and indeed nearly universal, is the assumption that costs and benefits affecting the self weighed especially heavily in any decisionmaking process."

420 Beispielsweise stieß der "zivile Ungehorsam" der Sitzblockierer lange Zeit auf politisches Unverständnis. Der Verfall des Rechtsbewußtseins wurde beklagt. Dementsprechend verhielt sich der Rechtsstab (vgl. *Wassermann*, Rechtsstaat ohne Rechtsbewußtsein?, 15 ff., 25 ff.). Die Auffassungen wandelten sich und das Bundesverfassungsgericht sah jüngst in derartigen "Aktionen" keine strafbare Nötigung mehr.

421 *Lucke/Schwenk*, Rechtssoziologie 1992, 190 f.

422 Vgl. *Lucke/Schwenk*, ebd., 198, die von einem "postmodernen Ensemble unterschiedlicher Legitimitätsvorstellungen und mehr oder weniger gleichberechtigt nebeneinander existierenden Teilrechtskulturen" ausgehen.

423 *Sears/Funk*, The role of self-interest in social und political attitudes, in: Zanna (Hrsg.), Advances in experimental social psychology, vol. 24 (1991), 76 ff.

424 Ebd., 76, wobei zu berücksichtigen ist, daß das us-amerikanische Steuersystem per se schon auf eine wesentlich höhere Akzeptanz stößt als das deutsche (vgl. Maier, Steuerrecht im Wandel, 48).

II. Ökonomische Vorteile

Es ist einsichtig, daß alle Steuerzahler, die die Steuergesetze nicht ihrem vollen Umfang nach befolgen, dies zumindest auch aus ökonomischen Erwägungen tun. Die Bereitschaft, Steuern zu zahlen, sinkt vor allem dann, wenn der Fiskus einen beträchtlichen Anteil dessen fordert, was der Bürger erwirtschaftet hat. Der "homo libenter contribuens" ist vielfach nur ein theoretischer Idealmensch, eine Utopie.

1. Der Steuerzahler als rationaler Nutzenmaximierer?

Mitunter wird allerdings entsprechend dem soeben angesprochenen "Egoismus-Modell" vereinfachend behauptet, der eigene Vorteil sei der alleinige Antrieb, die Steuergesetze zu mißachten. Dieser Vorstellung entspricht auch das Bild vom "homo oeconomicus", der sein Einkommen maximieren möchte, indem er so wenig wie möglich davon versteuern läßt. Für ihn stellt sich ausschließlich die rationale Frage, ob Steuern hinterzogen werden sollen oder nicht, wie die Entscheidung eines Kapitalanlegers gegenüber einem risikobehafteten Wertpapier dar: Soll er oder soll er nicht kaufen?[425] Allerdings ist dieser Ansatz neben seinen zweifelhaften Annahmen[426] auf den zweiten Blick nicht so selbstverständlich, wie er erscheint. Denn um an den ökonomischen Vorteil zu gelangen, muß sich der Einzelne zunächst über die gesetzlichen Bestimmungen hinwegsetzen. Für diesen Schritt spielen ökonomische Belange in den meisten Fällen aber nur noch eine untergeordnete Rolle. Subjektive Wahrnehmungen und Wertungen wie beispielsweise Moral, Zweifel und Skrupel stellen hier unter anderem Größen dar, die in die Überlegungen einbezogen werden müssen[427]. Denn ebenso könnte man sich bereichern, indem man andere Gesetze übertritt, zum Beispiel durch Diebstahl, Raub oder Betrug, wenn die Gefahr, entdeckt zu werden, entsprechend gering ist[428]. Da dies die meisten unehrlichen Steuerzahler üblicherweise aber nicht tun, kann im Bereich des Steuerwesens der ökonomische Vorteil nicht der einzige Grund für rechtswidriges Handeln sein.

---

425 *Mackscheidt*, Die Entwicklung der Kölner Schule der Finanzpsychologie, in: Smekal/Theurl (Hrsg.), Stand und Entwicklung der Finanzpsychologie, 60.

426 Vgl. dazu *Tyler*, Why people obey the law, 22, der dieser Sichtweise vorwirft, "to be a serious social problem if citizens are viewed as motivated solely by personal gain".

427 Vgl. *Frey/Brandstätter/Schuster*, Das ökonomische Modell aus psychologischer Sicht, in: Smekal/Theurl (Hrsg.), Stand und Entwicklung der Finanzpsychologie, 66 ff.

428 Vgl. *Vogel*, Der Staat 25 (1986), 483, der trotzdem ein Auseinanderklaffen der moralischen Überzeugungen der Bürger auf der einen und der, von denen der Gesetzgeber, die Rechtswissenschaft, die Finanzwissenschaft und die Staatsphilosophie ausgehen, auf der anderen Seite feststellt.

Dementsprechend können die Mittel, die gegen den amoralischen, skrupellosen "homo oeconomicus" vorgeschlagen werden, nämlich effizientere Kontrollen zur Erhöhung der Entdeckungswahrscheinlichkeit[429] und als spürbarer wirtschaftlicher Nachteil empfundene hohe Strafen[430], keine Mittel sein, die das Steuerrechtsbewußtsein grundlegend beeinflussen könnten. Staatlicher Druck wird lediglich oberflächlich die Steuerzahlungsmoral durch Zwang erhöhen, nicht aber zu einer Einstellungsänderung der Steuerpflichtigen zu den Grundlagen der Besteuerung beitragen. Auch sozial- und finanzwissenschaftliche Erkenntnisse stützen die These, daß der Steuerertrag auf Dauer nicht allein durch staatlichen Druck maximiert werden kann[431].

Exekutive und Legislative hängen offensichtlich vielfach noch der zu kurz greifenden oben angesprochenen "Druckerhöhungstheorie" an. Mittlerweile sollte auch in diesen Kreisen deutlich geworden sein, daß langfristig die Durchsetzung von Vorhaben, die dem Bewußtsein der Bevölkerung widerstreben, nur unter erheblichen sozialen Kosten möglich ist[432].

Die gerade zu diesen Fragestellungen stellungnehmende Diskussion um Akzeptanz hat schließlich auch zu der Erkenntnis geführt, daß freiwillige bürgerliche Loyalität zum größten Teil - wenn das Existenzminimum gesichert ist - von der Verfaßtheit des jeweiligen Staates und den Rechtsüberzeugungen der Bürger abhängt. Wichtige Motivationsimpulse sind daher überwiegend nicht allein materieller Art[433]. Gleiches kann auch für das Steuerrecht angenommen werden.

---

429 Das Deklarationsprinzip muß jedoch grundsätzlich durch ein Verifikationsprinzip flankiert werden, vgl. dazu *Kirchhof*, JFSt 1992/93, 20.

430 *Tipke*, Steuerrechtsordnung, 1406.

431 Vgl. etwa *Schmölders*, HWBSW, Band X., Stichwort "Steuermoral", 123; *Pommerehne/Weck-Hannemann*, ZWS 1992, 441, die nach dem Vergleich mehrerer wissenschaftlicher Untersuchungen zu dem Ergebnis kommen, daß der abschreckende Effekt von Strafen und Kontrollen, soweit er überhaupt dem Vorzeichen nach bestätigt werden konnte, in quantitativer Hinsicht recht bescheiden ist. Sie kritisieren die heutige Steuererhebungsweise: "Es scheint vielmehr, daß das Standardmodell zu einseitig auf die Verfolgung der obrigkeitlichen Sichtweise ausgerichtet ist und den Austauschbeziehungen zwischen Staat und Bürger zu wenig Rechnung trägt". Vgl. auch *Schmidtchen*, Vom nichtmarginalen Charakter der Steuermoral, in: Smekal/Theurl (Hrsg.), Stand und Entwicklung der Finanzpsychologie, 186; *Brandstätter*, Determinanten der Steuerhinterziehung: Ergebnisse der experimentellen Psychologie, in: Smekal/Theurl (Hrsg.), Stand und Entwicklung der Finanzpsychologie, 243 f.; *Schwartz/Orleans*, On legal sanctions, in: The University of Chicago Law Review, vol. 34 (1966-67), 300; *Tyler*, Why people obey the law, 3.

432 Vgl. etwa *Schmidtchen*, Vom nichtmarginalen Charakter der Steuermoral, in: Smekal/Theurl (Hrsg.), Stand und Entwicklung der Finanzpsychologie, 186. Zu dem Kosten-Begriff, der in der Folgenantizipation im Rahmen der Gesetzgebung Anwendung finden sollte vgl. *Deckert*, ZG 1995, 247 ff.

2. *Die Berücksichtigung der persönlichen Verhältnisse*

Einen weiteren Gesichtspunkt, den persönlichen Nutzen der Steuerzahler nicht in den Mittelpunkt der Betrachtungen zum Steuerrechtsbewußtsein zu stellen, haben die sozialpsychologischen Forschungen von *Sears* und *Citrin* erbracht. Sie untersuchten 1985 das Abstimmungsverhalten der Bevölkerung anläßlich von drei der sog. "tax revolt" zugeordneten kalifornischen Gesetzesvorschlägen, die eine massive Vermögensteuerreduktion (sog. proposition 13 aus dem Jahre 1978), eine Höchstgrenze für Staatsausgaben (proposition 4 aus dem Jahre 1979) und eine Senkung der staatlichen Einkommensteuersätze um 50 % (proposition 9 aus dem Jahre 1980) vorschlugen. Es zeigte sich, daß das Abstimmungsverhalten sehr stark von den persönlichen Verhältnissen der Abstimmenden abhängt. So wurde beispielsweise offenbar, daß gerade diejenigen die "tax revolt" nicht sonderlich unterstützten, die die finanziellen Erleichterungen am notwendigsten hätten, nämlich die, die in finanziellen Schwierigkeiten steckten und denen die Inflation besonders zu schaffen machte[434]. Dahingegen unterstützten diejenigen die "tax revolt" in einem größeren Ausmaß, die von den geänderten Gesetzen auch am meisten profitiert hätten (z.B. Hauseigentümer mit hohen Einkommen). Das finanzielle Eigeninteresse kann also nicht als eine feste Größe vorausgesetzt werden, die jeglichen Steuerzahler gleichermaßen beeinflußt. Vielmehr sind die persönlichen Umstände des Steuerzahlers dafür entscheidend, welchen Stellenwert er dem ökonomischen Vorteil, weniger Steuern zu zahlen, beimißt[435]. Mitunter wurde in sozialempirischen Untersuchungen sogar die fast völlige Unbeachtlichkeit finanzieller Eigeninteressen für die Einstellung der Steuerzahler festgestellt[436]. Wesentlich wichtigere Punkte für die Einstellung der Steuerzahler sind die Unzufriedenheit über Steuern schlechthin oder Präferenzen bei den öffentlichen Ausgaben[437].

---

433 *Czybulka*, Die Verwaltung 1993, 29; vgl. auch *Tipke*, Steuerrechtsordnung, 481.

434 *Sears/Citrin*, Tax revolt: Something for nothing in California, 137 ff.

435 Vgl. *Sears/Funk*, The role of self-interest in social und political attitudes, in: Zanna (Hrsg.), Advances in experimental social psychology, vol. 24 (1991), 34 ff. m. w. N. sowie 49; vgl. auch *Lucke/Schwenk*, Rechtssoziologie 1992, 191, die (auch) dem individuellen "Betroffenheitspotential" einen Einfluß auf das Rechtsbewußtsein zuschreiben.

436 Vgl. *Sears/Funk*, The role of self-interest in social und political attitudes, in: Zanna (Hrsg.), Advances in experimental social psychology, vol. 24 (1991), 37 m. Nw.: "Studies in Florida and national samples obtained almost no evidence for self-interested attitudes on the part of taxpayers".

437 Vgl. *Sears/Funk*, The role of self-interest in social und political attitudes, in: Zanna (Hrsg.), Advances in experimental social psychology, vol. 24 (1991), 37 f. m. Nw.

III. Die Akzeptanz des Steuerrechts

1. Die Rechtsnatur des Steuerrechts

Um feststellen zu können, wie der Steuerpflichtige dem Steuerrecht gegenübersteht, ist es sinnvoll, sich zunächst die Rechtsnatur des Steuerrechts zu vergegenwärtigen. Das Steuerrecht vereint in sich zwei Komponenten: Zum einen ist es als öffentliches Eingriffsrecht zu definieren und zum anderen zugleich als (Lasten-) Verteilungsrecht. Grundlage dafür ist die streng dreigeteilte Arbeitsorganisation[438] im Rahmen der verfassungsmäßig vorgegebenen Finanzierungsaufgaben: "Der Sozialstaatsgedanke veranlaßt Staatsleistungen, der Steuerstaat finanziert sie, der Leistungsstaat überbringt sie"[439].

Beide Komponenten sind maßgeblich für die konkrete Ausgestaltung des Steuerrechts. Darüberhinaus sind sie aber auch von besonderem Einfluß auf die steuerliche Rechtfertigung. Denn sowohl die Eingriffskomponente, als auch die Lastenverteilungskomponente müssen den von der Verfassung[440] und den tatsächlichen Gegebenheiten an sie gestellten Anforderungen gerecht werden, um auch im Bewußtsein der Steuerpflichtigen gerechtfertigt sein zu können. Eine ausführliche rechtliche Erörterung der in diesem Zusammenhang anzusprechenden Fragen soll hier allerdings nicht Gegenstand der Betrachtungen sein. Vielmehr sollen nur die für das weitere Verständnis notwendigen Grundlagen kurz aufgezeigt werden[441].

a. Steuerrecht als öffentliches Eingriffsrecht

Abgaben werden vom Staat kraft seiner hoheitlichen Befugnisse von den Bürgern erhoben. Er greift damit in die private (Vermögens-)Sphäre des Einzelnen ein. Maßgebliches Kriterium ist hierbei weniger der Verwendungszweck als vielmehr der Beschaffungsvorgang. Die staatliche Leistungsaufforderung muß daher dem Vorbehalt des Gesetzes und eventuell berührten Grundrechten entsprechen, um zumindest verfassungsrechtlich gerechtfertigt sein zu können.

---

438 *Wolf*, FS Massing, 237.

439 *Kirchhof*, NVwZ 1983, 507.

440 Dazu ausführlich *Rodi*, Die Rechtfertigung von Steuern als Verfassungsproblem, 85ff. und 98ff.

441 Ein näheres Eingehen erübrigt sich auch schon deshalb, weil gerade zu diesen Themenbereichen bereits umfängliche Literatur vorliegt. Vgl. nur *Rodi*, Die Rechtfertigung von Steuern als Verfassungsproblem, 73 ff. m.Nw.

b. Steuerrecht als Verteilungsrecht

Das Steuerrecht hat daneben auch die Aufgabe, die Lasten, die das Gemeinwesen zu tragen hat, auf die einzelnen Mitglieder "gerecht" zu verteilen. Man spricht daher von dem Steuerrecht als (Lasten-)Verteilungsrecht[442], das vor allem von der "iustitia distributiva" bestimmt wird[443]. Gerade diese Qualität des Steuerrechts ist bei den einzelnen Steuerzahlern von besonderer Relevanz, da Vergleiche hinsichtlich der Steuerlast relativ einfach anzustellen sind und dem individuellen Besitzdenken und dem Gefühl, ungerecht behandelt worden zu sein, extrem zugänglich sind.

2. *Notwendigkeit von Akzeptanz*

Die Akzeptanz der Steuerrechtsordnung ist eine Grundvoraussetzung für das Funktionieren des Steuerstaates. Bereits oben wurde der Zusammenhang zwischen Rechtsbewußtsein und Akzeptanz des Rechts vorgestellt. Das rechtspsychologische Gegenstück zum Rechtsbewußtsein der Steuerzahler, wie es sich im Steuerwiderstand manifestiert, findet sich in der Akzeptanz des Steuerrechts. Akzeptanz ist die sicherste Garantie für eine hohe Durchsetzbarkeit[444] des Steuerrechts und somit wesentlich für die Effektivität des Steuerwesens[445]. Denn Befehl und Zwang allein sind keine zuverlässigen Garanten für die Rechtsbefolgung[446], wesentlich effektiver ist die freiwillige Loyalität der Rechtsadressaten[447]. Steuergesetze fordern um so mehr zum Widerstand heraus, als sie nicht akzeptiert werden[448]. Wenn der angesprochene Rechtsadressat dahingegen das Ziel eines Gesetzes versteht und billigt, kann und wird er die Rechtsnorm, die diesem Ziel dient, als Recht anerkennen, sie übernehmen und sich entsprechend verhalten[449] - im Idealfall sogar ganz ohne jeglichen staatlichen Druck[450]. Aus diesen Gründen

---

442 *Weber-Grellet*, StuW 1993, 97.

443 *Tipke*, StuW 1993, 9. Folgt man der Auffassung von *Tipke*, Steuerrechtsordnung, 481, so wandelt das Leistungsfähigkeitsprinzip die iustitia distributiva zur iustitia contributiva.

444 *Würtenberger*, Rechtsprechung und sich wandelndes Rechtsbewußtsein, 556.

445 *Maier*, Steuerrecht im Wandel, 48; *Tipke*, Steuerrechtsordnung, 481; *Oechsle*, Die steuerlichen Grundrechte in der jüngeren deutschen Verfassungsgeschichte, 21; *Herzog*, FG Gesellschaft für Rechtspolitik, 128 f.

446 *Hill*, JZ 1988, 377.

447 *Czybulka*, Die Verwaltung 1993, 29.

448 *Tipke*, Steuerrechtsordnung, 1139.

449 Vgl. *Lucke/Schwenk*, Rechtssoziologie 1992, 200.

450 *Pichler/Giese*, JRP 1993, 115; *Tyler*, Why people obey the law, 3: "If people view compliance with the law as appropriate because of their attitudes about how they should behave, they will voluntarily assume the obligation to follow the rules. They will feel personally committed to obeying the law, irrespective of whether they risk punishment for breaking the law."; *Wassermann*, Rechtsstaat ohne Rechtsbewußtsein?,

erlangt die Akzeptanz auf vorrechtlichem Felde jedenfalls eine indirekte faktische Wirksamkeit und setzt der Gesetzgebung und der Rechtsdurchsetzung objektive Grenzen[451]. Darüberhinaus kommt der Akzeptanz in dieser sozialpsychologischen Perspektive ein Legitimität schaffender Gehalt zu: Gesetze erringen dann Legitimität, wenn sie vom Bürger als "richtig" anerkannt werden[452]. Eine allgemeine Akzeptanz, wie sie sich in gesellschaftlich herrschenden Wertvorstellungen niederschlägt läßt sich ebenso feststellen, wie jegliches kollektives Bewußtsein: in mehr oder weniger deutlichen Mehrheiten - minoritär oder majoritär[453].

Schon oft wurde versucht, die genannten Phänome im Steuerrecht begrifflich zu umschreiben. Es wurde beispielsweise von der Moral der Bürger gesprochen[454], wobei darunter ethische Sollensnormen verstanden wurden. Mit den moralischen Überzeugungen des Bürgers hat die Akzeptanz von Steuergesetzen indes wenig gemein. Hier ist vielmehr ein sozusagen "technischer" Aspekt angesprochen, da es maßgeblich um die legislative Berücksichtigung bürgerlicher Gerechtigkeitsvorstellungen geht[455]. Besonders deutlich zeigt sich dies im heutigen Steuerwesen, wo eine derartige Übernahme gesellschaftlich vorherrschender Überzeugungen nicht stattfindet. Zustimmung verdient insofern der Befund *Vogels*, daß die "internen Voraussetzungen", unter denen die Bürger ihrer Steuerpflicht genügen (und damit ist eben die hier angesprochene Akzeptanz gemeint), nicht mehr mit jenen Prämissen übereinstimmen, wie sie vom Gesetzgeber und auch von Rechtswissenschaft, Finanzwissenschaft und Staatsphilosophie vorausgesetzt werden[456]. Die festgestellte Divergenz beruht zu einem Großteil auf der mangelnden bürgerbezogenen Rückkopplung bei staatlichen Entscheidungen[457]. Der Bürger spielt bislang im Steuerrecht nur insofern eine Rolle, als seine Belastbarkeit und Duldungsfähigkeit beurteilt werden muß. Dagegen werden alle anderen Belange nicht berücksichtigt, und selbst diejenigen bleiben unberücksichtigt, die sich nicht sofort, sondern erst nach einiger Zeit ertragsmindernd auswirken.

12.

451 *Pichler/Giese*, JRP 1993, 109.

452 *Würtenberger*, FG Gesellschaft für Rechtspolitik, 541.

453 Es ist daher *Tipke*, Steuerrechtsordnung, 343 f. zuzugeben, daß sich eine allgemeine Akzeptanz kaum sicher feststellen läßt. Es läßt sich aber sicher feststellen, ob die Mehrheit der Steuerpflichtigen die Steuergesetze akzeptiert.

454 *Vogel*, Der Staat 25 (1986), 483.

455 *Oeser*, Evolution und Selbstkonstruktion des Rechts, 122, weist allerdings zu recht darauf hin, daß der Prozeß, der der subjektiven und intersubjektiven Überzeugungsbildung und auch der Normenbildung vorausgeht, als ein evolutiver Prozeß der Moral angesehen werden kann.

456 *Vogel*, Der Staat 25 (1986), 483.

457 Vgl. dazu die von *Hill*, FS Helmrich, 521, vorgeschlagenen "Proben aufs Exempel" im Sinne einer vorauswirkenden Erfolgskontrolle jedes Gesetzes. Eine antizipierte Wirksamkeitsanalyse der Gesetze im Hinblick auf die vom Gesetzgeber angestrebten Ziele fordert auch *Deckert*, ZG 1995, 241 ff.

Dabei stellt die Akzeptanz der Steuergesetze durch weite Kreise der Bevölkerung keine vernächlässigenswerte Größe dar: In der freiwilligen Beachtung und Befolgung staatlicher Gesetze verkörpert sich die für den Staat des Grundgesetzes lebensnotwendige Geltung des modernen Staates[458]. Ein Verlust der Leitideen des Rechts (beispielsweise des Gleichheitsgedankens) kann zu Krisen im Staatsbewußtsein, zu Legitimationskrisen des politischen Systems und sogar zu revolutionärer Gefährdung führen[459].

Im Steuerrecht gewinnt die Akzeptanz gerade dadurch eine so herausragende Bedeutung, als teilweise die Mitwirkung des Steuerpflichtigen erforderlich ist[460]. Treffen die gesetzlichen Regelungen, die die Mitwirkungen des Steuerpflichtigen statuieren, auf keine oder nur eine geringe Akzeptanz, werden sie nicht die normativ vorausgesetzten Ergebnisse liefern.

Dieser Befund hat auch rechtstheoretischen Erkenntniswert: Die Verbindlichkeit einer weitgehend nicht befolgten, aber demokratisch zustandegekommenen Norm mag zwar noch bejaht werden. Im Steuerrecht besteht aber besonders die Gefahr, daß durch ein real nicht wirksames, also zum Großteil nicht durchgesetztes Recht der Gleichheitssatz verletzt wird[461]. Die Verletzung des Gleichheitssatzes ist dabei umso stärker, je größer der Anteil der Steuerpflichtigen ist, die gegen das Gesetz sanktionslos verstoßen. Im Extremfall kann daher ein zum Großteil von den Normadressaten nicht akzeptiertes Steuergesetz, wenn schon nicht derogiert, so doch zumindest verfassungswidrig werden[462].

Einen noch höheren Stellenwert der Akzeptanz für die Gesetzgebung nimmt *Tipke* an, der von der allgemeinen Anerkennung eines Prinzips auf dessen Sachgerechtigkeit schliessen will[463]. Werde ein Prinzip akzeptiert, so bestünde diesbezüglich eine Gerechtigkeitskonvention innerhalb der Gesellschaft. Nur dasjenige könne zudem Akzeptanz erlangen, das die menschliche Natur nicht unzumutbar überfordere. Setzt man den Stellenwert der Akzeptanz derart hoch an, so verwundert es erst recht, daß sie von seiten der Gesetzgebung bislang so wenig Beachtung erfahren hat. Sachgerechte Prinzipien, die durch die Akzeptanz der Normadressaten sozusagen das Gütesiegel der Tauglichkeit erhalten haben, waren offenbar bislang nicht ein legislatorisches Hauptanliegen.

---

458 *Herzog*, FG Gesellschaft für Rechtspolitik, 128 f.

459 *Würtenberger*, Jurist und Staatsbewußtsein, 83.

460 *Hill*, ZG 1987, 240.

461 *Tipke*, Steuerrechtsordnung, 1139.

462 Vgl. BVerfGE 84, 239ff.

463 *Tipke*, Steuerrechtsordnung, 300.

3. *Erscheinungsform*

Die Akzeptanz von Rechtsnormen ist nicht statisch zu verstehen. Sie ist je nach Normadressat individuell verschieden, und das auch in ihrer Weite. Auch für die steuerliche Normakzeptanz kann, ähnlich wie in der Finanzpsychologie[464], davon ausgegangen werden, daß es einen Akzeptanz- und einen Ablehnungsbereich gibt. So kommt es zum Beispiel für die Frage, ob ein Höchststeuersatz von 60 % für überzogen oder für angemessen gehalten wird, darauf an, ob der betreffende Wert in den sogenannten Akzeptanz- oder Ablehnungsbereich[465] fällt. Der Akzeptanzbereich wird auf einer internen Urteilsskala durch die Positionen begrenzt, die - obwohl sie von dem eigenen Urteil abweichen - noch hingenommen werden. Entsprechend fallen diejenigen Abweichungen nicht mehr in den Akzeptanzbereich, die so weit von dem eigenen Urteil entfernt sind, daß sie nicht mehr hingenommen werden können; damit wäre der Ablehnungsbereich erreicht[466]. Die Breite der beiden Bereiche hängt, neben dem unbestreitbaren Einfluß von Meinungsführern, entscheidend davon ab, welche Erwartungen in bezug auf das Einstellungsobjekt vorliegen[467]. Übertragen auf die Akzeptanz von steuerrechtlichen Normen könnte man daher auch von einem Toleranzbereich sprechen, in dem die individuelle Akzeptanz umso höher ist, je näher die gesetzliche Regelung den konkreten Vorstellungen des Normadressaten von einer richtigen Regelung kommt. Diesen Bereich kann man als Basiskonsens umschreiben, wenn der Normadressat die staatliche Verfassung als die Normierung der politischen Kultur einer Gemeinschaft anerkennt[468].

4. *Die entscheidenden Akzeptanzfaktoren im Steuerrecht*

Für eine den Geboten des Rechtsstaats- und Demokratieprinzips genügende Akzeptanz des Rechts ist es nicht notwendig, daß der Normadressat das Steuerrecht in seinen einzelnen Ausprägungen akzeptiert[469]. Es genügt vielmehr,

---

464 *Frey/Brandstätter/Schuster*, Das ökonomische Modell aus psychologischer Sicht, in: Smekal/Theurl (Hrsg.), Stand und Entwicklung der Finanzpsychologie, 75.

465 Vgl. *Rosch/Frey*, Soziale Einstellungen, in: Frey/Greif (Hrsg.), Sozialpsychologie - Ein Handbuch in Schlüsselbegriffen, 296 ff.; *Stahlberg*, Assimilation und Kontrast, in: Frey/Greif (Hrsg.), Sozialpsychologie - Ein Handbuch in Schlüsselbegriffen, 111 ff.

466 Diese "Akzeptanzbereichstheorie" und ihre psychologische Bedeutsamkeit wurde ursprünglich von M. Sherif und C.J. Hoveland im Rahmen ihrer Einstellungsänderungsforschung konzipiert, vgl. *Frey/Brandstätter/Schuster*, Das ökonomische Modell aus psychologischer Sicht, in: Smekal/Theurl (Hrsg.), Stand und Entwicklung der Finanzpsychologie, 75 m. Nw.

467 *Frey/Brandstätter/Schuster*, Das ökonomische Modell aus psychologischer Sicht, in: Smekal/Theurl (Hrsg.), Stand und Entwicklung der Finanzpsychologie, 76.

468 *Würtenberger*, Jurist und Staatsbewußtsein, 88.

469 Die individuelle Anerkennung einzelner konkreter Rechtsnormen, wie sie *Würtenberger*, Jurist und Staatsbewußtsein, 81, als Merkmal der Akzeptanz

daß er seine natürlichen Widerstände gegen die gesetzlichen Zahlungsverpflichtungen aufgibt und die Normen in dem Bewußtsein gegen sich gelten läßt, daß im Ganzen bestimmte übergeordnete Ziele und eine vertretbare Konfliktschlichtung durch eine gerechte Lastenverteilung erreicht worden sind[470]. Damit ist neben dem **Gerechtigkeitsgefühl**[471] des Normadressaten vor allem die **Rechtfertigung der Steuern** ein entscheidender Akzeptanzfaktor[472]. Obwohl die Akzeptanz des Rechts das Resultat eines vielschichtigen und meist langwierigen Prozesses ist[473], lassen sich im Steuerrecht diese beiden Merkmale als diejenigen systembildenden Faktoren bestimmen, die die Akzeptanz am nachhaltigsten beeinflussen. Gerechtigkeitsgefühl und steuerliche Rechtfertigung stehen dabei in einem Gegenseitigkeitsverhältnis. Nur wenn der Belastungsgrund (= die steuerliche Rechtfertigung) allgemein überzeugt und sichtbar ist, wird auch die Verpflichtung zu einer Abgabe als gerecht empfunden[474] und akzeptiert[475].

Eine Verkürzung der steuerlichen Rechtfertigungsproblematik allein auf Gerechtigkeitsüberlegungen[476] ist der genaueren Erforschung der Akzeptanz des Steuerrechts allerdings abträglich. Denn was als gerecht gilt, ist ebenso wie die Gesellschaft und das Recht Wandlungen unterworfen. Der Versuch, mit Hilfe "objektiver" Gerechtigkeitskriterien eine quasi statische Steuerrechtfertigungstheorie zu konstruieren, muß aufgrund der gesellschaftlichen und damit auch rechtlichen Dynamik unseres Gemeinwesens scheitern[477] und provoziert geradezu

voraussetzt, ist im heutigen Steuerrecht nicht zu verwirklichen und sollte auch nicht zu einer Voraussetzung für die steuerrechtliche Akzeptanz gemacht werden. Zu unterschiedlich und zu detailliert sind die individuellen Besteuerungstatbestände, als daß sie eine grundlegende Akzeptanz erforderlich machen würden.

470 *Maier*, Steuerrecht im Wandel, 48; *Kindermann*, Gesetzessprache und Akzeptanz der Norm, in: Öhlinger (Hrsg.), Recht und Sprache, 66.

471 Gerade in diesem Bereich müßten die von *Hill*, JZ 1993, 334, beschriebenen Emotionen ihre Berücksichtigung finden.

472 *Tipke/Lang*, Steuerrecht, § 4, RN 61, fassen diese beiden Bereiche für das materiale Verfassungsrecht zusammen, indem sie eine Steuer im materialen Rechtsstaat nur dann als gerechtfertigt ansehen, "wenn sie gerecht im Sinne der verfassungsrechtlichen Wertordnung ausgestaltet" ist. Inhaltlich werde die verfassungrechtliche Wertordnung durch die "Prinzipien materialer Rechtsstaatlichkeit" bestimmt.

473 *Würtenberger*, FG Gesellschaft für Rechtspolitik, 543 f.; *Kindermann*, Gesetzessprache und Akzeptanz der Norm, in: Öhlinger (Hrsg.), Recht und Sprache, 66.

474 *Kirchhof*, Neuordnung, 9; So auch *Tipke*, StuW 1993, 10: "Steuern ... rechtfertigen heißt, begründen, daß sie gerecht sind, einen gerechten Maßstab für die Bestimmung des Anteils liefern, den jemand als Steuer aus seinem Einkommen abzuliefern hat."

475 Vgl. *Isensee*, StuW 1994, 7.

476 Vgl. *Tipke*, Steuerrechtsordnung, 253: "M. E. sind Steuern, die von natürlichen Personen erhoben werden, gerechtfertigt, wenn sie zur gerechten Verteilung der Steuerlast beitragen".

477 Dies wurde auch von *Tipke*, Steuerrechtsordnung, 288f., erkannt, allerdings nur kurz angesprochen.

die Ausblendung gesellschaftlicher Bewußtseinslagen. Trotzdem kann das Werk *Tipkes* mit seiner Anknüpfung an die Prinzipien formaler und materialer Rechtsstaatlichkeit[478] als eine Momentaufnahme heutiger Gerechtigkeitsvorstellungen wertvolle Detailüberlegungen für das konkrete Steuerrecht beisteuern[479]. Denn ohne jeden Zweifel müssen auch alle Differenzierungen hinsichtlich der unterschiedlichen Leistungspflichten der Steuerzahler gerechtfertigt sein. Zwar betrifft dieser Aspekt nicht die (grundsätzliche) Rechtfertigung der Steuern, sondern die konkrete Ausgestaltung der gesetzlichen Steuerzahlungspflicht. Doch auch hier bedarf das staatliche Zahlungsverlangen einer Rechtfertigung, und zwar einer individuellen, die Steuerzahler abgrenzenden Rechtfertigung.

a. Das Gerechtigkeitsgefühl

(A) Die Steuermoral und der Wandel der Gerechtigkeitsvorstellungen

Die Einstellung der Steuerzahler zu ihrer Steuerpflicht hängt eng mit der individuellen Beurteilung darüber zusammen, ob die Steuer gerecht sei[480]. Gerechtigkeitsaspekte üben daher einen großen Einfluß auch auf die Steuermoral und das Steuerrechtsbewußtsein aus. Empirische Untersuchungen kamen zu dem Ergebnis, daß das Empfinden eines ungerechten Steuersystems zu vermehrter Steuerhinterziehung führt[481]. Schon die steuerhistorischen Erfahrungen belegen, daß die "Steuergerechtigkeit" lange Zeit das Hauptthema war, wenn es darum ging, die Beziehung des Bürgers zu seiner Steuerpflicht zu behandeln.

In seiner konkreten Ausprägung verständlich wird dieser Befund allerdings erst, wenn man sich nochmals die Geschichte der steuerlichen Rechtfertigung vergegenwärtigt:

Schon früh ging es um die Frage, ob der Staat Steuern erheben dürfe. Seit Thomas von Aquin war das Vorhandensein eines "gerechten Grundes" die

---

478 *Tipke*, Steuerrechtsordnung, 135ff. *Lang*, FS Tipke, 16, spricht deutlicher davon, daß es schwer sei, "die Steuerrechtsordnung rechtsethisch und ordnungspolitisch stabil zu halten, die Hektik der Steueränderungsgesetzgebung abzubauen, eben weil auch der ethische Diskurs über die Steuergerechtigkeit ständig neue Bedingungen vorfindet, z.B. der ethische Diskurs über die Vernunft bzw. Unvernunft einer Ökologisierung des Steuerrechts".

479 Z.B. aufgrund von Systemkonsequenz Rechtssicherheit, Verstehbarkeit und vor allem Vereinfachung zu vermitteln. Vgl. *Lang*, FS Tipke, 14.

480 Vgl. *Schuppert*, in: Hoppe/Krawietz/Schulte (Hrsg.), Rechtsprechungslehre, 567 (Diskussion): "...das Gerechtigkeitsempfinden verstehe ich als Inkarnation von Rechtsbewußtsein."

481 *Petrick-Rump*, Ökonomische Wirkungen von Steueramnestien, 93 m. Nw.

unabdingbare Voraussetzung jeglicher Besteuerung[482]. Die Rechtfertigung der Steuern setzte also den "gerechten Grund" voraus.

Seitdem rückte in der Entwicklung des Gemeinwesens das Individuum verstärkt in den Mittelpunkt der Betrachtungen. Es kam zu einer neuen Bewertung dessen, was im sozialen Miteinander als gerecht, weil der Person gemäß, angesehen wurde[483]. Die Achtung des Menschen als Person wurde zu der bestimmenden Idee im Rahmen der inhaltlichen Bestimmung der Gerechtigkeit. Folglich wurde die Anerkennung des Menschen als Person aufgrund seines schlichten Menschseins als die maßgebliche Grundlage des Gleichheitssatzes identifiziert[484] und in Form neuer Gerechtigkeitsvorstellungen umgesetzt[485].

Der nächste, konsequente Schritt auf dem Weg zu einer Weiterentwicklung der Rechtfertigung der Steuern unterblieb allerdings: Dem das Gemeinwohl repräsentierenden Staat wurde nicht der aufgrund seiner Persönlichkeit nunmehr annähernd gleichwertige Bürger gegenübergestellt. Dementsprechend gering berücksichtigten die Steuergesetze in ihrer Grundausrichtung das Individuum[486]. Ökonomische Rationalität und Effizienz des Steuerrechts sind dagegen auch heute noch wesentliche Gründe für die Übergewichtung staatlicher (Finanzierungs- oder Lenkungs-)Belange[487].

Dies zeigt auch die Entwicklung des Steuerrechts: Die Steuerjuristen überließen lange Zeit das Reflektieren über ein gerechtes Steuerrecht den Finanzwissenschaftlern[488] und entdeckten erst gegen Ende der 80er Jahre das brisante Thema der Steuergerechtigkeit[489]. Dies war besonders mißlich, da der oben

---

482 *Schmölders*, HwStR I, 503. Bei Fehlen des "gerechten Grundes" stand dem Bürger dann das Recht der Steuerverweigerung zu.

483 Zu dem Zusammenhang von Gerechtigkeit und Menschenbild vgl. *Otto*, Rechtsidee, 15.

484 *Würtenberger*, Jurist und Staatsbewußtsein, 97.

485 Insofern ist die Entwicklung von Gerechtigkeitsvorstellungen durch den "Zeitgeist", wie ihn *Würtenberger* versteht, durchaus nicht so "nebulös", wie es *Rodi*, Die Rechtfertigung von Steuern als Verfassungsproblem, 43, FN 104, darstellt. "Konsens", "Tradition" und "Konventionen", die *Rodi* als "Wertungsmaßstäbe außerhalb der konkreten Rechtsordnung" kritisiert, spielen hierbei eine maßgebliche Rolle.

486 Anstelle eines auf die Steuerpflichtigen bezogenen grundlegenden Gerechtigkeitskonzeptes, versucht die heutige Steuergesetzgebung Einzelfallgerechtigkeit zu normieren. Da dies praktisch unmöglich ist und zu immer mehr Steuernormen führt, trifft diese Vorgehensweise weitgehend auf Ablehnung.

487 Vgl. nur die von *Tipke/Lang*, Steuerrecht, § 1, RN 42 gegebene Erklärung für die Notwendigkeit interdisziplinärer Kooperation zwischen den Steuerwissenschaften.

488 *Tipke*, StuW 1993, 13; demzufolge nennt *Tipke*, Steuerrechtsordnung, 1562, die Steuerrechtswissenschaft in Sachen "Steuergerechtigkeit" einen Kostgänger der Finanzwissenschaft.

489 *Tipke*, Steuerrechtsordnung, 277; im Steuerstrafrecht wird die Steuergerechtigkeit erst

angesprochene gesellschaftliche Bewußtseinswandel auch das Steuerrecht in seinem rechtlichen Gehalt ergreifen mußte: Es verschob sich die Frage nach dem "Ob" (dem gerechten Grund) einer Steuererhebung zu dem "Wie" (der gerechten Weise). Das so verstandene "Wie" kann dabei auf der Ebene des einzelnen Steuerzahlers auch das grundsätzliche "Ob" mitumfassen, wenn eine steuerliche Belastung beispielsweise aufgrund der notwendigen Gewährung des Existenzminimums untunlich wäre.

Muß die Steuerpflicht individuell beurteilt werden, so müssen auch die Beziehungen der einzelnen Steuerzahler untereinander verstärkt Berücksichtigung finden. Dieser Zuwachs des Gerechtigkeitsaspektes, der zu einem Großteil nicht in die ohnehin kaum noch geführte Rechtfertigungsdiskussion übernommen wurde, wird in der heutigen Steuerrechtskultur schmerzlich vermißt[490]. Es wurden kaum über den Einzelfall reichende Maßstäbe entwickelt, die die im Steuerrecht vielfältig anzutreffende Gerechtigkeitsfrage zufriedenstellend beantworten könnten.

Die alltägliche Steuerrechtspraxis sieht sich daher einer Reihe von ungelösten Problemen ausgesetzt, die sich erst im Laufe der Zeit entwickelt haben. Ein verbesserter Individualrechtsschutz und die massenhafte Zunahme der Besteuerungsverfahren schufen ein Konfliktpotential, dem mit den überlieferten Rechtfertigungsmodellen nicht beizukommen ist. Zum Beispiel stellt sich die "goldene Mitte" zwischen grundgesetzlich vorgeschriebenem Individualschutz und notwendiger Typisierung ebenso als ein Hauptproblem der Steuergesetzgebung dar[491], wie beispielsweise der Ausgleich zwischen datenschützerischen Erwägungen und der notwendigen Sammlung von Daten für die Steuerverwaltung[492].

in jüngster Zeit thematisiert, vgl. *Salditt*, FS Tipke, 475 ff.

490 Vgl. schon *Oermann*, StBJb 1957/58, 81 f., *Wackernagel* zitierend, der die Herausarbeitung von Steuergrundsätzen fordert, "welche selbstverständlich keine fertigen Gerechtigkeitsformeln sein dürfen, die aber doch als praktische, für unser staatliches Dasein brauchbare Konkretisierungen der Gerechtigkeitsidee zu einer gerechteren Ausgestaltung und Handhabung unseres Steuerrechts beitragen können". *Von Arnim*, Gemeinwohl, 300, führt die derzeitigen Bewertungsprobleme im Bereich der steuerlichen Gerechtigkeit maßgeblich auf die abhanden gekommene vernunftrechtliche Tradition und die daraus resultierende extreme Zurückhaltung der Rechtswissenschaft bei der Beurteilung von öffentlichen Leistungen zurück.

491 Vgl. *Kirchhof*, FS Meyding, 5 ff.; *Kirchhof*, Finanzverwaltung und Grundgesetz, in: Vogelgesang (Hrsg.), Perspektiven der Finanzverwaltung, 10ff.; *Mack*, DStR 1981, 24; *Streck*, DStJG 12 (1989), 202f.; *Hill*, ZG 1987, 244 f.; *Hill*, JZ 1988, 379; *Musset*, ZG 1987, 62; *Herzog*, StbKongrRep 1994, 28; *Isensee*, StuW 1994, 8 ff.; *Helsper*, BB 1995, 22, der das Streben nach Einzelfallgerechtigkeit als "Einfallstor der Expertenherrschaft" brandmarkt.

492 Zu einer verfassungsrechtlich orientierten Lösung gelangt *Kirchhof*, Finanzverwaltung

(B) Die verschiedenen Ebenen des Gerechtigkeitsgefühls

Das Steuerrecht ist, wie gezeigt wurde, auch Lastenverteilungsrecht. Es muß die vom Staat zu tragenden Belastungen gerecht auf die Bürger übertragen und hat auf diese Weise unvermittelt mit der Verwirklichung von Gerechtigkeit zu tun[493]. Dabei ist der Begriff der "Gerechtigkeit" in zweifacher Hinsicht für die Normadressaten von Bedeutung:

(I) Die Gerechtigkeitsebene Staat - Bürger

Zum einen muß das Zahlungsverlangen des Staates an sich gerecht sein. Der Staat soll nichts verlangen dürfen, was ihm nicht zusteht. Es handelt sich also um die von subjektiven Interessen abgelöste[494] grundsätzliche Überlegung, die die Frage nach dem "gerechten Grund" zu beantworten versucht. Dem Staat werden dabei abstrakt die nicht individualisierten, steuerzahlenden Bürger gegenübergestellt[495]. Das diesbezügliche Gerechtigkeitsgefühl der Normadressaten wird maßgeblich von den Faktoren beeinflußt, die auch die Rechtfertigung der Steuern bestimmen[496]. Bei der Behandlung der Akzeptanzfaktoren bezüglich der steuerlichen Rechtfertigung wird auf diese Faktoren näher eingegangen werden.

---

und Grundgesetz, in: Vogelgesang (Hrsg.), Perspektiven der Finanzverwaltung, 14 ff., sowie in *Kirchhof*, FS Tipke, 27 ff.; vgl. dazu auch *Tipke*, Gleichmäßigkeit der Steuerrechtsanwendung, in: Vogelgesang (Hrsg.), Perspektiven der Finanzverwaltung, 101, der auf schon lange notwendige Personenstands- und Betriebsaufnahmen (§§ 134, 135 AO) hinweist, die aber einer "immer wieder geschürten Datenschutzhysterie" zuliebe nicht stattfinden würden; praxisbezogen schildert *Förster*, DStZ 1995, 621 f. das Verhältnis von Datenschutz und Besteuerung.

493 *Vogel*, JZ 1993, 1122.

494 *Lang*, FS Meyding, 36.

495 Das in der Steuerpolitik gelehrte Prinzip der vertikalen Steuergerechtigkeit umfaßt hingegen auch die Berücksichtigung der individuellen Leistungsfähigkeit, die im Rahmen des Gerechtigkeitsempfindens allerdings von den Steuerpflichtigen der intragesellschaftlichen Komponente zugeordnet wird. Vgl. *Mackscheidt*, Die Entwicklung der Kölner Schule der Finanzpsychologie, in: Smekal/Theurl (Hrsg.), Stand und Entwicklung der Finanzpsychologie, 53.

496 So auch *Rodi*, Die Rechtfertigung von Steuern als Verfassungsproblem, 28, der allerdings die steuerliche Rechtfertigung auf die "alte Frage nach der gerechten steuerlichen Belastung" reduziert. Mißverständlich auch *Tipke*, Steuerrechtsordnung, 543: "Rechtfertigen heißt: als "gerecht" begründen." Allerdings relativiert er seine Aussage, indem er das Gerechtigkeitskriterium als das Hauptanliegen in einem Rechtsstaat ansieht und jede Steuer, sei sie auch noch so ergiebig, unmerklich und praktikabel, als nicht gerechtfertigt beurteilt, wenn sie evident ungerecht ist. *Tipke*, Steuerrechtsordnung, 544.

(II) Die Gerechtigkeitsebene Bürger - Bürger

Die zweite Ebene, auf der Gerechtigkeitsgesichtspunkte eine Rolle spielen, betrifft die Steuerzahler untereinander. Hier fragt das Individuum nicht generell nach der Erträglichkeit einer Steuerlast, sondern danach, ob die selbst zu tragende Steuerlast mit der Last, die andere zu tragen haben, in versöhnlichem Einklang steht oder nicht[497]. Das Verhältnis Bürger-Bürger ist für die Frage nach der "Steuergerechtigkeit" von vorrangiger Bedeutung[498]. Angesprochen ist also ein intragesellschaftlicher Bereich.

Jeder Bürger muß Steuern zahlen. Differieren die absoluten Beträge, ist dies eine Folge des Prinzips der Besteuerung nach der individuellen wirtschaftlichen Leistungsfähigkeit[499]. Die für die Akzeptanz grundlegende Frage, ob das im Einzelfall gerecht ist, bestimmt vorrangig das jeweilige Gerechtigkeitsempfinden der Steuerzahler. Es kommt daher weniger auf eine objektiv ermittelte Gerechtigkeit an, als vielmehr auf die subjektiv erlebte Gerechtigkeit des einzelnen Steuerpflichtigen[500]. Da den meisten Steuernzahlern ein verläßlicher Maßstab für die Beurteilung ihrer Steuerpflicht fehlt, werden sie vorrangig andere Steuerzahler als Vergleichsmaßstab heranziehen[501]. Da Vergleiche mit anderen Steuerzahlern zudem sehr leicht anzustellen sind, können auf dieser Ebene besonders schnell individuelle Neid- und Ungerechtigkeitsgefühle entstehen[502] und so der Weg zum

---

497 *Mackscheidt*, Die Entwicklung der Kölner Schule der Finanzpsychologie, in: Smekal/Theurl (Hrsg.), Stand und Entwicklung der Finanzpsychologie, 51.

498 *Tipke*, StuW 1993, 9. Die historische Entwicklung des Grundsatzes der steuerlichen Lastengleichheit ist anschaulich geschildert in BVerfGE 84, 239, 269 ff.

499 Vgl. dazu BVerfGE 43, 108, 120; BVerfG NJW 1995, 2617: "Die Gleichheit aller Menschen vor dem Gesetz (Art. 3 I GG) fordert nicht einen gleichen Beitrag von jedem Inländer zur Finanzierung der Gemeinlasten, sondern verlangt in ihrer bereichsspezifischen Anwendung auf das gegenwärtige Steuerrecht, daß jeder Inländer je nach seiner finanziellen Leistungsfähigkeit gleichmäßig zur Finanzierung der allgemeinen Staatsaufgaben herangezogen wird".

500 Insofern weist *Schmölders*, Finanzpsychologie, 114, darauf hin, daß ein noch so "gerechter" Steuertarif wenig nütze, solange es nicht gelänge, die Steuerpflichtigen wenigstens davon zu überzeugen, daß sie sowohl bei der tariflichen Verteilung der Steuerlast als auch bei der eigentlichen Durchführung der Gesetze wirklich gerecht behandelt werden.

501 Vgl. *Major*, From social inequality to personal entitlement: The role of social comparisons, legitimacy appraisals, and group membership, in: Zanna (Hrsg.), Advances in experimental social psychology, vol. 26 (1994), 300 m. Nw.: "The importance of social comparison processes in arriving at judgements of personal entitlement is due in part to the considerable ambiguity that exists as to what a person deserves. In social situations where ambiguity exists, people turn to others for a stable referent to determine what they deserve or are entitled to receive".

502 *Helsper*, BB 1995, 22 m. Nw., weist darauf hin, daß die "operationale Gerechtigkeit",

Gesetzesbruch geebnet werden[503]. Dies umso eher, je zahlreicher die Faktoren sind, die für die Ermittlung der individuellen Steuerschuld von seiten der Steuerpolitik herangezogen werden. Denn da die Steuerpflichtigen in aller Regel nicht alle Determinanten ihrer Steuerschuld überblicken und vergleichen können, kann schnell das "Mißmutgefühl steuerlicher Ungerechtigkeit" aufkommen[504].

Wird die staatliche Behandlung als ungerecht empfunden, sind weitreichende Konsequenzen möglich. Denn wenn dem anthropologisch fest verwurzeltem Bedürfnis nach Gleichbehandlung[505] von staatlicher Seite nicht mehr entsprochen werden kann, wird die Ordnungsfunktion des Rechts nicht mehr eingreifen können: Tiefliegende Kräfte werden mobilisiert, um ein negatives Ergebnis in einem sozialen Vergleichsprozeß abzuwenden[506]. Die in diesem "Konkurrenzkampf der Steuerzahler" untereinander geschürte Energie richtet sich gegen den Staat, da über ihn dieser Konkurrenzkampf ausgetragen wird. Die Diskussion um die sogenannte "Dummensteuer" hat auf anschauliche Weise offenbart, um was es geht: Gegenseitiges bürgerliches Legalitätsvertrauen[507] wird enttäuscht und führt zu einer weiteren Zersetzung der Ordnungsfunktion des Rechts. Der steuerlich Dumme muß bezahlen, der Schlaue entzieht sich seiner Steuerpflicht und erwirbt sich dadurch das Ansehen der Gesellschaft. Das jedenfalls zeigen die oben genannten empirischen Erhebungen zum Image des Steuerhinterziehers. Greift die Ordnungsfunktion des Rechts nicht mehr ein, kann es daher zu einer Steuerrechtsdurchsetzung kommen, die darwinistische Züge annimmt. Denn dann versuchen die Bürger untereinander ihre jeweiligen Steuerlasten "gerecht" zu machen. Der

---

die sich in dem Versprechen des Staates verkörpert, für Recht zu sorgen, sehr viel strengeren Maßstäben unterliegen kann als die abstrakte Gerechtigkeit, die größere Abstriche verträgt: "Es ist aber unerträglich, daß wir nicht erhalten, was uns nach den Regeln zusteht oder daß andere von dem gemeinsamen Kuchen nehmen, worauf sie nach den Regeln keinen Anspruch haben". Denn dann würde ein uns gegebenes Versprechen gebrochen werden.

503 Vgl. *Tipke*, Steuerrechtsordnung, 1408: "Wenn Steuerbürger den Eindruck bekommen, in unserem real existierenden Steuer- und Sozialstaat gehe es gar nicht um ein gerechtes Steuerrecht, sondern um den Versuch jeder Gruppe, jeder anderen Gruppe möglichst viel "aus der Tasche zu ziehen", werden sie sich auch wegen Steuerverkürzungen kaum Gewissensbisse machen, sondern glauben, es bleibe nichts anderes übrig als "das Spiel mitzuspielen"."

504 *Mackscheidt*, Die Entwicklung der Kölner Schule der Finanzpsychologie, in: Smekal/Theurl (Hrsg.), Stand und Entwicklung der Finanzpsychologie, 54.

505 *Würtenberger*, FG Gesellschaft für Rechtspolitik, 549.

506 Vgl. zur Theorie der sozialen Vergleichsprozesse die deutsche Übersetzung *Festingers* "A theory of cognitive dissonance" in: Irle/Möntmann (Hrsg.), Theorie der kognitiven Dissonanz; *Frey/Dauenheimer/Parge/Haisch*, Die Theorie sozialer Vergleichsprozesse, in: Frey/Irle (Hrsg.), Theorien der Sozialpsychologie 1, 81 ff.

507 Eine Grundvoraussetzung von Rechtsfrieden und Rechtssicherheit, vgl. *Würtenberger*, Jurist und Staatsbewußtsein, 94.

Gemeinschaftsgedanke und der Autoritätsanspruch des Rechts bleiben bei diesen Bemühungen allerdings außen vor.

Das grundsätzliche Postulat, daß alle Steuerzahler gleich behandelt werden müssen, ist unbestritten. Doch was letztlich als "gleich" empfunden wird, kann nicht allein vom steuererhebenden Staat festgesetzt werden. Auch die Normadressaten prüfen kritisch, ob vor allem andere Steuerzahler bevorteilt werden. Fällt diese kritische Prüfung zu Ungunsten des Staates aus, kann es sehr schnell zu einer Änderung der Einstellung des Einzelnen zu seiner - vielleicht sogar grundsätzlich akzeptierten - Steuerpflicht kommen. Die Akzeptanz ist daher bei der kritischen Überprüfung der einzelnen Leistungspflicht durch die Steuerpflichten und den eventuell daraus resultierenden individuellen Ungleichbehandlungsgefühlen besonders gefährdet. Dabei wird der jeweilige Steuerzahler das staatliche Zahlungsverlangen umso kritischer überprüfen, je höher sich seine Abgabenbelastung darstellt und je weniger Autorität und Ansehen der Staat in seinen Augen genießt. Von wesentlicher Bedeutung ist daher der Zustand des Steuerrechts[508]. Rechtsunsicherheiten der Steuerzahler gehen zu Lasten des Gerechtigkeitsempfindens, wenn ihr Selbstbewußtsein gegenüber der staatlichen Steuergewalt durch undurchsichtige Regelungen schwindet[509]. Mißtrauen gegenüber staatlichem Steuerverhalten ist in einer solchen Situation ein besonders wirksamer Treibsatz für individuelle Ungleichheitsgefühle. So gesehen, können auch verfassungsgerichtliche Urteile, die Steuergesetze für verfassungswidrig erklären[510], nicht nur das bürgerliche Vertrauen in den Rechtsstaat stärken, sondern auch das Anwachsen eines kritischen Gerechtigkeitsempfindens begünstigen. Manche sprechen dementsprechend schon von einem "Anti-Gerechtigkeitsgefühl"[511], das das heutige Steuerleben präge.

(C) Bestandteil des sozialethischen Bewußtseins

Der betroffene Bürger reagiert vielfach äußerst emotional und heftig auf als ungerecht empfundene staatliche Regelungen. Dieses bekannte Phänomen kann gerade im Steuerwesen für Verwerfungen sorgen.

Schon im 18. Jahrhundert waren es vor allem Gerechtigkeitsvorstellungen, welche beispielsweise die Luxussteuern ihrer romantischen Verbrämung

---

508 Zu dem Konnex von Steuergerechtigkeit und Zustand des Normenbestandes vgl. *Vogel*, DStJG 12 (1989), 127; *Kirchhof*, NJW 1987, 3217.

509 *Kirchhof*, JFSt 1992/93, 19.

510 Gerade Artikel 3 GG spielt dabei eine besondere Rolle. *Kirchhof*, JFSt 1992/93, 16, sieht den Gleichheitssatz als verfassungsrechtliche Kerngewährleistung im Steuerrecht und in der Verfassungsrechtsprechung als den bisher bedeutsamsten Maßstab.

511 *Lang*, FR 1993, 662.

beraubten[512]. Auch in unserer Zeit sorgen als ungerecht empfundene Steuernormen für erhebliche Emotionalität. So beurteilten 1988 beispielsweise 70 % der Bundesbürger die steuerrechtliche Einordnung der Flugbenzinsteuer bei Privatfliegern als eine große soziale Ungerechtigkeit[513], obwohl viele von ihnen mit dieser Steuer vorher nie konfrontiert worden sind. Auch bei einer generellen Betrachtung des Steuerwesens meinten zwei Drittel der westdeutschen Bevölkerung, die Steuern seien ungerecht verteilt, und sind der Ansicht, ihre Steuern kämen ihnen nicht voll zugute[514]. Genannt seien auch die Verfahren vor dem Bundesverfassungsgericht, mit denen sich in ihrem Gerechtigkeitsempfinden enttäuschte Bürger gegen den Staat wenden - nicht selten nur wegen einiger hundert Mark Streitwert. Hier manifestiert sich ein "Aufbäumen des Rechtsbewußtseins"[515].

Tief in der innersten Überzeugung verwurzelte Gerechtigkeitsvorstellungen, die idealistisch und avantgardistisch, teilweise sogar zum eigenen Nachteil geltend gemacht werden, werden in der Finanzpsychologie zu Recht als ein mächtiger Faktor der öffentlichen Meinung und der parlamentarischen Meinungs- und Willensbildung erkannt[516]. Allerdings haben sie auch rechtliche Relevanz, da sie maßgeblich die Akzeptanz des Rechts beeinflussen und somit einen Faktor darstellen, der die Durchsetzbarkeit des Rechts bestimmt.

Derart heftige Reaktionen sind nicht ungewöhnlich, wenn man sich vergegenwärtigt, daß Gleichheitsaspekte im sozialethischen Bewußtsein lokalisiert sind[517]. Sozialethische Vorstellungen prägen als anerkannte Grundwerte das sittliche Fundament der Rechtsordnung und der Institutionen und haben einen starken Einfluß auf die Einstellung des Einzelnen zu wichtigen Rechtsfragen[518]. Werden diese im Rechtsbewußtsein der Bevölkerung äußerst präsenten[519] Grundwerte, die vor allem die eigene Freiheit schützen sollen, ihrerseits bedroht und werden die staatlicherseits auferlegten Einschränkungen als illegitim empfunden, entsteht nach der psychologischen Reaktanztheorie[520] Reaktanz. Dies ist ein motivationaler Zustand, der darauf gerichtet ist, die bedrohten Werte

---

512 *Pommerehne/Weck-Hannemann*, ZWS 1992, 442.

513 Allensbacher Jahrbuch, Band 9, 786. Nach *Isensee*, StuW 1994, 5 lag diesem Fall von Sozialneid die besondere Konstellation zugrunde, daß sich der Steuervorteil so ungeniert, so elitär und so medienwirksam präsentiert hat.

514 *Schmölders*, Finanzpsychologie, 113.

515 *Würtenberger*, Rechtsprechung und sich wandelndes Rechtsbewußtsein, 567.

516 *Schmölders*, Finanzpsychologie, 96.

517 *Würtenberger*, Zeitgeist und Recht, 116.

518 Ebd., 97 f.

519 Ebd., 116.

520 Ausführlich dazu: *Brehm, J.W.*, A theory of psychological reactance; vgl. auch *Dickenberger/Gniech/Grabitz*, Die Theorie der psychologischen Reaktanz, in: Frey/Irle (Hrsg.), Theorien der Sozialpsychologie 1, 243 ff.

wiederherzustellen[521]. Durch die staatliche Verweigerung, die internalisierten Grundwerte - hier das Gleichheitsgebot - zu achten, steigt gerade deren Attraktivität überproportional an. Die daraus erlangten Kräfte, die sich bisweilen sogar aggressiv gegen den einengenden Staat richten können[522], werden nun zur Erlangung ihrer Verwirklichung eingesetzt und überwinden dann auch irrational hohe wirtschaftliche oder soziale Kosten, die diesem Vorhaben entgegengerichtet sein können, wie sie beispielsweise bei langwierigen Prozessen anfallen[523]. Sogar im Wege der Selbsthilfe versucht das gekränkte Rechtsgefühl, eine Belastungsgleichheit herzustellen. In ihm wird auch eine Grundlage der Steuerhinterziehung gesehen[524].

Reaktanz ist daher ein Faktor, der den Rechtsfrieden besonders beeinträchtigen kann. Sie treibt die Rechtsunterworfenen zu "irrationalen" Reaktionen an, ohne daß der um Rechtsdurchsetzung bemühte Staat diesen Vorgang mit den ihm zur Verfügung stehenden Mitteln direkt unterbinden könnte. Die oben angesprochene Prozeßflut und die mannigfaltigen Erscheinungen des Steuerwiderstandes lassen sich auf diesen Umstand zurückführen. Es ist daher zweifelhaft, ob Erhöhungen von Strafandrohungen und Prozeßkosten oder strengere Zulässigkeitsvoraussetzung tatsächlich zu einer Entlastung der Justiz führen würden. Stattdessen bietet sich mit der Theorie der Responsivität[525] ein Weg an, der sowohl im Rahmen der Gesetzgebung als auch bei exekutivischem Handeln Beachtung finden könnte. Würden Legislative und Exekutive auf akute oder latente gesellschaftliche Probleme oder Vorstellungen mehr als bisher eingehen, würde es nicht zu massenweisen Enttäuschungen unter den Rechtsadressaten kommen. Reaktanz könnte vermieden werden, und die Steuermoral der Deutschen würde sicherlich einer besseren Beurteilung unterworfen werden können.

Betrachtet man die Gerechtigkeitsfrage unter diesen Aspekten, scheint die Auffassung *Tipkes* geradezu untertrieben zu sein: "Der Gleichheitssatz ist die Magna Charta des Steuerrechts"[526]. Denn ohne die von den Rechtsadressaten empfundene Gerechtigkeit wird das Steuerrecht aufgrund der immer geringeren Akzeptanz seine Existenz als Integrations- und Ordnungsfaktor gefährden.

---

521 *Frey/Brandstätter/Schuster*, Das ökonomische Modell aus psychologischer Sicht, in: Smekal/Theurl (Hrsg.), Stand und Entwicklung der Finanzpsychologie, 81.

522 Ebd., 81; *Würtenberger*, Zeitgeist und Recht, 104, spricht von "erheblicher Handlungsenergie".

523 *Würtenberger*, Zeitgeist und Recht, 104.

524 *Pleister*, LdR/StuFR, Stichwort "Steuerrechtsentwicklung in der BRD", 482 m. Nw.

525 Vgl. *Würtenberger*, Zeitgeist und Recht, 205 f. m.w.N.

526 *Tipke*, StuW 1993, 9.

b. Die Rechtfertigung von Steuergesetzen

(A) Das Problem der steuerrechtlichen Rechtfertigung

Für den Bereich des Steuerrechts kommt der "Rechtfertigung" von Steuergesetzen sowohl im verfassungsrechtlichen[527] als auch im rechtspsychologischen Sinne eine wesentliche Bedeutung zu. Dies wurde bereits oben ausgeführt[528]. Für das Steuerrechtsbewußtsein interessiert vor allem der rechtspsychologische Aspekt, da die grundsätzliche und spezielle Rechtfertigung der Steuern maßgeblichen Einfluß auf die Akzeptanz des Steuerrechts durch die Rechtsadressaten hat. Aus der so verstandenen steuerlichen Rechtfertigung lassen sich indes keine Folgerungen für die konkrete Bemessung und Ausgestaltung der Steuern entnehmen[529]. Die steuerliche Rechtfertigung ist vielmehr die Grundvoraussetzung für ein Verstehen der Normen und damit auch für deren Aufnahme durch die Bevölkerung - eben die Akzeptanz.

(B) Die Steuerrechtfertigung als Bestandteil des Verfassungsbewußtseins

Zumindest die grundsätzliche Rechtfertigung der Steuergesetze unterfällt bei den Normadressaten, die die Verfassung in ihren grundlegenden Aussagen für richtig erachten[530], dem Bereich, der mit dem Verfassungsbewußtsein umschrieben werden kann. Das Verfassungsbewußtsein ist die Quelle, aus der sich die Akzeptanz der elementaren Grundprinzipien der Rechtsordnung zu einem Großteil speist[531]. Eine der wichtigsten Grundlagen der Rechtsordnung, die ein Gemeinwesen regeln soll, ist der Beitrag des Individuums zum Gemeinwohl. Da dieses heute größtenteils durch den Staat verwaltet und verkörpert wird[532], gehört dazu auch die Bereitschaft, für das Gemeinwohl angemessene Beiträge an den Staat zu leisten.

---

527 Vgl. *Vogel*, HbStaatsR, Band IV, § 87, RN 87.

528 Vgl. oben B. VII.

529 Insofern ergeben sich hier Unterschiede zu den frühen Steuerrechtfertigungslehren, vgl. *Vogel*, HbStaatsR, Band IV, § 87, RN 89.

530 Damit ist der bereits oben angesprochene Basiskonsens gemeint.

531 *Würtenberger*, Jurist und Staatsbewußtsein, 88.

532 Die "privaten" Gemeinwohlvertreter (z.B. Wohlfahrtsverbände, Kirchen) verlieren in dem "Meer der Egoismen" (*Grimm*) unserer heutigen Gesellschaft immer mehr an Gewicht. Umso höher ist die Notwendigkeit zu bewerten, den Gemeinwohlträger "Staat" zur Beschaffung von gemeinwohlbezogenen Mitteln zu legitimieren.

(I) Die historische Parallelentwicklung

Mit der Zuordnung der steuerlichen Rechtfertigung zum Verfassungsbewußtsein wird die historische Dimension von Staat und Steuer deutlich. Das Verfassungsbewußtsein ist, wenn auch in weitaus längeren Zeiträumen als das sonstige Rechtsbewußtsein, Wandlungen unterworfen[533], was sich auf die Interpretation und Fortentwicklung der Verfassung auswirkt. Mit dem Verfassungsbewußtsein unterliegt daher auch die Rechtfertigung der Steuern ständigen Wandlungen. Daraus lassen sich zwei für die Entwicklung des Steuerrechts wichtige Schlußfolgerungen ziehen: Zum einen kann es niemals eine feststehende Steuerrechtfertigung geben, die allzeitige Gültigkeit für sich beanspruchen kann. Und zum anderen gibt die Verfassung die Geschwindigkeit vor, mit der sich das einfache Recht weiterzuentwickeln hat. Auch das Steuerrecht hat sich daher mindestens mit den Wandlungen des durch die jeweils aktuelle Steuerrechtfertigung verkörperten Verfassungsbewußtseins zu entwickeln.

(II) Die Realisierbarkeit von Synergieeffekten

Auch für die Entwicklung des Steuerrechts kann die Lokalisierung der Grundlagen des Steuerrechtsbewußtseins im Verfassungsbewußtsein von großer Bedeutung sein. Denn die Akzeptanz der in der Verfassung verankerten Wertentscheidungen durch die Bürger könnte hilfreich bei der Schaffung eines ebenfalls akzeptierten Steuerrechts sein. Dazu müßten allerdings die Wertentscheidungen, die die Grundlagen der Besteuerung bestimmen, sich an den von der Bevölkerung besonders angesehenen Verfassungsaussagen orientieren. Mit anderen Worten: Die Rechtfertigung von Steuern wird einen erheblichen Akzeptanzbonus für sich beanspruchen können, wenn sie die Konsens fördernden grundgesetzlichen Aussagen übernimmt und auf das Steuerrecht bezogen umsetzt. Zu denken wären in dieser Hinsicht zunächst an die Grundrechte, aber auch an die in Art. 20 GG niedergelegten Verfassungsgrundsätze.

IV. Die Einflußfaktoren auf das Gerechtigkeitsgefühl im Steuerrecht

Die Wertung, was als gerecht zu gelten hat, ist, ebenso wie die Gesellschaft, wandelbar. Ebenso können die Gesichtspunkte, die Differenzierungen zu rechtfertigen imstande sind, nach Ort und Zeit verschieden sein[534]. Denn der Ausgangspunkt für alle Gerechtigkeitstheorien ist das Gerechtigkeitsgefühl der Bevölkerung. Es weist auf eine pragmatische Weise auf diejenige Gerechtigkeitskonzeption hin, die für alle Betroffenen akzeptabel erscheint. Eine apriorische

533 Vgl. *Würtenberger*, Zeitgeist und Recht, 143 f. m. Nw.

534 *Rehbinder*, Rechtspluralismus und Rechtseinheit, in: Würtenberger (Hrsg.), Abhandlungen zur Rechtssoziologie, 244.

Gerechtigkeit kann es daher nicht geben[535]. Auf diese Weise werden grundlegende gesellschaftliche Wandlungen in das Rechtssystem übertragen, wenn auch mit zeitlicher Verzögerung. Ob ein bestimmtes staatliches Leistungsverlangen mit dem Gerechtigkeitsideal der Gleichheit noch zu vereinbaren ist, entscheidet somit jede Gemeinschaft zu ihrer Zeit[536], indem sie sich zu einem größtmöglichen Konsens zusammenfindet[537].

Für die Finanzwissenschaft ist diese Erkenntnis bereits selbstverständlich, seitdem sie gewahr wurde, daß beispielsweise die von *F. K. Mann* beschriebenen "steuerpolitischen Ideale"[538] über die Jahrhunderte hinweg einem steten Wandel unterworfen waren - zumeist als ein echter Ausdruck des "Zeitgeistes", der mit wissenschaftlichen Erkenntnissen und politischen Zielen vermischt die entsprechenden Ideale im Sinne eines Kompromisses formte[539]. Mit der Staatsauffassung und den sozialen Anschauungen befinden sich somit auch die zeitlichen Gerechtigkeitskonventionen in einem fortwährenden Wandlungsprozeß[540].

Nähme die Gesetzgebung die Wandelbarkeit der Gerechtigkeitsideale ernst, könnte dieser durch die Reaktionen der Steuerpflichtigen manifestierte Zeitgeist so zum Maßstab eines modernen Steuerrechts werden - vorausgesetzt, die vertretenen Gerechtigkeitsideale sind hinreichend[541] homogen und mit den Grundlagen der Verfassung vereinbar[542].

---

535 Vgl. *Geis,* JZ 1995, 325, der den Gerechtigkeitsbegriff Rawls als einen vernunftgeleiteten Konsens über die sog. Grundstruktur der Gesellschaft bezeichnet.

536 *Rehbinder*, Rechtspluralismus und Rechtseinheit, in: Würtenberger (Hrsg.), Abhandlungen zur Rechtssoziologie, 244; Zur Entwicklung des Gleichheitssatzes in der Geschichte des Steuerrechts: *Tipke*, Steuerrechtsordnung, 314 ff.

537 Vgl. *Zippelius*, Rechtsphilosophie, 136. Wie dieses "Zusammenfinden" allerdings bewerkstelligt werden soll, ist umstritten. So wird etwa kritisiert, daß normative Inhalte nicht ausschließlich durch Verfahren gewonnen werden können, wie es etwa John Rawls vorschlägt. Vgl. *Geis*, JZ 1995, 331.

538 Vgl. *Mann*, Steuerpolitische Ideale.

539 *Schmölders*, Finanzpsychologie, 97.

540 Ebd., 93. In der Finanzwissenschaft ist die Wandelbarkeit der Gerechtigkeitsideale daher wohl unbestritten, vgl. *Schmölders*, Finanzpsychologie, 93: "Historisch betrachtet, spiegelt sich der vielfältig schillernde und sich wandelnde Begriff der steuerlichen Gerechtigkeit in den jeweils von der öffentlichen Meinung anerkannten "Steuergrundsätzen" wider, die zugleich als Normen für die Handlungsweise der Fürsten und als Aufklärung und Belehrung der Bürger über den guten Sinn der Steuergesetze erscheinen."

541 Für die Gesetzgebung ergibt sich daraus die Notwendigkeit, im Wege einer wechselseitigen Vergewisserung den breitestmöglichen Konsens zu erreichen, vgl. *Zippelius*, Rechtsphilosophie, 136, 144; *Schmölders*, Finanzpsychologie, 96, betont demgegenüber die Gefahr eines Mißbrauchs des Gerechtigkeitsbegriffs im Dienst von Gruppeninteressen.

542 Zu den heutigen Vorstellungen über steuerliche Gerechtigkeit vgl.: *Mack*, DStR 1981,

Im folgenden sollen jene Faktoren geschildert werden, die derzeit für das Gerechtigkeitsgefühl der Steuerzahler von Relevanz sein können. Vollständigkeit soll und kann auch hier nicht erreicht werden, zumal es sich schon bei der Frage nach der Steuergerechtigkeit um eine "hoch sensible Angelegenheit"[543] handelt. Bei den Einflüssen, die auf das Gerechtigkeitsgefühl der Steuerzahler einwirken, handelt es sich zugleich um Faktoren, die für die Akzeptanz des Steuerrechts von Bedeutung sein können. Folglich gelten alle Einschränkungen, die auch für die Untersuchung der Akzeptanzfaktoren angeführt wurden.

1. Die Steuergerechtigkeit als stärkstes Akzeptanzmerkmal

Der Ruf nach individueller Steuergerechtigkeit entspringt einem anthropologisch tief verwurzelten Verlangen nach Gleichbehandlung[544]. Die sozialpsychologische Forschung der letzten drei Jahrzehnte hat den Stellenwert von Fairneß- und Gerechtigkeitsvorstellung in sozialen Vergleichsprozessen eingehend analysiert[545]. Danach strebt der Mensch in einer vergleichenden sozialen Interaktion in der Regel immer danach, einen Ausgleich für von ihm Eingebrachtes oder Erhaltenes zu schaffen. Dieses Streben nach einer "ausgeglichenen Bilanz" kann auch auf den Bereich des Steuerwesens, das maßgeblich die Beziehung des Bürgers zu seinem Staat gestaltet, übertragen werden[546] - dies umso mehr, als dieses Denken der überholten[547], aber noch im Bewußtsein der meisten Bürger aktuellen Äquivalenztheorie zur Steuerrechtfertigung[548] zu entsprechen scheint. Der Steuerzahler

24; *Kirchhof*, JFSt 1992/93, 17, 21, 29; *Kirchhof*, FS Meyding, 5, 20; *Lang*, FS Meyding, 33 ff.; *Lang*, FR 1993, 666; *Lang*, Entwurf eines Steuergesetzbuchs, 94 ff.; *Tipke*, Steuerrechtsordnung, 339 ff.; *Tipke*, StuW 1993, 9 ff.; *Tipke*, Gleichmäßigkeit der Steuerrechtsanwendung, in: Vogelgesang (Hrsg.), Perspektiven der Finanzverwaltung, 118 ff.

543 *Mackscheidt*, Die Entwicklung der Kölner Schule der Finanzpsychologie, in: Smekal/Theurl (Hrsg.), Stand und Entwicklung der Finanzpsychologie, 54.

544 *Würtenberger*, Jurist und Staatsbewußtsein, 97.

545 Vgl. etwa *Adams*, Inequity in social exchange, in: Berkowitz (Hrsg.), Advances in experimental social psychology, vol. 2 (1965), 276 ff.; *Müller/Hassebrauck*, Gerechtigkeitstheorien, in: Frey/Irle (Hrsg.), Theorien der Sozialpsychologie 1, 217 ff. m.Nw.

546 *Brandstätter*, Determinanten der Steuerhinterziehung: Ergebnisse der experimentellen Psychologie, in: Smekal/Theurl (Hrsg.), Stand und Entwicklung der Finanzpsychologie, 219.

547 Die Äquivalenztheorie der steuerlichen Rechtfertigung kann als überholt bezeichnet werden, da das Leistungsfähigkeitsprinzip im allgemeinen Rechtsbewußtsein eine herausragende Position einnimmt (*Tipke*, Steuerrechtsordnung, 480). Das Leistungsfähigkeitsprinzip fragt nicht danach, was der Steuerpflichtige vom Staat an Sicherheit, Rechtsgewähr und sonstigen öffentlichen Leistungen erhält, sondern prüft, was der Steuerpflichtige nach seinem Einkommen und Vermögen für den Staat leisten kann (*Kirchhof*, FS Tipke, 28).

548 vgl. oben B. VII. 1. a.

wird seinen Steuerbeitrag mit dem vergleichen, was er als Gegenleistung vom Staat bekommt. Zugleich wird er dieses Verhältnis von Beitrag und Nutzen aber auch mit dem bei seinen Mitbürgern vergleichen. Gerade letzterer Vergleich kann zu erheblichen Ungleichbehandlungsgefühlen führen, die tief in den Grundstrukturen des menschlichen Daseins wurzeln[549] und rationalen Erklärungen umso schwerer zugänglich sind. Das Steuerrechtssystem erscheint unter derartigen Bedingungen als die abzulehnende "Superstruktur eines überdimensionalen Verteilungs- und Umverteilungssystems, in dem Gerechtigkeit nur noch als Maßeinheit für die Gleichheit von zugeteilten Rationen von Belang ist"[550].

Insofern kann das steuerliche Ergebnis von entscheidender Bedeutung für die Einstellung des Bürgers zu dem für ihn maßgeblichen Steuerrecht sein. Fällt eine der beiden genannten internen Prüfungen für den Steuerzahler nicht mehr akzeptabel aus, wird er diese Unzufriedenheit im Wege der Reaktanz auf den Staat und auf das vom Staat gesetzte Steuerrecht übertragen. Die Feststellung des preußischen Finanzministers Johannes von Miquel hat somit nichts an Aktualität eingebüßt: "Diese günstige Stimmung liegt vor allem in unserem deutschen Gerechtigkeitsgefühl. Man beschwert sich nicht so sehr über hohe Steuern, wenn man sie nur gerecht findet, wohl aber, wenn sie ungleich sind"[551].

2. *Rechtsqualität und Gerechtigkeitsgefühl*

In einem engen Zusammenhang mit dem Gerechtigkeitsgefühl steht die Qualität des Rechts. Entspricht es den Voraussetzungen der Rechtsidee, nämlich der Eignung, den Rechtsfrieden herzustellen und zu erhalten sowie Gerechtigkeit zu verwirklichen, wird ein entsprechendes Gerechtigkeitsgefühl der Normadressaten die Folge sein. Denn dann genügt das Recht den von den Rechtsadressaten gestellten Anforderungen an seine Ordnungsfunktion. Das Hauptanliegen eines dauerhaften Rechtsfriedens wird dabei nur durch die auf Gerechtigkeit gegründete Rechtssicherheit erreicht werden können[552]. Fehlt hingegen die Rechtssicherheit, setzt sich das Recht in den Augen der Rechtsadressaten schnell dem Verdacht aus, nicht gerecht zu sein[553]. Das Gerechtigkeitsgefühl der Rechtsunterworfenen wird durch den nicht mehr möglichen Beweis der Gerechtigkeit, der an sich durch ein Funktionieren des Rechts zu erbringen wäre, korrumpiert. Anders gewendet: Falls sich das Recht nicht mehr zur Herstellung von Rechtsfrieden eignet, kann es

---

549 *Würtenberger*, Jurist und Staatsbewußtsein, 97.
550 *Otto*, Rechtsidee, 26.
551 Zitiert nach *Lang*, FR 1993, 661.
552 *Otto*, Rechtsidee, 14.
553 *Klein*, Gegenwart und Zukunft der Finanzverwaltung aus der Sicht der Finanzgerichtsbarkeit, in: Vogelgesang (Hrsg.), Perspektiven der Finanzverwaltung, 44 f., sieht in der Rechtsunsicherheit zumindest eine "wesentliche Motivation für unrichtige, unvollständige oder verschleiernde Steuererklärungen".

den Bürgern nicht mehr vor Augen halten, wie gerecht es eigentlich ist. Es wird dadurch leichter für ungerecht gehalten werden können, als ein Recht, das seiner Ordnungsaufgabe gerecht wird. Hierin zeigt sich der enge Konnex von Sicherheitsbedürfnis und Orientierungsgewißheit auf der einen Seite und dem Verlangen nach Gleichbehandlung auf der anderen Seite, die alle, anthropologisch tief verwurzelt[554], auf einer Ebene anzusiedeln und mitunter schwierig zu trennen sind.

Wie unten bei der Behandlung der einzelnen Rechtfertigungsaspekte noch eingehend dargelegt werden wird, befindet sich das deutsche Steuerrecht in einem beklagenswerten Zustand. Rechtssicherheit ist lediglich zu einem Postulat geworden. Die Stetigkeit, Berechenbarkeit und Gestaltungskraft des Steuerrechts wird durch den gesetzgeberischen Hang zum Vorläufigen, durch eine Scheu vor dem Prinzipiellen und Folgerichtigen mehr als nur gefährdet[555]. Häufige Änderungen, massenhafte Rechtsnormen (sowohl der Anzahl als auch des Umfangs nach), unverständliche Texte und höchst komplizierte Regelungen führen zu einem Unsicherheitsgefühl der Rechtsadressaten, das auf das Gerechtigkeitsgefühl ausstrahlen muß. Der von der Gesetzgebung verfolgte Perfektionismus[556] führt auf diese Weise nicht etwa zu größerer Zufriedenheit des einzelnen Staatsbürgers oder bei den einzelnen gesellschaftlichen Gruppen zu einem Anwachsen des Gefühls, gerecht besteuert zu werden, sondern hat eher den gegenteiligen Effekt[557].

Selbst wenn das Steuerrecht im Einzelfall tatsächlich gerecht sein sollte und vom Bürger als solches empfunden werden könnte, so wird es von ihm vielfach nicht als gerecht erkannt werden können. Vielmehr bildet sich ein Mißtrauen heraus, das durch ständige Überforderung, Unsicherheit und Unverständnis geschürt, schnell zu dem Gefühl führen kann, ungerecht behandelt worden zu sein. Jedenfalls der gewissenhafte Bürger, der sich ständig darum bemüht, alle ihm auferlegten gesetzlichen Pflichten zu erfüllen, wird sich schon allein aufgrund der ständigen Überforderung ungerecht behandelt vorkommen[558].

3. *Durchsetzung von Normen*

Der Durchsetzung von Steuerrechtsnormen kommt auch unter dem Aspekt der Lastenverteilungsgleichheit eine besondere Bedeutung zu, da hiermit die iustitia distributiva angesprochen wird[559]. Steuerrecht kann nur so gerecht sein, wie es

---

554 *Würtenberger*, Jurist und Staatsbewußtsein, 97.

555 *Kirchhof*, Finanzverwaltung und Grundgesetz, in: Vogelgesang (Hrsg.), Perspektiven der Finanzverwaltung, 5.

556 Vgl. *Isensee*, StuW 1994, 5, der den Bedarf nach Differenzierungen auf eine wegen der Steuerlast erhöhte Sensibilität für Steuergerechtigkeit zurückführt.

557 *Schelle*, FS Schmölders, 64.

558 Ebd., 62.

559 Vgl. BVerfGE 84, 239 ff.

in seiner Anwendung gerecht ist. Denn letztlich entscheidend für die Wirksamkeit rechtlicher Instrumente, die zur Durchsetzung von Rechtseinheit in pluralistischen Rechtsordnungen benötigt werden, ist die Umsetzung des entsprechenden Normenmaterials in die Praxis des täglichen Lebens[560].

In der täglichen Steuerrechtspraxis wird die Rechtsanwendungsgleichheit durch eine Vielzahl von Faktoren beeinträchtigt[561]. Zum einen mag dies an legislatorischen Mängeln liegen, wie sie beispielsweise bei der Behandlung der Kapitalerträge offenbar wurden[562]. Aber auch der Gesamtzustand des heutigen Steuerrechts birgt die Gefahr von Rechtsanwendungsungleichheiten in sich. Ist das Steuerrecht unverständlich und undurchsichtig, wird ein Großteil der Steuerpflichtigen für sie günstige Regelungen nicht nutzen können.

Darüber können auch die vielfältigen typisierenden[563] Pauschalisierungen und Vereinfachungen, wie sie beispielsweise im Einkommensteuerrecht vorkommen, nicht hinwegtäuschen. Denn obgleich beispielsweise das bewährte[564] Lohnsteuerverfahren[565] das Finanzamt vor einer allzu genauen Befassung mit den beruflichen und persönlichen Interna des Steuerpflichtigen bewahrt und den "kleinen Mann" davon enthebt, sich intensiv mit steuerlichen Problemen zu befassen, unterstützt es gleichzeitig eine "steuerliche Abstinenz" dieses Bevölkerungsteils. Erst der von einem beachtlichen Teil der Steuerzahler gemiedene

---

560 *Rehbinder*, Rechtspluralismus und Rechtseinheit, in: Würtenberger (Hrsg.), Abhandlungen zur Rechtssoziologie, 248 f.

561 Vgl. *Riempp*, Entwicklungslinien der Finanzverwaltung aus der Sicht des Verwaltungspraktikers, in: Vogelgesang (Hrsg.), Perspektiven der Finanzverwaltung, 27 ff.; *Tipke*, Gleichmäßigkeit der Steuerrechtsanwendung, in: Vogelgesang (Hrsg.), Perspektiven der Finanzverwaltung, 97: "...Ungleichmäßigkeit der Besteuerung dominiert in unserem "real existierenden Rechtsstaat"."

562 Vgl. BVerfGE 84, 239 ff.

563 Zur Funktion der Typisierungen als Umgehungen des Dilemmas der Einzelfallgerechtigkeit in den Engpässen des Vollzugs vgl. *Isensee*, StuW 1994, 9 ff. m. Nw.

564 Vgl. *Kirchhof*, Finanzverwaltung und Grundgesetz, in: Vogelgesang (Hrsg.), Perspektiven der Finanzverwaltung, 16, der diese Feststellung auf die Organisierung von Gesetzmäßigkeit und Gleichmäßigkeit der Besteuerung, so "daß ein Vollzugsdefizit vermieden und dennoch der Datenschutz gewahrt wird", bezieht.

565 1983 wurden 9 Mio. Anträge auf Lohnsteuer-Jahresausgleich gestellt. Gegenüber 12,8 Mio Einkommensteuererklärungen ist dieser Anteil insofern durchaus erheblich. Vgl. *Borell/Schemmel*, Steuervereinfachung, 234. Allerdings nahmen die Einkommensteuerfälle von 1980 bis 1990 um mehr als 60 % zu, wobei etwa 9 % zu Lasten der Lohnsteuer gingen, vgl. *Riempp*, Entwicklungslinien der Finanzverwaltung aus der Sicht des Verwaltungspraktikers, in: Vogelgesang (Hrsg.), Perspektiven der Finanzverwaltung, 28.

"Lohnsteuer-Jahresausgleich" macht eine Beschäftigung mit dem Steuerrecht erforderlich.

Einem Abdrängen in die Unmündigkeit wird auch durch Pauschalbeträge Vorschub geleistet. Sie wiegen den Steuerunkundigen in dem trügerischen Sicherheitsgefühl, keinen steuerlichen Vorteil ungenutzt gelassen zu haben. Auch sie entziehen damit die Besteuerung der Kontrolle durch die Steuerpflichtigen.

Ihr Ziel, den Gesetzesvollzug zu erleichtern, erreichen die Typisierungen. Die daraus resultierende steuerliche Unkenntnis großer Bevölkerungsteile stellt dem Steuerstaat jedoch einen steuerpolitischen Persilschein für weiteres unkontrolliertes Wirken aus. Denn durch die oben genannten Mittel der "bürgerfreundlichen Besteuerung" werden große Teile des Volkes von einer grundlegenden Beschäftigung mit den Steuern und damit auch von einer Beschäftigung mit der Steuerrechtfertigung abgehalten[566]. Das wiederum hat Auswirkungen auf die Intensität demokratischer Kontrolle (steuer-)politischer Entscheidungen. Denn je ahnungsloser die Bevölkerung von den steuerlichen Vorgängen ist, desto geringer wird ihr Verlangen sein, in diesem Bereich demokratisch initiierte Mitspracherechte geltend zu machen.

Zum anderen sind Ungleichheiten auch in der Verwaltungspraxis der Finanzbehörden[567] zu entdecken. Ein beliebtes Thema sind in diesem Zusammenhang die nur gelegentlichen behördlichen Kontrollen kleiner mittelständischer Unternehmen. Während der "Normalbürger" jährlich mit einer Überprüfung seiner Steuererklärung zu rechnen hat, werden beispielsweise Klein- und Kleinstbetriebe im statistischen Mittel nur etwa alle 30 Jahre einer Betriebsprüfung unterzogen[568]. Dies kann geradezu als eine Einladung zur Steuerhinterziehung verstanden werden und wird im Vergleich als besonders ungerecht angesehen. Aber auch die alltägliche Arbeitsüberlastung der Finanzbehörden, die Überflutung mit Vorschriften, der merkliche Steuerwiderstand, die unzureichende personelle und sachliche Ausstattung der Finanzämter und deren Ertragsorientiertheit kann zu

---

566 Vgl. *Isensee*, StuW 1994, 10.

567 Vgl. dazu im einzelnen unten D. V. 1. b. (B)

568 Stellungnahme der *Deutschen Steuer-Gewerkschaft*, PROT. ÖFF. ANH. FINAUSSCHUß V. 22.11.1993, 301: 1991 fanden dort alle 32 Jahre eine Betriebsprüfung statt. "Das heißt: bei den ergiebigen Mittel-, Klein- und Kleinstbetrieben findet eine Betriebsprüfung faktisch nicht mehr statt. Die Betriebsprüfung als eine wirksame Prophylaxe gegen Steuerkriminalität und Schattenwirtschaft, als ein bedeutsames Instrument zur Sicherung des Gleichmaßes der Besteuerung kann nicht mehr glaubwürdig eingesetzt werden". Vgl. auch *Kruse*, FR 1995, 526: "Allen Verwaltungszwängen zum Trotz darf es kein Zweiklassensteuerrecht geben". Zu der Möglichkeit, mittels Steuerrechtsanwendung Unternehmenspolitik zu betreiben vgl. *Streck*, DStJG 12 (1989), 196 ff.

Steuerungerechtigkeiten führen[569]. Selbst das Finanzamtspersonal ist mittlerweile zu einem Großteil der Auffassung, daß angesichts der bei ihnen gegebenen Situation von Steuergerechtigkeit nicht mehr gesprochen werden kann[570].

4. Die wahrgenommene steuerliche Ungleichbehandlung

Neuere Methoden zur Ermittlung des Steuerwiderstandes haben gezeigt, daß die vom Steuerzahler wahrgenommene steuerliche Ungleichbehandlung Einfluß auf den Steuerwiderstand hat[571]. Denn er fragt sich auch, ob die selbst zu tragende Last mit der Last anderer in versöhnlichem Einklang steht oder nicht[572]. Es liegt nahe, diesen Einflußfaktor dem Gerechtigkeitsempfinden der Steuerzahler zuzuordnen. Dabei muß sich die Wahrnehmung nicht auf die Begegnungserfahrung des Steuerbürgers mit dem Finanzamt beschränken[573]. Medienwirksame[574] Steuerskandale, die von einer widerrechtlichen Bevorzugung einiger Steuerzahler berichten, können dabei mindestens ebenso wirksam, wenn nicht sogar nachhaltiger, das Gerechtigkeitsgefühl des Steuerzahlers berühren[575].

Hinzu kommen die wahrgenommenen Steuersparmodelle, die das Gerechtigkeitsempfinden einiger Steuerzahler verletzen. Angesprochen seien hier beispielsweise die hohen Abschreibungsmöglichkeiten (Bauherrenmodelle, Porsche als Dienstwagen), die den sog. "Sozialneid anstacheln. Ähnliche Auswirkungen mag auch die zunehmende Flucht vor dem deutschen Fiskus in sogenannte "Steueroasen" haben - insbesondere dann, wenn sie von gesellschaftlich beachteten Kreisen unternommen wird.

Besonders schnell führen steuergesetzliche Regelungen zu Ungerechtigkeitsgefühlen, wenn sie in Widerspruch zu dem von politischer Seite vorgegebenen Zielen stehen. So wurde beispielsweise die Regelung des § 10e EStG kritisiert,

569 *Tipke*, Gleichmäßigkeit der Steuerrechtsanwendung, in: Vogelgesang (Hrsg.), Perspektiven der Finanzverwaltung, 98 ff.

570 86,7 % des Finanzamtspersonals war nach einer Umfrage des Landesverbandes Berlin der *Deutschen Steuer-Gewerkschaft* 1978 dieser Auffassung, vgl. *Haubrichs*, FS Schmölders, 19.

571 *Mackscheidt*, Die Entwicklung der Kölner Schule der Finanzpsychologie, in: Smekal/Theurl (Hrsg.), Stand und Entwicklung der Finanzpsychologie, 54.

572 Ebd., 51.

573 Vgl. dazu *Grunow/Fegner/Kaufmann*, VwA 64 (1975), 1 ff.

574 Vgl. *Würtenberger*, Rechtsbewußtsein und Staatsverständnis der Parteien, 19, zu dem bewußtseinsverändernden Wirken der Massenmedien.

575 Erwähnt sei hier nur die "Affäre Graf", die zu einer erheblichen Unruhe innerhalb der Bevölkerung geführt hat und das Vertrauen der Bürger in die "Unvoreingenommenheit" der Finanzverwaltung erschüttert hat. Dies wurde sogar im Ausland registriert, vgl. *Nash, N. C.*, Graf case transfixes nation with tax burden, in: The New York Times, Oct. 13, 1995, v145.

da sie die sozialgestaltende Funktion des progressiven Tarifs pervertierte, indem diejenigen den höchsten Förderungsbeitrag genossen, die der Förderung am wenigsten bedurften[576]. Aber auch die steuerliche Berücksichtigung von Geldstrafen[577] oder Bestechungsgeldern[578] fällt unter diesen Aspekt.

Ein gesondert zu betrachtender Punkt ist die mangelhafte Abstimmung zwischen Sozialrecht und Steuerrecht[579]. Sei es nun die Besteuerung existenzsichernder Zuwendungen oder der durch die steuerlichen Belastungen vermittelte Anreiz, Sozialhilfe in Anspruch zu nehmen, anstatt zu arbeiten: der Steuerzahler wird derartige Unstimmigkeiten als ungerecht ansehen[580]. Dazu trägt sicherlich auch das unüberschaubare "Konglomerat von Steuerbelastungen und Steuerentlastungen, offenen und verdeckten Subventionen und sonstigen Transfers"[581] bei, das den Bürger der oben geschilderten Hilflosigkeit aussetzt.

Gerade den von den Steuerbürgern wahrgenommenen steuerlichen Ungerechtigkeiten, aber auch der Unverständlichkeit des Steuerrechts und der fehlenden "bürgernahen" steuerlichen Rechtfertigung, ist die Herausbildung des von *Lang* diagnostizierten "Anti-Gerechtigkeitsgefühls"[582] zu verdanken, das einen wesentlichen Einfluß auf die heutige Steuermoral hat. In letzter Konsequenz können Gerechtigkeitsdefizite, die - gleich, ob sie nun auf gesetzliche Regelungen oder unvollständige Durchsetzung zurückzuführen sind - dazu führen, daß das Steuersystem als unfair angesehen und die Funktionstüchtigkeit einer Demokratie stark beeinträchtigt wird[583]. Denn im Extremfall werden sich die so enttäuschten Staatsbürger aus dem Prozeß der demokratischen Willensbildung und Willensbetätigung zurückziehen.

---

576 *Lang*, FR 1993, 665.

577 Vgl. *Tipke*, StuW 1990, 315.

578 *Tipke*, Steuerrechtsordnung, 627, fordert daher Bestechungsgelder und andere Aufwendungen, die gegen Gesetze oder gegen die guten Sitten verstoßen, nicht zum Abzug zuzulassen.

579 Vgl. dazu auch *Lehner*, Einkommensteuerrecht und Sozialhilferecht, Bausteine zu einem Verfassungsrecht des sozialen Steuerstaates.

580 Vgl. *Tipke*, Steuerrechtsordnung, 83 ff. mit weiteren Beispielen.

581 *Tipke*, Steuerrechtsordnung, 85 f.

582 *Lang*, FR 1993, 662.

583 *Weck-Hannemann/Pommerehne*, SZVS 1989, 516 f.

V. Andere der "Steuerrechtfertigung" zuzuordnende akzeptanzbildende Faktoren

Im folgenden sollen diejenigen akzeptanzbildenden Faktoren untersucht werden, die zwar nicht direkt das Gerechtigkeitsgefühl der Steueradressaten ansprechen, die aber nicht minder das "Rechtfertigungselement" des Steuerrechtsbewußtseins beeinflussen können. Vollständigkeit soll und kann hierbei nicht erreicht werden, da vielschichtige und oft miteinander verwobene Gründe für die steuerliche Motivation der Rechtsadressaten und damit auch für deren Anforderungen an eine adressatenbezogene Rechtfertigung der Steuern verantwortlich sind. Es sollen vielmehr einige Phänomene aufgezeigt werden, die dazu geführt haben könnten, daß der Steuerzahler die von ihm geforderte Einsicht in die Rechtfertigung seiner Steuerpflicht nicht mehr nachvollziehen kann oder will. Darüberhinaus sei angeregt, daß die hier angesprochenen Punkte in einer neu aufzunehmenden wissenschaftlichen Rechtfertigungsdiskussion Berücksichtigung finden.

1. Allgemeinstaatliche Rechtfertigungsfaktoren

Neben der noch zu behandelnden Gesetzgebung, die die Akzeptanz der steuerrechtlichen Regelungen und damit auch das Rechtsbewußtsein stark beeinflussen kann, spielt die alltägliche Anwendung und Durchsetzung der gesetzlichen Vorgaben eine entscheidende Rolle. Wie bereits erwähnt, befindet sich die Exekutive an der Nahtstelle von Staat und Bürger. Sie stellt die staatliche Größe dar, mit der der Bürger unmittelbar in Kontakt kommt. Insofern sind auch diejenigen Aspekte, die hier zu erörtern sein werden, von nicht zu unterschätzender Bedeutung für die Einstellung der Bürger zum Steuerwesen und damit zugleich für die Rechtfertigung der Steuern. Denn bei der Suche nach einer tragfähigen Rechtfertigung der Steuern, die auch das "Wie" berücksichtigt, wird zwangsläufig die Steuerrechtsanwendung Beachtung finden müssen.

a. Mißtrauen gegenüber dem Staat aus geschichtlicher Erfahrung

Die historische Komponente spielt für die Akzeptanz der Besteuerung eine ebenso große Rolle, wie die Gewöhnung an die Tatsache der Steuerpflicht die Rechtsdurchsetzung merkbar erleichtert. Böse Erfahrungen, wie sie der deutsche Steuerzahler mit der Staatsmoral des Dritten Reiches machen mußte[584], tragen langfristig ebenso zu einer Verschlechterung der Steuermoral bei, wie die großen Steuerskandale der Bundesrepublik[585].

---

584 *Schmölders*, HWBStR, 504.

585 Beispielsweise: Parteispenden-Affären, Amigo-Affären (etwa die Affäre des Bäderkönigs Zwick, in der es um die Niederschlagung einer Steuerschuld in Höhe von

Die Sozialpsychologie stellt für die Beobachtung, daß besonders historische Erfahrungen einen bleibenden Eindruck vermitteln können, ein anschauliches Erklärungsmodell zur Verfügung: Die Hypothesentheorie der sozialen Wahrnehmung[586] (oder auch: Theorie der selektiven Wahrnehmung) kann eine Erklärung für das bewußtseinsprägende Element geschichtlicher Erfahrungen geben. Danach wird die soziale Wahrnehmung des Menschen aus dem funktionalen Grund einer begrenzten menschlichen Informationsbearbeitungskapazität von Hypothesen geleitet. Der Wahrnehmungsvorgang beginnt mit einer Erwartungshypothese, die der Beobachter aus seinem kognitiven Repertoire, oft sogar unbewußt, auswählt. Die aktivierte Erwartungshypothese wirkt dann im tatsächlichen Wahrnehmungsvorgang zu einem gewissen Teil wahrnehmungslenkend, indem sie die Informationsaufnahme beschränkt und im Sinne der Erwartungshypothese beeinflußt.

Dabei ist es auch denkbar, daß derartige Erfahrungen im Wege kollektiver Lernprozesse weitergegeben werden. Durch die Interaktionen zwischen den einzelnen Steuerzahlern, aber auch über Meinungsführer und Massenmedien kann es zu uniformen Interpretationen und dementsprechenden, von Erwartungshypothesen geleiteten Reaktionen auf das Verhalten des Steuerstaates kommen[587]. Haben sich derartige Interpretationen oder Verhaltensmuster über längere Zeit auch im gesellschaftlichen Alltag verfestigt, könnten sie schon allein durch Sozialisation das Rechtsbewußtsein folgender Generationen beeinflussen[588].

Auf den Steuerbereich übertragen, können somit erlebte steuerliche Mißstände oder die kollektiv erlernten Erkenntnisse zu einer negativen Erwartungshypothese führen, die die unvoreingenommene Aufnahme des Steuerrechtssystems beeinträchtigen könnte. Eine objektive Beurteilung der tatsächlichen Lage durch die Rechtsadressaten wäre dann nicht mehr möglich. Die Erwartungshypothese, mit der der Steuerbürger jeden auf ihn zukommenden steuerlichen Sachverhalt selektiv beurteilt, wird von den gesammelten historischen Erfahrungen der Bevölkerung beeinflußt. Die so geprägte und aktivierte Erwartungshypothese wird sich durch die Wahrnehmungsselektion auch auf das entsprechende Rechtsbewußtsein auswirken. Die Wahrnehmungsergebnisse, d.h. die Vorprägungen zu einer

---

70 Millionen DM ging, vgl. Süddeutsche Zeitung vom 5.10.1993, FAZ vom 6.10.1993), Steueraffäre Graf etc.

586 Vgl. *Bruner*, On perceptual readiness, Psychological Review 64 (1957), 123 ff.; *Lilli/Frey*, Die Hypothesentheorie der sozialen Wahrnehmung, in: Frey/Irle (Hrsg.), Theorien der Sozialpsychologie 1, 49 ff.; *Frey/Brandstätter/Schuster*, Das ökonomische Modell aus psychologischer Sicht, in: Smekal/Theurl (Hrsg.), Stand und Entwicklung der Finanzpsychologie, 72.

587 Vgl. *Frey/Brandstätter/Schuster*, Das ökonomische Modell aus psychologischer Sicht, in: Smekal/Theurl (Hrsg.), Stand und Entwicklung der Finanzpsychologie, 70.

588 Zum Einfluß der Sozialisation auf das Rechtsbewußtsein vgl. *Würtenberger*, Zeitgeist und Recht, 133 ff. m. Nw.

negativen Einstellung dem Staat und der Besteuerung gegenüber, werden umso eher an der Erwartungshypothese ausgerichtet sein, je stärker die Hypothese im Bewußtsein der Steuerzahler verankert ist[589]. Dabei hängt die Hypothesenstärke von verschiedenen Faktoren ab[590]. Die aus historischen Erfahrungen gespeiste Erwartungshypothese wird dabei maßgeblich von der Häufigkeit oder der Dauer, aber auch von der "Schmerzlichkeit" eines staatlichen Steuererhebungsverhaltens geprägt[591]. Aber auch ein Konsensus der Bevölkerung hinsichtlich dieses Verhaltens kann eine Determinante der Wahrnehmung und damit auch des daraus entstehenden kollektiven Rechtsbewußtseins sein[592].

Gesammelte Erfahrungen können so zu einer Bildung von Urteilsheuristiken führen, die den Bürgern als "Daumenregeln" für die Beurteilung eines bestimmten Sachverhaltes dienen, die aber als Erwartungsschätzungen oft unkorrigiert beibehalten werden, selbst wenn sie rational betrachtet "widerlegt" worden wären[593]. Denn mit jeder gesammelten Erfahrung, die sich in das einmal gemachte Bild von dem "bösen Staat, der nur an mein Geld will" einfügt, wird die so formulierte Erwartungshypothese stärker und resistenter gegen eventuell widersprechende Reizinformationen[594].

Für den hier interessierenden Bereich des Steuerrechts sind zunächst drei besonders "prägende" Aspekte zu nennen, die die geschichtlichen Erfahrungen der Steuerrechtsadressaten beeinflussen können:

(A) Die Verwendung der Steuermittel

Die Steuerpsychologie hat darauf hingewiesen, daß der Akt des Steuerzahlens durch die nicht erkennbare äquivalente Gegenleistung erheblich stärkere Widerstände zu überwinden hat als andere Einkommensverwendungen (z.B. der Kauf von Waren oder Dienstleistungen)[595]. Ein unmittelbarer Zusammenhang zwischen einer bestimmten Steuer und einer bestimmten staatlichen Ausgabe ist für den Steuerpflichtigen oft nicht erkennbar[596]. Der Steuerzahler bewertet daher

589 *Lilli/Frey*, Die Hypothesentheorie der sozialen Wahrnehmung, in: Frey/Irle (Hrsg.), Theorien der Sozialpsychologie 1, 53.

590 Ebd., 56 ff. mit Beispielen.

591 Ebd., 57.

592 Zu den "sozialen Einflüssen" vgl. ebd., 62 f.

593 *Frey/Brandstätter/Schuster*, Das ökonomische Modell aus psychologischer Sicht, in: Smekal/Theurl (Hrsg.), Stand und Entwicklung der Finanzpsychologie, 73 f.

594 *Lilli/Frey*, Die Hypothesentheorie der sozialen Wahrnehmung, in: Frey/Irle (Hrsg.), Theorien der Sozialpsychologie 1, 56.

595 *Mackscheidt*, Die Entwicklung der Kölner Schule der Finanzpsychologie, in: Smekal/Theurl (Hrsg.), Stand und Entwicklung der Finanzpsychologie, 55 f.

596 *Schmölders*, HwStR I, 504; *Isensee*, StuW 1994, 7: "Der Bezug zum Gemeinwohl ist

je nach Informationslage und Anlaß, was der Staat mit den empfangenen Steuern leistet. Obwohl diese Bewertung sehr pauschal und wegen fehlender umfassender Informationen oder aufgrund von Vorurteilen (Erwartungshypothesen) mitunter auch falsch sein kann, fällt ihre Beharrlichkeit und Durchsetzungsstärke - besonders bei staatlichem Schweigen[597] - auf[598]. Die Austauschbeziehungen zwischen Bürger und Staat werden von den Bürgern konkret bewertet und entsprechend handlungsleitend umgesetzt[599]. Es ist daher anzunehmen, daß sich die aus dieser Bewertung resultierenden Einstellungen der Steuerzahler auch auf das Steuerrechtsbewußtsein auswirken. Die empirische Sozialforschung hat jedenfalls bewiesen, daß die Steuerehrlichkeit dann deutlich höher ausfällt, wenn die Steuerzahler den Eindruck haben, daß ihre Steuerzahlung wenigstens teilweise wieder an sie zurückfließt und nicht verschwendet wird[600]. Dementsprechend kam auch die Finanzwissenschaft zu der Erkenntnis, daß die zweifelsfreie Verwendung der Steuern ein determinierender Faktor der Steuermoral ist[601].

Viele Bürger betrachten aufgrund ihrer Erfahrungen die staatliche Ausgabenpolitik mit besonderem Argwohn. Es macht sich eine zunehmende Unzufriedenheit mit der staatlichen Aufgabenerfüllung und den damit verbundenen Kosten breit[602], die insbesondere auf die Struktur der öffentlichen Ausgaben gerichtet ist[603]: Die Bürger wünschen sich vorrangig eine andere Zusammensetzung der

also nur mittelbar gegeben und auch nur unspezifiziert, weil die Steuer nicht an einen bestimmten Ausgabenzweck gekoppelt ist."

597 Durch eine gezielte Informationspolitik könnte der Staat daher die Bürger bei kostspieligen Investitionen auf Verbesserungen der Infrastruktur aufmerksam machen. Die bewußtseinsprägende Funktion staatlicher Leistungen wurde in diesem Zusammenhang in Frankreich bereits erkannt. Dort weisen beispielsweise beim Fernstraßenbau große Hinweistafeln auch auf die Sicherung der Lebensqualität hin.

598 Vgl. *Mackscheidt*, Die Entwicklung der Kölner Schule der Finanzpsychologie, in: Smekal/Theurl (Hrsg.), Stand und Entwicklung der Finanzpsychologie, 56, der auf den Steuerprotest gegen die property tax und die daraus schließlich entstandene proposition 13 in Kalifornien 1978 verweist.

599 Vgl. *Weck-Hannemann/Pommerehne*, SZVS 1989, 515 ff., 548; vgl. auch *Vogel*, Der Staat 25 (1986), 519.

600 *Pommerehne/Weck-Hannemann*, ZWS 1992, 460 m. Nw.

601 Vgl. *Tipke*, Gleichmäßigkeit der Steuerrechtsanwendung, in: Vogelgesang (Hrsg.), Perspektiven der Finanzverwaltung, 102 m. Nw.

602 Vgl. eine Umfrage des Instituts für Demoskopie Allensbach, in: *Köcher*, Gerecht ist die Steuer, die andere trifft, FAZ vom 13.10.1993. Dort stimmten 1993 65 Prozent der Westdeutschen und 59 Prozent der Ostdeutschen folgender Aussage zu: "Ich sehe zwar auch, daß sich die Bundesregierung in einer schwierigen Lage befindet. Aber mittlerweile habe ich das Gefühl, daß die Regierung wirklich für alles Geld ausgibt und leichtfertig mit den Finanzen umgeht. Sie hat dabei einfach jedes Maß verloren."; die Steuerzahlerrevolte in Kalifornien und den gesamten USA wird vereinzelt auch als ein Widerstand der Wähler gegen eine zu hohe staatliche Aktivität interpretiert, vgl. *Folkers*, Begrenzungen von Steuern und Staatsausgaben in den USA, 84 f. m. Nw.

öffentlichen Haushalte, eine präferenzangemessene Struktur von Aufgaben und Ausgaben. Damit scheint sich das "eherne Gesetz des Steuerzahlers"[604], daß alles, was der Staat den Bürgern an Wohltaten zukommen läßt, von ihnen selbst zu bezahlen ist, mittlerweile durchzusetzen[605].

(I) Der Verwendungszweck

Der Verwendungszweck der Steuern kann die Steuerzahlungsbereitschaft der Bürger beeinflussen, falls er Anlaß zu kritischer Betrachtung innerhalb der Bevölkerung gibt. In Deutschland sind die Staatsausgaben - sowohl was die Höhe anbelangt als auch in der Zwecksetzung - in den Augen der Öffentlichkeit umstritten[606]. Dies beruht zum einen auf dem Wesen der Steuer: Die Verwendung der Steuermittel bestimmen ausschließlich die dazu berufenen Organe (Bundestag, Landtag, Gemeinderat etc.), da die Eigenart der Steuer[607], die allgemeinen Deckungsmittel für die Erfüllung der öffentlichen Aufgaben zu beschaffen, eine Entkopplung von Verwaltungszwecken und ihrer Finanzierung[608] erforderlich macht[609]. Bei der Behandlung der Steuerrechtfertigung wurde die Notwendigkeit zur Abstraktion bereits angesprochen: Auch hier müssen die Bürger Steuern unabhängig von einer konkreten "Gegenfinanzierung" sehen. Rechtlich gibt es also keine direkte Verbindung zwischen der Steuerzahlung und staatlichen Leistungen[610]. Allerdings werden in tatsächlicher Hinsicht diese beiden Punkte

---

603 *Gretschmann*, Die Struktur öffentlicher Ausgaben im Lichte der Bürgerpräferenzen, in: Smekal/Theurl (Hrsg.), Stand und Entwicklung der Finanzpsychologie, 153 f.

604 Vgl. *von Arnim*, FS Haubrichs, 211, der dieses "Gesetz" als noch nicht präsent genug betrachtet.

605 Bislang war der Zusammenhang von Einnahmen und Ausgaben gerade auf der staatlichen Entscheidungsebene irrelevant. Dies zeigt eine international ausgerichtete Responsivitätsstudie für den Zeitraum von 1870 bis 1968, die zu dem Ergebnis kommt, daß Haushaltsentscheidungen fast nie mit Rücksicht auf die Einnahmen erfolgten, vgl. *Hage/Hanneman/Gargan*, State responsiveness and state activism, 256: "Therefore, we find here striking confirmation for the active state thesis, namely budgetary decisions are *not* made within the constraints of resource availability".

606 *Wolf*, FS Massing, 234.

607 Vgl. dazu § 3 AO.

608 Vgl. *Schuppert*, FS Zeidler, Band 1, 700 f., der auf diese Eigenart auch die Unanwendbarkeit des verfassungsrechtlichen Verhältnismäßigkeitsprinzips zurückführt.

609 *Kirchhof*, FS Tipke, 28, drückt dies folgendermaßen aus: "Der Staat erhebt die von bedingenden Zusammenhängen "losgelöste", "voraussetzungslose" Steuer, um sich nicht dem Abgabenschuldner in irgendeiner Form zu verpflichten. ... Diese Trennung von Steuerrecht und Haushaltsrecht dient der Unbefangenheit und Gestaltungskraft des Finanz- und Leistungsstaates".

610 Der Grund dafür liegt in der daraus folgenden Möglichkeit, die Verwaltungsentscheidung ausschließlich auf die Sachaufgabe auszurichten. Die Entscheidung kann also von ihrer ertragswirtschaftlichen Bedingtheit oder anderen

von den Steuerzahlern oft miteinander verknüpft. Dies zeigen die oben erwähnten finanzpsychologischen Forschungen. Aber auch hier ist oft eine konkrete Gegenleistung für den Bürger nicht ersichtlich. Er kann somit schnell das Gefühl haben, mit seiner Steuerleistung zu Ausgaben beitragen zu müssen, mit deren Ziel er nicht einverstanden ist[611].

Auffällig ist, wie viele Bürger einen ihnen mißliebigen Verwendungszweck öffentlicher Finanzen als Rechtfertigung ihres Steuerwiderstandes betrachten[612]. So können beispielsweise die militärische Ausgabenpolitik der Bundesregierung[613], die Auswüchse der "sozialen Hängematte"[614] oder aber die Umweltpolitik als rechtfertigende Gründe für die Verweigerung bestimmter oder jeglicher Steuern angesehen werden. Dies deckt sich mit den Erkenntnissen sozialwissenschaftlicher Untersuchungen, die staatliche Responsivität erforschten: Sie kommen zu dem Schluß, daß das staatliche Leistungsangebot sowie die staatlichen Haushaltsstruktur nicht an den Bürgerpräferenzen orientiert ist[615].

Am Beispiel der Schweiz wurde mittlerweile bewiesen, daß die Steuerpflichtigen um so eher zu ihrem System von öffentlichen Abgaben und Ausgaben stehen, je mehr sie in der Lage sind, bei den Ausgaben- und Finanzierungsbeschlüssen mitzuwirken[616].

---

fiskalischen Motiven gelöst getroffen werden. Vgl. *Kirchhof*, NVwZ 1983, 509.

611 *Schmölders*, HwStR I, 504, führt beispielhaft das Gefühl an, mit der Steuerleistung womöglich seinen eigenen Konkurrenten als Subventionsempfänger zu unterstützen. *Kreibich*, Treu und Glauben, 11, nennt zusätzlich das Gefühl, Ausgaben zu unterstützen, die der eigenen politischen Überzeugung widersprechen.

612 *Mackscheidt*, Die Entwicklung der Kölner Schule der Finanzpsychologie, in: Smekal/Theurl (Hrsg.), Stand und Entwicklung der Finanzpsychologie, 58: "Festzuhalten ist, daß vermutete Ineffizienz im Budget und Staatsverschwendung gewaltige Triebkräfte des Steuerwiderstandes sein können".

613 Vgl. BFH DStR 1992, 648. Dort hatten die Kläger in ihrer Einkommensteuererklärung geltend gemacht, "die Finanzbehörde möge in geeigneter Weise sicherstellen, daß die gezahlte bzw. noch zu zahlende ESt keine Verwendung oder Mitverwendung für militärische Rüstungszwecke findet".

614 Vgl. *Merten*, Handbuch des Verfassungsrechts, § 20, RN 126 ff., der die "Trittbrettfahrer des Sozialstaats", die "Sozialparasiten" oder "Sozialschnorrer" nennt; überspitzt *Tipke*, Steuerrechtsordnung, 1409: "Die Steuermoral leidet, wenn Steuerpflichtige den Eindruck haben, der Staat beute die Leistungsträger zugunsten von Leistungsunwilligen, Leistungsscheuen oder Asylbetrügern aus und pervertiere den Sozialstaat partiell in einen Staat der Asozialen und Faulenzer, dem Staat ... seien berechtigte und unberechtigte Empfänger von Sozialleistungen wertvoller als Steuerzahler."

615 *Gretschmann*, Die Struktur öffentlicher Ausgaben im Lichte der Bürgerpräferenzen, in: Smekal/Theurl (Hrsg.), Stand und Entwicklung der Finanzpsychologie, 157 f. m. Nw.

616 *Weck-Hannemann/Pommerehne*, SZVS 1989, 552.

In Deutschland besteht die Möglichkeit einer direkten Einflußnahme auf haushaltspolitische Entscheidungen nicht. Allerdings lassen sich die Folgen einer Mißbilligung der Verwendungszielsetzung, wenn auch relativ unscharf, am Beispiel der Kirchensteuer erkennen. Die Kirchensteuer ist die einzige Steuerart, die voluntativ vom Steuerpflichtigen beeinflußt werden kann, ohne daß dieser materielle oder sonstige äußerliche Einbußen erleiden muß. Es genügt der Kirchenaustritt, um von der Steuerpflicht befreit zu werden. Mittlerweile hat sich empirisch nachweisen lassen, daß die Kirchensteuer in einer Vielzahl von Fällen Kirchenangehörigen, die den Austritt ernsthaft erwägen oder sogar vollzogen haben, als Argumentationshilfe dient. Tatsächlich manifestiert sich allerdings mit dem Kircheaustritt und der daraus folgenden Befreiung von der Kirchensteuerpflicht der Entzug weiterer Unterstützung[617]. Um einen ähnlichen Vorgang wird es sich auch bei der Mißbilligung staatlicher Verwendungsziele handeln. Die Verweigerung der Steuerzahlung wäre dann der Ausdruck von Ablehnung staatlichen Verhaltens.

(II) Unwirtschaftlichkeit der Verwaltung

Die Wirtschaftlichkeit öffentlicher Verwaltung beschäftigt seit geraumer Zeit die Wissenschaft und die Praxis[618]. Denn überall dort, wo fremdes Geld verwaltet wird, neigt der Verwalter zu besonderer Sorglosigkeit auf der Ausgabenseite. Besonders in Zeiten knapper Kassen sorgt derartige Freizügigkeit für bürgerlichen Unmut - ganz besonders dann, wenn zugleich die in anderen Bereichen fehlenden Mittel durch Abgabenerhöhungen ausgeglichen werden sollen.

Beispiele bürgerlichen Unmutes lassen sich leicht finden. Besonders verwerflich erscheint den Bürgern etwa das sogenannte "Dezemberfieber"[619], das den

[617] Vgl. Institut für Demoskopie Allensbach, Begründungen und tatsächliche Gründe für einen Austritt aus der Katholischen Kirche, 1993, 25: Auf Nachfrage nennen 59 Prozent der Ausgetretenen die Kirchensteuer "als einen Grund für ihre Entscheidung; dieses Motiv wird jedoch in der Regel in Verbindung mit anderen Begründungen genannt, so gut wie nie isoliert. Die Kirchensteuer wird erst dann zum Ärgernis, wenn ihr kein subjektiv empfundener Nutzen gegenübersteht und die Distanzierung von der Kirche weit fortgeschritten ist. ... Die Kirchensteuer wird dann zu einem Anlaß des Austritts, wenn die Beziehung zur Kirche gestört ist und damit der Wunsch unterminiert wird, die Institution in irgendeiner Form zu unterstützen".

[618] Vgl. nur die Vorträge und Diskussionsbeiträge in: von Arnim (Hrsg.), Wirtschaftlichkeit in Staat und Verwaltung, 1993.

[619] Vgl. *Wolf*, FS Massing, 243 f.; *von Arnim*, Ist "der rationale Staat" möglich?, in: ders. (Hrsg.), Wirtschaftlichkeit in Staat und Verwaltung, 70, spricht von dem "November-Fieber": Der Behördenleiter verpulvert am Jahresende noch schnell überschüssige Mittel. "Er sichert sich dadurch - auch für die Zukunft - möglichst viel Haushaltsmittel für seine Behörde, stärkt dadurch vielleicht den eigenen Status und seine Fortkommenschance".

Zwang zur Ausschöpfung öffentlicher Etats in der Verwaltung anschaulich beschreibt. Das jährliche Schwarzbuch "Die öffentliche Verschwendung" des Bundes der Steuerzahler oder die Jahresberichte der Rechnungshöfe[620] liefern ständig neue Beispiele staatlicher Mißwirtschaft. Ihre breite, mitunter oft auch medienwirksame Resonanz zeugt von dem Interesse der Steuerzahler an einer wirtschaftlichen Verwendung der Steuereinnahmen.

Diese "legale Verschwendung"[621] seitens des Staates kann auf die Rechtsunterworfenen in einem gewissen Ausmaß prägend wirken. Das Verantwortungsgefühl für die "gemeinsame Sache" kann durch solches staatliches Verhalten jedenfalls wenig gestärkt werden. Auf diese Weise kann eine Identifikation mit der Ausgabenplanung des Staates, wenn überhaupt, nur in wenigen Bereichen stattfinden.

(III) Das Sozialstaatsbewußtsein

Der moderne Staat zeichnet sich auch durch seine Sozialstaatlichkeit aus[622]. Dementsprechend spricht das Grundgesetz in Art. 20 Abs. 1 von einem demokratischen und sozialen Bundesstaat. Allerdings hat der Sozialstaat des Grundgesetzes mitterweile Dimensionen angenommen, die Eigenverantwortlichkeit, Gemeinsinn, aber auch die individuelle Freiheit bedrohen: "Die fast uferlose Verstrickung des Einzelnen in ein Netz demokratisch beschlossener Vorschriften"[623] provoziert den "entmündigten Staatsbürger"[624].

Obwohl der Ausbau des Sozialstaates als ein gewichtiger Grund für die Tolerierung immer höherer Steuerbelastungen angesehen werden kann[625], ist mittlerweile die Auffassung im Vordringen, daß der weitere Ausbau der Sozialstaatlichkeit den Staat und die Steuerzahler finanziell überfordert. Die "Sozialspirale" läßt sich, auch wenn sich die Sozialpolitik sehr gut für politische Zwecke einsetzen läßt, nicht unendlich weit drehen[626]. Denn die Sozialpolitik schöpft aus den Quellen des Steuerstaates ihre notwendigen Mittel. Indem dort die staatlichen

---

620 Zu der besonderen Rolle der Rechnungshöfe als "Interessenvertreter der Allgemeinheit" vgl. *von Arnim*, Gemeinwohl, 369.

621 *Tipke*, Gleichmäßigkeit der Steuerrechtsanwendung, in: Vogelgesang (Hrsg.), Perspektiven der Finanzverwaltung, 102.

622 *Zippelius*, Allgemeine Staatslehre, 348.

623 *Zippelius*, Allgemeine Staatslehre, 351.

624 Vgl. *Otto*, Rechtsidee, 27; *Würtenberger*, Rechtsbewußtsein und Staatsverständnis der Parteien, 16, wonach diese Erscheinungen "nunmehr als zu hoher Preis für einen planenden, umverteilenden und allseits lenkenden Leistungsstaat empfunden" werden.

625 Vgl. *Timm*, Wandlungen der Besteuerung seit dem vorigen Jahrhundert, in: Häuser (Hrsg.), Wandlungen der Besteuerung, 48.

626 *Merten*, Handbuch des Verfassungsrechts, § 20, RN 122.

Zugriffsmöglichkeiten aus wirtschaftlichen und verfassungsrechtlichen (d.h. auch aus sozialstaatlichen[627]) Gründen limitiert sind, ergeben sich mittelbar auch Grenzen für den Sozialstaat[628]. Zusätzlich beeinflussen sich die beiden Bereiche. Eine verfehlte Wirtschafts- oder Finanzpolitik kann zu sozialpolitischen Handlungen herausfordern (etwa bei hoher Arbeitslosigkeit), was wiederum Sozialausgaben erfordern würde, die nunmehr schwieriger zu finanzieren sind. Ebenso können sozialpolitische Fehlentscheidung wirtschaftliche Schwierigkeiten der Privatwirtschaft (z.B. wegen zu hoher Lohnnebenkosten) hervorrufen, die Einfluß auf deren Steuerzahlungsverhalten haben. Diese "Rückkopplungen" und die finanzielle Abhängigkeit des Sozialstaates vom Steuerstaat erfordern daher eine sorgfältige Abstimmung von Wirtschafts-, Finanz- und Sozialpolitik[629].

Während die Bevölkerung die freiheitliche Entmündigung, die auch die Fähigkeit eigenen sozialen Verhaltens verkümmern läßt[630], durchaus wahrnimmt, werden die Zusammenhänge zwischen staatlichen Aufgaben und ihrer Finanzierung über Steuern und Abgaben kaum reflektiert. Die Mehrheit der Bevölkerung hängt immer noch der Vorstellung an, daß eine umfassende soziale Absicherung keineswegs mit hohen finanziellen Lasten für die Bürger einhergehen muß[631]. Besonders ausgeprägt ist diese Ansicht in Ostdeutschland, auch wenn sich allmählich realitätsnähere Betrachtungen durchsetzen[632]. Das dort zum Ausdruck kommende Sozialstaatsbewußtsein scheint noch eng mit dem Staatsverständnis des allzuständigen und einplanenden DDR-Systems zusammenzuhängen. Erst allmählich fragen sich viele deutsche Steuerzahler, warum sie für eine allumfassende Sozialpolitik derart hohe Steuern zahlen müssen. Jedenfalls nimmt der Anteil der Bevölkerung, der für einen Ausbau der sozialen Sicherheit um den Preis von

---

627 Vgl. die von *Kirchhof*, NJW 1987, 3226, geschilderte "Steuerinquisition", der sich Steuerpflichtige freiwillig unterwerfen, um in den Genuß der Geltendmachung außergewöhnlicher Belastungen zu kommen. Auch diese sozialstaatlich veranlaßten Steuerminderungsmöglichkeiten schränken den privaten Freiheitsbereich ein. "Der Steuergesetzgeber muß sich gelegentlich die Frage stellen, ob seine Tatbestände den Steuerpflichtigen nicht in seiner Fähigkeit zur Freiheit steuerlich korrumpieren".

628 *Merten*, Handbuch des Verfassungsrechts, § 20, RN 117. Zu den Grenzen sozialstaatlich veranlaßter Lastenüberwälzung auf die Wirtschaft vgl. *Benda*, Handbuch des Verfassungsrechts, § 17, RN 177.

629 Vgl. *Merten*, Handbuch des Verfassungsrechts, § 20, RN 118. Zu der derzeitigen mangelhaften Abstimmung zwischen Sozial- und Steuerrecht vgl. *Vogel*, JZ 1993, 1123; *Klein*, DStBTag 1991, 50.

630 *Benda*, Handbuch des Verfassungsrechts, § 17, RN 182; *Otto*, Rechtsidee, 27; *Franke*, Steuerpolitik in der Demokratie, 422.

631 *Köcher*, Fürsorglich, unerschöpflich, zu teuer, in: FAZ vom 16.2.1994.

632 *Köcher*, Fürsorglich, unerschöpflich, zu teuer, in: FAZ vom 16.2.1994: Für mehr soziale Sicherheit, auch wenn dafür mehr Vorschriften und höhere Steuern kämen, waren in Ostdeutschland 1991 77 %, 1993 72 % und 1994 65 %. Gegen mehr soziale Sicherheit waren unter diesen Bedingungen 1991 6%, 1993 8 % und 1994 13 %.

höheren finanziellen Lasten und einer noch höheren Reglementierungsdichte plädiert, in Westdeutschland in letzter Zeit beachtlich ab[633].

Es mag zutreffen, daß weite Bevölkerungsteile unter dem Eindruck freiheitlicher Einengung durch einen überfürsorglichen Staat eher mit einer gewissen Staatsverdrossenheit auf den weiteren Ausbau öffentlicher Fürsorge- und Versorgungsleistungen reagieren, als mit zunehmender Staatsbejahung[634]. Aber auch wenn die Erkenntnis, daß der uferlos wachsende Sozialstaat am Ende unbezahlbar ist[635], sich allmählich durchsetzen kann, ist die "Konsumentenmentalität" weiter Bevölkerungskreise gegenüber ihrem Staat beachtlich. Dies läßt befürchten, daß eine in Zukunft maßvollere Sozialpolitik[636] auch das Steuerzahlungsverhalten beeinflussen wird. Bei Kürzungen von Sozialleistungen kann daher der Gegenleistungsgedanke der steuerrechtfertigenden Äquivalenztheorie je nach persönlicher Betroffenheit vollumfänglich zum Tragen kommen: Je weniger soziale Leistungen dem Bürger vom Staat erbracht werden, desto weniger wird er bereit sein, hohe Steuern zu bezahlen. Die Durchbrechung der Sozialspirale stellt somit auch eine Belastung des Steuerrechtsbewußtseins dar, wenn es nicht gelingen sollte, den steuerrechtfertigenden Gegenleistungsgedanken durch eine modernere Steuerrechtfertigungstheorie zu ersetzen.

(B) Mißbrauch von Steuermitteln

Jeglicher Mißbrauch von Steuermitteln, der der Öffentlichkeit bekannt wird, sorgt für Verstimmungen in der Bevölkerung. Diese Verstimmung geht über die "falsche" Verwendung der Steuermittel weit hinaus. Sie umfaßt die Verschwendung von Steuergeldern ebenso wie deren zweckentfremdeten Einsatz. Der Mißbrauch von Steuermitteln gerät damit in das Licht einer gewissen Widerrechtlichkeit, die dann sogar die grundsätzliche Rechtfertigung der Steuern in Frage stellen

---

633 Vgl. *Köcher*, Fürsorglich, unerschöpflich, zu teuer, in: FAZ vom 16.2.1994. In Westdeutschland waren 1991 und 1993 noch 40 % der Auffassung, daß man die genannten Nachteile für mehr soziale Sicherheit in Kauf nehmen sollte. 1994 waren es dagegen nur noch 30 % der Befragten. Im Gegenzug waren 1991 36 %, 1993 30 % und 1994 42 % gegen mehr soziale Sicherheit.

634 *Zippelius*, Allgemeine Staatslehre, 352.

635 Allerdings ist dies noch die Minderheitsmeinung. Nach einer empirischen Untersuchung des Allensbacher Instituts für Demoskopie 1994 hat nur eine Minderheit die Sorge, der Staat könne überfordert werden (gesamt 35 %, West 40 %, Ost 17 %). Dagegen waren 52 % (West 48 %, Ost 69%) der Bevölkerung der Ansicht, daß ihre Steuern ihnen das Anrecht geben, vom Staat Aufgabenerfüllung auf gewohntem Niveau zu verlangen. Vgl. *Köcher*, Fürsorglich, unerschöpflich, zu teuer, in: FAZ vom 16.2.1994.

636 Gegen politisches Imponiergehabe, das unter dem Schlagwort der "sozialen Demontage" den qualitätsorientierten Umbau des Sozialstaates verhindert, wendet sich auch *Merten*, Handbuch des Verfassungsrechts, § 20, RN 125.

kann[637]. Beispiele dafür mögen etwa ungerechtfertigte Subventionen oder all jene Ausgaben sein, die eher der Stärkung der persönlichen Macht der Politiker oder ihres politischen Aufstiegs dienen, als dem Interesse der Allgemeinheit[638].

Empirische Untersuchungen zeigen deutlich, daß die Meinung, der Staat vergeude Steuergelder, im Laufe der Jahre ständig zugenommen hat. Während 1974 noch 52 Prozent der Bevölkerung dieser Auffassung waren, betrugen die entsprechenden Werte 1978 schon 59 Prozent und 1987 sogar 70 Prozent[639].

Die genannten Zahlen lassen Rückschlüsse auf die Attitüden der Steuerzahler zu. Denn je mehr Steuerzahler das Gefühl haben, daß ihr eigener Beitrag zu den öffentlichen Ausgaben nicht nur für sie selber nicht mehr erlebbar[640], sondern auch für die gesamte Gemeinschaft nutzlos ist, desto widerwilliger werden sie ihren steuerlichen Pflichten Folge leisten.

(C) Haushaltspolitisches Verhalten des Staates in Krisenzeiten

Ein weiterer Faktor, der einen nicht zu unterschätzenden Einfluß auf die Steuermoral ausübt und mit einem gewissen "Lernpotential" für die Steuerzahler ausgestattet ist, ist das haushaltspolitische Verhalten des Staates in Krisenzeiten.

(I) Besondere historische Ereignisse

Das Mißtrauen der Bevölkerung gegen den staatlichen Steueranspruch kann generationenübergreifend seinen Ursprung in früheren Zeiten finden. Kreibich schildert beispielsweise die Einstellungsänderungen der Bürger zu ihrem Staat nach 1933[641]. Die Besteuerung erfolgte etwa ab diesem Zeitpunkt zwar formal dem Gesetz entsprechend, doch mißachtete sie zugleich das Gewissen und die Privatsphäre der Bürger. Die bürgerlichen Interessen an Rechtssicherheit und Rechtsfrieden fanden zusehends weniger Beachtung. Auf diese Weise erfuhr das bürgerliche Vertrauen in die Integrität der Staatsorgane schwere Schädigungen, was wiederum zu einer besonderen Sensibilität gegenüber allen Maßnahmen der Finanzverwaltung führte, die auch nur den Verdacht von Willkür nähren konnten.

---

637 *Tipke/Lang*, Steuerrecht, § 4, RN 60.
638 *Vogel*, DStJG 12 (1989), 128.
639 Allensbacher Jahrbuch, Band 9, 598.
640 Vgl. *Brandstätter*, Determinanten der Steuerhinterziehung: Ergebnisse der experimentellen Psychologie, in: Smekal/Theurl (Hrsg.), Stand und Entwicklung der Finanzpsychologie, 217.
641 *Kreibich*, Treu und Glauben, 12.

(II) Der heutige Steueralltag

In der heutigen Zeit ist man von derartigen Zuständen glücklicherweise weit entfernt. Ein Aspekt allerdings, der die Einstellung der Bürger zum Steuerwesen zur Zeit besonders prägt, ist der "unersättliche Staat". Schon seit Jahrzehnten wird von einer ständig angespannten Haushaltslage des Staates gesprochen, um weitere Steuererhöhungen zu rechtfertigen.

(1) Die Abgabenlast und ihr Einfluß auf die Steuerzahler

Die Gesamtbelastung der Steuerzahler stieg bislang, bis auf wenige kurzzeitige Unterbrechungen, stetig an. So erhöhte sich in Gesamtdeutschland die durchschnittliche Belastung der Bundesbürger mit Steuern und Sozialabgaben seit 1991 mit 41,4 Prozent um nahezu fünf Prozentpunkte auf 46,1 Prozent im Jahr 1995. Allein in dieser Zeit fanden 13 Steuererhöhungen statt. Die Belastungsquote lag im Vergleich dazu in der alten Bundesrepublik 1960 noch bei 27,4 Prozent und 1990 bei 40,4 Prozent[642].

Gegenteilige Beteuerungen von politischer Seite werden kaum noch wahrgenommen (ein Zeichen für eine besonders starke Erwartungshypothese), auch wenn sie - zumindest vorübergehend[643] - tatsächlich zutreffen sollten. Die Politik scheint in diesem Bereich keine Glaubwürdigkeit mehr zu besitzen. Verstärkt wird dieses Gefühl durch politische Auseinandersetzungen: Dem Geist der Zeit entsprechend werden immer wieder angekündigte Steuersenkungen zu beliebten politischen Streitobjekten. Gerade die finanziellen Folgen der deutschen Wiedervereinigung wurden beispielsweise von der Regierung so stark unterschätzt und dementsprechend dargestellt, daß die ständige Diskussion um die Abschaffung des Solidaritätszuschlags und die tatsächliche Nichtabschaffung zu immer weiteren Enttäuschungen bei den Bürgern führten.

---

642 Diese Zahlen legte der *Bund der Steuerzahler* nach einer Untersuchung des Karl-Bräuer-Instituts Ende Oktober 1995 vor. Sie beziehen sich auf eine arbeitnehmerorientierte Modellrechnung. Darin wird auch davon ausgegangen, daß die Durchschnittsbelastung in Deutschland bis zum Ende des Jahrtausends auf etwa 47 Prozent steigen wird. Bezöge man die Arbeitgeberbeiträge zur Sozialversicherung in die Berechnung ein, so ergäbe sich für 1995 eine Belastungsquote von 53,7 Prozent. Vgl. FAZ vom 25.10.1995. Vgl. zur Entwicklung des Steueraufkommens in Beziehung zum Bruttosozialprodukt und speziell zur Belastung der Arbeitnehmer mit der Lohnsteuer *Pleister*, LdR/StuFR, Stichwort "Steuerrechtsentwicklung in der BRD", 479 f.

643 Durch die Steuerentlastung aufgrund des Jahressteuergesetzes 1996 soll sich die Gesamtbelastungsquote auf 45,8 Prozent ermäßigen.

Die mittlerweile erreichte absolute Höhe der von staatlicher Seite beanspruchten Geldleistungen beeinflußt entscheidend die Akzeptanz der Steuern durch die Bürger und somit auch deren individuelle Steuerrechtfertigungssicht[644]. Die Finanzpsychologie[645] hat herausgefunden, daß in erster Linie die Höhe der Steuerlast für die Steuermoral von Relevanz ist. Allerdings wurde dieser Befund in die Richtung eingeschränkt, daß nur die "wahrgenommene" Steuerlast die Steuerzahlungswilligkeit beeinflussen kann. Die objektive steuerliche Belastung ist daher nicht von so großer Bedeutung, wenn es dem Staat gelingt, die Steuern möglichst unmerklich zu erheben. Fehlt die "Merklichkeit" der Belastung, fehlt es bei den Steuerpflichtigen an der gefühlsmäßigen Belästigung, so daß eine Beeinträchtigung des Steuerrechtsbewußtseins nicht zu befürchten steht[646]. So wird beispielsweise die Eigenart der Einkommensteuer als "merklichste" aller Steuern als Grund dafür genannt, daß es gerade in ihrem Bereich zu erheblichem Steuerwiderstand kommt[647].

Die von den Bürgern wahrgenommene Steuerlast wird zwar primär von der objektiven Steuerlast bestimmt, aber auch von einer Reihe von anderen Einflußfaktoren, die als Wahrnehmungsfilter wirksam sind[648]. Zu nennen sind etwa die technische Ausgestaltung der Steuer (persönlich, anonym), die Erhebungsart (direkt, indirekt), die Bezeichnung der Steuer[649], aber auch die materielle Lebenslage und Leistungsfähigkeit des Pflichtigen, seine Kenntnis der zu entrichtenden Steuern, der Informationsgrad über Staat, Fiskus und Finanzbehörden, sein individuelles Temperament und seine persönlichen Erfahrungen. Diese und andere Faktoren bestimmen, welchen subjektiven Eindruck der einzelne Bürger von der Höhe seiner Steuerbelastung hat[650]. Die tatsächliche Abgabenlast steht daher in

---

644 *Schmölders*, Finanzpsychologie, 121, sieht sogar einen Zusammenhang zu der Einstellung des Steuerpflichtigen zu seinem Staat, dem Staatsbürgerbewußtsein.

645 Vgl. *Weck-Hannemann/Pommerehne*, SZVS 1989, 551; *Schmölders*, HwStR I, 506.

646 *Schmölders*, HwStR I, 506.

647 *Tipke/Lang*, Steuerrecht, § 9, RN 4, die auch die weiteren Konsequenzen nennen, nämlich den erhöhten Verwaltungsaufwand, die durch Lobbyismus und steuerminimierende Gestaltungen gesunkene Gerechtigkeitsqualität und den Abstieg zur sog. "Dummensteuer".

648 *Schmölders*, Steuerlehre, 103 ff.

649 Zu der Wahl eines die Steuer verharmlosenden oder bagatellisierenden Namens, der das Steuerbelastungsgefühl von vornherein ausschaltet oder mit einem Appell an die Emotionalsphäre ablenkt (Beispiel: "Kohlepfennig"), vgl. *Schmölders*, Finanzpsychologie, 108; *Pommerehne/Weck-Hannemann*, ZWS 1992, 443 (insbes. FN 18); zur Akzeptanz auf Grund von Emotionalität allgemein: *Würtenberger*, Jurist und Staatsbewußtsein, 99; *Kindermann*, Gesetzessprache und Akzeptanz der Norm, in: Öhlinger (Hrsg.), Recht und Sprache, 67.

650 *Schmölders*, Finanzpsychologie, 107; *Mackscheidt*, Die Entwicklung der Kölner Schule der Finanzpsychologie, in: Smekal/Theurl (Hrsg.), Stand und Entwicklung der Finanzpsychologie, 52; *Engelhardt/Hegmann/Panther*, Fiskalillusion aus der Sicht der

Wechselwirkung[651] zu den Faktoren, die das Steuersystem prägen und den Erfahrungen und Reaktionen der Steuerpflichtigen. Ergebnis der inneren Befassung mit dem Thema Steuern ist das subjektive Belastungsgefühl der Steuerbürger, das je nach den Umständen unterschiedlich ausgeprägt sein kann. Das subjektive Belastungsgefühl stellt sich damit als das Bindeglied zwischen der tatsächlichen Steuerbelastung und der Steuermoral dar[652].

Darüber sollte allerdings der Umstand nicht vernachlässigt werden, daß die Abgabenhöhe - insbesondere dann, wenn sie konfiskatorische Ausmaße erreicht hat - auf den Steuerwiderstand und damit auch auf die Steuermoral und das Steuerrechtsbewußtsein einen maßgeblichen Einfluß ausübt[653]. Denn gerade das Zusammenspiel von hoher Abgabenlast und weitgehender Vernachlässigung ausschöpfbarer Steuerquellen (Beispiele: Kapitalerträge, Schattenwirtschaft) sorgt für eine ständige Präsenz des Belastungsgefühls[654]. Die politische Ohnmacht, viele Steuerquellen ungenutzt zu lassen, wird daher zu einem Auslöser des subjektiven Belastungsgefühls. Wie bereits bei der Schilderung der historischen Grundlagen des Steuerwiderstandes gezeigt, gibt es ausreichend Anschauungsmaterial, das belegt, daß auf starke Steuererhöhungen oder die Einführung neuer Steuern jeweils Phasen merklichen Steuerwiderstands oder offenen Steuerprotestes folgten[655]. Aus diesen Erfahrungen lassen sich allerdings keine Richtwerte errechnen, bei denen ein Steuerwiderstand einsetzen müßte. Denn es hat sich auch gezeigt, daß das Duldungspotential in gleicher Weise mit den immer stärker steigenden Abgaben anstieg. Eine feste Grenze, etwa ein "bis hierher und nicht weiter", gibt es nicht. Trotzdem kann festgehalten werden, daß mit zunehmender Steuerbelastung im allgemeinen der Steuerwiderstand wächst[656].

Neuen Institutionenökonomik, in: Smekal/Theurl (Hrsg.), Stand und Entwicklung der Finanzpsychologie, 134.

651 *Schmölders*, Finanzpsychologie, 120 f.

652 Ebd., 107.

653 Vgl. *Posser*, DStZ 1983, 155; *Mack*, DStR 1981, 23.

654 Vgl. Stellungnahme der *Deutschen Steuer-Gewerkschaft*, PROT. ÖFF. ANH. FINAUSSCHUß V. 22.11.1993, 306: "Steuererhöhungen - in welcher Form und mit welchem Etikett auch immer - selbst zur Finanzierung der Deutschen Einheit sind ein Ärgernis, solange noch nicht einmal der ernsthafte Versuch unternommen wird, die vorhandenen Steuerquellen auf der Grundlage der geltenden Steuergesetze in den Bundesländern Ost und West zu erschließen".

655 *Mackscheidt*, Die Entwicklung der Kölner Schule der Finanzpsychologie, in: Smekal/Theurl (Hrsg.), Stand und Entwicklung der Finanzpsychologie, 52.

656 Ebd., 53.

(2) Die Geldentwertung und ihr Einfluß auf die Steuerzahler

Ein Faktor, der die Abgabenhöhe nur mittelbar beeinflußt, aber für das Belastungsgefühl der Steuerzahler von Bedeutung ist, ist die Geldentwertung. Die insbesondere von der staatlichen Finanz- und Geldpolitik beeinflußte Kaufkraftminderung führt nicht nur zu einem Absinken des realen Lebensstandards[657]. Inflation kann auch als eine "kalte Progression" verstanden werden, die zu einer Steuermehrbelastung führt oder sogar als Enteignung[658] aufgefaßt wird, da sie in einer spezifischen Weise die Gläubiger geldwerter Ansprüche belastet[659]. Insbesondere bei der Besteuerung von Zinserträgen oder anderen Kapitaleinkünften habe der Staat daher die Entwertungsrate unter Durchbrechung des Nennwertprinzips zu berücksichtigen[660]. Bislang konnte diese Forderung allerdings nicht durchgesetzt werden. Weiterhin gilt das Nominalwertprinzip (Mark = Mark - Prinzip)[661]. Dieses Prinzip kann von den Bürgern jedoch als eine nicht-legitimierte und daher ungerechte öffentliche Einnahmenerzielung verstanden werden, auf die sie auf ihre Weise, durch Verheimlichung von zusätzlichen Einkommen reagieren könnten[662]. Der Reaktionsmechanismus ist einsichtig: je mehr die von der Geldentwertung betroffenen Realdaten von den Nominaldaten abweichen, desto größere Gerechtigkeitsdefizite werden sich für den Bürger offenbaren.

Tatsächlich hat sich mit Hilfe der empirischen Sozialforschung die These erhärten lassen, daß die Inflation einen Einfluß auf das Ausmaß an Steuerhinterziehung hat. Ebenso wie die Steuerbelastung gibt auch die Inflation Anlaß zu mehr Hinterziehung[663]. Damit scheinen sich beide Faktoren, die Abgabenlast und die Belastung durch Inflation, auch direkt auf das Steuerrechtsbewußtsein auszuwirken.

---

657 *Mack*, DStR 1981, 24.

658 *Tipke*, MDR 1995, 1177 (FN 2).

659 *Badura*, Handbuch des Verfassungsrechts, § 10, RN 43.

660 Zu den verfassungsrechtlichen Anspruchsgrundlagen vgl. *Badura*, Handbuch des Verfassungsrechts, § 10, RN 43 m. Nw.; *Papier*, AöR 98 (1973), 528 f.; *Papier*, Maunz-Dürig, Art. 14, RN 181 - 184; *Teufel*, Inflation und Steuerrecht, 105 ff.; *Spanner*, DStR 1975, 475; *K. Schmidt*, FS zum 125jährigen Bestehen der Juristischen Gesellschaft zu Berlin, 674 ff.; vgl. zur entsprechenden Rechtsprechung *Tipke*, Steuerrechtsordnung, 456 f. m. Nw.

661 Zum Nominalwertprinzip vgl. *Tipke*, Steuerrechtsordnung, 503 ff.; *K. Schmidt*, FS zum 125jährigen Bestehen der Juristischen Gesellschaft zu Berlin, 665 ff.

662 *Pommerehne/Weck-Hannemann*, ZWS 1992, 459.

663 *Weck-Hannemann/Pommerehne*, SZVS 1989, 548.

b. Das Vertrauen in eine rechtsstaatliche Steuererhebung

Die Steuererhebung ist Aufgabe der Finanzverwaltung. Die Finanzverwaltung ist Erstadressat der Steuergesetze[664] und hat die rechtsstaatliche Aufgabe, die Steuern nach Gesetz und Recht gleichmäßig festzusetzen und zu erheben. Hinter diesen, in den §§ 85, 88 Abs. 2 AO geregelten Auftrag hat das Fiskalinteresse, also das Interesse, die notwendigen Finanzmittel für das Staatswesen zu erlangen, zurückzutreten[665].

Auch der Bürger hat ein vitales Interesse an einer rechtsstaatlichen Steuererhebung. Es hat sich gezeigt, daß die Finanzverwaltung einen wesentlichen Beitrag zu der bürgerlichen Einschätzung der Steuerpflicht liefert[666]. Deutlich wurde dies beispielsweise bei einem Vergleich der Verwaltungen von Schweden und Italien. Hier war die Integrität (besonders die Nichtkorruptheit) der Verwaltung ein die Steuermoral wesentlich determinierender Faktor[667]. Daß auch in Deutschland ein derartiges Interesse besteht, zeigt ein Blick auf die Informationsbedürfnisse der Bürger: Kundenorientierte Medien berichten immer umfangreicher und detaillierter über das "Chaos im Finanzamt"[668] und geben Ratschläge für das Verhalten gegenüber Steuerbeamten.

(A) Das Besteuerungsverfahren

Die Art der Rechtsvermittlung, wie sie im Besteuerungsverfahren zum Ausdruck kommt, kann sich auf das Steuerrechtsbewußtsein der verfahrensbeteiligten Bürger und damit auf deren Steuermoral auswirken. Das Verfahren entscheidet nicht nur, in welchem Umfang und mit welcher Intensität ein Steuerpflichtiger durch den Staat in Anspruch genommen wird, sondern beeinflußt auch maßgeblich die Durchsetzbarkeit des Steuerrechts.

Adressatenbezogene Überlegungen sind dem Steuerrecht weitgehend fremd - im Rahmen der Steuergesetzgebung und der Steuerrechtsanwendung spielten sie bisher nahezu keine Rolle. Zwar wurden Überlegungen zu einer Erhöhung der Durchsetzungsquote von steuergesetzlichen Regelungen angestellt, doch geschah dies bislang fast ausschließlich von finanzwissenschaftlicher Seite. In diesen

---

664 *Kirchhof*, Finanzverwaltung und Grundgesetz, in: Vogelgesang (Hrsg.), Perspektiven der Finanzverwaltung, 20.

665 *Lang*, StuW 1992, 20.

666 Vgl. *Grunow/Hegner/Kaufmann*, VerwArch 66 (1975), 1 ff.

667 Vgl. *Tipke*, Gleichmäßigkeit der Steuerrechtsanwendung, in: Vogelgesang (Hrsg.), Perspektiven der Finanzverwaltung, 102.

668 Vgl. etwa Focus 25/1993, 122 ff.; DM 8/1995, 15.

Bereichen stehen unter anderen mit der Finanzsoziologie oder der Finanzpsychologie jene wissenschaftlichen Disziplinen bereit, die der Rechtswissenschaft zur Zeit im Steuerrecht noch zu fehlen scheinen.

Erkenntnisse aus diesen finanzwissenschaftlichen Bereichen wurden seitens der Gesetzgebung vor allem dazu eingesetzt, die Steuerbelastung für den Steuerbürger unmerklicher zu gestalten und somit den Ertrag zu erhöhen. Wie sogleich erörtert wird, galt es, möglichst solche Steuern zu bevorzugen, über deren Wirkung bei der Bevölkerung wenig bekannt ist[669], um auf diese Weise einen widerstandsfreien Gesetzesvollzug zu gewährleisten. Denn je größer das Unwissen, desto geringer der Steuerwiderstand. In kritischen Fachkreisen werden daher auch die finanzwissenschaftlichen Erkenntnisse für eine möglichst reibungslose Besteuerung als "Melkregeln" bezeichnet.

Im Bereiche der Rechtswissenschaft kommt erst allmählich ein Problembewußtsein auf. So weist beispielsweise *Hill*[670] auf die Notwendigkeit eines "Gesetzes-Marketings" hin, mit dem der Gesetzgeber seinen grundrechtlich begründeten Aufklärungs-, Auskunfts- und Belehrungspflichten nachkommen kann. Auch in der modernen staatstheoretischen Diskussion wird vielfach vertreten, daß Aufklärungs- und Informationspflichten, mithin Transparenz der gesetzgeberischen Entscheidungsfindung bereits aus dem Demokratieprinzip unmittelbar folgen[671]. Durch Informationen muß dem Bürger jener Kenntnis- und Wissensstand vermittelt werden, der erforderlich ist, um von seinen politischen Teilhaberechten und nicht zuletzt seinen Rechtsschutzmöglichkeiten in sachlicher Weise Gebrauch machen zu können[672]. Die so begründeten Aufklärungs- und Informationspflichten des Staates können daher nicht nur auf das Gesetzgebungsverfahren beschränkt werden. Sie reichen bis in das alltägliche Verwaltungsverfahren hinein, das der Umsetzung der Gesetze dient.

Aus diesem Grund werden vor allem im Verwaltungsrecht Bestrebungen laut, die der Einstellung der Rechtsbetroffenen im Rahmen von Verwaltungsentscheidungen mehr Berücksichtigung zumessen wollen. Schlagwörter wie Akzeptanz, Policy- oder Gesetzes-Marketing und Partizipation werden in diesem Zusammenhang genannt[673]. Unter dem Einfluß disziplinfremder Erkenntnisse wird sogar ein "Akzeptanz-Management"[674] entwickelt, das zu einer optimalen Durchsetzung des Verwaltungsrechts führen soll.

---

669 *Schmölders*, Finanzpsychologie, 101.

670 *Hill*, JZ 1988, 380.

671 Dazu *Stückrath*, Art. 146 GG: Verfassungsablösung zwischen Legalität und Legitimität (Typoskript), 129 ff.

672 *Würtenberger*, Die Akzeptanz von Verwaltungsentscheidungen, 81.

673 Vgl. *Hill*, JZ 1988, 378; *Stadler*, Begleitmaßnahmen anläßlich des Inkrafttretens von Gesetzen, in: Schäffer/Triffterer (Hrsg.), Rationalisierung der Gesetzgebung, 277 f.

Im folgenden sollen daher die im Rahmen der Gesetzgebung zu beachtenden, bislang noch nicht angesprochenen, verfahrensmäßigen Eigenheiten des steuerlichen Verfahrens gezeigt werden, die das **Besteuerungsverfahren** zur Zeit negativ prägen und damit auch als Faktoren angesehen werden müssen, die die Steuermoral maßgeblich beeinflussen. Denn durch eigene schlechte Erfahrungen und mit fortschreitender kritischer Aufklärung des Bürgers durch Medien, Verbände und Wissenschaft werden derartige Mängel zu einem subjektiven Ärgernis, das die persönliche Einstellung des Steuerpflichtigen zu seiner Pflicht und damit dem gesamten Staatswesen prägen kann[675].

(I) Information der Steuerzahler

Das Besteuerungsverfahren beginnt bereits mit der Information der Steuerzahler über ihre Rechte und Pflichten. Durch ausreichende Informationen kann präventiv einem Akzeptanzdefizit vorgebeugt werden. Die Besteuerungspraxis berücksichtigt diese Möglichkeit, Hilflosigkeitsgefühlen und Unverständnis seitens der Steuerzahler zuvorzukommen, vielfach nicht: Selbst ausreichende Informationen darüber, wie man seine Steuererklärung abzugeben hat, werden vermißt[676], obwohl der Staat gerade in diesem Bereich auf die Mitwirkung des Steuerpflichtigen angewiesen ist[677]. Anschaulich ist hier beispielsweise die Meinung der Bewohner der Neuen Bundesländer, die sich noch nicht an die bundesdeutschen Steuerverhältnisse gewöhnen konnten. Diese vermißten im November 1990, also zu einem Zeitpunkt, als ihre erste Steuererklärung bevorstand, zu 49 % derartige Informationen[678]. Dieser der Bevölkerung wichtige Aspekte der Steuererhebung wird in der Besteuerungspraxis weitgehend vernachlässigt.

---

674 *Würtenberger*, Die Akzeptanz von Verwaltungsentscheidungen, 73 ff.

675 Vgl. zu den Zusammenhängen von steuerlichen Erlebnissen und der Aufnahmebereitschaft von Reformen die Erklärung durch die sog. Hypothesentheorie der sozialen Wahrnehmung unten D. V. 3. d. (B).

676 *Tipke*, Steuerrechtsordnung, 1202.

677 Ganz besonders mißlich wird dieses Informationsdefizit, wenn in den amtlichen Broschüren, die zusammen mit den Lohnsteuerkarten für das Jahr 1996 verschickt werden, überholte Angaben zum maßgeblichen Steuerrecht gemacht werden. Rund 30 Millionen Bundesbürger werden auf diese Weise, anstatt über die Neuregelungen beim Kindergeld und beim Kinderfreibetrag, über den alten Rechtsstand informiert. Desinformation und Verwirrung wird aufgrund einer hektischen Gesetzgebungspraxis offenbar weiterhin billigend in Kauf genommen.

678 Allensbacher Jahrbuch, Band 9, 347; auch das Bundesverfassungsgericht bleibt von den Auswirkungen des "unverstandenen Steuerrechts" nicht unberührt, vgl. *Kirchhof* in einem Interview in Focus, 10/1996, 96: "Wir erleben es ja immer wieder, wie schwierig es ist, den Menschen in den neuen Bundesländern die Belastungsgleichheit im Einkommensteuerrecht zu erklären".

(II) Die Erhebungsart

Eine bekannte und gern geübte Möglichkeit, den Widerstand der Steuerzahler zu überwinden, ist die indirekte Erhebung von Steuern. Indirekte Steuern, wie zum Beispiel die Umsatzsteuer in der Form der Mehrwertsteuer[679], werden vom Steuerpflichtigen über den Preis bezahlt, den er für ein bestimmtes Produkt oder eine Dienstleistung bezahlen muß. Daher sind indirekte Steuern unmerklich[680] und - vor allem ihrer absoluten Höhe nach - für den Bürger auf den ersten Blick weitgehend nicht erkennbar und verleiten ihn somit, steuerliche Überlegungen zu unterlassen. Welcher Verbraucher denkt beispielsweise beim Kauf von Sekt, Branntwein, Bier, Kaffee oder bei Wettspielen an eine Abgabe[681]? Dieser Kunstgriff kann indes nur dann Erfolg versprechen, wenn die breiten Verbraucherschichten eine weitgehende Unkenntnis über Vorhandensein, Art und vor allem Höhe[682] der unmerklichen Steuern haben. Bislang konnte man davon ausgehen, daß dies noch der Fall war[683]. Doch soweit der Bevölkerung durch die vielfältigen Erkenntnismöglichkeiten der Informationsgesellschaft bewußt gemacht wird, daß alle indirekten Steuern nicht nur dem Akzeptanzgedanken widersprechen[684], sondern auch - zumindest die besonderen Verbrauchsteuern[685] - ungerecht[686] und von

679 *Tipke*, Steuerrechtsordnung, 893.

680 *Lang*, Entwurf eines Steuergesetzbuchs, 104.

681 Vgl. dazu die Auflistung der Steuern und steuerähnlichen Abgaben in: Stellungnahme des *Bundes der Steuerzahler*, PROT. ÖFF. ANH. FINAUSSCHUß V. 9.3.1994, 84 f.

682 *Schmölders*, Finanzpsychologie, 112 f. fand heraus, daß gerade in diesem Bereich das Belastungsgefühl wesentlich von der Informiertheit abhängig ist. Nach seinen Forschungsergebnissen haben die Steuerzahler nur ein vages Wissen darüber, daß es Verbrauchsteuern gibt. Sie haber aber keinerlei Vorstellung darüber, wie hoch ihre tatsächlichen Belastungen durch indirekte Verbrauchsteuern sind.

683 Vgl. *Schmölders*, Finanzpsychologie, 100.

684 Die indirekten Steuern werden nicht akzeptiert, sondern praktisch negligiert. Akzeptanz setzt vollständige Information und präsente Kenntnis voraus. Daß letztere bei den meisten Steuerzahlern fehlt, macht gerade den Erfolg der indirekten Steuern aus.

685 *Tipke*, Steuerrechtsordnung, 902, stellt der heutigen Umsatzsteuer ein weitgehend positives Zeugnis aus.; vgl. auch *Lang*, Entwurf eines Steuergesetzbuches, 196 ff.; Die besonderen Verbrauchssteuern (wie z.B. die noch existente Kaffeesteuer, die Alkoholsteuern, die Tabaksteuer und vor allem die Mineralölsteuer) sind dagegen ungerecht, da sie willkürlich geschaffen wurden. *Tipke*, Steuerrechtsordnung, 962. Ob die von *Tipke*, Steuerrechtsordnung, 1006, angesprochene lenkungspolitische Aufgabe mancher Steuern daran etwas ändern könnte, scheint fraglich, denn gerade derartige Sozialzwecknormen werden immer öfter als Fremdkörper im Steuerrecht empfunden. Der moderne Staat hat jedenfalls einfachere Mittel zur Verfügung, lenkungspolitisch aktiv zu werden.

686 Vgl. etwa die vielen Fälle einer "Steuerhäufung", die denselben Vorgang oder denselben Gegenstand mehrfach besteuert, *Schmölders*, HwStR II, "System der Steuern", 1400.

regressiver Belastungswirkung sind, wird sich auch hier ein merklicher Steuerwiderstand zeigen.

Dies umso mehr, als die Gesamtbelastung der Bürger Ausmaße annimmt, die zu kritischer Betrachtung Anlaß geben. Zwar wird es dabei kaum zu einem Konsumverzicht im klassischen Sinne kommen, doch wird sich auch hier ein Übergreifen auf diejenigen Bereiche nicht ausschließen lassen, die der Disposition der Steuerpflichtigen leichter zugänglich sind. Dies sind dann vor allem die auf die Mithilfe der Steuerpflichtigen angewiesenen direkten Steuern, wie zum Beispiel die Einkommensteuer. Ihre psychologische Fundierung hat eine solchermaßen begründete Protestbewegung in der Ungewißheit der Verbraucher, die nicht genau wissen, wieviel Geld der Staat ihnen auf diese Weise abverlangt. Die Methode, indirekte Steuern zu bevorzugen, sorgt nicht so sehr für die von staatlicher Seite erhoffte Sorglosigkeit, sondern vielmehr für Mißtrauen gegenüber dem Staat, der es anscheinend nötig hat, sich auf eine so "zwielichtige Weise"[687] zu bereichern.

Die soeben aufgezeigte Entwicklung scheint eine Konsequenz der bisherigen Nichtbeachtung des Steuerzahlers im Rahmen der Steuergesetzgebung zu sein. Denn schon *Schmölders* erkannte, daß der Steuerpolitiker um so mehr von Rücksichtnahmen auf das Gerechtigkeitsempfinden der Wähler und Steuerzahler dispensiert wird, je mehr indirekte Steuern bestehen, an die sich die Bevölkerung seit langem gewöhnt hat[688]. Es ist also wenig verwunderlich, wenn auf dem Gebiet der indirekten Steuern ein erheblicher Reformbedarf festgestellt wird.

Derzeit wird etwa die Hälfte des Steueraufkommens aus indirekten Steuern erzielt[689]. Die "ehrlichere" Lösung, alle Steuern direkt einzutreiben, scheint zur Zeit noch utopisch zu sein. Es ist anerkannt, daß eine Verlagerung hin zu direkten Steuern, also solchen, die dem Bürger direkt abverlangt werden, die Ablehnung durch die Bürger steigert[690], da sie das wahre Ausmaß der steuerlichen Belastung aufdecken würde und damit mit einem noch größeren Steuerwiderstand zu rechnen sein wird. Akzeptanz allein durch mehr Transparenz ist also nicht zu erwarten.

---

687 *Schmölders*, Finanzpsychologie, 113.

688 Ebd., 100.

689 Vgl. *Pleister*, LdR/StuFR, Stichwort "Steuerrechtsentwicklung in der BRD", 480, der für 1990 den direkten Steuern einen Anteil von 51,63 % am Gesamtaufkommen zuschreibt.

690 *Mack*, DStR 1981, 23f.; *Tipke*, Steuerrechtsordnung, 931; dementsprechend hält *Lang*, Entwurf eines Steuergesetzbuchs, 104, indirekte Steuern für "effektiv verwaltbar".

(III) Die Mitwirkungspflichten

Bereits bei der Erstellung eines Steuergesetzes muß sich der Gesetzgeber darüber Gedanken machen, wie und in welcher Form er die Gesetzesadressaten belasten möchte. Neben der eigentlichen Steuerpflicht sind in der Regel noch verschiedene Mitwirkungspflichten des Steuerpflichtigen, aber auch Dritter, zu normieren. Obwohl deren konkrete Ausgestaltung weitgehend der Exekutive überlassen bleibt, böten sich schon bei der Gesetzgebung Möglichkeiten, dem Bürger entgegenzukommen.

(1) Belastungen für die Unternehmen

Im Bereich der Steuerverwaltung ist seit langer Zeit ein Phänomen zu beobachten, das im Wirtschaftsbereich unter dem Begriff des "outsourcing" bekannt ist. Gemeint ist damit die Auslagerung von eigenen Aufgaben auf externe Stellen. Fast jedes gewerbliche Unternehmen muß für den Staat als Steuereintreiber tätig werden, sei es nun im Bereich der Umsatzsteuern oder der Zölle[691]. Vor allem als Arbeitgeber haben die Unternehmen Besteuerungsaufgaben des Staates zu übernehmen. Jüngstes Beispiel dafür ist die neue Kindergeld-Auszahlungsverordnung. Nachdem sich Bund und Länder nicht auf eine einheitliche Lösung der Auszahlung durch die Finanzämter einigen konnten, wurde ein Großteil der Besteuerungsarbeit ohne jegliche Kostenerstattung auf die Arbeitgeber abgewälzt.

Die Konsequenz einer solchen Steuerpolitik ist nicht nur, daß der Verstaatlichung der Gesellschaft[692] weiter Vorschub geleistet wird, sondern auch, daß aufgrund der vielfältigen Erklärungspflichten die Unternehmen eigens spezielle Mitarbeiter beschäftigen müssen. Dies führt zu weiteren fiskalisch bedingten Belastungen, die die Produktivität der Privatunternehmen erheblich schmälern können[693]. Besonders hart betroffen sind jene, vor allem mittelständischen, Unternehmen, die sich die Einstellung einer speziellen Steuerverwaltungskraft nicht leisten können und ihrerseits diese Aufgaben auf Dritte, wie zum Beispiel Steuerberater, übertragen müssen[694]. Diese Unternehmen haben lediglich die Kosten zu tragen,

---

691 Vgl. *Franke*, Steuerpolitik in der Demokratie, 254, der auch das Abwälzen von Steuererhebungskosten auf andere Verwaltungszweige, wie etwa bei der Wechselsteuer auf die Postämter, erwähnt.

692 Vgl. *Czybulka*, Die Verwaltung 1993, 30.

693 Die direkten Folgekosten der Steuererhebung für die privaten Haushalte und Unternehmen wurden bereits 1987 auf mindestens 74 Milliarden DM pro Jahr veranschlagt, die Zusatzlasten auf 50 bis 95 Milliarden DM, vgl. *Franke*, Steuerpolitik in der Demokratie, 255 m.w.N.

694 Voraussetzung ist allerdings, daß sie keine Befreiung von dieser Steuerpflicht aufgrund ihrer geringen Größe (Mitarbeiterzahl über 50) erlangen.

ohne selbst zumindest die ideelle Genugtuung empfinden zu können, etwas für ihre Arbeitnehmer getan zu haben. Es ist ersichtlich, daß solche Zustände wenig dazu beitragen, die Steuerzahlungswilligkeit der Unternehmer zu erhöhen.

(2) Die Steuerformulare

Möchte der Steuerzahler seinen Mitwirkungspflichten entsprechen, muß er die - zumeist von der Finanzverwaltung zur Verfügung gestellten[695] - Formulare mitunter massenweise[696] ausfüllen. Diese sind zum Großteil für die meisten Steuerzahler nicht verständlich. Denn auch die Steuererklärungsformulare werden ohne Rücksicht auf die Steuerbürger konzipiert[697]. So wird dem Steuerzahler beispielsweise seine Erklärung dadurch erschwert, daß die Formulare mit Bearbeitungsfeldern und Kennziffern der Finanzverwaltung versehen sind, daß der Verwaltungsteil mit dem Steuerzahlerteil vermischt wird, daß die Texte und Kennziffern verwirrend angeordnet sind oder daß durch den Einsatz von Farben und Rastern kaum eine Ordnung erkennbar ist. Des weiteren wird bemängelt, daß unnötige Angaben verlangt werden und vor allem, daß die Formulare nicht bundeseinheitlich gestaltet sind[698]. Die unterschiedliche - nach Bundesland variierende - Gestaltung der Vordrucke erschwert den arbeitserleichternden Einsatz der elektronischen Datenverarbeitung vor allem für bundesweit tätige Unternehmen[699].

Besonders ärgerlich ist der Formularmißstand für Arbeitnehmer, die sich im Rahmen ihres Lohnsteuerjahresausgleichs zuviel gezahlte Steuern zurückholen wollen. Aus der Unverständlichkeit sowohl der steuerlichen Regelungen[700] wie auch der Formulare verbleiben dem Fiskus Steuereinnahmen, da sich nicht wenige Steuerzahler durch die Aufgabe, die Formulare ausfüllen zu müssen, überfordert fühlen. Der Staat erzielt auf diese Weise ungerechtfertigte, vom parlamentarischen Gesetzgeber nicht vorgesehene Mehreinnahmen.

Um die Entscheidungen des Finanzamtes besser verstehen und mit den eigenen Erklärungen der Steuerzahler schneller abgleichen zu können, sollte schließlich auch der Steuerbescheid in Anlehnung an die Erklärungsformulare gestaltet werden[701].

---

695 Selbst erstellte EDV-Formulare sind nur nach einem aufwendigen Genehmigungsverfahren zulässig.

696 Vgl. die Auflistung der 71 gängigsten Steuerformulare in: Stellungnahme des *Bundes der Steuerzahler*, PROT. ÖFF. ANH. FINAUSSCHUß V. 9.3.1994, 90 ff.

697 *Haubrichs*, FS Schmölders, 20.

698 Stellungnahme des *Bundes der Steuerzahler*, PROT. ÖFF. ANH. FINAUSSCHUß V. 9.3.1994, 95.

699 Stellungnahme der Wirtschaftsverbände, PROT. ÖFF. ANH. FINAUSSCHUß V. 9.3.1994, 123.

700 *Schelle*, FS Schmölders, 60.

(IV) Die fehlende konkrete Gegenleistung

Der Gegenleistungsgedanke beherrscht noch immer das Bewußtsein der meisten Steuerschuldner. So stellt die Finanzpsychologie insbesondere das Fehlen eines der Zahlung entsprechenden Zuwachses an Popularität oder sozialer Geltung heraus, der sonst bei einseitigen Zahlungen den Zahlenden "entlohnt". Die Steuerzahlung vermittelt kein Sozialprestige[702]. Auch andere Gegenleistungen werden vermißt. Es stellt sich zu oft die ökonomische Sinnfrage für den Steuerzahler, da er nicht ausreichend zu Überlegungen über die vielfältigen Aufgaben eines Sozial- und Rechtsstaates veranlaßt wird, sondern sich nur dem Forderungsverlangen des Staates ausgesetzt sieht.

(B) Rechtsstaatliche Defizite im Steuerrechtsvollzug

Die Steuerverwaltung befindet sich in einer tiefen Krise[703]. Ihre Arbeits- und Personallage hat sich seit Jahren ständig verschlechtert. Die Erledigungsquoten sind beispielsweise bei den Veranlagungssteuern seit mehreren Jahren rückläufig. Der Bundesrechnungshof nennt dazu folgende Zahlen: 1985 lag die Erledigungsquote (d.h. die Zahl der jährlich erledigten Fälle in v.H. der Gesamtzahl der Fälle) der Einkommensteuerfälle/Lohnsteuerjahresausgleichsfälle bei 84,4 Prozent. Im Veranlagungszeitraum 1990 ist sie auf 75,3 Prozent gesunken[704]. Es wird befürchtet, daß sich diese Entwicklung fortsetzt[705].

Diese Verhältnisse haben auch Auswirkungen auf Recht und Rechtsbewußtsein der Bevölkerung: Die Steuergesetze können immer seltener ordnungsgemäß vollzogen werden[706], da die großen Arbeitsmengen innerhalb eines bestimmten Zeitrahmens "irgendwie" bewältigt werden müssen[707]. Nicht nur die

---

701 Stellungnahme des *Bundes der Steuerzahler*, PROT. ÖFF. ANH. FINAUSSCHUß V. 9.3.1994, 80.

702 *Schmölders*, Finanzpsychologie, 116.

703 Vgl. auch *Mack*, DStR 1981, 25 ff.; zum Verhältnis Steuerzahler - Finanzamt die empirische Untersuchung von *Grunow/Hegner/Kaufmann*, VwA 66 (1975), 1 ff.

704 Vgl. Stellungnahme des *Bundesrechnungshofes*, PROT. ÖFF. ANH. FINAUSSCHUß V. 22.11.1993, 358. Eine vergleichbare Entwicklung soll sich auch bei den anderen Veranlagungssteuern zeigen. So betrug die Erledigungsquote der Körperschaftsteuerfälle in Hessen im Veranlagungszeitraum 1986 noch 57 Prozent, während sie im Veranlagungszeitraum 1992 nur noch bei 39 Prozent lag.

705 Stellungnahme des SV *Altehoefer*, PROT. ÖFF. ANH. FINAUSSCHUß V. 22.11.1993, 116.

706 Vgl. Stellungnahme des *Bundesrechnungshofes*, PROT. ÖFF. ANH. FINAUSSCHUß V. 22.11.1993, 349.

707 Stellungnahme des *Bundesrechnungshofes*, PROT. ÖFF. ANH. FINAUSSCHUß V. 22.11.1993, 357 f.; *Tipke*, Steuerrechtsordnung, 1219.

verfassungsrechtlich gebotene strenge Bindung der Steuerverwaltung an das Gesetz, die ein Ermessen der Verwaltung bei der Verwirklichung des Steuergesetzes ausschließt[708], droht auf diese Weise aufzuweichen. Auch von einer gleichmäßigen Besteuerung kann angesichts der "abnehmenden Arbeitsgüte"[709] keine Rede mehr sein. Insgesamt schaffen die Rechtsanwendungs- und Rechtsdurchsetzungsprobleme, mit denen sich die Steuerverwaltung auseinanderzusetzen hat, in ihrer Kumulation verfassungsrechtlich unhaltbare Zustände: Das mit Verfassungsrang ausgestattete Prinzip der steuerlichen Lastengleichheit wird in großen Zügen verletzt. Die Schere zwischen den gesetzlichen Aufgaben der Finanzverwaltung und ihrer personellen und sachlichen Ausstattung öffnet sich immer weiter[710]. Mittlerweile wird deshalb allgemein davor gewarnt, daß die heutige Besteuerungspraxis "den Keim der Verfassungswidrigkeit" in sich trage[711].

Die Vollzugsdefizite verursachen haushaltstechnisch betrachtet erhebliche Steuerausfälle[712], die den Staat gerade in Zeiten knapper Kassen besonders treffen. Um dieser Entwicklung entgegenzuwirken sieht sich die Finanzverwaltung daher mitunter veranlaßt, bestimmte Regelungen im profiskalischen Sinne bei sämtlichen Gerichten und Senaten bis zur Neige auszureizen[713]. Im einzelnen werden vor allem folgende Gründe für die Vollzugsdefizite genannt:

(I) Überlastung der Steuerverwaltung

Die Finanzämter sehen sich aufgrund der ständig zunehmenden Fallzahlen bei stagnierender Personalzahl[714] einem stetig wachsenden Arbeitspensum ausgesetzt[715]. Die höhere Arbeitsbelastung trifft auf eine nur unzureichend

---

708 Vgl. *Vogel*, HbStaatsR, Band IV, § 87, RN 72.

709 Stellungnahme des *Bundesrechnungshofes*, PROT. ÖFF. ANH. FINAUSSCHUß V. 22.11.1993, 357.

710 Stellungnahme der *Deutschen Steuer-Gewerkschaft*, PROT. ÖFF. ANH. FINAUSSCHUß V. 22.11.1993, 298; vgl. auch *Tipke*, Steuerrechtsordnung, 1218 ff. m. Nw.

711 Stellungnahme der *Deutschen Steuer-Gewerkschaft*, PROT. ÖFF. ANH. FINAUSSCHUß V. 22.11.1993, 299.

712 Stellungnahme des *Bundesrechnungshofes*, PROT. ÖFF. ANH. FINAUSSCHUß V. 22.11.1993, 356 f. Die Steuerausfälle werden auf bis zu 140 Milliarden DM pro Jahr geschätzt.

713 *Franke*, Steuerpolitik in der Demokratie, 252 f. mit Verweis auf *von Borries*.

714 Stellungnahme des SV *Altehoefer*, PROT. ÖFF. ANH. FINAUSSCHUß V. 22.11.1993, 122ff.: Für den Oberfinanzbezirk Freiburg ist die Personalausstattung sogar über einen Zeitraum von 10 Jahren (1983 - 1992) unverändert geblieben. Die Deutsche Steuer-Gewerkschaft schätzt, daß in den alten Bundesländern mindestens 25.000 Beschäftigte fehlen, vgl. Stellungnahme der *Deutschen Steuer-Gewerkschaft*, PROT. ÖFF. ANH. FINAUSSCHUß V. 22.11.1993, 301 f.

715 Vgl. etwa Stellungnahme des SV *Altehoefer*, PROT. ÖFF. ANH. FINAUSSCHUß V.

ausgestattete Steuerverwaltung[716]. Rückstände und überlastete Beschäftigte[717], die durch das "Durchpeitschen" der Massenarbeit die Erledigungsstatistik zu erfüllen versuchen[718], sind die Folge. Die Steuerverwaltung kann daher steuererhebliche Sachverhalte nicht so intensiv und zeitaufwendig aufklären, wie es an sich wünschenswert wäre; der "maßvolle Gesetzesvollzug" mußte eingeführt werden[719]. Die Effizienz der Steuerverwaltung wäre ansonsten schnell verloren gegangen, es hätte sogar zu einem finanziellen Staatsnotstand kommen können[720]. Bereits zuvor ergingen 87 Prozent der Einspruchserledigungen ohne förmliche Entscheidung. Viele Steuerbescheide mußten wegen offenbarer Unrichtigkeit korrigiert werden - ein Zeichen für den Qualitätsverlust des Verwaltungshandelns[721].

(II) Schwierigkeitsgrad der Einzelfälle

Weitere Vollzugsdefizite ergeben sich durch die komplizierten Lebenssachverhalte, die die Steuerverwaltung zu ermitteln hat, und die durch das derzeitige Steuerrecht herausgeforderte Gestaltungsvielfalt[722]. Die immer komplexere und

---

22.11.1993, 117 f.: "Die Fallzahlen der wichtigsten Steuerarten sind in Baden-Württemberg von 1980 bis 1992 um bis zu 100 % gestiegen. ... Eine wesentliche Ursache für diesen Anstieg sind gesetzgeberische Maßnahmen... Die Fälle ... sind wegen der wirtschaftlichen Entwicklung sowie der Vielzahl der Gesetzesänderungen und Übergangsregelungen umfangreicher, komplexer und insgesamt bearbeitungsaufwendiger geworden". Vgl. auch *Riempp*, Entwicklungslinien der Finanzverwaltung aus der Sicht des Verwaltungspraktikers, in: Vogelgesang (Hrsg.), Perspektiven der Finanzverwaltung, 28 ff.

716 Vgl. Stellungnahme der *Deutschen Steuer-Gewerkschaft*, PROT. ÖFF. ANH. FINAUSSCHUß V. 22.11.1993, 304: "Die Beschäftigten der Finanzverwaltung werden über Steuerrechtsänderungen nicht oder nur unzureichend informiert. Sie sind gezwungen, auf eigene Kosten Informationsmaterial zu beschaffen, so etwa den "Ratgeber zur Einkommensteuer", den die Sparkassen alljährlich neu auflegen".

717 Dies und die aus der allgemeinen Steuerrechtslage entstehende Demotivation führte in den vergangenen Jahren innerhalb des Verwaltungspersonals zu einer "Abwanderungswelle", vgl. Stellungnahme des SV *Faulhaber*, PROT. ÖFF. ANH. FINAUSSCHUß V. 22.11.1993, 157; Stellungnahme des SV *Albrod*, PROT. ÖFF. ANH. FINAUSSCHUß V. 22.11.1993, 279 f.

718 Vgl. *Tipke*, Steuerrechtsordnung, 1219 m. Nw.

719 Der "maßvolle Gesetzesvollzug" kennzeichnet sich dadurch, daß die Finanzämter zur Arbeitsbeschleunigung in erheblichem Umfang auf notwendige Sachverhaltsermittlungen und Beanstandungen der Steuererklärungen verzichten. Die Eignung dieser "Entlastungsmaßnahme" ist allerdings umstritten. Vgl. Stellungnahme des *Bundesrechnungshofes*, PROT. ÖFF. ANH. FINAUSSCHUß V. 22.11.1993, 358.

720 *Tipke*, Gleichmäßigkeit der Steuerrechtsanwendung, in: Vogelgesang (Hrsg.), Perspektiven der Finanzverwaltung, 98.

721 *Franke*, Steuerpolitik in der Demokratie, 263 f.

722 Stellungnahme des SV *Altehoefer*, PROT. ÖFF. ANH. FINAUSSCHUß V. 22.11.1993, 118 f. mit Beispielen.

umfangreichere Sachverhaltsermittlung belastet die Steuerverwaltung erheblich. Sie kostet viel Zeit und ist oft genug Anlaß zu heftigen Auseinandersetzungen.

Hinzu kommt die Kompliziertheit des Steuerrechts, die als der Hauptgrund der kritischen Lage der Steuerverwaltung angesehen wird[723]. Mittlerweile sind die Mitarbeiter in den Finanzämtern kaum noch in der Lage, das Steuerrecht in seiner Gesamtheit richtig anzuwenden, weil die stetig wachsende Komplexität und die ständigen Änderungen den Arbeitsaufwand extrem erhöhen[724]. Zudem werden die notwendigen Anwendungsvorschriften bei Gesetzesänderungen immer seltener rechtzeitig zur Verfügung gestellt, erfordern lange Umstellungsfristen und erhöhen den ständigen Fortbildungsbedarf, was durch die umstellungsbedingte Bindung von Personal zu Verzögerungen in der Verwaltung führt[725]. Eine zeitnahe Besteuerung nach geltendem Recht wird daher immer öfter - auch von den einzelnen Sachbearbeitern - vermißt[726].

(III) Verändertes Verhalten der Steuerzahler

Die Steuerzahler treten zunehmend in eine aktivere Kommunikation mit den Steuerverwaltungsbehörden ein. Ein erhöhter Auskunfts- und Beratungsaufwand, der auf der zunehmend kritischen Einstellung der Bürger beruht, wird festgestellt. Zudem erweist sich der Bürger als "kämpferischer", was die Verwaltung an dem wachsenden Steuerwiderstand spürt[727]. Gerade diese Entwicklung, die von der Steuerverwaltung als besonders lästig empfunden wird, könnte allerdings in Zukunft zu einem Abbau der Vollzugsdefizite führen. Denn das hierin zum Ausdruck kommende kollektive Rechtsbewußtsein muß von Verwaltung und Gesetzgebung bewältigt und umgesetzt werden, wenn sie ernsthaft ihre gesetzlichen Aufgaben fortführen wollen[728].

---

723 Stellungnahme des SV *Altehoefer*, PROT. ÖFF. ANH. FINAUSSCHUß V. 22.11.1993, 121. Auf die Kompliziertheit des Steuerrechts und die Problematik der Feststellung des maßgeblichen Rechts wird unten D. V. 3. noch ausführlich eingegangen.

724 Stellungnahme des SV *Altehoefer*, PROT. ÖFF. ANH. FINAUSSCHUß V. 22.11.1993, 119.

725 Stellungnahme des SV *Altehoefer*, PROT. ÖFF. ANH. FINAUSSCHUß V. 22.11.1993, 120 f., der zusätzlich den Änderungsbedarf bei EDV-Verfahren und bei Vordrucken nennt, aber auch die Schwierigkeit, verläßliche Auskünfte zu erteilen.

726 Vgl. etwa Stellungnahme des SV *Faulhaber*, PROT. ÖFF. ANH. FINAUSSCHUß V. 22.11.1993, 156.

727 Stellungnahme des SV *Altehoefer*, PROT. ÖFF. ANH. FINAUSSCHUß V. 22.11.1993, 121.

728 Vgl. *Würtenberger*, Zeitgeist und Recht, 155 f.

(C) Bewußtseinsänderungen bei den Steuerzahlern

Die Krise der Steuerverwaltung wird von der Bevölkerung durchaus wahrgenommen. Die Überlastung der Steuerverwaltung macht sich für den Steuerzahler in erster Linie an den langen Bearbeitungszeiten bemerkbar. Da die Steuerpflichtigen aber immer weniger bereit sind, die länger werdenden Bearbeitungszeiten hinzunehmen[729], wächst der Druck auf die Mitarbeiter der Finanzämter. Unterlaufen der Steuerverwaltung in einem solchen Umfeld Fehler, finden sich die Steuerpflichtigen in ihrem Vertrauen auf den Rechtsstaat enttäuscht. Ähnliches ist anzunehmen, wenn die Steuerpflichtigen miterleben, daß die Steuerverwaltung im Rahmen eines "maßvollen Gesetzesvollzugs"[730] immer öfter beide Augen zudrückt und der Steuerhinterziehung so Tür und Tor geöffnet werden. Es ist mittlerweile gängige Praxis, daß die Angaben der Steuerpflichtigen in der Steuererklärung regelmäßig ungeprüft und unverändert in die Veranlagung übernommen werden[731]. Das Gefühl, einem anonymen Apparat hilflos ausgeliefert zu sein, macht sich breit[732]. Denn wo weder das Gesetz streng befolgt wird, noch Zeit oder Wille für persönliche Kontakte vorhanden sind, entzieht sich die Steuerverwaltung der bürgerlichen Anteilnahme. So befürchtet auch mittlerweile die Steuerverwaltung selbst, daß die Sachbearbeiter die Steuerpflichtigen nur noch "verwalten"[733].

Die Steuerpflichtigen nehmen zudem die Distanz der staatlichen Kontrollmechanismen wahr. Je öfter die Finanzämter aufgrund ihrer Überlastung versteckte Hinterziehungsversuche nicht aufdecken und je mehr der Einzelne über die chaotischen Zustände in den Finanzämtern erfährt, desto eher wird er bereit sein, mehr Steuern zu hinterziehen. Denn dann wird er der weitgehenden Sanktionslosigkeit von Steuerhinterziehung gewahr. Der Steuerbürger wird sich dabei umso eher von seinen (hohen) Hinterziehungschancen verführen lassen, je größer seine Unzufriedenheit mit dem heutigen Steuerwesen ist. Der Steuerpflichtige wird daher durch eine überlastete Steuerverwaltung nicht nur sein Vertrauen in den Rechtsstaat verlieren, sondern zugleich auch dessen Autorität und die Wirksamkeit der staatlichen Steuerkontrollen anzweifeln. Er wird letztendlich zur Disobödienz verleitet.

---

729 Stellungnahme des *Bundesrechnungshofes*, PROT. ÖFF. ANH. FINAUSSCHUß V. 22.11.1993, 363.

730 Stellungnahme des SV *Faulhaber*, PROT. ÖFF. ANH. FINAUSSCHUß V. 22.11.1993, 156.

731 Stellungnahme der *Deutschen Steuer-Gewerkschaft*, PROT. ÖFF. ANH. FINAUSSCHUß V. 22.11.1993, 305.

732 *Schelle*, FS Schmölders, 62.

733 Stellungnahme des SV *Faulhaber*, PROT. ÖFF. ANH. FINAUSSCHUß V. 22.11.1993, 154.

Aber auch wenn der einzelne Steuerzahler nicht zu einer Steuerhinterziehung "im großen Stil" verleitet werden sollte, so wird er sich doch an die "großzügige" Prüfungspraxis der Finanzämter gewöhnen und dies künftig jedes Jahr erwarten[734].

Durch diese Umstände erfährt das Rechtsbewußtsein ebenso negative Impulse wie das Staatsbewußtsein der Steuerzahler. Denn beide, Steuerzahler und Finanzamt, wissen, daß sie das, was das Gesetz von ihnen verlangt, nicht erfüllen werden[735]. In weiten Bereichen ist es Praxis, daß mit augenzwinkerndem Einverständnis beider Seiten am Gesetz vorbeigelebt wird[736]. Nur das Recht, das sich durchzusetzen vermag, hat eine prägende Kraft auch für die Rechtsmoral[737]. Setzt sich in der Steuerrechtspraxis ein "maßvolles" Recht durch, das mit dem "law in the books" nicht mehr viel gemein hat, wird das normierte Recht nicht nur im Rechtsbewußtsein der Rechtsanwender und der Rechtsadressaten verdrängt, sondern verliert faktisch seine Wirkung[738]. Der Kontakt mit steuerlichen Sachverhalten erfolgt zunehmend "jenseits des Rechtsbewußtseins", in einer Atmosphäre "rechtlicher Empfindungslosigkeit"[739]. Steuergehorsam wird so bestenfalls zu einer "ungewollten Vorübung in der Gefolgschaft gegenüber einem Recht ohne Idee"[740]. Das einzige, was der Bürger noch emotional in den Kontakt mit dem

---

734 Stellungnahme des SV *Faulhaber*, PROT. ÖFF. ANH. FINAUSSCHUß V. 22.11.1993, 157.

735 Vgl. *Helsper*, BB 1995, 22, der das Verhalten von Praktikern in der Beratung und den Finanzämtern, zu einem das "law in the books" konterkarierenden "practised law" darauf zurückführt, daß sich das Mittel (= das von den Rechtsexperten geschaffene Steuerrecht) über den Zweck, Gesellschaftsordnung zu stiften, hinweggesetzt habe.

736 *Schelle*, FS Schmölders, 62; *Isensee*, StuW 1994, 12, der von "pragmatischen Kompromissen" und "Arrangements" spricht; *Kirchhof*, Finanzverwaltung und Grundgesetz, in: Vogelgesang (Hrsg.), Perspektiven der Finanzverwaltung, 6 f., erwähnt die durch die augenzwinkernden Arrangements heraufbeschworene "Selbstgefährdung [der Bürger]durch Steuerhinterziehung".

737 *Zippelius*, Rechtsphilosophie, 153.

738 Vgl. dazu die "Theorie der gelernten Sorglosigkeit", die die Tendenz der Steuerzahler erklärt, nach Wahrnehmung der guten Steuerhinterziehungsmöglichkeiten, diese Chance auch zu ergreifen und alle eventuellen Risikosignale zu mißachten, *Frey/Brandstätter/Schuster*, Das ökonomische Modell aus psychologischer Sicht, in: Smekal/Theurl (Hrsg.), Stand und Entwicklung der Finanzpsychologie, 79 m. Nw.; sowie *Zippelius*, Einführung in das Recht, 1978, 14 f.: "Praktische Normen konstituieren eine Gemeinschaft nur dann, wenn sich menschliches Verhalten auch tatsächlich nach ihnen richtet"; *Tipke*, Steuerrechtsordnung, 1196: "Auch Rechtsnormen gelten nur, wenn sie durchgesetzt werden, wenn an ihre Nichtbefolgung Sanktionen geknüpft werden".

739 *Lang*, FR 1993, 661, der dies vor allem anhand der skrupellosen Fahndung nach Steuertips und Steuertricks und des "unersättlichen Leviathan" diagnostiziert. Vgl. auch *Hill*, Diskussion, in: Weigelt (Hrsg.), Freiheit-Recht-Moral, 211: "Kann denn das Bewußtsein vom Recht besser sein als das Recht selbst?"

Steuerstaat investiert, ist der Ärger über immer höhere Abgaben. Das Vertrauen der Bürger in den Rechtsstaat erfährt dadurch jedenfalls keine Unterstützung[741]. Im Gegenteil: Der Rechtsstaat wird durch die Steuerverwaltungspraxis bedroht[742], und die Gefährdung der Unverbrüchlichkeit des Rechts bricht den Stolz und die Unabhängigkeit der Bürger[743], wenn sie sich auf den verlockenden Marsch in außerrechtliche Gefilde einlassen (müssen). Zudem wankt der Steuerstaat. Es werden Stimmen laut, die das Funktionieren des Steuerstaates angesichts des "desaströsen Zustandes der Steuergesetze" als ein Wunder empfinden[744].

Mit ihren zunehmenden Protesten gegen diese Entwicklung haben die Bürger aber auch die Vermutung bestätigt, daß nunmehr eine "Besinnung auf die Tugenden des Rechtsstaates wieder breitere Akzeptanz"[745] findet. Denn die Sehnsucht nach dem Rechtsstaat wird durch den kollektive Steuerwiderstand offenbar. Die unausweichliche Kollision zwischen dem alltäglichen Überlebenskampf der Steuerverwaltung und dem Ordnungsinteresse der Bürger, das einem intakten Rechtsstaatsbewußtsein entspringt, ist bereits im Gange, wie die Beschreibung des Steuerwiderstandes gezeigt hat.

740 *Kirchhof*, Finanzverwaltung und Grundgesetz, in: Vogelgesang (Hrsg.), Perspektiven der Finanzverwaltung, 6.

741 *Lang*, FR 1993, 661, stellt die Frage: "Und kann ein Staat sich rechtsstaatlich nennen, wenn seine Steuern jenseits von Rechtsbewußtsein erhoben werden? Stellt nicht jede vom Bürger direkt erhobene oder rechtswidrig nicht erhobene Steuermark zugleich den Rechtsstaat auf die Probe?".

742 Vgl. *Lang*, FR 1993, 666: "Und kann es sich ein Rechtsstaat auf Dauer leisten, daß ein alltäglich erlebtes Dauerschuldverhältnis zwischen Bürger und Staat jenseits von Rechtsbewußtsein erlebt wird?"

743 *Kirchhof*, Finanzverwaltung und Grundgesetz, in: Vogelgesang (Hrsg.), Perspektiven der Finanzverwaltung, 7.

744 *Isensee*, StuW 1994, 4.

745 *Würtenberger*, Rechtsbewußtsein und Staatsverständnis der Parteien, 16.

2. *Repräsentation und Demokratie bei Finanzentscheidungen*

a. Grundsätzliches

Die legislative Fortentwicklung der Rechtsordnung soll durch das verfassungsrechtlich geordnete Gesetzgebungsverfahren, das Ideal der parlamentarischen Repräsentation sowie die inhaltlichen Vorgaben der Verfassung in der Weise erfolgen, daß das Endprodukt von dem Großteil der Rechtsadressaten akzeptiert werden kann, es also weitgehend konsensfähig ist[746]. Dem Ideal eines ausreichend legitimierten Steuergesetzes wird daher nur entsprochen, wenn das entsprechende Gesetz in allen Bereichen diesen Vorgaben gemäß zustandegekommen ist.

Um ein möglichst geringes Maß an Mißbilligung durch die Normadressaten zu erreichen, soll das demokratische Gesetzgebungsverfahren sicherstellen, daß Gesetze zustandekommen, die auf längere Sicht eines breiten gesellschaftlichen Konsenses sicher sein können[747]. Dem gleichen Ziel dient auch die Idee der Repräsentation. Die Rechtsadressaten sollen das Handeln der Repräsentativorgane als ihr eigenes auffassen können[748].

Nach der Entscheidung des Gesetzgebers[749] kommt es nicht mehr darauf an, ob der Bürger ein bestimmtes Gesetz für gerecht und zweckmäßig hält. Er ist dem Gesetz in jedem Fall Rechtsgehorsam schuldig[750]. Denn der Gehorsam gegenüber dem demokratisch legitimierten Recht gehört nicht nur zur politischen Kultur des demokratischen Rechtsstaates, sondern ist zugleich eine seiner unverzichtbaren Existenzvoraussetzungen[751]. Entsprechen die Gesetze nicht den Vorstellungen des Einzelnen, hat er als Bürger andererseits nach dem demokratischen Modell die Möglichkeit, durch die Institutionen der parlamentarischen Demokratie auf eine Änderung hinzuwirken.

---

746 *Würtenberger*, Jurist und Staatsbewußtsein, 84.

747 Ebd., 85.

748 *Zippelius*, Rechtsphilosophie, 148: Die Bürger sollen sich selbst als Urheber (auctores) der von den Repräsentanten getroffenen Entscheidungen fühlen; vgl. auch *Würtenberger*, Zeitgeist und Recht, 193.

749 Gesetzgeber ist in aller Regel das Parlament. In einzelnen Bereichen kann es auch die Exekutive dazu ermächtigen, (materielle) Gesetze zu erlassen. Die Notwendigkeit einer Bestimmung des Verständnisses von "Gesetzgeber" dürfte heute wohl nicht mehr gegeben sein. Allerdings sah sich *Uelner*, DStR 1977, 120, noch dazu veranlaßt, darauf hinzuweisen, daß "wir die gesetzgebenden Instanzen nicht außerhalb der irdischen Ordnung ansiedeln können".

750 *Isensee*, in: Weigelt (Hrsg.), Freiheit-Recht-Moral, 23.

751 Vgl. *Würtenberger*, Zeitgeist und Recht, 122.

b. Zu den Legitimationsschwierigkeiten parlamentarischer Finanzentscheidungen

(A) Die Aufgaben des Bundestages

Dem Deutschen Bundestag[752] obliegt die Vertretung des ganzen deutschen Volkes. Zusammen mit der Regierung und dem Bundesrat steht dem Bundestag die Staatsleitung, die politische Leitungsgewalt, "zur gesamten Hand" zu[753]. Er hat im wesentlichen fünf parlamentarische Funktionsbereiche auszufüllen: die Wahlfunktion, die Gesetzgebungsfunktion, die Willensbildungsfunktion, die Öffentlichkeitsfunktion und schließlich die parlamentarische Kontrollfunktion[754].

Für den hier zu behandelnden Bereich der Steuerrechtsakzeptanz sind lediglich die letzten vier Funktionsbereiche von Relevanz. Die Wahl- oder auch Kreationsfunktion[755] (z.B. Wahl des Bundeskanzlers, von Präsidiumsmitgliedern, von Richtern etc.) ist für die Akzeptanz des Steuerrechts von untergeordneter Bedeutung.

Der Deutsche Bundestag erfüllt einen Großteil der ihm obliegenden Funktionen durch die Verlagerung der tatsächlichen Parlamentsarbeit in die mit Abgeordneten besetzten Ausschüsse. Auch im Finanzbereich findet die parlamentarische Arbeit vorwiegend in den Ausschüssen statt[756]. Hier werden in einem kooperativen Arbeitsstil zumeist hinter verschlossenen Türen zusammen mit der Ministerialbürokratie die wesentlichen konkreten Weichenstellungen beschlossen.

---

752 Föderalistische Aspekte der Steuergesetzgebung, insbesondere die Steuergesetzgebung der Länder sollen hier der Einfachheit halber vernachlässigt werden, da die dem Bund zustehenden Gesetzgebungskompetenzen in Art. 105 GG "den quantitativ und qualitativ wichtigsten Teil der Steuergesetze" (*Pleister*, LdR/StuFR, Stichwort "Steuerrechtsentwicklung in der BRD", 474; vgl. auch *Franz Klein*, Handbuch des Verfassungsrechts, § 23, RN 39) umfassen. Im übrigen dürften für das Zustandekommen parlamentarischer Finanzentscheidungen auf Landesebene kaum andere Vorzeichen gelten, als auf Bundesebene.

753 *H. H. Klein*, HbStaatsR, Band II, § 40, RN 8 m. Nw.

754 Diese Einteilung in Funktionsbereiche geht auf Walter Bagehot (1826 - 1877) zurück, wie er sie 1867 in seinem Werk "The English Constitution" formulierte. Vgl. *H. H. Klein*, HbStaatsR, Band II, § 40, RN 13 m. Nw.; *H.-P. Schneider*, Handbuch des Verfassungsrechts, § 13, RN 60 ff. m. Nw.. Vgl. zu Bagehots Ansicht (der von 1860 bis 1877 Herausgeber des *The Economist* war), daß das parlamentarische System die Steuerlasten und Haushaltsdimensionen wirksam begrenzen könne, *Sullivan*, Walter Bagehot, 136 f.

755 Vgl. *H. H. Klein*, HbStaatsR, Band II, § 40, RN 24 ff.

756 Schon generell stehen die Ausschußsitzungen zu den Plenarberatungen in einem Verhältnis von acht bis zehn zu eins, vgl. *H.-P. Schneider*, Handbuch des Verfassungsrechts, § 13, RN 65.

(I) Die Gesetzgebungsfunktion

Entsprechend der Rechtsetzungsprärogative des Parlaments[757] werden alle formellen Steuergesetze, die der Bund erläßt, vom Bundestag beraten und verabschiedet. Allerdings erfüllt der Bundestag in den verschiedenen Phasen des Gesetzgebungsverfahrens seine ihm zugeschriebenen Funktionen mit unterschiedlicher Intensität:

Schon eine generelle Betrachtung zeigt, daß die weitaus meisten Gesetzesinitiativen auf die Bundesregierung zurückgehen[758]. Dieser Umstand ist auf die parlamentarische Besonderheit des Fehlens von spezialisiertem Sachverstand, von personeller Problemverarbeitungskapazität und von Detailinformiertheit zurückzuführen, das zu einem weitgehendem parlamentarischen Verzicht eigener Gesetzesvorschläge führt[759].

Gerade im Steuerrecht macht sich dieses Defizit besonders bemerkbar, da die weitaus meisten Abgeordneten steuerjuristisch nicht vorgebildet sind und insofern von den Einzelheiten des Steuerrechts nichts oder nur wenig verstehen[760]. Nach fachkundiger Auffassung[761] würden sie schon bei der Anfertigung ihrer eigenen Steuererklärung in große Verlegenheit kommen. Selbst die für das Steuerrecht besonders verantwortlichen Mitglieder des Finanzausschusses des Bundestags sind nur ausnahmsweise vom Fach. Die derzeit 39 Abgeordneten im Finanzausschuß sind vor allem Pädagogen, Sozialwissenschaftler, Ingenieure, Beamten oder auch Winzer[762]. Die teilweise fehlende Fachkenntnis der

---

757 Ebd., § 40, RN 15 m. Nw.

758 In der Regel mehr als 60 %, vgl. *H. H. Klein*, HbStaatsR, Band II, § 40, RN 18; *von Hammerstein*, Verbesserung der Gesetzgebung durch neue Instrumente und Methoden, in: Hill (Hrsg.), Zustand und Perspektiven der Gesetzgebung, 141.

759 *H.-P. Schneider*, Handbuch des Verfassungsrechts, § 13, RN 62; *Eichenberger*, VVDStRL 40 (1982), 18.

760 *Tipke*, FS Zeidler, Band 1, 724; *Tipke*, StuW 1990, 310; *Eichenberger*, VVDStRL 40 (1982), 18, insbes. FN 13, der von der deformierenden Abhängigkeit von juristischen Experten und der überheblichen Vernachlässigung des Juristischen als lastige formale Beigabe spricht.

761 *Tipke*, FS Zeidler, Band 1, 724, schlägt vor, aufzudecken, daß viele von denen, die die Steuerreform-Medienschlagzeilen liefern, über das Steuerrecht kein größeres Wissen haben als der Durchschnittswähler.

762 Vgl. *Göbel*, Kleinarbeiter, die wenig Ruhm erwartet, Abgeordnete im Finanzausschuß des Bundestages, FAZ vom 9.11.1996. Nur am Rande sei erwähnt, daß die Ausschußarbeit im Bundesrat durchweg von aus der Verwaltung stammenden Bevollmächtigten geleistet wird. Aus diesem Grund werden die von der Ministerialbürokratie formulierten Gesetzesentwürfe von seiten des Bundesrates lediglich einer abermaligen administrativen Kontrolle unterworfen, vgl. *Franke*, Steuerpolitik in der Demokratie, 321. Insbesondere in bezug auf das fiskalische Ziel

Abgeordneten wurde bislang als systembedingt hingenommen, da mit den unterschiedlichen Berufs- und Interessenschwerpunkten generalisierende Problemlösungskapazitäten und Bürgernähe[763] gewährleistet werden würden. Trotzdem können über die Wissens- und Informationsdefizite der Abgeordneten auch die parlamentarischen Hilfsmittel nicht hinweghelfen: Die den Abgeordneten zur Verfügung stehenden Ressourcen sind in keiner Hinsicht mit denen der Exekutive zu vergleichen. Die beispielsweise für die Abgeordneten, aber auch für die Ausschüsse und Fraktionen arbeitenden sogenannten "Hilfsdienste" konnten sich bislang nicht als adäquates Gegengewicht zu der Ministerialbürokratie erweisen, obwohl sie in den letzten Jahren erheblich ausgebaut worden sind[764].

(1) Kaum parlamentarische Gesetzesvorlagen

Da die Parlamentarier mit der Aufgabe der Steuergesetzgebung überfordert sind[765] und sie nicht auf angemessene parlamentseigene unterstützende Systeme zurückgreifen können, kommen steuerliche Gesetzesvorlagen nur in den seltensten Fällen aus den Reihen des Parlaments[766]. Die wenigen parlamentarischen Gesetzesvorlagen passieren zudem nur selten die Hürden des Gesetzgebungsverfahrens. Dies mag damit zusammenhängen, daß Vorlagen aus der Mitte des Bundestages regelmäßig der jeweiligen Opposition zuzuordnen sind, die schon aus

steuert sich die Verwaltung somit in hohem Maße selbst, da es ihr dort regelmäßig überlassen bleibt, das ihr geeignet erscheinende Mittel auszuwählen, vgl. ebd., 375.

763 Der Vorstellung, berufliche Erfahrungen der Abgeordneten könnten der Parlamentsarbeit nützlich sein, erteilen *Triesch/Ockenfels*, Interessenverbände in Deutschland, 97, freilich eine Absage, wenn sie darauf hinweisen, daß heute immer öfter Abgeordnetenmandate von den Assistenten der Abgeordneten "ererbt" werden: "Berufliche Erfahrung in einem bürgerlichen Beruf wird durch das Insiderwissen des politischen Profis ersetzt. Die Erfahrungswelten dieser Abgeordneten und ihrer Wähler unterscheiden sich zunehmend". Vgl. auch *von Arnim*, Ist "der rationale Staat" möglich?, in: ders. (Hrsg.), Wirtschaftlichkeit in Staat und Verwaltung, 76: "Der Wettbewerb um politische Führungspositionen droht zum closed shop zu werden".

764 Vgl. *H.-P. Schneider*, Handbuch des Verfassungsrechts, § 13, RN 81; zum Aufbau und der Arbeit der Hilfsdienste vgl. *Kretschmer*, Hilfsdienste im Deutschen Bundestag - Beratung durch Ausschußsekretariate, in: Schäffer/Triffterer (Hrsg.), Rationalisierung der Gesetzgebung, 347 ff.; vgl. aber auch *Zippelius*, Allgemeine Staatslehre, 410: "Um mit der Sachkunde der Ministerialbürokratie konkurrieren zu können, müßte sich dieser Stab seinerseits zu einer umfangreichen Bürokratie auswachsen".

765 *Mackscheidt*, Die Entwicklung der Kölner Schule der Finanzpsychologie, in: Smekal/Theurl (Hrsg.), Stand und Entwicklung der Finanzpsychologie, 61: "Die Politiker sind auch bei finanzpolitischen Fragen oft schlecht gerüstet: Sie lassen sich in Suggestivfragen locken, verwickeln sich in Widersprüche und können oftmals nicht in ökonomischen Zusammenhängen denken. Dies geschieht alles im Umfeld von politischen Entscheidungen, an der sie im Parlament oder im Finanzausschuß mitzuwirken haben."

766 *Tipke*, StuW 1990, 31; *Haubrichs*, FS Schmölders, 17.

diesem Grund geringe Durchsetzungschancen haben. Der politische Wille der Regierungsfraktionen manifestiert sich dagegen in den Vorlagen der Regierung[767].

Diese Entwicklung hat dazu beigetragen, daß der Bundestag mit der zwangsläufigen Spezialisierung im Steuerrecht nicht mehr schritthalten kann. Selbst der mit auf das Finanzwesen spezialisierten Abgeordneten besetzte Finanzausschuß sieht sich mit spezifisch steuerrechtlichen Detailfragen regelmäßig überfordert[768]. Die dort anzutreffenden Abgeordneten benötigen daher in der Regel die Hilfe der fachkundigen Ministerialbeamten. Auf diese Weise geraten die parlamentarischen Steuergesetzgebungsinstitutionen gegenüber den ministeriellen Spezialisten ins Hintertreffen[769].

(2) Demokratische Defizite

Im Steuerrecht hat das trotz aller Hilfsmöglichkeiten weithin mangelhafte Fachwissen der meisten Parlamentarier dazu geführt, daß schon von einem Versagen des demokratischen Prinzips[770] gesprochen wird.

Dies liegt nicht nur an den Defiziten bei der Erstellung eigener parlamentarischer Gesetzesvorschläge durch den Bundestag, sondern auch daran, daß viele Abgeordnete (selbst Mitglieder des Finanzausschusses) den Regelungsgehalt eines vom Finanzministerium vorformulierten Gesetzesentwurfs[771] nicht erfassen können[772]. Wenn die Abgeordneten mit ihrer parlamentarischen Zustimmung Gesetze ohne intellektuelle Anteilnahme schaffen, kann dies weitreichende Folgen haben. Bloße Akklamationsverfahren bringen die demokratische Repräsentation ernsthaft in Gefahr.

Die Legislative liefert sich mit ihrem fehlenden Fachwissen dem hochspezialisierten Apparat der Ministerien, den "Gesetzespräparatoren"[773], aus[774], der im

---

767 *H. H. Klein*, HbStaatsR, Band II, § 40, RN 18.

768 Selbst besonders kompetente Ausschußmitglieder sehen die Exekutive als einen mittlerweile überlegenen Gegenspieler an. So kritisiert beispielsweise die FDP-Abgeordnete *Frick*, Professorin für Steuer- und Verfassungsrecht, den großen Einfluß der Ministerialbeamten auf das Steuerrecht, die ihr Herrschaftswissen über das letzte Detail nutzten, um Gesetze in ihrem Sinne zu machen, vgl. FAZ vom 9.11.1996.

769 Insofern spricht *Zippelius*, Allgemeine Staatslehre, 408 f., zu recht von einem Vorsprung der Bürokratie vor dem Parlament.

770 *Haubrichs*, FS Schmölders, 21.

771 Zu den Gefahren der sog. Formulierungshilfen vgl. unten D. V. 2. b. (C).

772 *Luetjohann*, 37.

773 *Tipke*, Steuerrechtsordnung, 1453.

774 Vgl. *Oberreuter*, Entmachtung des Bundestages durch Vorentscheider auf höchster politischer Ebene, in: Hill (Hrsg.), Zustand und Perspektiven der Gesetzgebung, 125.

Steuerrecht ganz offensichtlich die Gesetzgebung beherrscht. Bei der Beratung der Gesetzesentwürfe in den Parlamentsausschüssen werden die Parlamentarier mit ihren Vorstellungen und Einwänden durch das überragende Fachwissen der Ministerialbürokratie, dem sich selbst die externen Sachverständigen meist unverstanden gegenübergestellt sehen, vielfach überrollt[775]. Denn auch im Finanzausschuß genießen die Vertreter der Ministerialbürokratie "generell hohes Ansehen", obwohl oder gerade weil sie dort ihre Vorlagen zu vertreten haben und dem Ausschuß als fachkompetente Berater in jeder Ausschußsitzung und auch sonst ständig zur Seite stehen[776]. Die von der Exekutive formulierten Gesetzesentwürfe sind in der Regel derart unverständlich, daß sie nur von den wenigsten Parlamentariern - selbst ihrer Tendenz nach[777] - verstanden werden, obwohl für eine sachgerechte parlamentarische Entscheidung zumindest die Verständlichkeit gewährleistet sein müßte[778]. Der vielgerühmte Vorteil des Repräsentationsmodells, infolge des hohen Sachverstandes und der Ausgewogenheit der Repräsentanten zu "besseren" oder "richtigeren" Entscheidungen zu gelangen[779], kann so nicht mehr erreicht werden. Anders gewendet: Konkret wird die Steuergesetzgebung nicht mehr von den dafür vorgesehenen parlamentarischen Institutionen beherrscht, sondern von der Exekutive. Manch fachkundiger Abgeordneter des Finanzausschußes sieht sich angesichts dieser Zustände sogar zu der öffentlichen Klarstellung veranlaßt, daß die Abgeordneten die Gesetzgeber sind, nicht die Beamten[780].

Mangels Fachkenntnissen[781] werden zudem wenige Parlamentarier den Mut aufbringen, einzelne Regelungen zu hinterfragen oder gar offen zu kritisieren.

---

775 *Haubrichs*, FS Schmölders, 17; *Felix*, Der Steuerjurist der Zukunft aus der Sicht der steuerberatenden Berufe, in: Vogelgesang (Hrsg.), Perspektiven der Finanzverwaltung, 180, sieht es als einsichtig an, "daß die Schaltstellen der Steuerlegislative mit echten steuerjuristischen Meistern besetzt sein sollten", während *Gattermann*, StuW 1988, 171, es als nicht notwendig erachtet, "unbedingt Steuerfachmann zu sein, um in dem für das Steuerrecht zuständigen Fachausschuß erfolgreiche Arbeit leisten zu können".

776 *Gattermann*, StuW 1988, 173; *Hammerstein*, DJTag 1988, 108, spricht insofern von dem von Ministerialbeamten "an der kurzen Leine geführte[n] Bundestagsfinanzausschuß".

777 *Larenz*, Methodenlehre, 329, ist der Auffassung, daß bereits bei "normalen" Gesetzesvorhaben die meisten Abgeordneten gar nicht in der Lage seien, sich über die Einzelheiten eines Gesetzes eine eigene Meinung zu bilden. Vielmehr beschlössen sie die gesamte "Tendenz" des Gesetzes.

778 *Kindermann*, Gesetzessprache und Akzeptanz der Norm, in: Öhlinger (Hrsg.), Recht und Sprache, 63 f.

779 *Würtenberger*, Zeitgeist und Recht, 201.

780 So die Finanzausschußabgeordnete und Steuerrechtsprofessorin *Frick*, FAZ vom 9.11.1996.

781 Zum überforderten Abgeordneten: *Neckels*, DStZ 1993, 28 (insbes. FN 39); *Schelle*, FS Schmölders, 65; *Vogel*, Der offene Finanz- und Steuerstaat, 710 m. Nw., spricht von einem "auch für seine Urheber, die Parlamentarier, längst zu kompliziert"

Denn ein derartiges Verhalten würde zum einen den Zeitplan aller Steuergesetzgebungsverfahren derart aushebeln, daß zu befürchten stünde, Steuergesetze könnten nicht einmal innerhalb einer Legislaturperiode zu verwirklichen sein. Zudem könnte ein kritisches Durchleuchten des Gesetzesentwurfes das Vorhaben vielleicht sogar scheitern lassen und würde bei den Wählern den unter allen Umständen zu vermeidenden Eindruck von Inkompetenz hervorrufen. Vielmehr beschränken sich die meisten der Parlamentarier[782] auf allgemeine Ausführungen zu steuerlichen Angelegenheiten, die zumeist jeder (von der Ministerialbürokratie) gut informierte Steuerzahler ebensogut formulieren könnte[783]. Psychologisch ist dieses Phänomen durchaus zu erklären. Da sich der Abgeordnete angesichts des höchstkomplizierten Steuerrechts in einer Situation befindet, die die moderne Psychologie als Grundlage des allgemeinen Unsicherheitsgefühls erkannt hat[784], wird die Anerkennung irgendeiner formelhaft vorgegebenen Patentlösung, sei sie auch noch so falsch, die durch das "Ich weiß nicht" verursachten inneren Spannungen sofort verschwinden lassen[785]. Es entsteht auf diese Weise zugleich der Schein einer gewissen Sachkompetenz, der den Abgeordneten dann im Rahmen der Gesetzesabstimmung in der Illusion beläßt, autonom über ein Gesetz zu entscheiden[786]. Mit ihrer parlamentarischen Zustimmung verleihen sie Vorschriften dann Gesetzeskraft, von denen sie in vielen Fällen nicht erkennen können, welche möglicherweise weitreichenden Konsequenzen sie haben werden[787].

In der Steuergesetzgebungsrealität hat das Parlament seine Gesetzgebungskompetenzen somit zugunsten der Exekutive abgetreten und "bemüht sich nur schwach, den Schein zu wahren"[788]. Beispielhaft sind die Anhörungen des Finanzausschusses[789]: Sachverständige und Verbände werden zu ihrer Auffassung in

---

gewordenem Regelungswerk.

782 Die wenigen tatsächlichen Steuerexperten lassen das Verhalten der meisten Parlamentarier in keinem anderen Licht erscheinen. Sie stehen als einsame (evtl. sogar unverstandene) Rufer in der Wüste der wählerorientierten Inkompetenz der übrigen Parlamentarier und dem Machtinteresse der Exekutive zumeist machtlos gegenüber.

783 *Lang*, StuW 1995, 1, ist erstaunt, wie viele Spitzenpolitiker und -funktionäre sich trotz ihrer Unkenntnis zu steuerlichen Fragen äußern.

784 *Schmölders*, Finanzpsychologie, 154.

785 Eingehend dazu: *Schmölders*, Finanzpsychologie, 162.

786 *Schmölders*, Finanzpsychologie, 162: "Dabei erfolgt die Übernahme dieser "Formeln" keineswegs absichtlich oder auch nur bewußt; man wiegt sich vielmehr in dem Gefühl, einen ganz persönlichen Standpunkt zu beziehen."

787 *Haubrichs*, FS Schmölders, 21: "Sie registrieren deshalb auch nicht, welch gefährlicher Zündstoff hier produziert wird."

788 *Luetjohann*, 45. Er schließt dies auch aus dem Umstand, daß das Parlament selbst vor dem Bundesverfassungsgericht von seinen Äußerungsmöglichkeiten keinen Gebrauch mehr macht und nur noch die Bundesregierung für die zur Verhandlung gestellten Gesetze sprechen läßt.

789 Vgl. *Tipke*, StuW 1990, 312.

bestimmten Bereichen befragt. Formuliert wird der Gesetzesentwurf dann aber hauptsächlich nach ministeriellen[790] Vorgaben von Referenten, die als hochspezialisierte Experten das Bild unseres heutigen Steuerrechts gestaltet haben[791].

(II) Die Willensbildungsfunktion

Eine der wichtigsten Funktionen des Bundestages ist die der politischen Willensbildung. Allerdings kommt dem Parlament in einer freiheitlichen Ordnung keineswegs ein Monopol auf die politische Willensbildung zu[792]. Dennoch hat das Parlament die ihm in der repräsentativ-demokratischen Verfassungskonzeption zugedachte Funktion des Interessenausgleichs und der Interessenintegration[793] noch grundsätzlich zu erfüllen.

Grundsätzlich trägt sich die politische Willensbildung nur noch zu einem sehr geringen Teil im Parlament selbst zu. Sie liegt heute weitgehend in der Hand der Regierung, den Parteien und den Verbänden. Dies belegt beispielhaft die Quote der vom Bundestag kontrovers verabschiedeten Gesetzesentwürfe, die seit der ersten Legislaturperiode kontinuierlich abnahm[794] und in der 10. Wahlperiode bei 4,6 % lag.

Nicht anders stellt sich die Situation im Steuerrecht dar. Über allgemein gehaltene Redebeiträge hinaus kann der Bundestag grundsätzlich keine eigenen

---

790 Die Grundlage jeglicher parlamentarischer Steuerrechtsbehandlung ist fast immer ein Referentenentwurf. Der langjährige Vorsitzende des Finanzausschusses *Gattermann*, StuW 1988, 173, legt Wert auf die Feststellung, daß es kaum einmal eine Gesetzesvorlage gäbe, die den Finanzausschuß unverändert passiert, sowohl im Hinblick auf Änderungen eher formaler und redaktioneller Natur als auch in bezug auf substantielle Veränderungen. Diese unbestreitbare Tatsache ist allerdings eher dem Bemühen des Parlamentariers zuzuordnen, den Schein einer gewissen Macht zu wahren. Gesetzesentwürfe werden von den Mitgliedern des Finanzausschusses zumeist nur zu dem Zweck verändert, die von den Regierungsparteien gewünschten politischen Ziele zu erfüllen und die Staatskasse ausreichend zu füllen. Selbst diese Veränderungen werden von Ministerialbeamten in die notwendige Form gebracht.

791 *Haubrichs*, FS Schmölders, 17; *Felix*, JZ 1995, 34, beklagt am Beispiel des UmwStG, daß trotz offensichtlichem wissenschaftlichen Interesse während der "Brutzeit" von Reformvorhaben eine über die parlamentarischen Anhörungsgremien vermittelte Einflußnahme durch die Steuerwissenschaft und durch Kreise von Steuerpraktikern im Ergebnis nicht stattfindet. Er führt dies auch auf die Unentschlossenheit und die fehlende Kooperation der in Rechtswissenschaft und Betriebswirtschaft gespaltenen Wissenschaftler zurück.

792 *H. H. Klein*, HbStaatsR, Band II, § 40, RN 4 m.Nw.

793 *Herzog*, Allgemeine Staatslehre (1971), 245.

794 Vgl. *H.-P. Schneider*, Handbuch des Verfassungsrechts, § 13, RN 63, der noch weitere Beispiele für die abnehmende Willensbildungsfunktion anführt.

steuerpolitischen Akzente setzen. Lediglich der Finanzausschuß bemüht sich, die ihm zugeleiteten Gesetzesvorlagen noch in formellen oder redaktionellen Belangen zu verbessern oder - wesentlich seltener - substantielle Änderungen einzubringen[795]. Letzteres geschieht insbesondere immer dann, wenn sich die Vorstellungen der Regierung, die sich in den ministeriellen Gesetzesentwürfen niedergeschlagen haben, politisch nicht ohne inhaltliche Veränderungen verwirklichen lassen. Insofern wirkt die Machtstellung der Bundesratsmehrheit sich bereits in den Beratungen des Finanzausschusses aus.

(1) Die Willensbildung im Vorfeld parlamentarischer Entscheidungen

Die eigentliche politische Willensbildung findet mittlerweile grundsätzlich im Vorfeld der Gesetzgebung ohne intensive parlamentarische Beteiligung[796] statt. Die Fraktions- und Parteigremien, ansonsten eher Koordinierungs- und Schlichtungsstellen, in denen im Rahmen des politischen Wettbewerbs um die besten Ideen oft die wesentlichen politischen Entscheidungen getroffen werden[797], werden mittlerweile jedoch als die "Brutstätten des Steuerdilettantismus" bezeichnet: Der politische Wettbewerb der Parteien motiviere zu immer neuen Regelungs- und Vergünstigungsversprechen[798]. Der dort betriebene "Kuhhandel" in finanz- und steuerpolitischen Angelegenheiten und die in steter Folge immer neu auftauchenden "entscheidungserheblichen" Probleme, wirken auf den interessierten Bürger, um dessen Geld es schließlich geht, zumeist abstoßend[799]. Die offensichtlich besten Lösungen können auf diese Weise nicht umgesetzt werden, sondern allenfalls nur "konsensfähige" Zweit- oder Drittlösungen[800]. Aus diesem Grunde blieben bisher viele wissenschaftlich fundierten Reformvorschläge, die nicht selten auf Anforderung des Parlaments erstellt wurden, in der Planungsphase stecken[801]: Mit Rücksicht auf das "politisch Machbare" wurden be- und erstellte Gutachten kaum beachtet oder nur insoweit berücksichtigt, als sie den politischen Zwecken dienlich erschienen[802].

---

795 *Gattermann*, StuW 1988, 173.

796 *H.-P. Schneider*, Handbuch des Verfassungsrechts, § 13, RN 62; *Eichenberger*, VVDStRL 40 (1982), 17.

797 Vgl. dazu *Würtenberger*, Jurist und Staatsbewußtsein, 86.

798 *Tipke*, StuW 1990, 310; *Tipke*, Steuerrechtsordnung, 1454.

799 *Schmölders*, Finanzpsychologie, 155; *Hill*, FS Helmrich, 516.

800 *Lang*, StBJb 93/94, 10.

801 Vgl. im einzelnen dazu die Aufzählung der grundlegenden Reformbemühungen unten D. V. 2. b. (B) (IV) (1).

802 *Tipke*, FS Zeidler, Band 1, 717; jüngstes Beispiel ist das Schicksal der sog. Bareis-Kommission, deren Vorschläge zur Reformierung des Einkommensteuerrechts von der Politik rundweg abgelehnt wurden, während die Wissenschaft sie unisono als den Weg aus dem Chaos feierte, vgl. *Lang*, StuW 1995, 1. Das "politisch Machbare" scheint darüberhinaus von der Beurteilung der jeweiligen Regierung abzuhängen, die

(2) Die Willensbildung durch die Exekutive

Es existiert - zumindest im Steuerrechtsbereich - noch ein weiteres Willensbildungsforum. Durch die weitgehende parlamentarische Inkompetenz in Steuerrechtsfragen, liegt die eigentliche Macht bei der gesetzesformulierenden Exekutive. Sie hat das Fachwissen und vor allem die Informationen, die zu einer kompetenten Steuerpolitik notwendig sind. Gerade das Informationsdefizit des Parlaments kann zu erheblichen Einbußen an Willensbildungs- und Entscheidungsmacht führen[803] und hindert letztlich den einzelnen Abgeordneten an der für die Ausübung seines Mandats wesentlichen offenen Kommunikation, die auch die verständige Entgegennahme von Informationen umfaßt[804]. Daher kommen die meisten Regelungsempfehlungen von seiten der Ministerialbürokratie[805], die nach einer Empfehlung des Finanzausschusses zumeist vom Parlament in gesetzliche Regelungen übernommen werden[806]. Dieses System entlastet die parlamentarische Arbeit enorm. Das Parlament würde kaum noch Zeit zu eigener politischer Arbeit finden, wenn es alle notwendigen Informationen selbständig verarbeiten müßte[807].

Allerdings kann dieses gut eingespielte Verfahren auch Gefahren bergen: Es geht um die Entscheidung, welche "unwichtigen Details"[808] die Gesetzgebung der formulierenden Ministerialbürokratie zu ihrer Entlastung "überlassen" darf[809]. Diese an sich schon schwierige Entscheidung[810] wird der Legislative durch die

---

sich wiederum mit zunehmender Regierungsdauer immer weniger an den Wünschen der Bevölkerungsmehrheit bzw. dem Wandel der öffentlichen Meinung orientiert, vgl. *Brettschneider*, Öffentliche Meinung und Politik, 225.

803 Vgl. *Zippelius*, Allgemeine Staatslehre, 409f. m. Nw.; *H.-P. Schneider*, Handbuch des Verfassungsrechts, § 13, RN 117.

804 *H. H. Klein*, HbStaatsR, Band II, § 41 RN 5 m. Nw.

805 *Tipke*, Steuerrechtsordnung, 1456: "Die demokratische Legitimation schafft noch nicht ohne weiteres das Know-how zur Gesetzgebung. Die Gesetzentwürfe stammen in ihrem Aufbau und ihrem Wortlaut daher durchweg von Ministerialbeamten. Ministerialbeamte bereiten die Referenten- und Regierungsentwürfe vor, hören selbständig Verbandsvertreter an, nehmen gegenüber dem Bundesrat Stellung und nehmen Einfluß auch in den Sitzungen des Finanzausschusses".

806 *Gattermann*, StuW 1988, 173.

807 *H.-P. Schneider*, Handbuch des Verfassungsrechts, § 13, RN 118, weist auf die institutionellen Grenzen der Informationsverarbeitungskapazität des Parlaments im Ganzen hin. Pro Legislaturperiode erscheinen schon jetzt durchschnittlich 5000 Bundestagsdrucksachen.

808 *Zippelius*, Allgemeine Staatslehre, 410.

809 Vgl. dazu *Helmrich*, Politische Grundsatzdiskussion oder Verbesserung der Regelungstechnik als Aufgabe der Bundestagsausschüsse, in: Hill (Hrsg.), Zustand und Perspektiven der Gesetzgebung, 150ff.

810 *Zippelius*, Allgemeine Staatslehre, 410: "Es wird dabei nicht immer leichtfallen, das Wichtige vom Unwichtigen abzuschichten; steckt doch der Teufel oft im Detail".

Fülle und den Spezialisierungsgrad des steuerlichen Normenmaterials oft abgenommen. Dem überlegenen Detailwissen der ministeriellen Spezialisten haben selbst die Fachleute unter den Parlamentariern im Finanzausschuß kaum etwas entgegenzusetzen. Im Extremfall könnte dies dazu führen, daß - neben den durch die Regierung vorgegebenen groben Leitlinien - allein durch den Willen der Exekutive Regelungen normiert werden können, die nicht durch parlamentarische Zielvorgaben gedeckt sind, wobei dies entgegen dem Publizitätsgebot[811] nicht sofort erkennbar wäre[812].

Gerade deshalb gewinnen die erwähnten Sachverständigenäußerungen zunehmend an Bedeutung, da sie als fachkompetente Berater der Legislative[813] ein gewisses Gegengewicht zu der großen Macht der Exekutive bilden können[814]. Sie könnten die Mitglieder des Finanzausschusses unabhängig vom Regierungsapparat machen[815], falls sie sich mit ihren Vorschlägen tatsächlich gegen die ebenfalls anwesenden Vertreter der Ministerialbürokratie durchsetzen könnten. Dies wird allerdings nur gegen eine langeingeübte Tradition möglich sein, da "die Zusammenarbeit des Finanzausschusses mit dem Bundesfinanzministerium" basierend auf einer jahrzehntelangen Praxis "im allgemeinen hervorragend klappt"[816].

In jüngster Zeit häufen sich jedoch die Vorwürfe gegen die Ministerialbürokratie auch von seiten der Parlamentarier, die ihr etwa Eingriffe in Parlamentskompentenzen oder mangelhafte Information vorwerfen. So wurde beispielsweise

---

811 *Zippelius*, Rechtsphilosophie, 141.

812 So erwähnt beispielsweise *Gattermann*, Stuw 1988, 171, daß sich die Bundesregierung unabhängig von parlamentarischen Wünschen durchaus die Freiheit nehmen kann, von ihr zusätzlich als regelungsbedürftig erkannte Materien in den Referentenentwurf aufzunehmen. So sei beispielsweise bei dem Referentenentwurf des Steuerreformgesetzes 1990 verfahren worden. Trotzdem ist *Gattermann*, StuW 1988, 173, der Auffassung, daß die Ausschußmitglieder jedenfalls "das Gefühl haben", daß die Ministerialbürokratie dem Finanzausschuß loyal und fair zuarbeitet. Vgl. auch *Tipke*, Steuerrechtsordnung, 1145 f. m. Nw. Auch *Franke*, Steuerpolitik in der Demokratie, 375 m. Nw., spricht davon, daß die Ministerialbürokratie danach trachtet, sich "einen gewissen Freiraum zu schaffen", um die Unwägbarkeiten des parlamentarischen Gesetzgebungsverfahrens abfangen zu können.

813 Die Hoffnung, als hilfreicher Partner der Ministerialbürokratie wirken zu können, hat sich nicht erfüllt. Vgl. *Tipke*, FS Zeidler, Band 1, 727, der viele Beamte der politisierten Ministerien nur als gehorsame, unkritische Diener der Politik erkennt. Dabei ist aber zu berücksichtigen, daß hier vor allem die Politik der Exekutivspitze gemeint ist und nicht die der Parlamentarier.

814 Bisher blieben fundierte Sachverständigenäußerungen allerdings weitgehend unbeachtet, da sie "politisch nicht machbar" waren, vgl. *Tipke*, FS Zeidler, Band 1, 717.

815 *Gattermann*, StuW 1988, 172.

816 Ebd., 173.

beanstandet, daß Beamte des Finanzministeriums ein Buch mit dem Titel "Künftige Einheitsbewertung und Neugestaltung der Vermögen- und Erbschaftsteuer" veröffentlicht hätten, noch bevor ein Gesetzentwurf für die Neuregelung der Erbschaftsteuer dem Finanzausschuß vorgelegen hätte[817]. Auch die Versorgung mit Unterlagen über das Jahressteuergesetz 1997 durch das Finanzministerium sei nicht immer so rasch erfolgt, wie es im Interesse des Gesetzgebungsverfahrens erforderlich gewesen wäre[818].

(3) Die Willensbildung in den Ausschüssen

Neben der bereits erwähnten Vorrangstellung der Exekutive in den Ausschüssen, verdient ein weiterer Aspekt Berücksichtigung, der eine Reflexion der Gesetzesentwürfe durch "unbeteiligte" Abgeordnete sehr erschwert: Die weitgehende Verlagerung der Parlamentsarbeit in die Ausschüsse schließt den Großteil der Parlamentarier von einer eigenen Willensbildung aus. Zum Verständnis der geplanten Regelungen notwendige Informationen und Fachkenntnisse werden ausschußfremden Abgeordneten nur begrenzt zur Verfügung gestellt. Zudem wäre eine entsprechende Problemerschließung durch alle Abgeordnete bei der an sich schon hohen Arbeitsbelastung, die ihren Ursprung in der weitverbreiteten Spezialisierung hat, fast unmöglich[819]. Den meisten Abgeordneten wird somit durch den hohen Spezialisierungsgrad und der damit verbundenen Ausschußarbeit sowie der tatsächlichen Arbeitsbelastung die Möglichkeit von vornherein verwehrt sein, Verständnis im Rahmen der parlamentarischen Beratungen zu entwikkeln. Sie müssen dem Urteil "erfahrener" Fraktionsexperten vertrauen und manchmal sogar gegen ihre eigene Überzeugung abstimmen[820] - ganz besonders dann, wenn die Gesetzesvorlagen vorher im Plenum nur in den Grundzügen beraten wurden[821].

Die heutige Parlamentsarbeit leidet generell unter diesem wohl nicht zu vermeidenden Phänomen. Es ist nicht nur auf die Steuergesetzgebung beschränkt.

---

[817] So die Abgeordnete *Frick*, vgl. FAZ vom 9.11.1996.

[818] Diese Einschätzung wurde selbst von Koalitionspolitikern geäußert, vgl. ebd.

[819] Vgl. *H.-P. Schneider*, Handbuch des Verfassungsrechts, § 13, RN 62; *Eichenberger*, VVDStRL 40 (1982), 17.

[820] *H.-P. Schneider*, Handbuch des Verfassungsrechts, § 13, RN 122. *Gattermann*, StuW 1988, 173: "Umgekehrt würde es zu den absoluten Ausnahmen gehören, würde das Plenum des Deutschen Bundestages an einem vom Finanzausschuß beschlossenen Gesetzentwurf noch Veränderungen vornehmen".

[821] Oft werden steuerrechtliche Änderungen nur als Appendix eines sog. Artikelgesetzes beschlossen. Diese können dann für sich nicht mehr ausreichend gewürdigt werden, da ansonsten das als Gesamtkompromiß gefaßte Gesetzesvorhaben verzögert oder sogar verhindert werden würde. Vgl. *Hill*, ZG 1987, 239.

Dennoch leistet die immer weitere Spezialisierung der Parlamentsarbeit einen gewichtigen Beitrag für das "Mißlingen" mancher Steuergesetze.

(III) Die Öffentlichkeitsfunktion

Eine wesentliche Funktion übernimmt das Parlament mit der Aufgabe, Politik öffentlich zu artikulieren, darzustellen und die politische Auseinandersetzung anhand der Gegenüberstellung von Alternativen zu führen. Das Parlament wirkt dabei als das Forum der politischen Nation, als ein Marktplatz der Ideen, in dem das durch die Abgeordneten repräsentierte Volk sich wiedererkennen kann und in dem seine Probleme erörtert werden[822]. Es hat das Ideal einer kommunikativen Demokratie zu verwirklichen, indem es die Bürger mit den für Meinungsbildung und Wahlentscheidung notwendigen Informationen versieht[823]. Die Mittel dazu sind mittlerweile mannigfaltig: Öffentliche Anhörungen[824], aktuelle Stunden, parlamentarische Anfragen, Untersuchungskommissionen und andere Institutionen bieten dem Bundestag ein weites Feld für öffentlichkeitswirksame Politikdarstellung.

Die Informationspolitik des Staates vor, während und nach dem Gesetzgebungsverfahren ist ein wirksames Mittel, die Akzeptanz des Steuerrechts und damit auch das Rechtsbewußtsein der Rechtsadressaten zu beeinflussen[825]. Eine frühe und eingehende Darstellung der zu entscheidenden Probleme, die Erläuterung der verschiedenen Regelungsalternativen und die Offenheit für Anregungen, Bedenken und Kritik sind Postulate, die jegliche demokratische Gesetzgebung berücksichtigen sollte[826]. Das Bundesverfassungsgericht ordnet legislative Öffentlichkeitsarbeit mitunter sogar dem Rechtsstaatsprinzip zu: Insbesondere unter dem Einfluß sozialgestaltender Normen, wie sie etwa im Einkommensteuerrecht zu finden sind, kann im sozialen Rechtsstaat eine sachgerechte, objektiv gehaltene Information über Gesetze "ein berechtigtes Anliegen" sein[827]. Angesichts eines undurchschaubaren Steuerrechts erscheint das Anliegen Öffentlichkeitsarbeit "berechtigter" denn je.

Zwar ist die vorwiegend in den parlamentarischen Ausschüssen "hinter verschlossenen Türen" stattfindende Steuergesetzgebung im Sinne einer "entpolitisierten" sachlichen Themenbehandlung den Sachfragen weitaus

---

822 *H. H. Klein*, HbStaatsR, Band II, § 40, RN 9.

823 Vgl. *H. H. Klein*, HbStaatsR, Band II, § 40, RN 39 m. Nw.; BVerfGE 44, 125, 147 f.

824 Zu den öffentlichen Anhörungen des Finanzausschusses: *Gattermann*, StuW 1988, 172.

825 Für das Verhältnis von Informiertheit und Belastungsgefühl vgl. *Schmölders*, Finanzpsychologie, 112 f.

826 *Hill*, JZ 1988, 378.

827 BVerfGE 44, 148.

nützlicher[828] als der offene, zumeist polemische Schlagabtausch auf offener Bühne[829]. Doch entzieht sich damit die Steuerpolitik der öffentlichen Betrachtung und Mitwirkung. Parlamentarische Publizität kann auf diese Weise nicht entstehen. Die durch das Demokratieprinzip des Grundgesetzes gebotene Information als Voraussetzung für die Ausübung der staatspolitischen Rechte der Bürger durch die Wahl der Repräsentanten oder durch Teilnahme am öffentlichen Meinungs- und Willensbildungsprozeß[830] kann unter den geschilderten Bedingungen im Steuerrecht vielfach nur als unzureichend bezeichnet werden. Demokratische Verantwortung wird so durch den Wall der Unverständlichkeit verhindert[831].

Der Bundestag wird auch inhaltlich seiner Öffentlichkeitsfunktion nur unzureichend gerecht: Steuerliche Probleme der Bürger werden selten behandelt[832]. Sind die erlassenen Steuergesetze an sich schon unverständlich, so erstaunt es besonders, daß keine angemessenen Anstrengungen unternommen werden, über Sinn und Zweck der Steuern, deren Erhebung und deren Verwendung aufzuklären - insbesondere im Vorfeld parlamentarischer Entscheidungen. Bis auf die elementarsten Essentialia werden gesetzgeberische Entscheidungen nicht in der Öffentlichkeit dargestellt und diskutiert[833]. Informationen der Steuerbürger durch den Gesetzgeber über die angestrebten Problemlösungen, die Ziele und Alternativen, über die Verbandseinflüsse und die Änderungen während des Verfahrens finden grundsätzlich ebensowenig statt, wie eingehende parlamentarische Beratungen im Plenum[834]. Dies fördert, gerade im Zusammenspiel mit den unverständlichen legislativen Endprodukten, eine tiefgehende Ungewißheit über die Dinge, die vom Parlament beschlossen werden. Abgesehen davon, daß ein so dünner Informationsfluß den Ansprüchen einer responsiven Repräsentation nicht entspricht, drängt sich dem Bürger der Verdacht auf, daß die so praktizierte "Geheimniskrämerei" Schlimmeres verbergen soll[835]. Die Integrationswirkung[836],

---

828 *H.-P. Schneider*, Handbuch des Verfassungsrechts, § 13, RN 65 nennt als Vorteile die "offene" Aussprache über Fraktionsgrenzen hinweg, die sachliche Beratung sowie die leichtere Kompromißfindung.

829 Vgl. dazu auch speziell für den Finanzausschuß *Gattermann*, StuW 1988, 172 f.

830 *Hill*, JZ 1988, 379.

831 *Vogel*, DStJG 12 (1989), 132. Vgl. auch *Isensee*, StuW 1994, 6: "Die vielen Sonderrechte entgehen der Kritik, weil sie zahlreich und unübersichtlich sind".

832 Damit ist nicht nur der Steuerwiderstand gemeint, vgl. *Kirchgässner/Pommerehne*, Staatsaufgaben, 152.

833 Dieses Phänomen ist zu einem erheblichen den Medien anzulasten. Der in der Regel wenig spektakuläre Themenkatalog gesetzgeberischer Finanzentscheidungen scheint den vorrangig an der Befriedigung von Konsumenteninteressen ausgerichteten Medien wohl nicht ausreichend zugstark zu sein.

834 *Maier*, Steuerrecht im Wandel, 49; zur parlamentarischen Diskussion im Finanzbereich: *Schmölders*, Finanzpsychologie, 84.

835 Vgl. *Schmölders*, Finanzpsychologie, 113. Jüngstes Beispiel ist das sog. "Jahressteuer-Ergänzungsgesetz 1996", das nur durch das Umschreiben eines schon

die von Bundestagsdebatten und Entscheidungen für die politische Gemeinschaft eigentlich ausgehen sollte, verkümmert so zusehends. Es entsteht vielmehr oft der fatale Eindruck, daß die maßgeblichen Entscheidungen in aller Stille von Experten hinter geschlossenen Türen getroffen werden[837], die ohne öffentliche Kontrolle über wichtige Belange der Bürger entscheiden. Ein auf solche Weise zustandegekommenes Recht kann von den Bürgern, selbst wenn sie darüber schließlich noch informiert werden sollten, nicht in dem Maße aufgenommen werden, wie wenn sie von Anfang an dem Gesetzgebungsverfahren hätten folgen können.

Allerdings ist auch zu berücksichtigen, daß es äußerst schwierig ist, die Bürger über grundsätzliche steuerliche Fragen zusammenhängend und sachlich zu informieren. Es fehlt das geeignete Medium, um die gesamte Bevölkerung informieren zu können[838]. Zwar steht für speziell interessierte Kreise ein vielfältiges Informationsangebot, vor allem an Druckerzeugnissen, bereit. Doch weder die Tageszeitungen noch das Fernsehen oder sonstige breitenwirksame Medien befassen sich mit dem Steuerrecht in dem wünschenswerten Ausmaß[839]. Bei der großen Fülle von Informationen, die notwendig wären, um Verständnis hervorzubringen, würde kein privates Medienunternehmen gegen die übermächtige Konkurrenz der Unterhaltungsindustrien bestehen können. Umfassende Informationen in Steuersachen sind einem breiteren Publikum nicht mehr profitabel zu vermitteln. Das so sichtbare Desinteresse an Steuersachen mag eine Folge davon sein, daß das Steuerrecht nur noch jenseits des Rechtsbewußtseins wahrgenommen wird, obwohl es den Geldbeutel aller Bürger direkt betrifft.

(IV) Kontrollfunktion

Gerade im Steuerrecht kann sich das Parlament dem Vorwurf nicht entziehen, seine parlamentarische Kontrollfunktion[840] nicht hinreichend wahrzunehmen. Zwar stellt die parlamentarische Überwachung des Haushalts- und

---

überholten Regierungsentwurfes zum Jahressteuergesetz 1996 noch "schnell" vor Jahresende 1995 auf den Weg gebracht werden konnte. Die FAZ vom 22.11.1995 schreibt dazu in einem Kommentar: "In Deutschland werden neuerdings Steuergesetze und ihre Änderungen zunehmend in einer Art Geheimverfahren vom Gesetzgeber erlassen".

836 *Zippelius*, Allgemeine Staatslehre, 409.

837 *Maier*, Steuerrecht im Wandel, 49 (insbes. FN 178).

838 Vgl. zu den üblichen Möglichkeiten, Informationen über das geltende Recht zu erhalten, *Müller*, Adressatengerechtheit und Allgemeinverständlichkeit - der Verständnishorizont des Adressaten als Kriterium der Gesetzessprache, in: Schäffer/Triffterer (Hrsg.), Rationalisierung der Gesetzgebung, 38ff.

839 Vgl. *Tipke*, Steuerrechtsordnung, 1465 f., der insbesondere das Verhalten der Politakteure im Medienbereich kritisiert.

840 Grundlegend dazu *H.-P. Schneider*, Handbuch des Verfassungsrechts, § 13, RN 91 ff.

Finanzgebahrens der Exekutive, wie sie im Haushalts-, Finanz- und Rechnungsprüfungsausschuß stattfindet, traditionell eine maßgebliche Größe der parlamentarischen Kontrolle dar. Eine Kontrolle von Regierung und Exekutive auf steuerlichem, d.h. auf nicht haushaltspolitischem Gebiet existiert jedoch kaum.

Dieser Befund ist zu einem Großteil auch auf die bereits erwähnten personellen und fachlichen Defizite zurückzuführen, die es dem Parlament kaum erlauben, sich eingehend mit hochkomplizierten steuerlichen Sachfragen zu beschäftigen. Wie die parlamentarische Kontrolle letztlich auch stattfindet[841], Maßstab der Kontrolle ist der souverän gebildete politische Wille des Parlaments[842]. Da das Parlament sich in weiten Bereichen des Steuerwesens in Abgrenzung zur Exekutive einen eigenen politischen Willen überhaupt nicht mehr souverän bilden kann, ist es auch nicht mehr fähig, diese Exekutive tatsächlich zu kontrollieren. Dies gilt im übrigen auch für das eigentliche Budgetrecht des Parlaments: Die Kompetenz zur Beschlußfassung über den Staatshaushalt ist im Vergleich zur übrigen Gesetzgebung eher bescheiden[843]. Die traditionelle Stellung des Etats als "Krongut der Exekutive" scheint sich auch hier fortzusetzen.

(B) Das Mandat des Abgeordneten

(I) Die verfassungsrechtliche Ausgangslage

Die Abgeordneten des Deutschen Bundestages sind nach Art. 38 Abs. 1 Satz 2, 1. Halbsatz GG die "Vertreter des ganzen Volkes". Sie sind daher dazu verpflichtet, bei ihren Entscheidungen stets auf das Wohl der Allgemeinheit Bedacht zu nehmen, und müssen bereit sein, notwendige Kompromisse mitunter auch unter Zurückstellung von Parteizielen zu erreichen[844]. Nur die Pflicht zu einer sachorientierten Politikformulierung zugunsten des Gemeinwohls legitimiert das Mandat des Abgeordneten - als das durch den Wahlakt originär begründete Recht der formalen Repräsentation[845]. Dadurch erlangt der Abgeordnete das öffentliche Amt (Art. 48 Abs. 2 GG) der Mitgliedschaft im Parlament, das ihn auch formal dazu verpflichtet, sein Handeln in den Dienst am Gemeinwohl zu stellen[846].

---

841 Beispielsweise als sog. "dirigierende Kontrolle" oder als "mitwirkende Kontrolle", vgl. *H. H. Klein*, HbStaatsR, Band II, § 40, RN 30 ff.; *Zippelius*, Allgemeine Staatslehre, 407.

842 *H. H. Klein*, HbStaatsR, Band II, § 40, RN 30.

843 *Wolf*, FS Massing, 235.

844 *H.-P. Schneider*, Handbuch des Verfassungsrechts, § 13, RN 41.

845 *Würtenberger*, Zeitgeist und Recht, 112; *H. H. Klein*, HbStaatsR, Band II, § 41 RN 2; *H.-P. Schneider*, Handbuch des Verfassungsrechts, § 13, RN 41.

846 *H. H. Klein*, HbStaatsR, Band II, § 41 RN 1 m. Nw.; *von Arnim*, Ist "der rationale

Obwohl die Abgeordneten nach Art. 38 Abs. 1 Satz 2, 2. Halbsatz GG "an Aufträge und Weisungen nicht gebunden und nur ihrem Gewissen unterworfen" sind, hat die parlamentarische Praxis mittlerweile gezeigt, daß der einzelne Abgeordnete nicht völlig frei entscheiden kann. Er ist einer Vielzahl persönlicher und sachlicher Zwänge ausgesetzt, die ihm eine autonome Mandatsführung in aller Regel verwehren. Zu nennen sind beispielsweise die faktischen Bindungen des Abgeordneten an bestimmte Parteien[847] oder Fraktionen[848]. Zudem wirken rechtliche Zwänge wie Fraktionssatzungen oder die verschiedenen parlamentarischen Geschäftsordnungen freiheitsbeschränkend[849]. Das "freie Mandat" ist heute weitgehend zur Fiktion geworden[850]. Art. 38 Abs. 1 Satz 2 GG dient somit nur dazu, den direkten Durchgriff der Parteien auf die ihr angehörigen Mandatsträger zu unterbrechen, eine Identität von Parteien und Staat zu verhindern[851].

Dennoch trägt der Abgeordnete gegenüber den gesellschaftlichen Gruppierungen[852], denen er seine Wahl zu verdanken hat, die politische Verantwortung für eine sach- und interessengerechte Wahrnehmung seines Mandats. Er wird daher zwar oft "gruppengebunden" agieren und entsprechend sein Mandat gestalten. Die durch das Grundgesetz geschützte Abgeordnetenfreiheit führt in einem solchen Umfeld letztlich aber zu einer "Intensivierung pluralistischer Interessenrepräsentation"[853], mit dem Ziel, ein durch den direkten Kontakt von Politikern und Wählern fundiertes, wirklichkeitsnahes Abbild der gesellschaftlichen Verhältnisse zu formen. Um dem Gemeinwohlgedanken innerhalb dieses Umfeldes zum Durchbruch zu verhelfen, wurde die Rolle des Politikers in der rechtsphilosophischen Literatur als die eines "Pfadfinders" bezeichnet. Der Politiker habe als Pfadfinder die sich entwickelnden Anschauungen zu suchen und sie mit dem

---

Staat" möglich?, in: ders. (Hrsg.), Wirtschaftlichkeit in Staat und Verwaltung, 69: "Es gehört zu den ideellen und rechtlichen Grundsätzen des Staates und seiner Organe, daß die Amtsinhaber nicht ihre egoistischen Eigeninteressen verfolgen dürfen; vielmehr wird vorausgesetzt, daß Amtsinhaber von einem auf die Gemeinschaft bezogenen Ethos erfüllt sind und danach handeln".

847 Vgl. zum "Spannungsverhältnis" zwischen Art. 21 Abs. 1 und Art. 38 Abs. 1 Satz 2 GG BVerfGE 2, 1, 72 ff; 4, 144, 148 f.; 5, 85, 233.

848 Zum sog. Fraktionszwang vgl. BVerfGE 10, 4, 14; 80, 188, 222 f.

849 Vgl. *H.-P. Schneider*, Handbuch des Verfassungsrechts, § 13, RN 42, der das dem Quorum der Mindestfraktionsstärke unterworfene Antragsrecht (§§ 75, 76 GO-BT) anführt.

850 *H.-P. Schneider*, Handbuch des Verfassungsrechts, § 13, RN 42; a. A. *H. H. Klein*, HbStaatsR, Band II, § 41 RN 15.

851 *Grimm*, Handbuch des Verfassungsrechts, § 14, RN 26; vgl. auch *H. H. Klein*, HbStaatsR, Band II, § 41 RN 5.

852 Zu nennen sind beispielsweise Parteien, Wählervereinigungen, Verbände, Interessenvereinigungen, Kirchen, Bürgerinitiativen aber auch bestimmte Wählerschichten oder Berufsgruppen.

853 *H.-P. Schneider*, Handbuch des Verfassungsrechts, § 13, RN 44.

notwendigen Argumentationsgerüst versehen, systemkonform und konsensfähig umzusetzen[854]. Zwar werden die Gefahren dieses Systems[855] erkannt, doch wird die "Chance" als überwiegend angesehen, daß die aufgezeigten Ziele zumindest teilweise erreicht würden[856].

(II) Kritik an der Mandatsausübung

Der Zustand des Finanzwesens ist häufig Anlaß zu wissenschaftlicher Kritik am Verhalten der Abgeordneten im Finanzbereich. Sie basiert in den meisten Fällen auf der ungenügenden Berücksichtigung der Gemeinwohlbelange bei der Mandatsausübung der Abgeordneten. Bei näherer Betrachtung der Entscheidungsvorgänge, so die Kritiker, habe sich gezeigt, daß eine gezielte, auf den Machterhalt ausgerichtete Mandatsausübung im Finanzbereich besonders erfolgversprechend sei. Auftretende Konflikte mit Gemeinwohlbelangen würden unter diesen Umständen in aller Regel zugunsten des Mandatserhalts gelöst werden.

(1) Die Kritik der Finanzwissenschaft

Insbesondere die Finanzwissenschaft hat sich mit dem Verhalten der Mandatsträger eingehend auseinandergesetzt. Obwohl sie - zuweilen recht einseitig - die parlamentarischen Entscheidungsmuster zu systematisieren versucht, darf sie im Rahmen einer Kritik der Mandatsausübung der Parlamentarier nicht übergangen werden. Sie erscheint mitunter sogar als ein wissenschaftlich aufbereitetes Abbild der Auffassung weiter Bevölkerungskreise über das Wirken der Volksvertreter.

Schon *Puviani* hat das tatsächliche Verhalten des politisch aktiven Menschen im Finanzwesen untersucht. Er erkannte, daß es gewisse soziale Gesetzmäßigkeiten gibt, die - ähnlich der Tradition *Machiavellis* - zu effizienter Politik genutzt werden können[857].

---

854 *Zippelius*, Rechtsphilosophie, 146.

855 Dieser "demokratischen Harmonielehre" widerspricht *von Arnim*, Ist "der rationale Staat" möglich?, in: ders. (Hrsg.), Wirtschaftlichkeit in Staat und Verwaltung, 75, 77. Er wendet sich dagegen, die politischen Entscheidungen des Parlaments begrifflich mit dem "Gemeinwohl" gleichzusetzen. Dem Parlamentsbeschluß werde so der Heiligenschein automatischer Richtigkeit zugesprochen. Allerdings stimmt er ihr ausdrücklich zu, wenn es darum geht, über pluralistische Funktionen - wie etwa der gegenseitigen Kontrolle - zu einem ausgewogenen Gesamtresultat zu gelangen, das das Gemeinwohl verwirklicht.

856 *Zippelius*, Rechtsphilosophie, 149.

857 *Amilcare Puviani*, Teoria dell'Illusione Finanziara, Mailand 1903, bzw. Die Illusionen in der öffentlichen Finanzwirtschaft, Berlin 1960.

Auch das Politikerverständnis der Neuen Politischen Ökonomie[858] sieht Politiker als individuelle Nutzenmaximierer, die im Rahmen des demokratischen Entscheidungsverfahrens dann ihr Ziel erreichen, wenn sie möglichst viele Wählerstimmen auf sich vereinigen. Politiker bieten den Wählern in der Form von politischen Programmen ein Wohlverhalten an, das diese dann mit der Zuteilung entsprechender Stimmen belohnen[859]. Statt einer sachorientierten Politikformulierung zugunsten des Gemeinwohls herrscht eigennützige Gewinnmaximierung; nichtwirtschaftliche Interessen - insbesondere öffentliche Interessen - werden gegenüber wirtschaftlichen vernachlässigt[860]. In der Theorie der Politikökonomen[861] wird offen von einem Markt für politische Programme gesprochen, die von Politikern, wie von normalen Anbietern auf anderen Märkten, angeboten werden. Im eigenen Interesse bieten Politiker ein "Produkt" (Wahlprogramm) an und sind darum bemüht, dafür möglichst viel von ihren Kunden zu erlangen (Wählerstimmen, andere Vorteile aus der Befriedigung von Gruppeninteressen wie z.B. Aufsichtsratsmandate).

(2) Die Kritik der Rechtswissenschaft

Auch die Rechtswissenschaft kritisiert das Verhalten der Abgeordneten und die ihnen folgende Gesetzgebung[862]. Denn obwohl das Streben der Politiker und Parteien nach Machterhalt und Machtgewinn im Parteienstaat, wie ihn das Grundgesetz normiert, durchaus anerkannte Ziele seien, sollen dem "Machtkampf" der Politiker um die Gunst der Wähler doch Grenzen gesetzt sein. Diese Grenzen würden durch das Allgemeinwohl gezogen werden: Sachziele mit ihrem Gemeinwohlbezug müssen in einem angemessenen Verhältnis zu dem Streben nach Wählerstimmen stehen[863]. Denn es sei ein "Kinderglaube", zu meinen, die Erhebung von Steuern bedeute per se eine Mehrung des Gemeinwohls zulasten des

---

858 Dort wohl herrschende Auffassung, vgl. *Engelhardt/Hegmann/Panther*, Fiskalillusion aus der Sicht der Neuen Institutionenökonomik, in: Smekal/Theurl (Hrsg.), Stand und Entwicklung der Finanzpsychologie, 141 m.w.N.

859 *Engelhardt/Hegmann/Panther*, Fiskalillusion aus der Sicht der Neuen Institutionenökonomik, in: Smekal/Theurl (Hrsg.), Stand und Entwicklung der Finanzpsychologie, 141.

860 *Haubrichs*, FS Schmölders, 17.

861 *Engelhardt/Hegmann/Panther*, Fiskalillusion aus der Sicht der Neuen Institutionenökonomik, in: Smekal/Theurl (Hrsg.), Stand und Entwicklung der Finanzpsychologie, 141 m.w.N.; vgl. auch das Modell des "Mutualismus", etwa bei *Folkers*, Staatsaufgaben, 133ff., das alle wahlrelevanten Faktoren zu berücksichtigen versucht.

862 Daß dies kein grundsätzlich neues Problem ist, zeigt in seiner Analyse von Geigers "Demokratie ohne Dogma" *Rehbinder*, Ist Theodor Geigers Demokratietherapie realistisch?, in: Würtenberger (Hrsg.), Abhandlungen zur Rechtssoziologie, 222.

863 *Vogel*, DStJG 12 (1989), 130.

Eigennutzes. Vielmehr hänge das Gemeinwohl ausschließlich an der mit Machtzuwachs für Politiker und Beamte verbundenen Entscheidung über die Verwendung der Steuermittel ab[864].

Schenkt man den rechtswissenschaftlichen Beobachtern Glauben, so sind die genannten Grenzen mittlerweile überschritten. Sie schließen sich dem harten Urteil der Finanzwissenschaftler an. Mit einer gewissen Frustration wird festgestellt, daß die "Steuergesetzgeber" in den meisten Fällen zu ihrem politischen Vorteil handeln[865]. Die Erfahrungen der letzten 40 Jahre haben gezeigt, daß es in der parlamentarischen Behandlung des Steuerrechts in aller Regel um "wahlpolitische" Argumente[866] gehe, also um die persönliche Profilierung der Politiker[867], mit der vor allem für den Rechtsgedanken im Steuerrecht nachteiligen Folge, daß das Bemühen um richtige Sachentscheidungen fast zum Erliegen gebracht würde. Ausschlaggebend für bestimmte gesetzliche Maßnahmen sei letztlich nur deren Eignung, zu Stimmengewinnen oder zu Stimmenverlusten führen zu können[868]. Effizienz oder Kostspieligkeit einer beabsichtigten Maßnahme[869] oder gar ethische Werte und Prinzipien seien unbeachtlich, wenn es um das Ziel eines Politikers in einer Demokratie gehe, Wahlen zu gewinnen[870].

Dadurch erkläre sich auch die Unfähigkeit des Parlaments, grundlegende Reformen durchzusetzen. Eine wahre Steuerreform würde dem Bürger mit der Umsetzung einer tragfähigen "Rechtfertigung der Steuern" ein altruistisches Handeln abverlangen, das von Politikern in normalen Zeiten zum einen schwer vermittelbar sei, und zum anderen wenig gewinnbringend zu sein scheine. Eine dem Individualinteresse verpflichtete, populistische Subventionsverteilungs[871]- und Steuerentlastungsgerechtigkeit[872] verspreche dagegen mehr Aussicht auf Erfolg bei den Wählern[873]. Gerade im Steuerwesen würden "Besitzstände" geschaffen

---

864 *Vogel*, JZ 1996, 44.
865 *Vogel*, DStJG 12 (1989), 131.
866 *Tipke*, FS Zeidler, Band 1, 729.
867 *Tipke*, Steuerrechtsordnung, 1454.
868 *Tipke*, Steuerrechtsordnung, 1454.
869 *Rehbinder*, Ist Theodor Geigers Demokratietherapie realistisch?, in: Würtenberger (Hrsg.), Abhandlungen zur Rechtssoziologie, 223.
870 *Vogel*, Der Staat 25 (1986), 511 f.
871 Parlamentarier haben aus machtpolitischen Erwägungen ein eigenes Interesse an der Ausweitung der Staatsausgaben, vgl. *Kirchgässner/Pommerehne*, Staatsaufgaben, 152 f.
872 *Lang*, FS Meyding, 36.
873 Vgl. *Merten*, Optimale Methodik der Gesetzgebung als Sorgfalts- oder Verfassungspflicht?, in: Hill (Hrsg.), Zustand und Perspektiven der Gesetzgebung, 81 f.; Politiker machen sich insofern die von *von Arnim*, Gemeinwohl, 155 f., geschilderten "engeren direkten und deshalb besonders virulenten Interessen der Menschen als Subventionsempfänger" zunutze, anstatt das allgemeine Interesse aller

oder gegenüber Reformbemühungen beschützt werden[874]. Denn ihr Abbau würde bei Wahlen mehr Schaden als Nutzen bringen[875], was wiederum zur Folge habe, daß die Politiker ohne Rücksicht auf höhere Interessen den Individualegoismus ihrer Klienten vertreten würden. Höhere Interessen, Werte und Prinzipien würden dabei immer dann geopfert, wenn sie mit dem Aufstiegsinteresse des Politikers konkurrieren müßten[876]. Die Erfahrungen mit bisherigen Reformvorhaben hätten jedenfalls gezeigt, daß die meisten aller Parlamentarier "Vollblutpolitiker" in dem Sinne seien, wie sie *Tipke*[877] beschreibt: Nur solche Reformen interessieren, die sich "politisch verkaufen" lassen, die also die nächste Wahl positiv beeinflussen können.

Das gesellschaftliche Umfeld trage einiges dazu bei, diese Entwicklung zu fördern. Es sei geprägt durch eine Gesellschaft, in der ein Zerfall des sozialen Werteverständnisses zu beobachten sei[878]. Ethische Werte wären durch die zunehmende Verrechtlichung des Lebens in den Hintergrund gedrängt worden[879]. Dadurch werde das für den sozialen Konflikt besonders relevante Steuerrecht naturgemäß besonders getroffen. Rechtsunterworfene versuchten zunehmend, die Abgabe privaten Geldvermögens möglichst zu vermeiden und auf die Belastbarkeit anderer Gruppen zu verweisen[880]. Innerhalb dieses Umfelds verhalten sich Politiker nicht auffallend anders, wenn auch sie Individualinteressen den Vorrang geben. Denn die Verhaltensstrukturen der Parlamentarier, die sich innerhalb der von der Verfassung vorgegebenen rechtskulturellen Wertstrukturen halten, stehen nachhaltig in enger Wechselbeziehung zum übrigen kulturellen Gesamtsystem[881].

Menschen als Steuerzahler an niedrigen und gerecht verteilten Steuerlasten zu befriedigen.

874 Vgl. dazu *Tipke*, FS Zeidler, Band 1, 730, der Wolfgang Zeidler zitiert: "Das Steuerrecht ist ein Recht mit einem hohen Beharrungsvermögen. Und es ist durchsetzt mit Begünstigungen, mit Privilegien, mit Vorteilen für einzelne. Solche Besitzstände sind, auch wenn sie ihre inhaltliche Berechtigung längst verloren haben, immer stärker als die Belange des Gemeinwohls, die Belange des Sozialstaats und der Steuergerechtigkeit. Insofern wird dieses Rechtsgebiet immer rückständiger und immer weniger reformfähig ... und damit ungerechter." Zur Beharrungskraft der Besitzstände vgl. auch *Isensee*, StuW 1994, 5 f.

875 *Tipke*, FS Zeidler, Band 1, 724.

876 *Vogel*, Der Staat 25 (1986), 512; *Tipke*, StBJb 1993/94, 7, der fragt, wann denn je im Parlament eine inhaltlich-sachlich geführte große Debatte über die Grundfragen der Steuergerechtigkeit stattgefunden habe; *Tipke*, StuW 1990, 313; eine "Unlust des Parlaments zur Vertiefung in das Recht, seine Methodik und wesensgemäßen Begrenzungen" erkennt auch *Eichenberger*, VVDStRL 40 (1982), 18.

877 *Tipke*, FS Zeidler, Band 1, 724.

878 *Lang*, FR 1993, 664.

879 Vgl. *Stolleis*, KritV 1995, 59 f.

880 *Kirchhof*, NJW 1987, 3218.

881 Vgl. allgemein *Pichler/Giese*, ÖJP 1992, 746.

Auch bloße Appelle könnten dann nicht weiterhelfen, wenn jemand angesichts der gegebenen Bedingungen den abstrakten Forderungen nach Gemeinwohlverwirklichung nicht gerecht wird. Ziel müsse es daher sein, die ordnungspolitischen Bedingung zu verändern[882].

(3) Würdigung der wissenschaftlichen Äußerungen

Die Auffassungen der Finanzwissenschaft und weiter Teile der Steuerrechtswissenschaft leiden unter dem Defizit, daß sie letztendlich nicht beweisbar sind. Es ist mit hinreichender Sicherheit nicht herauszufinden, warum und mit welcher Motivation sich Parlamentarier in der einen oder anderen Weise verhalten. Die doch relativ harte Annahme "eigennütziger" Motive bei Finanzentscheidungen widerspricht den Idealen des freien Mandates. Kann sich etwa ein Verhalten durchgesetzt haben, das in der parlamentarischen Theorie nicht vorgesehen war? Oder entlädt sich in den vernichtenden Urteilen der Fachleute lediglich der Zorn über die wenig zufriedenstellenden Ergebnisse der Steuergesetzgebung?

Auch wenn die Vorwürfe der mit der Steuergesetzgebung befaßten Wissenschaftler überzogen erscheinen, so dürfen sie nicht vernachlässigt werden. Es ist zu offensichtlich, daß die parlamentarische Behandlung von Finanzthemen Grenzbereiche der Repräsentationstheorie erreicht. Zudem scheinen die von wissenschaftlicher Seite geäußerten Ansichten einem Politikerverständnis weiter Bevölkerungsteile zu entsprechen. Die anhaltende Kritik an den Auswüchsen der parlamentarischen Demokratie unterstützt diese Vermutung[883].

(III) Fehlen eines "Mandatswächters"?

Folgt man der wissenschaftlichen Kritik, steht die Steuergesetzgebung vor dem Dilemma, daß es keiner Institution gelingt, die gemeinwohlbezogene Mandatsausübung zu garantieren[884]. Auch im parlamentarischen Bereich zeigt sich somit, daß, obwohl die Verpflichtung des modernen Staats auf gemeinwohlbezogene Rationalität anerkannt ist, die Durchsetzung dieses Postulats zum zentralen Problem geworden ist[885].

---

882 *Von Arnim*, Ist "der rationale Staat" möglich?, in: ders. (Hrsg.), Wirtschaftlichkeit in Staat und Verwaltung, 75.

883 Zu nennen sind etwa die Diskussionen über Lobbyismus, die ständig wiederkehrende Diätenfrage oder die Privilegienproblematik.

884 Zu dem wegen fehlender Sanktionen unbegrenzten "Spielraum", innerhalb dessen Politiker ihre eigenen Interessen verfolgen können vgl. *Engelhardt/Hegmann/Panther*, Fiskalillusion aus der Sicht der Neuen Institutionenökonomik, in: Smekal/Theurl (Hrsg.), Stand und Entwicklung der Finanzpsychologie, 142 f.

885 Vgl. *von Arnim*, Ist "der rationale Staat" möglich?, in: ders. (Hrsg.), Wirtschaftlichkeit

Es ist offensichtlich, daß gerade im Steuerrecht gemeinwohlbezogene Interessen an einer spezifischen Durchsetzungsschwäche leiden[886]. Es häufen sich die Fälle, in denen die der Mandatsausübung folgende Steuergesetzgebung den Gemeinwohlbezug aufs äußerste mißachtet und damit justitiable Bereiche erreicht: Es scheint zum Alltag der Steuergesetzgebung zu werden, daß Steuergesetze vom Bundesverfassungsgericht kritisiert, aufgehoben oder zur Abänderung der Gesetzgebung wieder vorgelegt werden[887]. Die daraufhin festgestellte "Unverfrorenheit der Steuerpolitiker, verfassungsrechtliches Grenzverhalten auch angesichts einer sich deutlich verschärfenden Rechtsprechung zu üben"[888], wurde praktisch nur von der Steuerrechtswissenschaft in ihrem vollen Bedeutungsgehalt wahrgenommen. Dies, obwohl oder gerade weil dort lange Zeit die Auffassung vertreten wurde, daß das Bundesverfassungsgericht den Gesetzgeber im Steuerrecht keineswegs am kurzen Zügel geführt habe[889].

Die in diesem Bereich eigentliche Machtinstanz, die Gesamtheit der Wähler, hat sich bisher nicht dazu durchringen können, die Politiker für ihre Versäumnisse zur Rechenschaft zu ziehen, ihnen also in einem neuen Wahlgang die Zustimmung zu versagen. Um einen solchen Schritt bei Wahlen zu vollziehen, fehlt das Interesse[890]: Mittlerweile haben sich viele Bürger auf das Steuer(un-)wesen[891] und das Verhalten der Politiker[892] eingestellt.

---

in Staat und Verwaltung, 67, 69; *Friauf*, StuW 1985, 309: "Unter diesen Umständen erweist sich die dem demokratischen Prozeß immanente Selbstregulierung gerade bei steuerlichen Einzelmaßnahmen als weithin wirkungslos. Noch weniger als in anderen Bereichen kann deshalb hier auf die regulatorische Kraft von (verfassungs-)rechtlichen Prinzipien verzichtet werden...".

886 Vgl. *von Arnim*, Gemeinwohl, 2.

887 Insbesondere sind folgende Entscheidungen zu nennen: BVerfGE 61, 319; 66, 214; 67, 290; 68, 143; 82, 60 (familiäre Unterhaltspflichten). Die Entwicklung fand ihren Höhepunkt mit so spektakulären Entscheidungen wie BVerfGE 84, 239 (Kapitalerträge); BVerfGE 87, 153 (Existenzminimum); BVerfGE 91, 186 (Kohlepfennig); BVerfG NJW 1995, 2615 (Einheitswert und Vermögensteuer) und BVerfG NJW 1995, 2624 (Einheitswert und Erbschaftsteuer).

888 *Lang*, FR 1993, 664. Beispielhaft ist die jahrelange Hinnahme der als verfassungswidrig erkannten Bewertung von Vermögen mit Hilfe der Einheitswerte.

889 Vgl. *Tipke*, Steuerrechtsordnung, 359 f. m. Nw.

890 Dementsprechend wird in der politologischen Forschung mehrheitlich die Auffassung vertreten, daß Wahlen in der Regel kaum als Instrument zur Beeinflussung konkreter politischer Sachfragen gesehen werden dürften - ihr Informationsgehalt hinsichtlich einzelner Sachfragen sei gering. Vgl. *Brettschneider*, Öffentliche Meinung und Politik, 238 f. m. Nw.

891 *Tipke*, FS Zeidler, Band 1, 727.

892 *Von Arnim*, Ist "der rationale Staat" möglich?, in: ders. (Hrsg.), Wirtschaftlichkeit in Staat und Verwaltung, 73: "80 % der Bevölkerung meinen, den Parteien gehe es nur um die Macht. Politikern sei mehr an ihrem individuellen Vorteil und an dem ihrer Parteien gelegen als am Wohl der Bürger".

Zudem fällt es schwer, die Schuldigen ausfindig zu machen. Die dafür notwendigen individuellen Verantwortlichkeiten sind kaum zuzuordnen, weil alle Parteien und Politiker sich ähnlich verhalten. Nicht selten kommt es vor, daß sogar Parteien "politische Kartelle" bilden, die die Opposition einbinden[893]. Das solchermaßen gleichgerichtete, auf systembedingten Sachgesetzlichkeiten beruhende Verhalten der Politiker und Parteien dürfte ihre Wahlchancen somit insgesamt deutlich erhöhen.

Schließlich wurde in der Politökonomie die These vertreten, daß "umkehrwillige" Politiker informellen Sanktionen ihres sie unterstützenden Apparates (Parteien, Interessengruppen, etc.) ausgesetzt werden, wenn sie aus dem "eingeübten Verfahren der allokations- und distributionsschädlichen Vergünstigungsmaßnahmen" ausscheren[894]. Damit besteht für sie selber kein Anreiz, gemeinwohlorientiert zu handeln, wenn sie nicht gleichzeitig ihre Karriere gefährden wollen.

Die praktische Unmöglichkeit individueller Schuldzuweisungen ergibt sich auch aus einem weiteren Grund: Da das Steuerwesen mittlerweile so kompliziert geworden ist, daß es selbst für Spezialisten kaum noch durchschaubar ist, sehen die Wähler in gelegentlichen Nichtigerklärungen von Steuergesetzen durch das Bundesverfassungsgericht kein Versagen der Gesetzgebung. Der Gedanke, die Abgeordneten für den Zustand der gesamten Steuerrechtsordnung verantwortlich zu machen, liegt ihnen noch ferner. Zu lange hat sich der Wähler schon daran gewöhnt, in dem Steuerrechtswesen eine Gesetzesmaterie zu sehen, die er, gerade nicht so wie andere Rechtsdinge, kritisch hinterfragen kann[895]. Stattdessen werden Fehlentwicklungen dem "politischen System" als solchem zugerechnet, an

893 *Von Arnim*, Ist "der rationale Staat" möglich?, in: ders. (Hrsg.), Wirtschaftlichkeit in Staat und Verwaltung, 78; *von Arnim*, Staat ohne Diener, 12. Ein Beispiel aus der jüngeren Vergangenheit ist die Einigung über das Jahressteuergesetz 1997 im Vermittlungsausschuß. Es fand die Zustimmung der SPD-regierten Länder nur deshalb, weil es gelang, ihnen einen möglichst vollständigen Ausgleich für den Wegfall der Vermögensteuer anzubieten. So wurden beispielsweise die Bewertungssätze für Immobilien ebenso angehoben wie der Steuertarif bei der Erbschaftsteuer. Auch die Grunderwerbsteuer wurde kräftig erhöht. Die Abschaffung der Gewerbekapitalsteuer wurde ein weiteres Mal verhindert. Derartige parteiübergreifende Einigungen nach langen Machtkämpfen sind insbesondere immer dann zu erwarten, wenn die Zustimmung des Bundesrates für Gesetzesänderungen notwendig ist und dieser von Oppositionsparteien dominiert wird.

894 *Folkers*, Staatsaufgaben, 144.

895 *Lang*, FR 1993, 661 verwendet das treffende Bild des Steuerzahlers, der seine Steuern jenseits des Rechtsbewußtseins entrichtet. Auch *Schelle*, FS Schmölders, 62, berichtet von der eingebürgerten Praxis, "daß mit augenzwinkerndem Einverständnis beider Seiten am Gesetz vorbeigelebt wird". Es scheint nur folgerichtig zu sein, daß sich bei derartiger Sichtweise keine kritischen Geister entwickeln können.

dem der Einzelne ohnehin nichts zu ändern vermag[896]. In dem Nebel der Steuergesetzgebung und den dazu geführten Diskussionen kann der Bürger nicht mehr erkennen, auf welche Weise er sich mit seinem Stimmzettel gegen die Zustände in der Steuergesetzgebung zur Wehr setzen kann[897]. Zu befürchten steht deshalb, daß er den Bereich der Steuergesetzgebung nicht mehr als einen Bereich ansieht, in dem allgemeine rechtsstaatliche und demokratische Grundsätze gelten[898].

Die Kompliziertheit und Undurchsichtigkeit des Steuerrechts drängt daher auch die Annahme folgender Hypothese auf: Der gegenwärtige Zustand des Steuerrechts scheint nicht nur lediglich in Kauf genommen zu werden, um wahlstimmenrelevante Besitzstände zu wahren oder Steuerersparnisse zu vermitteln[899], sondern er verhindert ganz nebenbei auch eine rationale Analyse des Endproduktes Steuergesetz durch die Wähler und schützt die Parlamentarier so vor ihrer Verantwortung gegenüber den Wählern[900]. Die Mandatsträger haben damit auch unter diesem Gesichtspunkt keinen Grund, sich besonders intensiv um eine Reformierung des Steuerrechts zu bemühen.

Offensichtlich ist die Politik auch nicht besonders daran interessiert, Ansatzpunkte für eine grundlegende Reform zu schaffen. Denn diese könnten als "Meßpunkte" für die künftige Steuerpolitik dienen. Die Tendenz, Politik machtorientiert zu betreiben, wirkt sich daher bereits auf die steuerlichen Grundlagen aus: Machtorientiertes Handeln ist nicht an einer Festlegung konkreter Ziele interessiert, an denen der Erfolg des eigenen politischen Handelns gemessen werden könnte. Denn dann könnte die Opposition oder die interessierte Öffentlichkeit substantiierte, d.h. auf die Vorgaben bezogene Kritik üben, die unter Umständen den Machterhalt gefährden würde[901]. Aus diesem Grund wurde bislang verabsäumt, jene Steuerrechtfertigung zu entwickeln oder öffentlich den Wählern zu vermitteln, die den generellen, und daher reichlich unkonkreten Gemeinwohlbezug der Steuer spezifiziert und konkretisiert. Gäbe es eine Steuerrechtfertigung mit konkreten Zielen, wäre die derzeitige Steuergesetzgebung mit Sicherheit qualitativ höherwertig.

Ein weiterer Grund für die "Nichtahndung" von Versäumnissen bei der Wahrnehmung allgemeiner Interessen kann darin gesehen werden, daß Politik ein "Tagesgeschäft" geworden ist[902]. Die kurze Dauer der Wahlperioden begünstigt

896 *Folkers*, Staatsaufgaben, 144.

897 *Vogel*, DStJG 12 (1989), 131.

898 Zu dem Verlust des Rechtsgedankens im Steuerrecht: *Vogel*, DStJG 12 (1989), 123 ff.

899 *Lang*, FR 1993, 665.

900 *Vogel*, DStJG 12 (1989), 129.

901 Vgl. *von Arnim*, Ist "der rationale Staat" möglich?, in: ders. (Hrsg.), Wirtschaftlichkeit in Staat und Verwaltung, 74, der daraus schließt: "Machtpolitik dominiert über Sachpolitik, Irrationalität über Rationalität":

ein Verhalten, das auf kurzfristige Erfolge ausgerichtet ist[903]. Die üblichen Steuerentlastungs- und Steuervereinfachungsversprechungen vor Wahlen zeigen deutlich, daß die angestrebte Wiederwahl ein wichtiger Grund für die Befassung mit den steuerlichen Mißständen ist - vor der Wahl. Dahingegen versprechen eine sorgfältige Gesetzgebungsarbeit und Zukunftsorientiertheit nicht ausreichenden "Gewinn", da deren Früchte erst nach längerer Zeit - mitunter erst dann, wenn der betreffende Politiker gar nicht mehr Mitglied des Parlaments ist - zum Tragen kommen werden[904]. Zudem erleichtern die regelmäßigen Wahlen das Abwälzen von Fehlern auf frühere Verantwortungsträger. Wahlen haben - insoweit ähnlich wie der Beschluß der Hauptversammlung einer Aktiengesellschaft - auch eine Entlastungswirkung für die bisherigen Mandatsträger.

(IV) Die steuerstaatlichen Entwicklungen im Lichte der kritisierten Mißstände

(1) Die Steuerreformen

Das deutsche Steuerrecht unterliegt seit 1945 bzw. 1949 einer "permanenten Reform"[905]. Faßt man den Begriff "Reform" allerdings qualitativ anspruchsvoller im Sinne einer grundlegenden Änderung auf, so fällt auf, daß grundlegende Reformen in der Steuergeschichte der Bundesrepublik Deutschland trotz der anhaltenden Kritik am Steuerwesen weitgehend fehlen[906]. Zwar gelangen auch einige Einzelsteuerreformen, wie etwa die Umsatzsteuerreform 1967, die Körperschaftsteuerreform 1977, die Reform der Abgabenordnung 1977 sowie die Grunderwerbsteuerreform[907]. Doch obwohl es seit Kriegsende eine ständige Reformdiskussion und immer wieder diesbezügliche politische Versprechungen gab, war die angestrebte Radikalreform[908] nie durchsetzbar[909].

---

902 *Von Arnim*, Gemeinwohl, 168.

903 Dies erklärt auch den von *Brettschneider*, Öffentliche Meinung und Politik, 223, festgestellten Befund, daß Regierungen, Fraktionen und Abgeordnete im Deutschen Bundestag sich stärker an augenblicklichen Meinungsverteilungen als an den für wahre Responsivität wichtigeren Entwicklungen der öffentlichen Meinung orientieren.

904 *Hill*, ZG 1987, 245.

905 *Pleister*, LdR/StuFR, Stichwort "Steuerrechtsentwicklung in der BRD", 475 m. Nw.

906 Vgl. auch die Stellungnahme der Deutschen Steuer-Gewerkschaft, PROT. ÖFF. ANH. FINAUSSCHUß V. 22.11.1993, 311: "Seit vierzig Jahren nimmt die Steuervereinfachung in den Regierungserklärungen - von Konrad Adenauer bis hin zu Helmut Kohl - eine hohe Priorität ein. Geschehen ist bisher nichts. Das Steuerrecht ist nicht einfacher geworden, sondern in ein Steuerchaos abgedriftet"; *Tipke*, FS Zeidler, Band 1, 717 f. m. w. N.

907 *Tipke*, Steuerrechtsordnung, 1461 m. Nw.

908 Nur diese könnte das Steuerrecht grundlegend verändern. Vgl. *Isensee*, StuW 1994, 5: " Schlägt er [der Staat] der Hydra den einen Kopf ab, so wachsen sogleich deren mehrere nach."

Etliche Anläufe scheiterten - auch wenn sie umfassend wissenschaftlich vorbereitet wurden[910]. So versuchte man beispielsweise vergebens eine umfassende Einkommensteuerreform im Anschluß an ein Gutachten des bereits 1950 errichteten Wissenschaftlichen Beirats beim Bundesministerium der Finanzen[911] vom 11. Februar 1967[912], ebenso nach umfangreichen Arbeiten des vom Bundesfinanzminister im Herbst 1963 eingesetzten "Arbeitskreis für die Reform der Reichsabgabenordnung und ihrer Nebengesetze" Ende 1969[913], nach einem detaillierten Gutachten (mehr als 1.200 Seiten) einer Steuerreformkommission[914], mit dem Entwurf eines Dritten Steuerreformgesetzes von 1973[915] oder eines Einkommensteuer-Reformgesetz 1990[916] zu verwirklichen. Bei der sogenannten Steuerreform 1990 klafften Anspruch und Wirklichkeit weit auseinander[917]. Auch das folgende Standortsicherungsgesetz führte nicht zu einer Entkomplizierung des Steuerrechts, sondern zu einer Steigerung der Komplizierung, etwa durch die Einführung eines Schedulenelements in die Einkommensteuer[918]. Der vom Bundesfinanzministerium in Auftrag gegebene Entwurf eines Steuergesetzbuchs (sog. *Lang*-Entwurf) für die jungen Demokratien im Osten Europas erscheint angesichts des sich aus der Reformunfähigkeit ergebenden Zustands des deutschen Steuerrechts "schon fast rührend"[919]. Schließlich wurden die letzten großen Reformvorschläge der Wissenschaft, die die vom Bundesfinanzminister einberufene "Einkommensteuer-Kommission zur Steuerfreistellung des Existenzminimums ab 1996 und zur Reform der Einkommensteuer" unter dem Vorsitz von *Peter Bareis* (sog. Bareis-Kommission) präsentierte[920], auf dem Altar der politischen

909 Vgl. *Tipke*, FS Zeidler, Band 1, 717: "ein fast permanentes Reformpalaver, weitgreifende Reformversprechungen und geringe Reformeffekte"; *Uelner*, Niedergang, 181: "... konnte die Neukodifikation des Einkommensteuerrechts in der politischen und parlamentarischen Wirklichkeit nicht durchgesetzt werden."

910 Vgl. *Tipke*, FS Zeidler, Band 1, 717 m. Nw.

911 Vgl. auch dessen gemeinsame Erklärung mit dem wissenschaftlichen Beirat beim Bundesministerium für Wirtschaft (wahrscheinlich) aus dem Jahr 1952, zitiert bei *Pleister*, LdR/StuFR, Stichwort "Steuerrechtsentwicklung in der BRD", 476: "Die Steuergesetzgebung der letzten Jahre war ... dadurch gekennzeichnet, daß sie sich im wesentlichen auf Teilreformen, die aus Augenblicksnöten notwendig wurden, beschränkte; so trug sie unvermeidlicherweise Flickwerkcharakter. Heute besteht bei allen maßgebenden Stellen Übereinstimmung darüber, daß baldmöglichst eine grundlegende große Steuerreform verwirklicht werden sollte".

912 Schriftenreihe des BMF Heft 9 (1967).

913 Schriftenreihe des BMF Heft 13 (1970).

914 Schriftenreihe des BMF Heft 17 (1971).

915 BT-Drucksache 7/1470; BR-Drucksache 700/73.

916 Vgl. dazu ausführlich *Maier*, Steuerrecht im Wandel, 11ff.; *Tipke*, StuW 1989, 300 ff.

917 *Maier*, Steuerrecht im Wandel, 11 ff.

918 *Tipke*, StuW 1993, 12; vgl. auch *Lang*, StBJb 1993/94, 10 ff.

919 *Raupach*, FS Klein, 320.

920 Die von *Bareis* für wichtig gehaltenen Punkte des Kommissionsgutachten mit dem Ziel einer Steuervereinfachung referiert *Seer*, StuW 1995, 190 f.

Opportunität geopfert. Der vorgeschlagene "Rundumschlag gegen wohlbehütete Steuerprivilegien solidarisierte die Akteure der Bonner Steuerpolitik"[921], die die Vorschläge einhellig und schroff ablehnten. Jüngstes Beispiel politisch gebremster Reformanstrengungen ist nach dem Jahressteuergesetz 1996 die sog. "große Steuerreform". Die vollmundigen Reformversprechungen, die beiden Vorhaben vorausgingen, haben sich auch hier zuletzt als "bloße Worthülsen"[922] erwiesen.

Mitunter konnten selbst realistische Reformansätze im Binnensystem einzelner Steuergesetze nicht umgesetzt werden. Gerade einzelne Regelungen, die außerhalb des politischen Interesses lagen, deren Verbesserung aber unter den gegenwärtigen Verhältnissen durchaus "machbar" gewesen wäre, wurden weder von den Parlamentariern noch von seiten des Finanzministeriums in ihren ständigen "Reformbemühungen" berücksichtigt[923].

Die Reformbilanz der Steuergesetzgeber ist jedenfalls mager: Die Ergebnisse erreichten nie die gesteckten Ziele[924]. Alle grundlegenden Reformbemühungen scheiterten schließlich an politischen Erwägungen. Groß angekündigten Reformen folgten in aller Regel nur sehr bescheidene Taten[925]. Politisches Kalkül führte immer wieder dazu, daß verfassungsrechtlich Wünschenswertes oft übergangen und sogar verfassungsrechtlich Notwendiges bewußt mißachtet wurde. Sowohl der politische Druck als auch die politische Kraft für eine grundlegende Veränderung fehlen offensichtlich[926].

---

921 *Lang*, StuW 1995, 1; *Lang*, FS Tipke, 11 f. spricht daher auch von einer noch nie so deutlich zutage getretenen "Unfähigkeit zur Reform".

922 *Arndt/Schumacher*, NJW 1995, 2605. Selbst der vom Bundesfinanzministerium zur Vorbereitung einer Reform herangezogene Fachmann *Bareis* kritisiert das sog. "Waigel"-Tarifmodell als eine überflüssigerweise recht komplizierte Konzeption, vgl. *Seer*, StuW 1995, 191.

923 *Tipke*, Steuerrechtsordnung, 1457, führt dazu die "völlig unsystematisch zusammengewürfelten Steuerbefreiungen" an und fragt: "Welcher Abgeordnete würde dem Finanzministerium in den Arm fallen, wenn es endlich die §§ 4 IV, 5 EStG und 9 EStG aufeinander abstimmen würde, wenn es die Konkurrenz der Einkunftsarten (auch das Verhältnis § 17 EStG zu § 23 EStG) klar regeln würde, wenn es die §§ 16, 17 EStG konsistent fassen würde, wenn sachgerecht und klar geregelt würde, ob eine Steuervergünstigung der Personengesellschaft oder ihren Gesellschaftern zustehen soll, wenn geregelt würde, wie zurückgezahlte Sonderausgaben und außergewöhnliche Belastungen zu behandeln sind?"

924 Vgl. dazu ausführlich *Tipke*, Steuerrechtsordnung, 1462f. m. Nw.; *Pleister*, LdR/StuFR, Stichwort "Steuerrechtsentwicklung in der BRD", 476 ff. m. Nw.

925 Vgl. *Klein*, DStBTag 1991, 46; *Tipke*, StuW 1993, 13. Zu der keineswegs zufälligen Diskrepanz zwischen Ankündigung und Ausführung in einer Mediengesellschaft, in der das politische Wort immer mehr an die Stelle des politischen Handelns tritt vgl. *Wassermann*, Die moderne Gesetzessprache als Ausdruck politischer Kultur, in: Öhlinger (Hrsg.), Recht und Sprache, 41.

926 *Hill*, ZG 1987, 241; *Lang*, StuW 1995, 1.

(2) Die Entwicklung der staatlichen Kreditaufnahme

Für die Abhängigkeit finanzpolitischer Entscheidungen von den kurzfristigen Erwägungen der Bevölkerung und der Wähler spricht auch das staatliche Finanzgebahren. In den 70er Jahren wurde jede zwanzigste Mark des Bundeshaushaltes für den Schuldendienst verbraucht. Anfang der 90er Jahre war es bereits jede achte Mark im Haushaltsplan, 1997 wird es mehr als jede zehnte Mark sein[927]. Im Vergleich zu 1995 ist die Neuverschuldung des Bundes 1996 von 50,1 auf 78,3 Mrd. DM gestiegen[928]. Es bestand lange Zeit eine politische Präferenz, Schulden einzugehen, sei dies nun öffentlich oder verdeckt[929]. Dies ist sicherlich auch auf die schwierige Vermittelbarkeit von Ausgabenkürzungen oder Abgabenlasterhöhungen zurückzuführen. Die Kreditfinanzierung des Haushalts ruft wesentlich weniger gesellschaftliche Widerstände hervor als konkrete Einschnitte, so daß sie von der Politik regelmäßig bevorzugt wurde. Diese aus der Neuverschuldung erkennbare Schwäche der Politik gegenüber der Gesellschaft[930] ist mit einiger Wahrscheinlichkeit auch auf die Durchsetzung von gemeinwohlbezogenen Belangen im Steuerrecht übertragbar.

(3) Analyse der Entwicklung

Die vielen gescheiterten Reformversuche offenbaren eine weitere Besonderheit, die die Steuerrechtspolitik kennzeichnet: Das Beherrschung der Steuergesetzgebung erwies sich lange Zeit als ein Machtfaktor der Regierungsparteien. Die Befriedigung von Interessenwünschen hat sich gerade im Finanzbereich als ein probates Instrument zur Machterhaltung erwiesen, dem die Opposition in aller Regel nichts Gleichwertiges entgegensetzen kann[931].

Falls allerdings eine Aufteilung dieses Machtfaktors zwischen Opposition und Regierungsparteien derart besteht, daß die Oppositionsparteien durch ihre Mehrheit im Bundesrat eine Konsensfindung in vielen Bereichen der Steuergesetzgebung praktisch erzwingen können, besteht die Möglichkeit, daß sich das

927 Vgl. das Gesetz über die Feststellung des Bundeshaushaltsplans für das Haushaltsjahr 1997 (Haushaltsgesetz 1997), BGBl. I S. 2033, §§ 1 und 2. Von DM 439 900 000 000 Gesamtvolumen werden DM 53 300 000 000 durch Kredite finanziert. Dies entspricht einer Quote von mehr als 12 Prozent.

928 HANDELSBLATT vom 16.01.1997.

929 *Wolf*, FS Massing, 251: "Zur Zeit existieren neben dem Bundeshaushalt etwa 10 Schattenhaushalte. Der Fonds Deutsche Einheit hat allein ein Gesamtvolumen von 115 Mrd. DM, er ist mit 89 Mrd. DM Kredit finanziert".

930 *Wolf*, FS Massing, 247.

931 Auf der selben Ebene stehen auch "Wahlgeschenke" in anderen Rechtsgebieten, wie etwa dem Sozialversicherungsrecht. Vgl. hier nur das Beispiel des Rentenreformgesetzes bei *von Arnim*, FS Haubrichs, 210 f.

Steuerrecht zu einem undurchschaubaren Gewirr an Einzelfallregelungen entwikkelt. Grund dafür ist auch hier die hervorragende Eignung des Steuerrechts, politischen Zwecken zu dienen. Dieser Umstand trifft auf eine außergewöhnliche Formbarkeit des Rechtsmaterie: Nahezu jede steuerliche Maßnahme läßt sich "politisch" durchsetzen, weil von den Auswirkungen einer Regelung vielfach nur eine Minderheit der Bürger betroffen wird[932]. Die Hoffnung, in der Opposition ein Gegenwicht zu haben, das die schlimmsten Auswüchse der Interessenpolitik verhindern könnte, wird sich daher nur selten erfüllen.

Umfassende Steuererhöhungen sind kein opportunes Mittel zur Politikgestaltung. Sie schwächen lediglich das politische Ansehen. Aus diesem Grund erfuhren die nach dem *Keynesschen* Modell des "deficit spending" aufgenommene staatliche Verschuldungsprädisposition auch in "normalen" Krisenzeiten ihre Fortführung. Sie offenbart eine an kurzfristigen Aspekten ausgerichtete Haushaltspolitik, gegen die sich die Belange des Gemeinwohls nicht durchsetzen können. Die Schwäche der Politik, auch gegenüber ihren Wählern gemeinwohlbezogene Interessen nicht vertreten und durchsetzen zu können, hat auf diese Weise zu einer immer höheren Staatsverschuldung geführt.

Die Interessengerichtetheit der Politik und die Durchsetzungsschwäche gemeinwohlbezogener Politik verhindern auch heute noch die notwendigen Reformen im Steuerrecht. Sie führen zu ständigen Änderungen und tragen damit zu einer weiteren Qualitätsverschlechterung des Steuerrechts bei[933]. Diese Entwicklung ist aber nicht nur der Systematik der Steuerrechtsordnung abträglich, sondern, wie bereits erwähnt, auch der Akzeptanz des Steuerrechts. Denn die gesteigerte Befriedigung individueller Interessenlagen[934] kann zu einem Recht führen, das von niemandem mehr als gerecht empfunden wird, da es den Anspruch der Normadressaten an seine Ordnungsfunktion enttäuscht[935]. Gerade der Akzeptanzfaktor "Gerechtigkeitsgefühl" wird so in Mitleidenschaft gezogen.

---

932 *Friauf*, StuW 1985, 309.

933 Vgl. dazu *Uelner*, DStR 1977, 125: "Manchmal überlege ich, wie es wäre, wenn die Steuergesetzgebung und die Steuerpolitik für einige Jahre aus der harten politischen Konfrontation herausgehalten werden könnte. Eine Zeit der Ruhe und der Besinnung wäre nämlich m.E. im Interesse des Steuerrechts und seiner systematischen Durchdringung eigentlich notwendig."

934 Das gegenwärtige Steuerrecht besteht zu einem Großteil aus Regelungen, die interessenpolitischen Ursprungs sind. Als Beispiele für interessenpolitische Regelungen im Steuerrecht können nahezu sämtliche Abschreibungsmöglichkeiten genannt werden. Die Auseinandersetzungen über die gesetzliche Regelung der Abschreibungsmöglichkeiten für Dienstwägen oder die Besteuerung von Trinkgeldern zeugen von dem Zweck mancher Regelungen, einer bestimmten Interessengruppe zu dienen.

935 *Lang*, FS Meyding, 35.

Neuerungen, die das Gemeinwohl besser als bisher berücksichtigen, sind schwerlich durchzusetzen. Die Tradition spielt dabei eine besondere, eher hemmende, Rolle. Vieles wird einfach deshalb so gemacht, weil es bisher stets so gemacht worden ist[936] und die Rechtsunterworfenen sich daran gewöhnt haben[937]. Der Grund für solches Beharrungsvermögen ist wiederum die Ausrichtung der Steuerpolitik an den Wählern. Auch wenn Althergebrachtes scheitern sollte, wird dieses Scheitern von den Wählern nicht in einem solchen Ausmaß mit dem Entzug von Wählerstimmen bestraft, wie das Scheitern von Reformansätzen[938]. Zudem ist das "Bewährte" den Wählern leichter zu erklären und erreicht schnellere Zustimmung, mithin also höhere Stimmzahlen.

Zudem verhindert der Erfolg des mit der Anwendung des Steuerrechts betrauten Rechtsstabes die notwendigen Reformen. Denn Verwaltung und besonders die Rechtsprechung schaffen es, mit "kleinen pragmatischen Lösungen" den Gesetzgeber vor dem faktischen Druck zu bewahren, dem sich der Gesetzgeber ausgesetzt sähe, wenn der Steuerstaat nicht mehr funktionieren würde[939].

(V) Folgen des fehlenden Gemeinwohlbezugs

Das fehlende Moment des Gemeinwohls in Finanz- und Steuerentscheidungen hat eine weitreichende Folge: Die Legitimität repräsentativer Demokratie wird bedroht, da die für das Funktionieren einer demokratischen Repräsentation unerläßliche Voraussetzung einer Vermittlung auf das Allgemeine[940] nicht mehr stattfindet: Der wichtigste Legitimationsgrund für die formale Repräsentation muß in der rationalen, sachorientierten Formulierung zugunsten des Gemeinwohls gesehen werden[941]. Die Unfähigkeit zur Reform zeigt überdeutlich die Unfähigkeit zu dieser gemeinwohlorientierten Politikformulierung. Das Fehlen des

936 *Wassermann*, Die moderne Gesetzessprache als Ausdruck politischer Kultur, in: Öhlinger (Hrsg.), Recht und Sprache, 41.

937 *Vogel*, Der Staat 25 (1986), 484, spricht etwa von dem durch Gewöhnung eingeschläferten Bewußtsein dafür, daß die Besteuerung ein Eingriff und daß sie keineswegs selbstverständlich sei.

938 Vgl. *Brettschneider*, Öffentliche Meinung und Politik, 224, der im Rahmen seiner Responsivitätsforschung festgestellt hat, daß in Deutschland rechte Positionen durchsetzungsstärker als postmaterialistisch-linke sind, d.h. die parlamentarischen Handlungen stimmen mit rechten Bevölkerungspräferenzen häufiger überein als mit linken.

939 Vgl. *Isensee*, StuW 1994, 4, 14 mit Beispielen.

940 *Böckenförde*, Demokratie und Repräsentation, in: ders., Staat, Verfassung, Demokratie, 401.

941 *Würtenberger*, Zeitgeist und Recht, 112; *von Arnim*, Ist "der rationale Staat" möglich?, in: ders. (Hrsg.), Wirtschaftlichkeit in Staat und Verwaltung, 75: "Der Staat muß einigermaßen rational sein i.S. der Wahrung von Gemeinschaftsbelangen, sonst droht er seine Legitimation zu verlieren.

erwünschten "rechtsethischen Diskurses und Konsenses"[942] beeinflußt daher nicht nur das Ansehen eines Rechtsbereichs, sondern bedroht auch die Legitimität des gesamten staatlichen Systems.

(C) Die Ministerialbürokratie

(I) Das Wirken der Exekutive im Gesetzgebungsverfahren

Wie bereits mehrfach erwähnt, bildet die ministerielle Bürokratie zusammen mit den Abgeordneten der Parlamente in Bund und Ländern bei der Schaffung und Fortbildung des Steuerrechts eine besondere Symbiose. Beide Teile sind in ihrem Zusammenwirken die tatsächlichen Legislatoren. Allerdings haben sie unterschiedliche Wirkungsschwerpunkte. Während sich der parlamentarische Gesetzgeber funktionsgemäß vor allem für die "politischen" Themen des Steuerrechts einsetzt[943] (z.B. Umverteilungsregelungen, Steuervergünstigungen, Mittelbeschaffung, ökologische oder sonstige in ihren groben Umrissen skizzierte Steuerreformen, etc.), ist die Regierungsexekutive für die "Feinheiten" des Steuerrechts zuständig. Sie ist für die konkrete Form[944] und die rechtstechnischen Aspekte der Steuergesetze verantwortlich, und das nicht nur für die von ihr erstellten Gesetze im materiellen Sinn (z.B. Rechtsverordnungen), sondern auch für die weitaus meisten Gesetze im formellen Sinn[945]. Ihr Fachwissen[946] und vor allem ihr Informationsvorsprung führen dazu, daß die Ministerialbürokratie heute als die stärkere und lenkende Macht eingeschätzt wird[947]. Insofern ist das Urteil *Luetjohanns* zumindest für den Bereich des Steuerrechts durchaus zutreffend,

---

[942] Vgl. *Lang*, FS Tipke, 12 m. Nw.

[943] Vgl. *H. H. Klein*, HbStaatsR, Band II, § 40, RN 18.

[944] Das noch von *Oberreuter*, Entmachtung des Bundestages durch Vorentscheider auf höchster politischer Ebene, in: Hill (Hrsg.), Zustand und Perspektiven der Gesetzgebung, 122, festgestellte Privileg des Parlaments bei der Festlegung des Gesetzestextes existiert daher in der Steuergesetzgebung nicht.

[945] Steuergesetz im formellen Sinn ist ein Steuern betreffender Rechtsnorm-Beschluß der für die Gesetzgebung zuständigen Organe, der im verfassungsmäßig vorgesehenen förmlichen Gesetzgebungsverfahren ergeht, ordnungsgemäß ausgefertigt und verkündet ist (sog. Parlamentsgesetz). Steuergesetz im materiellen Sinn ist jede Steuern betreffende Rechtsnorm, d.h. jede die Besteuerung betreffende hoheitliche (d.h. von der Verwaltung erlassene) Anordnung, die für eine unbestimmte Vielzahl von Personen allgemein verbindliche Regelungen enthält.

[946] Vgl. *Helsper*, BB 1995, 22: Angesichts des fehlenden Rechtssicherheit, der fehlenden Systematik, der Wertungswidersprüche verwandele sich die Rechtsordnung "in ein Chaos einzelner, für sich meist wohlbegründeter Aussagen. Dann herrscht aber, wer das Detail beherrscht; erst hat das Ministerium das Parlament am Leitseil und dann, wenn der Prozeß im Ministerium weitergeht, leitet der Sachbearbeiter den Abteilungsleiter".

[947] Dies vor allem in der ökonomischen Theorie, vgl. *Helsper*, BB 1995, 20 m. Nw.

demzufolge der Parlamentsgesetzgeber gegenüber seinem Gehilfen, der Fachbürokratie, abgedankt habe, und von ihm im Gesetzgebungsverfahren durch das eigenmächtige "Einweben" von Regelungsinhalten in Gesetzesentwürfe praktisch bevormundet werde[948].

(II) Die Folgen

Aus dem Zusammenwirken von Exekutive und Legislative im Steuerrechtsbereich ergeben sich weitreichende Konsequenzen für das so zustandegekommene Recht.

(1) Die Vernachlässigung des Gemeinwohlbezuges

Die Ministerialbürokratie besteht aus hochkarätigen Experten, die in ihren jeweiligen Fachgebieten über ein profundes Wissen verfügen[949]. Allerdings hat sich gezeigt, daß derartige Experten keine Garantie für eine ständige Optimierung der Regelungen zugunsten des Gemeinwohls sind[950]. Dies ist auch einsichtig, weil die Ministerialbürokratie des Finanzministeriums sich eben primär um die Finanzen des Bundes und einen reibungslosen Gesetzesvollzug zu kümmern hat. Schon allein deshalb können übergreifende Gemeinwohlaspekte in aller Regel nicht im Mittelpunkt ihrer Bemühungen stehen. Diese Aufgabe kommt, wie bereits dargelegt, vorrangig den durch Wahlen legitimierten Abgeordneten zu.

Angesichts der tatsächlichen Vorherrschaft der Exekutive werden sogar Theorien mit Allgemeingültigkeitsanspruch formuliert: Die Politik könne nur solange gemeinwohlorientiert sein, wie sie sich ihren Primat vor der mit Expertenwissen ausgestatteten Ministerialbürokratie sichern könne[951].

Ob diese Erkenntnisse der tatsächlichen Situation im Steuerrecht gerecht werden, mag bezweifelt werden. Denn auch wenn die Politik ihren Primat

---

948 *Luetjohann*, 51 f.

949 Zu den Gefahren des sog. "Kästchendenkens" vgl. *Tipke*, FS Zeidler, Band 1, 727.

950 *Helsper*, BB 1995, 20 m. Nw.; auf die Gefahren rein wissenschaftlicher Betrachtungen wies schon *Uelner*, DStR 1977, 123 f. hin.

951 Vgl. *Helsper*, BB 1995, 20 f., der anhand historischer Erfahrungen ein in der Wirklichkeit wiederkehrendes Muster erkennt, wenn sich eine Expertenbürokratie de facto dem Primat der Politik entzieht:
1. Durch die Realisierung der Expertenkonzepte wird das politische Ziel nicht erreicht, sondern verfehlt.
2. Innerhalb der Begründungshorizonte der Experten sind die Konzepte gut vertretbar.
3. Die Expertenkonzepte führen zu wissenschaftlichem Fortschritt, dem kein gesellschaftlicher Nutzen entspricht.
4. Die Karrierechancen der Expertenbürokratie steigen.

zurückerobern könnte, wäre noch nicht viel gewonnen. Die heutige Steuergesetzgebung leidet vor allem unter dem parlamentarischen Defizit, das Gemeinwohl nicht hinreichend in den Mittelpunkt aller parlamentarischen Bemühungen zu stellen.

Einfache Lösungsmodelle lassen sich daher nicht nennen. Auch Parlamentarier, sollten sie sich ihrer Verantwortung bewußt sein, stehen dem status quo zumeist hilflos gegenüber. Selbst wenn die Fakten in ihrer ganzen Reichweite wahrgenommen werden sollten, haben die Parlamentarier nahezu keine Möglichkeiten, die Vorherrschaft der Exekutive zu durchbrechen. Die Abhängigkeiten im Rahmen der gesetzestechnischen Erstellung eines Steuergesetzentwurfs sind mindestens ebenso groß wie der politische Erfolgsdruck, Gesetzesvorhaben in einer bestimmten Zeit zu realisieren.

(2) Die Gefahr eines Gewaltenteilungsdefizits

(a) Spezifische Probleme der Steuergesetzgebung

Bereits oben wurde das Problem der ministerialbürokratischen Gesetzesformulierungstätigkeit angesprochen. Ministerialbeamten formulieren hochkomplizierte Gesetzestexte, die die eigentlich zur Gesetzgebung berufenen Parlamentarier nicht verstehen können oder wollen. Ein Interessenschwerpunkt der zumeist nicht steuerrechtskompetenten Parlamentarier liegt auf der Stimmenmaximierung bei anstehenden Wahlen. Daher werden sie sich weitgehend unter diesem Aspekt mit der Steuerpolitik beschäftigen, die für diesen Zweck besonders ertragreich sein kann. Steuerpolitik bedeutet in diesem Fall Interessenpolitik. Um die "Feinheiten", also die rechtliche Ausgestaltung, und um Steuerrechtsgebiete, die im Sinne der Interessenpolitik nicht ausreichend ertragbringend erscheinen, kümmern sich die Abgeordneten kaum. Von der Parlamentsmehrheit und der Bundesregierung werden lediglich die an Wahlprogrammen orientierten "Eckwerte" festgesetzt - alles weitere wird von der Bundesregierung an die Ministerialbürokratie weiterdelegiert, die den Referentenentwurf erarbeitet[952]. Die Verwaltung legt somit zwar keine Ziele selbständig fest, wählt aber in aller Regel im Rahmen des Zielformulierungsprozesses aus den möglichen Zielen aus. Da Zielvorgaben und mögliche Lösungswege interpretationsbedürftig sind, kommt der Verwaltung somit ein erheblicher Spielraum zu[953]. Damit wird die gesetzesformulierende Ministerialbürokratie zum faktischen Gesetzgeber, wenn ihre Entwürfe - wie zumeist nach dem entsprechenden Vorlauf in den Ausschüssen üblich - von der Legislative lediglich "abgesegnet"[954] werden[955]. Aus verfassungsrechtlich

---

952 *Gattermann*, StuW 1988, 171.

953 *Franke*, Steuerpolitik in der Demokratie, 335 f.

954 Vgl. *Schmölders*, Finanzpsychologie, 154: Aufgrund der weitgehenden

zulässigen Gewaltenverschränkungen werden unter solchen Vorzeichen schnell Gewaltenverlagerungen[956], die verfassungsrechtliche Grenzbereiche erreichen.

Betrachtet man die Äußerungen führender Ministerialbeamter, kann man sich des Eindrucks kaum erwehren, daß sich die Exekutivspitze mittlerweile selbst als den eigentlichen Steuergesetzgeber betrachtet[957]. Dazu ist sie aber im demokratischen Rechtsstaat weder berufen noch geeignet. Abgesehen davon, daß sie nicht demokratisch legitimiert ist, ist sie auch ihrer ganzen Struktur nach nicht auf eine gemeinwohlbezogene Politik ausgerichtet. Auf der Ebene der Bürokratie wird normativer und subordinater gedacht[958], man verhält sich gehorsamsbewußt und setzt auf Sicherheit[959]. *Franke* weist insbesondere auf die Abhängigkeit der politischen Spitzenbeamten von der Regierung hin, die sich auch auf die nachgeordneten Beamten auswirke[960]. Die Annahme, daß die Ministerialbürokratie von sich aus, ebenso wie es von den Parlamentariern erwartet wird, für das

---

Undurchsichtigkeit des Entscheidungsgegenstands "pflegt sich die Meinungsbildung nach ähnlichen Gesetzen zu vollziehen, wie sie für die sogenannte `öffentliche Meinung´ gelten; hier liegt die Bedeutung plausibler Formeln und eindrucksvoller Schlagworte, die als Denkhilfen und Anknüpfungspunkte für die politische Argumentation dienen können". Selbst der Finanzausschuß überprüft die ihm vom Plenum überwiesenen, meist im Bundesfinanzministerium entstandenen Entwürfe, nur unter politischen Aspekten und kräftiger Mitwirkung der Steuerabteilung des Bundesfinanzministeriums, deren Vertreter im Finanzausschuß generell hohes Ansehen genießen, vgl. *Tipke*, Steuerrechtsordnung, 1459.

955 *Luetjohann*, 36; noch "schlimmer" kann es kommen, wenn durch ein solches Verhalten Ermächtigungsgrundlagen für Rechtsverordnungen (dazu: *Tipke*, Steuerrechtsordnung, 1147 ff.) geschaffen werden. Diese sind gerade im Finanzrecht äußerst zahlreich, da dieses Gebiet in besonderem Maße auf Wandel und Wechsel angelegt ist, vgl. *Ossenbühl*, Rechtsverordnungen und Verwaltungsvorschriften als Neben- oder Ersatzgesetzgebung, in: Hill (Hrsg.), Zustand und Perspektiven der Gesetzgebung, 102.

956 Beispiele für eine "Machtverlagerung zur Bürokratie" geben *Ellwein/Hesse*, Der überforderte Staat, 80 ff.

957 Vgl. etwa *Kieschke*, JbFSt 1991/92, 37; *Uelner*, Niedergang, 177 ff, der das steuerrechtswissenschaftliche Ansinnen auf Übernahme wissenschaftlicher Lösungsvorschläge in die Gesetzgebungspraxis als realitätsfremd zurückweist und davon spricht, daß politische Entscheidungen selten nach wissenschaftlichen Theorien ausgerichtet werden könnten. Das primäre Ziel der Besteuerung sei es nun einmal, das Aufkommen zu sichern, das erforderlich ist, um bestimmte Haushaltsaufgaben zu finanzieren. Vgl. dazu auch *Seer*, StuW 1995, 185, der die Vorstellung und Rechtfertigung des Jahressteuergesetzes 1996 durch den Leiter der Steuerabteilung im Bundesfinanzministerium referiert, die ebensogut auch aus dem Mund eines Politikers kommen könnte: "Min.Dir. Forst sah es als wesentlichen Vorteil dieses Tarifs an, daß kein Steuerpflichtiger mehr als zuvor zahle."

958 *Luetjohann*, 36.

959 *Franke*, Steuerpolitik in der Demokratie, 374.

960 *Franke*, Steuerpolitik in der Demokratie, 373 f.

Gemeinwohl eintreten wird, muß somit als realitätsfern bezeichnet werden. Damit ist der Behördenapparat einigen wenigen - im Fall der "nichtpolitischen" Spitzenbeamten (z.B. Referatsleiter) demokratisch nur schwach legitimierten - Personen, aber auch verfassungsgerichtlichen Weisungen[961], zu Diensten, ohne Reformgeist und ohne "checks and balances", wie sie im Parlament durch die Opposition und die Öffentlichkeit erzwungen werden können[962].

Der bereits oben angesprochene Machtmißbrauch ist vorprogrammiert, wenn das Parlament zu Zwecken der parlamentarischen Legitimation von Gesetzesprodukten der Minsterialbürokratie zu einer bloßen Abstimmungsmaschinerie[963] degradiert wird. Daß jener auch stattfindet, ist ein offenes Geheimnis[964].

Als ein - seit langem diskutiertes - illustres Beispiel kann die Praxis der sogenannten Nichtanwendungsgesetze gesehen werden. Mit ihnen soll höchstrichterliche Rechtsprechung revidiert werden, die der Finanzverwaltung mißliebig ist[965]. Es handelt sich somit um eine Methode der rechtsprechungsbrechenden Steuergesetzgebung[966], die mit steigenden Staatsausgaben zunehmend Anwendung findet, da die Finanzverwaltung das Fiskalinteresse durchzusetzen versucht[967]. Auch hier richtet sich die Kritik gegen das Unterlaufen des

---

961 *Luetjohann*, 40, sieht dementsprechend wegen der "faktischen Maßgeblichkeit" verfassungsgerichtlicher Entscheidungen die für die Bürokratie faktisch bindende Interpretationsmasse außerordentlich zunehmen.

962 All dies schafft nach *Vogel*, Der Staat 25 (1986), 512, ein Umfeld, in dem besonders leicht das öffentliche Interesse an Moral und Prinzipien dem Karriereinteresse der Ministerialbeamten zum Opfer fallen kann.

963 *Luetjohann*, 152 m. Nw.; *von Arnim*, Gemeinwohl, 255, hebt die faktische Einheit von Parlament und Regierung hervor. Damit fände eine gegenseitige Kontrolle kaum noch statt.

964 *Franke*, Steuerpolitik in der Demokratie, 336 m.w.N., weist darauf hin, daß die Mitglieder der Bürokratie ebenfalls handfeste eigene Interessen verfolgen.

965 Vgl. etwa den Nichtanwendungserlaß des Finanzministeriums Baden-Württemberg vom 23.01.1997 zur Steuerbarkeit der formwechselnden Umwandlung - S 4520/2, abgedruckt in BB 1997, 299: "...Bis zur Klärung der Angelegenheit auf Bundesebene wird gebeten, aus dem o.a. BFH-Beschluß keine gegen den Bezugserlaß vom 12. Dezember 1994 gerichteten Folgerungen zu ziehen, d.h. formwechselnde Umwandlungen von Personengesellschaften in Kapitalgesellschaften und umgekehrt grunderwerbsteuerlich nach wie vor als steuerbare Rechtsträgerwechsel zu behandeln."; weitere Beispiele bei *Lang*, StuW 1992, 15.

966 *Felix*, Stbg. 1988, 20. Vgl. auch die bei *Seer*, StuW 1995, 189, referierte Äußerung *Pelka*s: "Die Ministerialbürokratie, die durchweg zumindest eine redaktionelle Mitverantwortung für die Gesetzestexte besitze, könne gelegentlich der Versuchung nicht widerstehen, mißliebige BFH-Entscheidungen durch entsprechende "Gegengesetze" zu korrigieren...".

967 Vgl. *Franke*, Steuerpolitik in der Demokratie, 253, der feststellt, daß die Verwaltungspraxis nicht selten auch unter Zeitdruck versucht, die Rechtsanwendung

Gewaltenteilungsgrundsatzes, da maßgeblicher Initiator derartiger Steuergesetze das Bundesfinanzministerium ist, das die fachliche Inkompetenz und die Fixiertheit vieler Parlamentarier auf die Steuerpolitik ausnutzt[968]. Desweiteren wird durch dieses antijustizielle Verhalten eine Rechtsfortbildung verhindert, die das chaotische Steuerrecht mit Hilfe der aus der Rechtsanwendung gewonnenen Ergebnisse dogmatisch aufzubereiten versucht. Der Gesetzgeber handelt nach Auffassung *Langs* daher auch dann rechtsstaatswidrig, wenn er auf diese Weise die Fortbildung des Rechts hemmt oder gar zurückwirft[969]. Darüberhinaus wird durch die antijustizielle Kooperation von Verwaltung und Gesetzgebung die Autorität aller Staatsgewalten beeinträchtigt, was wiederum dem Rechtsfrieden und der Akzeptanz der Besteuerung Schaden zufügt[970].

Eine solche Gesetzgebungspraxis verstößt aber auch gegen das Prinzip der Gewaltenteilung, da die gegenseitige Kontrolle und Hemmung der Staatsfunktionen im Interesse des Rechtsstaates nicht mehr gewährleistet ist[971]. Zwar sind Verschränkungen von Gesetzgebung und ausführender Gewalt durchaus möglich und mitunter nützlich. Mit der faktischen Übernahme der Steuergesetzgebung in weiten Teilen bricht die Exekutive jedoch in den "Kernbereich"[972] der Legislative ein. Die dem Grundgesetz zu entnehmende gegenseitige Kontrolle, Hemmung und Mäßigung der Gewalten[973] kann unter solchen Voraussetzungen nicht mehr vollständig funktionieren. Das Parlament jedenfalls kontrolliert die Ministerialbürokratie im Bereich des Steuerrechts nicht mehr[974]. Die Aufgabe der Kontrolle und Machtmäßigung muß zunehmend das Bundesverfassungsgericht übernehmen.

(b) Die parlamentarische Kontrolle des Gewaltenzentrums von Parlamentsmehrheit und Regierung in der Steuergesetzgebung

Die somit in der Steuergesetzgebung festzustellenden Tendenzen können angesichts ihrer hohen Relevanz für das Endergebnis Steuergesetz auch nicht durch die staatstheoretische Figur eines "Gewaltenzentrums" von Parlamentsmehrheit und Regierung einschließlich der politischen Spitzen der Ministerialbürokratie als legitimiert angesehen werden. Nach dieser Lehre wird die "Aktionseinheit" von

nach der zweifelhaften Regel in "dubio pro fisco" zu bewältigen.

968 *Lang*, StuW 1992, 15.

969 *Lang*, StuW 1992, 21.

970 *Lang*, StuW 1992, 19.

971 *Schmidt-Aßmann*, HbStaatsR, Band I, § 24, RN 49; BVerfGE 7, 188; 9, 279.

972 *Schmidt-Aßmann*, HbStaatsR, Band I, § 24, RN 49, 56.

973 BVerfGE 34, 59.

974 So möchte auch der Finanzausschuß bei der Prüfung von Gesetzesentwürfen mit der Steuerabteilung des Bundesfinanzministeriums nicht konkurrieren, sondern nur die Grundsatzfragen diskutieren, die "politischen Implikationen"; *Tipke*, Steuerrechtsordnung, 1459.

Parlamentsmehrheit und Regierung (einschließlich der ihr zugeordneten Ministerialbürokratie)[975] durch die Opposition und die öffentliche Meinung kontrolliert. Dieses Zusammenspiel von gestalterisch tätiger Parlamentsmehrheit und Exekutive führt somit zwangsläufig zu einer Verlagerung der Kontrollmöglichkeiten. Es zeigte sich, daß eine effektive Kontrolle nur möglich ist in Form einer informellen parlamentarischen Kontrolle im Vorfeld der Gesetzgebung[976], die nicht auf verfahrensmäßig gesicherte Abläufe angewiesen ist[977].

Allerdings sind die Möglichkeiten einer informellen Kontrolle im Vorfeld der Gesetzgebung erheblich eingeschränkt, da die "politische Führung" mit der Kontrolle der Parlamentsmehrheit und der Ministerialbürokratie zwei Machtinstanzen zur Verfügung stehen, die zwar diesselbe politische Linie verfolgen, dies aber auf verschiedene Weise[978]. Die Arbeitsweisen und vor allem die Interessen beider Machtinstanzen unterscheiden sich erheblich. Dieser Unterschied kann von der "politischen Führung" zur Durchsetzung ihrer Ziele ausgenutzt werden. In der Steuergesetzgebung scheint sich eine "arbeitsteilige" Tradition entwickelt zu haben, daß die Regierungsexekutive unliebsame oder unbequeme Detailentscheidungen eigenständig trifft, während sich parlamentarische Kreise auf öffentlichkeitswirksame Gebiete oder die Grundzüge beschränken.

Falls eine ausführliche Information der Öffentlichkeit und der Opposition über das Wirken der Ministerialbürokratie tatsächlich stattfinden sollte, werden die Details mancher steuerlicher Regelung bereits aufgrund ihres Ursprungs aus der Feder von Fachspezialisten der Öffentlichkeit kaum verständlich sein. Eine "parlamentarische" Kontrolle durch die Opposition oder die öffentliche Meinung ist daher lediglich in den Fällen möglich, in denen der im Parlament diskutierte Gesetzentwurf von den maßgeblichen Vertretern verstanden werden kann und seine Folgen abgeschätzt werden können. Eine informelle parlamentarische Kontrolle im Vorfeld der Gesetzgebung ist zu diesem Zeitpunkt bereits unmöglich geworden. Eine derartige präventive Überwachung durch Opposition und Öffentlichkeit ist im Steuerrecht in allen Details daher nahezu unmöglich, da die notwendigen Informationen und das unentbehrliche Fachwissen der

---

975 *H.-P. Schneider*, Handbuch des Verfassungsrechts, § 13, RN 66; *Zippelius*, Allgemeine Staatslehre, 406 f.; *Franke*, Steuerpolitik in der Demokratie, 373.

976 Vgl. *Oberreuter*, Entmachtung des Bundestages durch Vorentscheider auf höchster politischer Ebene, in: Hill (Hrsg.), Zustand und Perspektiven der Gesetzgebung, 135 ff.

977 Parlamentarische Gesetzgebungsausschüsse oder Kommissionen spielen insofern für eine effektive Kontrolle keine bedeutende Rolle.

978 Die politische Gleichsetzung von parlamentarischer Mehrheit und Ministerialbürokratie über die "politische Führung" bei *Oberreuter*, Entmachtung des Bundestages durch Vorentscheider auf höchster politischer Ebene, in: Hill (Hrsg.), Zustand und Perspektiven der Gesetzgebung, 130 und *Franke*, Steuerpolitik in der Demokratie, 318, ist daher von dem tatsächlichen Regierungsverhalten zu unterscheiden.

Ministerialbürokratie auf Seiten der Opposition oder der öffentlichen Meinung keine Entsprechung finden. Hinzu kommt, daß die Opposition und insbesondere die öffentliche Meinung keinen hinreichenden Einfluß auf die gestaltende Ministerialbürokratie ausüben kann.

(3) Die Konsequenzen für die Rechtsanwendung

Der Zustand der Steuergesetzgebung wäre auch bei der Anwendung der Steuergesetze zu berücksichtigen. Insbesondere die Gesetzesauslegung, bei der es darum geht, den Sinn der Gesetzesworte zu ermitteln und klarzustellen[979], ist hier angesprochen. So könnte daran zu denken sein, im Rahmen der Gesetzesauslegung bei der Erkundung des Willens des historischen Gesetzgebers nach den Normvorstellungen der Ministerialbeamten, die den Entwurf ausgearbeitet haben, zu fragen[980]. Da der parlamentarische Gesetzgeber im Zeitpunkt der Verabschiedung eines Steuergesetzes sich nicht zu allen Einzelregelungen des Gesetzes einen Willen bilden wird, ist davon auszugehen, daß er zumindest für die Detailregelungen den Gesetzeszweck, den die gesetzeserstellende Ministerialbürokratie bei der Abfassung des Entwurfs im Auge gehabt hat, als eigenen übernehmen wird[981]. Obwohl umstritten ist[982], ob es bei der Gesetzesauslegung darauf ankommt, was der Gesetzgeber im Zeitpunkt der Gesetzgebung bezweckte (subjektive Theorie) oder ob das Gesetz einen davon unabhängigen Zweck oder "Willen" entwickeln könne (objektive Theorie), kann der Normzweck, wie ihn die Ministerialbeamten niederlegen wollten, durchaus beachtlich sein. Es gilt auch in der Steuerrechtswissenschaft die Erkenntnis, daß beiden Theorien eine Teilwahrheit zugrundeliegt und beide daher zu berücksichtigen seien[983]. Normzwekkerwägungen leitender Ministerialbeamten, die sich in den für die Auslegung von Steuergesetzen besonders wichtigen Gesetzesbegründungen ebenso wiederfinden, wie in den einschlägigen - möglicherweise von ihnen verfaßten - Gesetzeskommentaren, können daher eine große Bedeutung erlangen.

---

[979] *Tipke*, Steuerrechtsordnung, 1239.

[980] *Larenz*, Methodenlehre, 329.

[981] Dazu *Tipke*, Steuerrechtsordnung, 1242 mit Hinweis auf *Bydlinski*, Juristische Methodenlehre und Rechtsbegriff, 432: "Wer nicht widerspricht, unterwirft sich damit der eventuell durch Ausschußberichte modifizierten Regierungsbegründung des Gesetzentwurfs".

[982] Vgl. dazu ausführlich *Tipke*, Steuerrechtsordnung, 1241 ff. m.w.N., der auch auf die vom Bundesverfassungsgericht etwa in BVerfGE 1, 299, 312; 10, 234, 244; 11, 126, 129 ff.; 59, 128, 153 geprägte Formel vom "objektiven Willen des Gesetzgebers" eingeht.

[983] Vgl. *Tipke*, Steuerrechtsordnung, 1243; *Kruse*, in: Tipke/Kruse, AO/FGO, § 4 Tz. 84; *Vallender*, Die Auslegung des Steuerrechts, 28 ff.; zu allgemeinen rechtswissenschaftlichen Erwägungen vgl. *Larenz*, Methodenlehre, 316 ff.

(D) Das Vertrauen in die Integrität der am Rechtsetzungsverfahren Beteiligten

Der Staat hat neben seiner rechtlichen Macht eine weitere Funktion, die im Rechtsbewußtsein der Bevölkerung trotz mancher Enttäuschungen immer noch tief verwurzelt ist. Er verkörpert das "bonum commune" und übernimmt auf ethisch-emotionaler Ebene noch immer eine Vorbildfunktion für die Bürger. Die Erwartungen, die an staatliche Amtsträger herangetragen werden, zeigen, daß die Bevölkerung an die Vertreter des Staates höhere Integritätsansprüche stellt. Sie sieht in ihnen ihr besseres Selbst[984] verkörpert. Für den Staat und seine Repräsentanten gelten daher andere Maßstäbe als für den "normalen" Bürger. Der Staat hat aus sich selbst heraus vollkommen integer zu sein und zu handeln. Nachlässigkeiten setzen sich nicht nur in Widerspruch zu den Erwartungen der Bürger, sondern enttäuschen ihr Weltbild. Wer, so fragen sich viele, wenn nicht der Staat, kann in unserer Zeit noch die Fahne des "bonum" in einem Gemeinwesen hochhalten? Auf diesem Weltbild ist das demokratische Staatswesen aufgebaut, in dem staatliche Autorität auch durch rechtschaffenes Verhalten geschaffen und bestätigt wird. Erfährt es tiefergehende Störungen, so kann es zu Akzeptanzverlusten kommen, die sich dann auch in einer erhöhten Bereitschaft niederschlagen können, die Gesetze zu mißachten. Somit ist auch die Integrität der für die Steuergesetze zuständigen staatlichen Vertreter ein wesentlicher Faktor für das Steuerrechtsbewußtsein. Zweifel an einem integeren Gesetzgebungsverfahren sind besonders schädlich für das bürgerliche Vertrauen in die Richtigkeit der Steuergesetze[985] und damit auch für die Steuermoral.

Am Gesetzgebungsverfahren ist außerhalb des parlamentarischen Bereiches (I) auch, und im Steuerrecht ganz besonders, die ministerielle Bürokratie (II) beteiligt. Obwohl letztere im Bewußtsein der Bevölkerung keineswegs entsprechend den wahren Verhältnissen als Legislator präsent ist, hat deren Integrität einen zumindest ebenso hohen Stellenwert wie für den parlamentarischen Bereich. Schließlich ist noch der Einfluß der Lobby (III) auf die Steuergesetzgebung darzustellen.

(I) Die Integrität des parlamentarischen Bereichs

Die tatsächliche Bedeutung parlamentarischer Integrität für das Verhalten der Bürger läßt sich nur erahnen. Erstaunlich jedenfalls ist, daß bereits bei Zweifeln über die Integrität der Parlamentarier ein öffentlicher Sturm der Entrüstung losbricht. Offensichtlich wird dies regelmäßig, wenn der Themenkomplex

---

984 *Isensee*, in: Weigelt (Hrsg.), Freiheit - Recht - Moral, 36.

985 *Würtenberger*, Jurist und Staatsbewußtsein, 87.

"Abgeordnete, Minister bzw. Parteien und Geld" berührt wird[986], wie beispielsweise bei den bisherigen Diätenerhöhungsdiskussionen. Dann sorgt schon "die gefährlichste aller Drogen"[987], nämlich die Möglichkeit, über das Geld anderer zu verfügen, für ein gesteigertes Mißtrauen. Beschließen die Mitglieder des Bundestages fraktionsübergreifend, eventuell sogar durch irreführende Angaben oder sonstige Täuschungen der Öffentlichkeit im Gesetzgebungsverfahren[988] "in eigener Sache", wird den Parlamentariern grundsätzlich die Vornahme eines unerlaubten Insichgeschäftes unterstellt, da "großangelegte Selbstversorgungsaktionen"[989] wohl nicht rechtens sein könnten. Es mag dahingestellt sein, ob derartige Kritik im Einzelfall die "Selbstbedienungsmentalität" der Abgeordneten zu Recht rügt. Allein schon der böse Schein der Selbstbedienung belastet die Vertrauensbasis zwischen dem Volk und seinen Repräsentanten[990]. Denn diese Ansicht scheint in weiten Kreisen der Bevölkerung vorzuherrschen[991]. Auffällig ist jedenfalls ein gewisser Konnex mit dem Steuerrechtsbewußtsein der Bevölkerung, auch wenn daraus keine sicheren Schlüsse gezogen werden können. Dies zeigt eine internationale Betrachtung: Das Land mit den höchsten Abgeordnetenbezügen in ganz Europa ist Italien[992]. Gleichzeitig ist Italien aber auch das Land mit der europaweit geringsten Steuermoral[993].

Auch andere Sachverhalte belegen die Empfindlichkeit des Steuerrechtsbewußtseins bei parlamentarischen Integritätsdefiziten. So wurde im Rahmen der sogenannten "Parteispendenaffäre" schon bald angezweifelt, ob der Staat der Steuermoral mit dem Versuch eines Steueramnestiegesetzes in der Parteispendensache einen Dienst erwiesen habe[994]. Das Schlagwort der politischen Moral steht dabei im Mittelpunkt der Betrachtungen. Ihr Rückgang etwa wird immer dann beklagt, wenn Gesetzesvorhaben schon im Vorfeld des parlamentarischen Verfahrens von Parteien mit gesellschaftlichen Gruppen ausgehandelt werden, wenn Ämter und Posten nach unsachlichen Kriterien verteilt werden, wenn Korruptionsaffären ruchbar werden oder wenn auch nur aus wahltaktischen Erwägungen Subventionen verteilt werden.

---

986 Vgl. *H.-P. Schneider*, Handbuch des Verfassungsrechts, § 13, RN 126.
987 *Vogel*, DStJG 12 (1989), 128.
988 *Hill*, FS Helmrich, 515.
989 *Haubrichs*, FS Schmölders, 21.
990 *Linck*, ZParl 1995, 372.
991 *H.-P. Schneider*, Handbuch des Verfassungsrechts, § 13, RN 126.
992 Dort erhalten die Parlamentarier ca. 240.000 DM p.a.
993 *Tretter*, Die Steuermentalität, 49, 52; *Mackscheidt*, Was wünscht sich die finanzwissenschaftliche Steuerlehre?, in: Vogelgesang (Hrsg.), Perspektiven der Finanzverwaltung, 80; vgl. zur "Steuermentalität der Völker" *Schmölders*, Finanzpsychologie, 134 ff.
994 *Streck*, DStBTag 1984, 118 f.

Für die Steuermoral besonders relevant sind in diesem Zusammenhang die "politischen" und oftmals von einem großen Medieninteresse begleiteten Verhandlungen zur Vorbereitung eines anstehenden Steuergesetzes. Nicht selten wird dort in finanz- und steuerpolitischen Fragen ein "Kuhhandel" zwischen den politischen und gesellschaftlich einflußreichen Gruppen geschlossen, der bereits deshalb auf den Steuerzahler besonders abstoßend wirkt, weil dabei offen über sein Geld verhandelt wird[995].

Angesichts des Einflusses, den die Integrität des parlamentarischen Bereichs auf die Steuermoral zu haben scheint, drängt sich die Annahme eines Zusammenhangs zwischen politischer Moral und Steuermoral auf. Ebenso wie im Bereich der Steuermoral ist der Verfall der politischen Moral mittlerweile offenbar geworden[996]. Während allerdings der Einfluß der Steuermoral auf die politische Moral als gering zu veranschlagen sein dürfte, muß angesichts der eben geschilderten Sachverhalte davon ausgegangen werden, daß die politische Moral eine maßgebliche Determinante der Steuermoral darstellt.

(II) Die Integrität der Ministerialbürokratie

Das Zustandekommen von Steuergesetzen wurde bereits dargestellt. Steuerliche Gesetzesvorlagen gehen in ihrem Aufbau und ihrem Wortlaut fast ausschließlich auf Referentenentwürfe zurück[997]. Im Rahmen der Gesetzesvorbereitungen, wie zum Beispiel den Beratungen in den Parlamentsausschüssen, spielen die Fachspezialisten der Ministerialbürokratie eine, wenn nicht sogar die entscheidende Rolle[998].

Obwohl dadurch die Mißbrauchsgefahr offensichtlich[999], die Reformneigung gering[1000], und die Verständlichkeit des Steuerrechts bereits sogar mehr als gefährdet ist, scheint die Position der Ministerialbürokratie in der Öffentlichkeit noch nicht hinreichend wahrgenommen worden zu sein[1001]. Insofern ist eine

---

995 *Schmölders*, Finanzpsychologie, 155.

996 *Würtenberger*, Jurist und Staatsbewußtsein, 87.

997 *Tipke*, Steuerrechtsordnung, 1456.

998 Vgl. *Tipke*, StuW 1990, 311.

999 *Tipke*, Steuerrechtsordnung, 1456 f., berichtet etwa von materiellen Entscheidungskompetenzen der Steuerabteilung des Bundesfinanzministeriums über die gesetzlichen Schritte, die gegen die Steuerspar- und Abschreibungsbranche eingeleitet werden sollten.

1000 *Hill*, ZG 1987, 254; nach *Tipke*, StuW 1990, 311, denken die Ministerialbeamten bei der Erstellung ihrer Entwürfe eben nicht prinzipiell, sondern zu oft nur kasuistisch. Solches Verhalten mag durch eine "härtere", d.h. vorgabenreichere, Verfassungsrechtsprechung sicherlich noch gefördert werden, vgl. dazu *Luetjohann*, 22.

direkte Beeinflussung des Steuerrechtsbewußtseins durch die Wandlung der Exekutive zum heimlichen Gesetzgeber nicht anzunehmen. Lediglich in Randbereichen lassen sich Anhaltspunkte dafür finden, daß die Steuermoral direkt durch das Verhalten der Exekutive Beeinträchtigungen erfährt. So nennt *Lang* antijustizielles Verhalten[1002] von Verwaltung und Gesetzgebung, wie es sich beispielsweise in der bereits geschilderten Praxis der Nichtanwendungsgesetze darstellt, schädlich für die Akzeptanz der Besteuerung[1003].

Noch schwerer als diese direkten Einflüsse wiegen aber die indirekten Einflüsse der Ministerialbürokratie. Wie bereits angesprochen, ist sie maßgeblich für den Zustand des Steuerwesens mitverantwortlich. Das oft zitierte "Steuerchaos" ist nicht nur ein parlamentarisches Endprodukt, sondern auch die Konsequenz eines Gesetzgebungssystems, das der Exekutive weitgehende Gestaltungs- und Entscheidungsfreiräume einräumt. Responsivität ist der Ministerialbürokratie fremd, obwohl sie mittlerweile auch von der Ministerialbürokratie im Sinne der "gesellschaftlichen Effektivität von Gesetzen"[1004] erwartet wird. Stattdessen erfährt der Bürger allenfalls dann Berücksichtigung, wenn dies der "Finanzierungsfunktion" der Steuern zugute kommt.

(III) Lobbyismus

Lobbyismus spielt im Rahmen der Steuergesetzgebung eine eminent wichtige Rolle[1005]. Die Verbandslobbyisten sind oft maßgebliche Impulsgeber für das Zustandekommen und die Ausgestaltung von Steuergesetzen[1006]. Die in den Interessenverbänden organisierten Steuerinteressen drängen danach, in Gesetze umgesetzt zu werden. Lobbyisten sichern sich die Zustimmung ihrer Verbandsklientel, indem sie spezielle Privilegien durchsetzen[1007] oder erreichte Besitzstände vor

---

1001 Auch die Ministerialbeamten selber legen nach *Tipke*, Steuerrechtsordnung, 1456, besonderen Wert auf die Feststellung, daß sie mit der Malaise der Steuergesetzgebung nichts zu tun hätten.

1002 Schon des öfteren wurde im Bundesfinanzministerium darüber nachgedacht, wie man die zuweilen unliebsame Rechtsprechung eindämmen könnte. Dabei schreckte man auch nicht davor zurück, eine Änderung der Gerichtsverfassung in die Überlegungen einzubeziehen. Vgl. dazu *Woerner*, FS Klein, 1038.

1003 *Lang*, StuW 1992, 19.

1004 *von Westphalen*, Parlamentslehre, 335.

1005 Vgl. *Tipke*, Steuerrechtsordnung, 1455 m.w.N.

1006 Vgl. *Schmölders*, Finanzpsychologie, 159; *Tipke*, Steuerrechtsordnung, 1454 ff.; Zur Rolle organisierter Interessen in der Politik allgemein vgl. *von Alemann*, Organisierte Interessen in der Bundesrepublik, 32 ff.; *Triesch/Ockenfels*, Interessenverbände in Deutschland, 95 ff.

1007 *Von Arnim*, Gemeinwohl, 155 f.; *Tipke*, Steuerrechtsordnung, 1455: "Lobbyisten brauchen ihre Spezialvergünstigungen als Erfolgsausweis."

Reformbemühungen schützen[1008]. Dabei erstreckt sich der Wirkungsbereich der Interessenverbände nicht nur auf den parlamentarischen[1009], sondern in einem besonderen Maße auch auf den gesetzeserstellenden ministeriellen Bereich[1010]. Über 80 Prozent der Eingaben der Spitzenverbände richten sich an die Ministerien und Bundesämter - weniger als 10 Prozent dagegen an den Deutschen Bundestag und den Bundesrat[1011].

Interessenverbände fördern mit ihrer Arbeit den Gruppenegoismus[1012], da sie sich so verhalten, "als ständen sie im luftleeren Raum"[1013], ohne die Notwendigkeit, auf die nicht organisierbaren Gemeinwohlbelange Rücksicht nehmen zu müssen[1014]. Hierin zeigt sich das Ungleichgewicht organisierter und unorganisierbarer Kräfte[1015]. Dies wiederum erweist der Verständlichkeit, der Rechtssicherheit und dem Gleichheitsgedanken im Steuerrecht einen zumeist schlechten Dienst. Dieses Ungleichgewicht der Interessenrepräsentation ist mitverantwortlich für das Chaos im Steuerrecht[1016], da gut organisierten und

1008 *Tipke*, StBJb 1993/94, 7 spricht von einer formalen Besitzstands-"Gerechtigkeit", auf die sich die Verbandsfunktionäre in solchen Fällen gerne berufen.

1009 *Tipke*, StuW 1990, 310 und ders., Steuerrechtsordnung, 1455, hebt zutreffend hervor, daß sich manche Parlamentarier, sei es nun offen oder heimlich, als Lobbyisten betätigen.

1010 *Triesch/Ockenfels*, Interessenverbände in Deutschland, 119 ff., 125; *Franke*, Steuerpolitik in der Demokratie, 329; *Gattermann*, StuW 1988, 171, spricht schlicht von der "Anhörung der Verbände"; auch *Uelner*, DStR 1977, 122, wies darauf hin: "Es gibt deshalb praktisch kaum ein Steuergesetz, das nicht vor der Beschlußfassung durch die Bundesregierung mit den Verbänden der Wirtschaft erörtert worden wäre. ... M.E. gehört das Anhören der Verbände und auch die weitgehende Rücksichtnahme auf langjährig gewachsene Strukturen und Rechtspositionen zu den Spielregeln einer freiheitlichen Demokratie. Denn die Interessen der Einzelmenschen und ihrer Verbände sind in einem Staat, der seine Würde ausschließlich von der Würde der Einzelmenschen ableitet, ein wichtiger Maßstab für den Wert oder Unwert staatlicher Aktionen. Dies bedeutet nicht, daß jedem Einzelinteresse nachgegeben werden müßte. Es bedeutet aber, daß die Interessen der Einzelmenschen und ihrer Verbände von den staatlichen Organen wirklich zur Kenntnis genommen und ernsthaft geprüft werden müssen". Es wäre wünschenswert, wenn diese Aussage des langjährigen Leiters der Steuerabteilung des BMF tatsächlich Wirklichkeit werden würde. Zur Zeit treten allerdings die "Interessen der Einzelmenschen" in ihrer Gesamtheit weit hinter denen "ihrer Verbände" zurück. Es scheint sich hier um den entscheidenden Irrtum zu handeln, wenn beide Bereiche gleichgestellt werden.

1011 *Franke*, Steuerpolitik in der Demokratie, 377.

1012 *Tipke*, StuW 1990, 310; *Tipke*, Steuerrechtsordnung, 1454.

1013 *Von Arnim*, Gemeinwohl, 155.

1014 Vgl. *von Arnim*, Staat ohne Diener, 250: "Der halbherzige Versuch, das Gemeinwohl zu wahren, wird vom energisch und mit ganzer Kraft vorgetragenen Partikularinteresse sozusagen erschlagen".

1015 Vgl. *von Arnim*, FS Haubrichs, 207.

1016 *Lang*, FR 1993, 668; *Eichenberger*, VVDStRL 40 (1982), 17, sieht die

wortmächtigen Interessengruppen grundsätzlich ein größerer Einfluß eingeräumt wird als der Allgemeinheit[1017]. Werte und Prinzipien des Allgemeinwohls bleiben unter solchen Umständen zumeist auf der Strecke[1018]. Auch die Parteien und ihre Politiker können diesem "Naturgesetz", das die Vernachlässigung allgemeiner Interessen festschreibt, nichts entgegensetzen. Zu sehr sind auch sie von der ideellen und materiellen Unterstützung der Interessenverbände abhängig[1019]. Nach Auffassung *Kirchhofs* stellen mittlerweile die vielfältigen interessenbezogenen Ausnahmetatbestände sogar die Rechtssetzungsgleichheit in Frage[1020]. Zugleich werden notwendige Reformvorhaben durch das Geflecht der Abhängigkeiten von Gruppeninteressen verhindert[1021]; eine Rechtsreform, die die Maßstäbe des Rechts berücksichtigt, ist angesichts solcher Zustände fast unmöglich[1022]. Übereinstimmend wird daher das Postulat erhoben, den Einfluß der Lobby in der Steuergesetzgebung zurückzudrängen[1023].

Diesen Erwägungen entspricht auch das allgemeine Mißtrauen der Bevölkerung gegen die Einflußnahme der Lobbyisten auf Gesetze[1024]. Im Bereich derer, die auch beruflich mit Lobbyismus in Kontakt kommen, ist die Einschätzung der Lobby in ihren Auswirkungen auf die Gesetzgebung nicht nur positiv[1025]. So waren schon 1988 58 % aller Führungskräfte aus Wirtschaft[1026],

---

"Abhängigkeiten der Gesetzgebung von außerparlamentarischen Kräften" als "denaturierend" an.

1017 *Kirchhof*, FS Meyding, 13, der insofern von dem Paradoxon der Demokratie berichtet, nach dem sich mit wachsender Zahl der Betroffenen der Einfluß auf die Gesetzgebung verringert. *Von Arnim*, Gemeinwohl, 174f. spricht daher von einer Schlagseite der Allokation der Ressourcen des Volkes durch die Virulenz der Gruppeninteressen, insbesondere zu Lasten allgemeiner Interessen, der Einhalt geboten werden müsse.

1018 *Tipke*, StBJb 1993/94, 7, fragt dementsprechend, wann je im Parlament eine große Debatte über die Grundfragen der Steuergerechtigkeit stattgefunden habe. Von Arnim, Gemeinwohl, 174f.: "... kommt bei Dominanz der Partikularinteressen das Gemeinwohl zu kurz."; *Tipke*, Steuerrechtsordnung, 1455: "Vertreter großer Verbände ersetzen die Rationalitätsdiskussion gerne durch den Hinweis auf die Größe ihres Verbands."

1019 *Von Arnim*, Gemeinwohl, 168.

1020 *Kirchhof*, FS Meyding, 13. Dieser Umstand könnte für die verfassungsgerichtliche Judikatur noch Bedeutung erlangen.

1021 *Lang*, FR 1993, 665; *Tipke*, Steuerrechtsordnung, 607 f.

1022 *Lang*, FR 1993, 668, schlägt daher vor, in Zukunft Reformvorhaben aus dem Wettbewerb von Parteien und Gruppeninteressen herauszunehmen. *Lang*, StuW 1995, 1, führt das Scheitern der Vorschläge der sog. "Bareis-Kommission", die das Ziel einer umfassenden Reform des Einkommensteuerrechts hatte, maßgeblich auf den Widerstand lobbyistisch wirksam vertretener Gruppen von Steuerzahlern zurück. Die Macht der Lobby wird hier besonders deutlich, da die Thesen der Bareis-Kommission die Fachwelt "in jeder Hinsicht überzeugten".

1023 Vgl. nur *Meister*, DStZ 1991, 677; *Lang*, FR 1993, 668; *Folkers*, Staatsaufgaben, 146; *Schmölders*, Finanzpsychologie, 160.

1024 *Würtenberger*, Jurist und Staatsbewußtsein, 87.

Politik und Verwaltung der Auffassung, daß durch Lobbyismus notwendige Gesetze verwässert werden würden, während nur 28 % der Meinung waren, daß dadurch bessere Gesetze zustandekommen würden[1027].

Trotz ihres immensen Einflusses ist in Deutschland bisher nichts unternommen worden, die Arbeit der Lobbyisten in geordnete gesetzliche[1028] Bahnen zu lenken[1029]. Dadurch wird dem Mißtrauen der Bevölkerung, daß es auf informeller Ebene wegen der offensichtlich starken materiellen Interessen und der gegenseitigen Abhängigkeiten[1030] zu undemokratischen Absprachen oder sogar zu Korruption kommen könnte, nicht ausreichend Rechnung getragen. Gerade in dem der Öffentlichkeit so wenig einsichtigen Bereich der ministeriellen Ebene, die die Steuergesetzgebung maßgeblich beeinflußt, sind diese Gefahren besonders groß. Denn hier ist nicht nur die Kontrolle geringer, sondern auch die Möglichkeiten sind beträchtlich größer, durch "versteckte", da hochkomplizierte, Gesetzestechniken, interessenverbandsfreundliche Regelungen zu treffen, die weder von den abstimmenden Parlamentariern noch von der Bevölkerung in ihrem gesamten Ausmaß erkannt werden können. Insofern ist das Phänomen des Lobbyismus nicht nur ein Prüfstein der politischen Moral[1031], sondern auch der "ministeriellen" Moral.

Sowohl für den parlamentarischen, als auch für den ministeriellen Bereich gilt der Korrumpierungseffekt jeglicher "Sonderbehandlung"[1032]: Je

---

1025 Als ein Positivum wird beispielsweise die Möglichkeit der Bürokratie genannt, von den Verbänden umfassende und billige Informationen über Sachzusammenhänge bestimmter Problembereiche und mutmaßliche Wirkungen geplanter Maßnahmen erhalten zu können, vgl. *Franke*, Steuerpolitik in der Demokratie, 332 f.

1026 Die "staatsfernen" Führungskräfte aus der Wirtschaft für sich allein genommen, waren sogar zu 62 % dieser Überzeugung.

1027 Allensbacher Jahrbuch, Band 9, 811.

1028 Es existiert lediglich eine gemeinsame Geschäftsordnung der Bundesministerien, die die Verbandseinflüsse regelt, insbesondere die Mitwirkung von Spitzenverbänden an der Vorbereitung von Gesetzesentwürfen. *Triesch/Ockenfels*, Interessenverbände in Deutschland, 125. Zur Notwendigkeit eines Verbändegesetzes vgl. *Franke*, Steuerpolitik in der Demokratie, 330 ff.

1029 Anders in den Vereinigten Staaten, vgl. *Schmölders*, Finanzpsychologie, 160. Auch *Folkers*, Staatsaufgaben, 146, sieht aus ökonomischer Sicht die Notwendigkeit, institutionelle Restriktionen zu begründen. Weder für ratsam noch durchsetzbar (!) halten *Triesch/Ockenfels*, Interessenverbände in Deutschland, 202, ein eigenes deutsches Verbändegesetz.

1030 *Von Arnim*, Gemeinwohl, 168, hebt die Abhängigkeit der Parteien von der Unterstützung der Interessenverbände hervor. Vgl. auch das finanzwissenschaftliche Modell des Mutualismus, das die individuellen Zielsetzungen der Politiker auch in bezug auf Interessengruppen und Parteien zu erklären versucht. Dargestellt etwa bei *Folkers*, Staatsaufgaben, 125 ff.

1031 *Würtenberger*, Jurist und Staatsbewußtsein, 87.

offensichtlicher der Einfluß der Lobby auf ein bestimmtes Steuergesetz ist, desto stärker wird sich dieser Makel der Gesetzgebung auf die Steuermoral auswirken können. Unter solchen Umständen erwirbt ein Steuergesetz eine noch blassere sozialpsychologische Legitimation[1033], da das Mißtrauen der Bevölkerung gegen die Lobby aufs Neue bestätigt wurde. Letztendlich leisten die Akteure der Gesetzgebung auf diese Weise einen weiteren Beitrag zu der von ihnen beklagten Staats- und Politikverdrossenheit[1034].

c. Responsive Demokratie

(A) Das ursprüngliche Demokratieverständnis

Die geringe Legitimationswirkung, die von parlamentarisch ergangenen Gesetzen ausgeht, entspricht nicht den Vorstellungen, die vormals den repräsentativ-demokratischen Rechtsstaat prägten. Danach war es selbstverständlich, daß die politischen Führungspersonen die verschiedenen Interessen und Bedürfnisse aufnehmen und politische Entscheidungen von den gemeinsamen Interessen aller her treffen[1035]. In gleicher Weise galt aber auch, daß dem vom Parlament demokratisch legitimierten Gesetz von seiten der Bürger unbedingt zu gehorchen sei[1036].

(B) Responsivität

Es hat sich gezeigt, daß allein das Mehrheitsprinzip keine ausreichende Legitimationsgrundlage politischer Entscheidungen ist[1037]. Jegliche Staatslenkung bedarf der Rückbindung an die öffentliche Meinung[1038]. Schon aus ihrem demokratietheoretischen Verständnis heraus fordert die Repräsentationsidee, daß auf längere Sicht eine mehr oder weniger große Mehrheit des Volkes in ihren Erwartungen an die Repräsentanten nicht enttäuscht wird[1039].

Einen Schritt weiter geht die Forderung nach einer sogenannten "responsiven Repräsentation"[1040]. Dem Leitbild einer auf Kommunikation

---

1032 BVerfGE 40, 296, 317: "Die Demokratie des Grundgesetzes ist eine grundsätzlich privilegienfeindliche Demokratie". Vgl. dazu auch *Isensee*, StuW 1994, 7 f.: "Auch für das Steuerrecht gilt die Maxime ...., daß man nicht frei ist durch Privilegien, sondern durch Rechte, die allen gehören".

1033 *Würtenberger*, Jurist und Staatsbewußtsein, 93.

1034 *Lang*, FR 1993, 668.

1035 *Böckenförde*, Demokratie als Verfassungsprinzip, in: ders., Staat, Verfassung, Demokratie, 361 ff.

1036 Vgl. *Helmrich*, in: Weigelt (Hrsg.), Freiheit-Recht-Moral, 194.

1037 *Würtenberger*, Zeitgeist und Recht, 114.

1038 Vgl. *Zippelius*, Allgemeine Staatslehre, 408.

1039 *Würtenberger*, Jurist und Staatsbewußtsein, 89.

aufbauenden "Anstiftung zur Demokratie"[1041] verpflichtet, sollen auch noch während des Gesetzgebungsprozesses demokratische Ideen berücksichtigt werden, indem wesentlich auf die zu erwartende Akzeptanz des geplanten Gesetzes durch die Bürger abgestellt wird. Dabei sollen die Repräsentativorgane auf die mit der Gesetzesmaterie verbundenen gesellschaftlichen Probleme eingehen, sie zu politischen Lösungen weiterentwickeln und diese dann in einem konsensschaffenden Dialog mit der Öffentlichkeit verabschieden, wodurch auf lange Sicht die Entstehung eines positiven Staatsbewußtseins gefördert wird[1042]. Responsivität zeichnet sich also durch eine erhöhte Aufnahmebereitschaft und Sensibilität der Repräsentanten für die Wünsche und Interessen der Repräsentierten aus, verbunden mit einem entsprechenden Perzeptionsvermögen[1043], ohne allerdings die für - an gemeinwohlbezogenen Interessen ausgerichteten - Entscheidungen notwendige Unabhängigkeit zu verlieren[1044]. Auch im vorlegislativen Bereich wird eine derartige Repräsentationsauffassung Änderungen in der Behandlung der aktuellen gesellschaftlichen Befindlichkeiten nach sich ziehen. Beispielsweise wäre die Erforschung der Einstellungen der Bürger zum Steuerrecht von besonderer Relevanz für künftige Gesetzgebungsvorhaben.

Könnte mehr Responsivität im Bereich der Steuergesetzgebung Einzug halten, hätte die Legislative realistische Aussichten, die Einstellungen der Bürger zu Recht und Staat merklich zu verbessern. Der oft zitierten Staatsverdrossenheit könnte dadurch wirksam entgegengewirkt werden, da die Repräsentierten wieder "Zutrauen"[1045] zu ihren Repräsentanten fassen könnten. Im Sinne der bereits

---

1040 *Würtenberger*, Zeitgeist und Recht, 199 ff.; ders., Rechtsprechung und sich wandelndes Rechtsbewußtsein, 555; *Pichler/Giese*, ÖJP 1992, 745, 749; zu den unterschiedlichen Bedeutungen des Begriffs Responsivität vgl. *Brettschneider*, Öffentliche Meinung und Politik, 18 ff.

1041 Vgl. *Hill*, JZ 1993, 332 m. Nw.

1042 *Würtenberger*, Zeitgeist und Recht, 90 f.; *Böckenförde*, Demokratie als Verfassungsprinzip, in: ders., Staat, Verfassung, Demokratie, 363 f.

1043 *Böckenförde*, Demokratie und Repräsentation, in: ders., Staat, Verfassung, Demokratie, 396 m. Nw.

1044 Hierin ist der Hauptunterschied zu dem Responsivitätsverständnis der Politikwissenschaft zu sehen. Diese setzt die tatsächlichen Motivationsfaktoren der Repräsentanten als gegeben voraus (vgl. etwa die bei *Brettschneider*, Öffentliche Meinung und Politik, 20, beschriebenen, von *Eulau* und *Karps* definierten, vier Responsivitätsformen: policy responsiveness, service responsiveness, allocation responsiveness und symbolic responsiveness), während hier der Gemeinwohlbezug in der Vordergrund gestellt werden soll, dessen Durchsetzbarkeit das Modell der repräsentativen Demokratie ursprünglich vorausgesetzt hat.

1045 *Böckenförde*, Demokratie und Repräsentation, in: ders., Staat, Verfassung, Demokratie, 397, der das genannte Zutrauen, auf die von Hegel für das Bestehen von Repräsentation vorausgesetzte spezifische außerjuristische Beziehung zwischen Repräsentanten und Repräsentierten gründet.

angesprochenen "Staatskommunikation" könnte der Bürger erfahren, daß er mitwirken und Einfluß ausüben kann, daß er Teil dieses Staates ist[1046] und daß er auch als steuerzahlender Staatsbürger und nicht nur als Wahlstimme ernstgenommen wird. Die Folge wäre eine höhere Akzeptanz der Gesetze bei der Bevölkerung und mittelbar eine bessere Steuermoral.

(C) Responsivität als Ersatz direktdemokratischer Entscheidungsfindungen

Das Modell der responsiven Repräsentation mit einer höheren Wertschätzung der Akzeptanz von gesetzgeberischen Entscheidungen mag derzeit der einzige Weg sein, ohne größere Systemveränderungen ein Mehr an Gemeinwohlbelangen in die Gesetzgebung einfliessen zu lassen. Die Angst vor Demagogie und Populismus ist ein wesentlicher Hinderungsgrund, das Volk mehr in die Entscheidungsfindungen und damit auch in die Verantwortung einzubinden, obwohl gerade neuere Studien bewiesen haben, daß die allgemeine Bevölkerungsmeinung durchaus zu einer rationalen Beurteilung der zu verfolgenden Politik fähig ist[1047]. Es wird sogar vertreten, daß direktdemokratische Mitentscheidungskompetenzen des Volkes dazu beitragen, daß Parlamente durch die Vorwirkungen des Plebiszits responsiver werden, weil sie die Reaktionen des Volkes zu antizipieren versuchen[1048].

Die Gefahr eines Verlustes an Rationalität bei direktdemokratischen Einflußmöglichkeiten wurde und wird allerdings gerade in Finanzfragen als ein staatsrechtliches Gemeingut behandelt. So konnte in der Weimarer Reichsverfassung nur der Reichspräsident einen Volksentscheid über den Haushaltsplan, die Abgabengesetze und die Besoldungsordnungen veranlassen[1049]. Auch heute dürfen diese Bereiche gemäß vielen Landesverfassungen[1050] nicht Gegenstand von

1046 *Hill*, JZ 1993, 331.

1047 Vgl. *Page/Shapiro*, The Rational Public. Fifty Years of Trends in Americans' Policy Preferences. Chicago 1992, 397; *Brettschneider*, Öffentliche Meinung und Politik, 108; *Stückrath*, Art. 146 GG: Konstruktive Verfassungsablösung zwischen Legalität und Legitimität (Typoskript), 124 ff., die ausführlich auf die Unbegründetheit des Vorurteils eingeht, daß das Volk in Plebisziten keine vernünftigen und ideologisch-neutralen Ergebnissen produzieren könne.

1048 Vgl. *Stückrath*, Art. 146 GG: Konstruktive Verfassungsablösung zwischen Legalität und Legitimität (Typoskript), 130 m.w.N.

1049 Art. 73 IV WRV. Zu der Erkenntnis der modernen Plebiszitforschung, daß gerade bei solchen Entscheidungsfragen die Mißbrauchsgefahr besonders groß sei, die von Einzelpersonen oder Regierungen dem Volk vorgelegt werden konnten, vgl. *Stückrath*, Art. 146 GG: Konstruktive Verfassungsablösung zwischen Legalität und Legitimität (Typoskript), 127.

1050 Beispielsweise in Art. 73 Bay.Verf.; Art. 76 Abs. 2 Bbg.Verf.; Art. 124 Abs. 1 S. 3 Hess.Verf.; Art. 48 Abs. 1 S. 3 Nds.Verf.; Art. 109 Abs. 3 S. 2 LVerf Rheinland-Pfalz; Art. 73 Abs. 1 Sächs.Verf.; Art. 45 Thür.Verf. i.V.m. § 1 Abs. 2 ThürBVVG.

Plebsziten sein. Die Gefahr demagogischer Beeinflussung und unsachlicher Entscheidungsfindungen wird offensichtlich auf diesen Gebieten als besonders groß angesehen[1051]. Umso notwendiger ist es, Gemeinwohlbelangen mittels responsiver Repräsentation zum Durchbruch zu verhelfen.

(D) Perspektiven

Die Vorstellung responsiver Repräsentation ist zumindest für den Bereich des Steuerrechts derzeit noch Utopie.

Das ständige Scheitern von grundlegenden Reformbemühungen zeigt, wie wenig sich die Politik interessenpolitischen Bestrebungen entziehen kann. Die politischen Führungspersonen orientieren sich um der politischen Macht willen an den Interessen von Wählern und Wählergruppen. Sie werden damit ihrer Verantwortung für das Gelingen der repräsentativen Demokratie nicht hinreichend gerecht[1052].

Aber auch durch die Kompliziertheit und Unverständlichkeit des deutschen Steuerrechts[1053], durch die der Staat deutlich an Wertschätzung verloren hat[1054], verringert die Wahrscheinlichkeit der Erringung von Akzeptanz, die als eine Folge von Responsivität Indizfunktion hätte, fast auf Null. Denn eine "legislative Kommunikation" zwischen dem Gesetzgeber und den Bürgern ist dadurch fast unmöglich geworden. Das Recht müßte aber zumindest vom Volk verstanden werden können, für das es gemacht wird[1055]. Im derzeitigen Steuerrecht ist diese conditio sine qua non einer responsiven Repräsentation moderner Prägung nicht gegeben. Für manche stellt sich daher sogar schon die Frage, ob ein für den Bürger nicht mehr verständliches Recht überhaupt noch als demokratisch bezeichnet werden kann[1056].

Daß die Steuergesetzgebung von den Gedanken der responsiven Repräsentation bislang noch wenig durchdrungen ist, zeigen auch die Reaktionen auf derartige Kritik. Dem Kritiker wird ein fehlendes Verständnis und fehlender Respekt für demokratische Meinungsbildungsprozesse vorgeworfen[1057]. Auch in diesem Bereich herrscht immer noch ein vordemokratisches legislatorisches Verständnis,

---

1051 *Schmölders*, Finanzpsychologie, 151.

1052 *Böckenförde*, Demokratie als Verfassungsprinzip, in: ders., Staat, Verfassung, Demokratie, 364.

1053 Vgl. ausführlich dazu unten D. V. 3. a.

1054 *Mack*, DStR 1981, 23.

1055 *Vogel*, DStJG 12 (1989), 124.

1056 *Vogel*, DStJG 12 (1989), 128.

1057 *Vogel*, DStJG 12 (1989), 127.

das bereits oben als Relikt absolutistischer Machtherrlichkeit identifiziert wurde. Die fehlende Weiterentwicklung der steuerlichen Rechtfertigung zeigt so anschaulich ihren prägenden Einfluß auf die Repräsentanten.

Paradox an dieser Situation ist, daß die Legislative ihre steuergesetzlichen Entscheidungen von responsiven Erwägungen praktisch freihält, während sie nicht bemerkt, daß sie in eben diesem Bereich ihre Willensbildungs- und Entscheidungsfreiheit schon an die Exekutive gebunden hat. Die Ministerialbürokratie nimmt keine Rücksicht auf responsive Bestrebungen. Sie sieht im Steuerrecht vorrangig ein Mittel zur Beschaffung der für den Staat notwendigen Finanzmittel[1058], obwohl das derzeitige Steuerrecht mit Lenkungsfunktionen überfrachtet ist. Diese einseitige Ausrichtung der die Steuergesetzgebung dominierenden Gesetzesautoren auf Finanzaspekte wird von der Legislative nicht hinreichend erkannt. Da den parlamentarischen Gesetzgebern dennoch die Steuergesetze als Endprodukte ihrer Bemühungen zugerechnet werden, riskieren sie weiteren Ansehens- und Akzeptanzverlust.

Trotzdem sind erste Schritte auf dem Weg zu mehr Responsivität erkennbar. So bieten die Expertenanhörungen im Finanzausschuß[1059] der Legislative die Möglichkeit, auf externes Fachwissen Zugriff zu nehmen[1060]. Damit ist sie nicht mehr vollkommen abhängig von der Ministerialbürokratie. Die Repräsentanten haben so zumindest die Möglichkeit, Alternativen zu prüfen und sich sachlich begründet für diejenige Variante zu entscheiden, die den Allgemeininteressen am ehesten gerecht wird.

Eine andere Frage ist allerdings, ob diese wichtigen externen Problemlösungsangebote angenommen und umgesetzt werden. Nicht selten geraten Anhörungen vor dem Bundesfinanzministerium zu Alibisitzungen, Anhörungen ohne Rederecht vor dem Finanzausschuß werden zu Pflichtübungen für hilfsbereite Experten[1061]. Das für die Anerkennung der Gesetze wichtige

[1058] Vgl. erst jüngst: Finanzminister *Waigel*, Pressemitteilung des BMF 131/94 vom 1. September 1994, 6: "Das Steuersystem ist auf seinen eigentlichen Zweck zu konzentrieren - nämlich die Sicherung der zur Erfüllung staatlicher Aufgaben erforderlichen Mittel".

[1059] Vgl. *Kreile*, StuW 1977, 3 ff.; *Gattermann*, StuW 1988, 170 ff.; *Schmölders*, Finanzpsychologie, 154, hält die weitgehende Gesetzgebungsarbeit des Finanzausschusses als die "vermutlich einzig mögliche Lösung", dem finanzpolitischen Sachverstand auf Seiten der Parlamentarier durch eine "gewisse Elitenbildung" zum Durchbruch zu verhelfen. Dabei bleibt allerdings offen, ob die parlamentarische Elite sich gegen die ministerielle Elite durchsetzen kann.

[1060] *Haubrichs*, FS Schmölders, 17 f.

[1061] Stellungnahme des *Deutschen Steuerberaterverbandes*, PROT. ÖFF. ANH. FINAUSSCHUß V. 9.3.1994, 128.

Konkordanzverfahren[1062] aller politischen, wissenschaftlichen und gesellschaftlichen Kräfte eines pluralistischen Staates wird unter derartigen Bedingungen nicht erfolgversprechend durchgeführt werden können. Von Responsivität kann angesichts einer sich immer noch abschottenden Steuerlegislative daher nicht gesprochen werden.

(E) Information als Grundvoraussetzung

Ein wichtiger Punkt, um Responsivität überhaupt erst zu ermöglichen, der allerdings im Steuerrecht bisher kaum berücksichtigt wird, ist die Versorgung der Bürger mit ausreichenden Informationen über die parlamentarischen Entscheidungen in Finanz- und Steuerfragen. Erst durch umfassende Information können die Bürger überhaupt in die Lage versetzt werden, sich eine Meinung zu bilden und diese in Wahlen zu artikulieren[1063].

Wie bereits ausgeführt, wird das Parlament seiner Öffentlichkeitsfunktion nicht gerecht. Ein konsensschaffender Dialog im Sinne der responsiven Repräsentation kann daher schon aufgrund dieses Informationsdefizits nicht zustandekommen. Damit wird ein wichtiger - mitunter sogar staatstragender Faktor - vernachlässigt: Die Chancen, daß eine Sache als positiv beurteilt wird, sind umso größer, je mehr der Einzelne von ihr weiß[1064].

1062 Vgl. *Würtenberger*, Jurist und Staatsbewußtsein, 92.
1063 Vgl. BVerfGE 44, 125, 147 f.
1064 *Schmölders*, Finanzpsychologie, 80.

3. *Steuergesetzliche Akzeptanzfaktoren*

Im folgenden sollen nun diejenigen Faktoren untersucht werden, die speziell die normbezogene Rechtfertigung der Steuergesetze betreffen. Die Steuergesetze selber beeinflussen die Akzeptanz der Besteuerung beträchtlich, da sie das Instrumentarium für staatliche Eingriffe bilden. Darüberhinaus verkörpern sie die ihnen zugrundeliegende steuerliche Rechtfertigungsidee. Schließlich haben die Steuernormen einen großen Einfluß auf die von den Bürgern subjektiv erlebte Steuerrechtfertigung, also auf diejenige steuerliche Rechtfertigung, die von den Normadressaten wahrgenommen wird, wie ihnen der Staat gegenüber auftritt.

a. Die Darreichungsform und die Art der Vermittlung der Rechtsinhalte

Die Transparenz parlamentarischer Entscheidungen ist eine Lebensnotwendigkeit der parlamentarischen Demokratie. Nach *Czybulka* basiert die parlamentarische Demokratie auf dem Vertrauen des Volkes; Vertrauen ohne Transparenz, die erlaubt zu verfolgen, was politisch geschieht, sei nicht möglich[1065]. Um darüber hinaus auch einen Konsens in den Rechtsüberzeugungen der Bürger oder wenigstens Akzeptanz erreichen zu können, ist die Überschaubarkeit und Verständlichkeit der Rechtsordnung eine unabdingbare Voraussetzung[1066].

Wie bereits erwähnt, ist der Informationsfluß während des Steuergesetzgebungsverfahrens äußerst spärlich, und, falls einmal - zumeist politische - Informationen gegeben werden, haben diese mit dem anschließend verabschiedeten Steuergesetz oft nur noch wenig gemein, so daß zusätzliche Verwirrung entsteht. Der "normale" Bürger wird daher in aller Regel erst mit dem verkündeten Gesetz konfrontiert - vor allem im Rahmen der Rechtsanwendung als Adressat belastender hoheitlicher Maßnahmen. Bei der Einbeziehung des Rechtsadressaten in das Besteuerungsverfahren ist ein wesentlicher Faktor, der die Einstellung des Bürgers zum Gesetz beeinflußt, die Form des Gesetzes, in der es sich dem Bürger darbietet[1067].

Nicht nur Sacherwägungen erfordern eine gewissenhafte Gestaltung der Gesetzgebungsprodukte. Auch aus der Verfassung sind gewisse Mindestanforderungen an die Form eines Gesetzes abzuleiten. Das wichtigste Postulat der verfassungsrechtlichen Vorgaben ist in diesem Zusammenhang das Gebot der Normenklarheit[1068].

1065 BVerfGE 40, 296, 327.

1066 *Czybulka*, Die Verwaltung 1993, 29.

1067 *Hill*, JZ 1988, 379.

1068 Vgl. nur BVerfGE 1, 45; 5, 31 und BVerfGE 22, 303 f., 311 zu einer "objektiv

(A) Die Normenklarheit im Steuerrecht

(I) Grundlagen

(1) Verfassungsrechtliche Begründungen

Das Gebot der Normenklarheit wird verfassungsrechtlich unterschiedlich begründet[1069]. Gleich, auf welche Rechtsgrundlage das Gebot der Normenklarheit gestellt wird, es hat verfassungsrechtlichen Rang. Das Bundesverfassungsgericht verzichtet daher mittlerweile darauf, die Ableitungsgrundlage ausdrücklich anzugeben[1070]. Für den Bereich des Steuerrechts seien einige Herleitungsmöglichkeiten angerissen:

(a) Ableitung aus dem Rechtsstaatsprinzip

Als Grundlage für das Gebot der Normenklarheit wird zumeist das verfassungsrechtliche Rechtsstaatsprinzip angeführt[1071]. Sein Postulat besteht unter anderem darin, daß staatliche Eingriffe voraussehbar, meßbar und berechenbar sein müssen und daß sie insbesondere durch oder aufgrund eines Gesetzes erfolgen[1072]. Da das Steuerrecht ein klassisches Eingriffsrecht ist, kommt dem Prinzip der Normenklarheit hier eine hohe Bedeutung zu.

(b) Ableitung aus dem Sozialstaatsprinzip

Auch das Sozialstaatsprinzip kann für das Gebot der Normenklarheit streiten. Sind etwa steuerliche Vergünstigungen aus sozialstaatlichen Erwägungen durch den Gesetzgeber gewährt worden, so muß der Anspruchsberechtigte die Möglichkeit haben, sich darüber angemessen zu informieren, um sie dann auch in Anspruch nehmen zu können.

(c) Grundrechtliche Ableitung

Eng damit zusammen hängen grundrechtliche Aspekte, wenn von gleichen Teilhabechancen und Leistungsansprüchen gesprochen wird. Auch die Grundrechte und ganz besonders Art. 3 GG streiten für ein einfaches und verständliches Steuerrecht. In diesem Sinne beginnt *Kirchhof* sein für den 57. Deutschen

---

undurchsichtigen Rechtslage" im Steuerrecht.

1069 Zu den vielfältigen Ableitungsthesen: *Kunig*, Rechtsstaatsprinzip, 200 ff.

1070 *Kunig*, Rechtsstaatsprinzip, 201.

1071 *Kirchhof*, FS Meyding, 3; *Benda*, DStZ 1984, 162.

1072 *Hill*, JZ 1988, 379.

Juristentag 1988 verfaßtes Gutachten zur Neuordnung des Einkommensteuerrechts mit dem Kapitel "Die Einfachheit als Grundlage der Steuergerechtigkeit"[1073]. Die grundrechtliche Ableitung ist vor allem deshalb von Relevanz, weil auch nach der Rechtsprechung des Bundesverfassungsgerichts die "Gleichheit der Lastenzuteilung" ein wesentliches Rechtfertigungselement für die Steuerpflicht und den damit verbundenen Eingriff in die Vermögens- und Rechtssphäre des Einzelnen ist[1074]. Die Gleichheit der Lastenzuteilung kann nur durch ein verständliches und vollziehbares Steuerrecht gewährleistet werden. Normenklarheit steuert damit ihren nicht zu unterschätzenden Teil zu einem gerechten und gleichen Steuerrecht bei.

(2) Inhaltliche Anforderungen

Der Bürger soll durch die verfassungsrechtlichen Vorgaben Gewißheit über Recht und Unrecht erlangen, damit aus der so gewonnenen Rechtsgewißheit innere Unabhängigkeit und Gelassenheit, also Distanz gegenüber dem Staat, erwachsen kann[1075]. Nach Ansicht des Bundesverfassungsgerichts zeichnet sich eine rechtsstaatliche Gesetzgebung dadurch aus, daß eine gesetzliche Vorschrift in ihren Voraussetzungen und in ihrem Inhalt so formuliert ist, daß die von ihr Betroffenen die Rechtslage erkennen und sich darauf einrichten können[1076]. Damit ist die Ordnungs- und Integrationsfunktion des Rechts angesprochen. Deren Zielsetzungen können aber nur erreicht werden, wenn die Gesetze den Bürgern bekannt oder doch zumindest bei Bedarf einigermaßen unkompliziert erfahrbar sind und von ihnen so erfaßt werden können, daß sie ihre persönliche Situation und die für ihr Verhalten in Betracht kommenden Alternativen selbst beurteilen können[1077]. Einfachheit, Klarheit, Bestimmtheit, Verständlichkeit, Praktikabilität und Widerspruchslosigkeit einer Steuerrechtsnorm müssen daher um der Kommunikation zwischen Gesetzgeber und Rechtsadressat[1078] willen gewährleistet sein.

Je unüberschaubarer und unverständlicher die Steuerrechtsordnung aber ist, desto schwieriger ist auch das Unterfangen, vom Bürger Einsicht in ihre Notwendigkeit und Richtigkeit zu verlangen[1079]. Rechtsgewißheit und Einsichtsfähigkeit bedingen sich insofern.

1073 *Kirchhof*, Neuordnung, 9.

1074 BVerfGE 84, 239, 269; BVerfG NJW 1995, 2616.

1075 *Kirchhof*, FS Meyding, 3; vgl. auch *Kloepfer*, VVDStRL 40 (1982), 65 ff.

1076 BVerfGE 21, 73, 75; st. Rspr., vgl. *Benda*, DStZ 1984, 162.

1077 *Benda*, DStZ 1984, 162; *Isensee*, StuW 1994, 6 f.

1078 Sog. "Rechtskommunikations", vgl. *Krawietz*, Akezptanz von Recht und Richterspruch?, in: Rechtsprechungslehre, 460.

1079 *Herzog*, FG Gesellschaft für Rechtspolitik, 131.

(3) Die Rolle der Normenklarheit für das Rechtsbewußtsein

In einer so regelungsintensiven Materie wie dem Steuerrecht genügt ein intuitives Rechtsgefühl des Normadressaten zumeist nicht, um den Steuergesetzen Genüge leisten zu können. Daher ist das Rechtsbewußtsein jenes Forum, auf dem sich das Steuerrecht zu bewähren hat. Zwar wird das aktuelle Steuerrecht nicht in seiner ganzen Komplexität in das Rechtsbewußtsein der Rechtsadressaten eingehen können[1080], doch muß zumindest der Gesamtbestand der Rechtsnormen von einem Großteil der Bürger überschaubar und in seinem wesentlichen Inhalt begreifbar sein[1081].

Die Normenklarheit spielt eine entscheidende Rolle im Bereich der konkreten Konfrontation mit dem Recht. Durch diese Konfrontation kann das Rechtsbewußtsein unmittelbar betroffen werden. So wirkt sich beispielsweise eine negative Erfahrung mit dem Steuerrecht in aller Regel besonders nachteilig aus[1082]: Selbst wenn der Bürger grundsätzlich ein positives Rechtsbewußtsein zu einer steuerrechtlichen Regelung hat, so wird er dieses spätestens dann aufgeben, wenn sein Informationsbedürfnis, was nun konkret für ihn gelte, nicht zufriedengestellt wird. Der status quo des heutigen Steuerwesens wird von solchen Reaktionen gekennzeichnet: In der Realität wird Abschreckung[1083] anstelle von Information gewährt[1084]. Durch unklare Gesetze werden Steuervermeidung, Steuerumgehung und selbst Steuerstraftaten nicht nur erleichtert, sonder provoziert; die Bereitschaft, sich dem Recht gemäß zu verhalten, schwindet[1085]. Die Folge könnte eine um sich greifende, nicht nur auf das Steuerrecht begrenzte Akzeptanz der Illegalität sein - insbesondere, wenn sich nicht nur unbeachtliche Randgruppen daran gewöhnen, gegen Gesetze zu verstoßen[1086]. Darauf wird noch einzugehen sein.

Eine unzureichende Normenklarheit im Steuerrecht kann daher auch für den Staat nachteilige Folgen haben - nicht erst im Bereich der Normenbefolgung und der staatlichen Einnahmen[1087]. Schon im Vorfeld der Rechtsanwendung wird der

---

1080 *Würtenberger*, Zeitgeist und Recht, 102 f.

1081 *Benda*, DStZ 1984, 162; *Rehbinder*, Rechtskenntnis, Rechtsbewußtsein und Rechtsethos als Probleme der Rechtspolitik, Jahrbuch für Rechtssoziologie und Rechtstheorie, III, 28 f.

1082 Vgl. dazu die sog. Hypothesentheorie der sozialen Wahrnehmung oben D. V. 1. a. und unten D. V. 3. d. (B).

1083 *Hill*, JZ 1988, 379.

1084 *Hill*, FS Helmrich, 522, schlägt daher vor, periodische Informationen zum Jahresbeginn zu geben, um über neue Rechtslagen zu informieren und vorhandenes Wissen aufzufrischen.

1085 *Benda*, DStZ 1984, 163.

1086 *Würtenberger*, Zeitgeist und Recht, 123 f.

1087 Vgl. oben B. II.

Bürger durch die Unüberschaubarkeit der steuerrechtlichen Verhältnisse seinem Staat entfremdet[1088], da die Zustimmung der Rechtsadressaten zur Rechtsordnung nur in dem Ausmaß erfolgen kann, in dem Kenntnis und Akzeptanz vorhanden sind. Um Rechtsbefolgung sicherzustellen, müssen daher zumindest Rechtskenntnis und gesetzgeberische Prinzipientreue[1089] vorhanden sein. Die Rechtskenntnis ist gerade im Steuerrecht nicht nur eine Folge guten Rechts, sondern sogar eine seiner Voraussetzungen[1090]. Das ideale Steuerrecht zeichnet sich daher auch durch Verstehbarkeit und Transparenz der Steuergesetze, aber auch durch Planungssicherheit aus[1091].

(II) Die allgemeine Lage im Steuerrecht

Bevor auf das derzeitige Steuerrecht näher eingegangen wird, sollen zunächst die größten Defizite in einem Überblick geschildert werden. Sie bilden das Gerüst, um das sich fast jede Kritik am steuerrechtlichen status quo rankt. Der Übersichtlichkeit halber seien sie daher kurz vorgestellt.

Das deutsche Steuerrecht schneidet nicht nur in steuerrechtswissenschaftlichen Analysen schlecht ab. Es wird als ein "Paradebeispiel unverständlichen Rechts"[1092] bezeichnet, das durch ein Gewirr von Regeln und Ausnahmen, Verpflichtungen und Befreiungen, das Neben- und Gegeneinander von Gesetzen, Rechtsverordnungen und Verwaltungserlassen sowie den Leitsätzen der höchstrichterlichen Rechtsprechung der Fachgerichtsbarkeit, die von der Verwaltung sogar gelegentlich mißachtet werden, undurchschaubar ist. Weitgehend pathologische Befunde werden erhoben, die von einem unübersichtlichen, teilweise widersprüchlichen, ständig geändertem Gesetzesrecht[1093] oder von Hypertrophie der Normen[1094] sprechen. Oft gefährde ein Mangel an Sprachdisziplin, Stil und System die logische Folgerichtigkeit und damit die materielle Gleichheit der Regelungen[1095]. Es wirken neben der hektischen Gesetzgebungspraxis die Nichtberücksichtigung des Normadressaten bei der Formulierung der Normen, die Instrumentalisierung des Steuerrechts und verschiedene andere Faktoren zusammen[1096].

1088 *Benda*, DStZ 1984, 163.

1089 *Tipke*, Steuerrechtsordnung, 1443, sieht in der "Prinzipienerosion" eine Gefahr für das Rechtsbewußtsein, den Rechtssinn, das Rechtsgefühl.

1090 *Kindermann*, Gesetzessprache und Akzeptanz der Norm, in: Öhlinger (Hrsg.), Recht und Sprache, 56.

1091 *Lang*, StBJb 1993/94, 11.

1092 *Benda*, DStZ 1984, 162.

1093 *Kirchhof*, NJW 1987, 3217; *Franke*, Steuerpolitik in der Demokratie, 248.

1094 *Isensee*, StuW 1994, 4.

1095 *Kirchhof*, NJW 1987, 3217; ders., FS Meyding, 19.

1096 *Lang*, FS Meyding, 37 f.; *Lang*, FR 1993, 665.

Äußerungen über den Zustand des Steuerrechts sind dementsprechend gerne metaphorisch[1097]: "Dekadenzphänomen"[1098], "Steuerchaos"[1099], "Steuerdschungel"[1100], "Paragraphendschungel"[1101], "Augiasstall"[1102], "Verelendung"[1103] und "Normenflut"[1104] werden neben "Wegwerfware", "Mißgeburt" und "legislativer Anarchie"[1105] genannt, um das Ausmaß der steuerrechtlichen Misere bildlich darzustellen.

Auch den Rechtsadressaten bleibt die Undurchsichtigkeit des deutschen Steuerrechts nicht verborgen. Nach einer empirischen Untersuchung vertreten 82 Prozent der befragten Steuerzahler die Auffassung, daß eine Vereinfachung des Steuerrechts das Klima zwischen den Bürgern und der hier den Staat repräsentierenden Finanzverwaltung spürbar entspannen könnte[1106]. Zum Großteil allerdings sind sich die Steuerzahler der meisten Mängel des Steuerrechts nicht bewußt[1107]. Hierzu mag die Verdrängung der Steuerfrage aus dem Rechtsbewußtsein der meisten Bürger beigetragen haben. Sie haben es schlicht aufgegeben, sich mit der Steuerrechtsmaterie auseinanderzusetzen, so daß ihnen die einzelnen Unzulänglichkeiten verborgen bleiben. Allerdings bedeutet dieser Rückzug auch, daß wirtschaftslenkende oder sozialstaatlich veranlaßte Steuervergünstigungen nur noch von einer immer geringeren Zahl der Steuerpflichtigen erkannt und genutzt werden können[1108]. Die Hilflosigkeit der Normadressaten läßt die Steuerberatungs- und Steuerplanungsindustrie Jahr für Jahr neue Rekordergebnisse verzeichnen[1109].

1097 Dazu umfassend: *Tipke*, Steuerrechtsordnung, 1442 f.

1098 *Isensee*, StuW 1994, 4.

1099 Vgl. *Lang*, StBJb 1993/94, 10; *Dann*, StB 1993, 245: "Die gegenwärtige Situation im Steuerrecht läßt sich schlagwortartig nur mit einem Begriff umreissen: Chaos! Chaos, wohin man blickt!"

1100 Z.B. *Miehler/Kronthaler*, DStZ 1992, 261.

1101 *Schelle*, FS Schmölders, 57.

1102 *Schneider*, DB 1992, 1738.

1103 *Felix*, JZ 1995, 33.

1104 *Musset*, ZG 1987, 60 ff.; vgl. *Haubrichs*, FS Schmölders, 12, der schon 1978 von der "totalen Überflutung und Überforderung des Steuerpersonals mit Vorschriften und sonstigen Reglementierungen, die täglich auf die Finanzbeamten, in gleicher Weise aber auch auf die Steuerzahler und ihre Berater niederprasseln" spricht.

1105 *Hill*, ZG 1987, 240 m. Nw.

1106 Stellungnahme des *Deutschen Steuerberaterverbandes*, PROT. ÖFF. ANH. FINAUSSCHUß V. 9.3.1994, 131.

1107 *Tipke*, StuW 1990, 315.

1108 Stellungnahme des *Deutschen Steuerberaterverbandes*, PROT. ÖFF. ANH. FINAUSSCHUß V. 9.3.1994, 131.

1109 *Vogel*, DStJG 12 (1989), 126; vgl. auch *Lang*, FS Tipke, 8 m. Nw., der von dem Gedeihen der "Steuervermeidungswissenschaft" spricht.

Wird als Indikator für die Normenklarheit die Menge der steuerjuristischen Publikationen herangezogen, so müßte das Steuerrecht für sich allein genommen offensichtlich unverständlich sein. Rund 60 Prozent der in der Welt veröffentlichten Literatur zum Steuerrecht erscheint in Deutschland[1110]. Im Gegensatz zu manch anderen Teilrechtsgebieten können allein für das Einkommensteuerrecht mehrere Großkommentare nebeneinander existieren[1111]. Wenn selbst die Arbeitsgemeinschaft der Finanzgerichtspräsidenten das deutsche Steuerrecht als "immer schwerer praktizierbar" kennzeichnet[1112], sich somit also ausgewiesene Fachleute nur noch unter Mühen zurechtfinden[1113], kann es nicht verwundern, wenn der durchschnittliche Rechtsanwender dem Steuerrecht hilflos gegenübersteht[1114]. Der normale Steuerpflichtige versteht erst recht nicht die Steuergesetze, die ihn eigentlich angehen[1115]. Verfassungsrichter *Kirchhof* sieht das Steuerrecht in seiner Zugehörigkeit zum Rechtsstaat und damit seinen Geltungs- und Durchsetzungsanspruch dadurch gefährdet, daß es vom Steuerpflichtigen rechtserhebliche Erklärungen verlangt, ohne ihn zu einem Verstehen dieses Rechts zu befähigen. Zugleich treibe es den Steuerberater an die Grenzen seines Wissens und seiner Aufnahmefähigkeit, dränge es die Finanzverwaltung zu einer Besteuerung nach Wahrscheinlichkeit und Vermutung und führe das Besteuerungsverfahren in die Grauzone der Schätzung und des Arrangements[1116]. Die daraus resultierende Rechtsunsicherheit und die damit verbundenen weitreichenden Verwaltungsdefizite begünstigen "entdemokratisierende Wirkungen"[1117]. Dies jedenfalls dann, wenn derartige rechtsstaatliche Defizite von einem Rückzug des bürgerlichen Rechtsbewußtseins begleitet werden.

1110 *Michaelis*, in: HANDELSBLATT vom 30.07.1996.

1111 Vgl. *Lang*, FR 1993, 661 mit Beispielen.

1112 *Vogel*, JZ 1993, 1121.

1113 *Franke*, Steuerpolitik in der Demokratie, 251; zu der daraus erwachsenen Konsequenz einer Spezialisierung des Rechtsstabes in den Gerichten und auf Ministerialebene: *Klein*, Gegenwart und Zukunft der Finanzverwaltung aus der Sicht der Finanzgerichtsbarkeit, in: Vogelgesang (Hrsg.), Perspektiven der Finanzverwaltung, 43.

1114 Vgl. *Isensee*, StuW 1994, 4 m. Nw., der als Beispiel die Übung der Zivilgerichte anführt, bei steuerrechtlichen Vorfragen einer Partei die Beweislast über den Inhalt des geltenden Steuerrechts aufzubürden und sich somit einer Maßnahme zu bedienen, die in § 293 ZPO eigentlich nur für ausländisches Recht vorgesehen ist. Damit werde der Satz "iura novit curia" suspendiert. Auch die Strafrechtspflege (inbesondere auf Amtsgerichtsebene) kapituliert immer öfter bei komplizierten Steuer- und Zollverfahren. Allerdings können hier die Schwierigkeiten bei der Sachverhalts- und Rechtslagenaufklärung durch die Möglichkeit einer Einstellung des Verfahrens (z.B. nach § 153 a StPO) kaschiert werden (eventuell i.V.m. Prozeßabsprachen - sog. "Deals").

1115 *Isensee*, StuW 1994, 4 m. Nw.

1116 *Kirchhof*, FS Meyding, 3.

1117 *Meister*, DStZ 1991, 674.

Die Gründe für das unklare deutsche Steuerrecht sind mannigfaltig und sollen in den folgenden Abschnitten behandelt werden. Allerdings läßt sich auch hier keine abschließende Auflistung erstellen. Daher werden lediglich die auffälligsten Entwicklungen dargestellt werden, die für das Steuerrechtschaos verantwortlich sein könnten.

(III) Die Gesetzgebungshektik

(1) Der status quo

Die Steuergesetzgebung ist aufgrund der vielfältigen Problemimpulse[1118], die zu einem Aktivwerden des Gesetzgebers führen, äußerst kurzlebig. Steuergesetze werden in einer "atemberaubenden Geschwindigkeit" erlassen[1119]. Abgesehen von den wenigen neu erstellten Steuergesetzen[1120] ist gerade auch die Zahl der Änderungsgesetze zu Steuergesetzen unüberschaubar hoch[1121]. So wurde beispielsweise allein im Zeitraum 1970 - 1979 im Einkommensteuergesetz 237mal eine Gesetzesänderung vorgenommen. Mitunter erfolgen derartige Änderungen im Akkord, wie der 1980 aufgetretene Fall einer "Anpassung" des § 2 EStG zeigt, der binnen einer Woche dreimal geändert wurde[1122].

Auch die Art und Weise, in welcher Form Steuergesetze erlassen werden, trägt ihren Teil zu der großen Undurchsichtigkeit des Steuerrechts bei. Angesprochen sind die sogenannten Artikelgesetze. Durch sie werden gesetzesübergreifend verschiedene steuerrechtliche Regelungen hinzugefügt oder geändert. Die Gesetzgebung leistete sich bis vor kurzem den Luxus, derartige Artikelgesetze je nach Bedarf, und sei es im Quartalstakt, zu erlassen[1123].

1118 *Hill*, ZG 1987, 252; *Tipke*, Steuerrechtsordnung, 1145.

1119 *Seer*, StuW 1995, 184 m. Nw.

1120 Vgl. *Zeh*, Kodifikation oder Kommunikation - Rechtssetzung in der Mediendemokratie, in: Merten/Schreckenberger (Hrsg.), Kodifikation gestern und heute, 135, der darauf hinweist, daß die moderne Gesetzesproduktion normalerweise "Novelle" heißt.

1121 Der *Bund Deutscher Finanzrichter* nennt in seiner Stellungnahme die Zahl von 122 Änderungsgesetzen in den letzten zehn Jahren für die wichtigsten Steuergesetze. Allein das EStG sei in diesem Zeitraum 64 mal geändert worden. PROT. ÖFF. ANH. FINAUSSCHUß V. 9.3.1994, 163.

1122 *Kirchhof*, NJW 1987, 3218.

1123 Vgl. *Friauf*, StuW 1985, 309, der von einer "hektischen und unkoordinierten Artikelgesetzgebung" spricht. Für das Jahr 1992 gab es vier große Artikelgesetze: Das Zinsabschlagsgesetz vom 9.11.1992, das Umsatzsteuer-Binnenmarktgesetz vom 25.8.1992, das Verbrauchsteuer-Binnenmarktgesetz vom 21.12.1992 und das Steueränderungsgesetz 1992 vom 25.2.1992.
Auch 1993 gab es drei große Artikelgesetze: Das föderale Konsolidierungsprogramm vom 23.6.1993, das die Änderung von 14 Steuergesetzen enthielt, das

Ähnliches setzt sich im Verhalten der die Steuergesetze umsetzenden Exekutive fort. Schon 1978 rügte *Haubrichs*, daß jeden Tag auf den Steuerzahler und die Steuerverwaltung mehr als vier Erlasse und Verfügungen der Exekutivspitzen "niedergingen"[1124]. Eine solche Normierungshektik führt dazu, daß selbst hochkarätige Steuerrechtsexperten kaum noch überblicken können, welche Neuregelung in welchem Gesetz enthalten ist und ab wann sie in Kraft tritt[1125]. Dem Bundestag wurde daher vorgeworfen, "Wegwerfgesetze" zu produzieren[1126]. Mittlerweile wird mit einem die gesamte Jahresproduktion der Steuergesetzgebung zusammfassendem Artikelgesetz, dem Jahressteuergesetz, Abhilfe geschaffen[1127]. Doch auch hier konnten die hochgesteckten Ziele nicht erreicht werden[1128]. Noch vor seinem Inkrafttreten und erst wenige Tage nach seiner Verkündung wurden Änderungen des Jahressteuergesetzes 1996 vom Bundestag beschlossen, die unter der verharmlosenden und wiederum irreführenden Bezeichnung "Jahressteuer-Ergänzungsgesetz 1996" dazu dienen sollten, Fehler auszubessern und umstrittene Regelungen zu entschärfen[1129].

Standortsicherungsgesetz vom 13.9.1993, das 18 Steuergesetze änderte und das Mißbrauchsbekämpfungs- und Steuerbereinigungsgesetz vom 21.12.1993, das zur Änderung von 32 Steuergesetzen führte. Vgl. im einzelnen zu den Steuerrechtsänderungen durch Gesetze, Verordnungen und Richtlinien seit 1990: Stellungnahme des *Bundes der Steuerzahler*, PROT. ÖFF. ANH. FINAUSSCHUß V. 9.3.1994, 88 f.

1124 *Haubrichs*, FS Schmölders, 15.

1125 Stellungnahme des *Bundes der Steuerzahler*, PROT. ÖFF. ANH. FINAUSSCHUß V. 9.3.1994, 70.

1126 Sachverständiger *Merkert*, PROT. ÖFF. ANH. FINAUSSCHUß V. 9.3.1994, 16.

1127 Vgl. die Allgemeine Begründung des Referentenentwurfs zum Jahressteuergesetz 1996, 1: "Ziel des Entwurfs des Jahressteuergesetzes 1996 ist die Fortsetzung einer wachstumsorientierten, leistungsgerchten, familien- und mittelstandsfreundlichen Steuerpolitik. Eingebettet in eine Finanz- und Haushaltspolitik, die die im Solidarpakt vereinbarten Leistungen zugunsten der neuen Länder sicherstellt, die öffentlichen Haushalte konsolidiert sowie die Staats- und Abgabenquote senkt, müssen die steuerlichen Rahmenbedingungen verläßlich sein, sich zielkonform entwickeln und den Leistungswillen sowie die Eigenverantwortung der Bürger stärken. ... Zugleich gilt es, das Steuerrecht zu vereinfachen, den Abbau von Steuervergünstigungen fortzusetzen und steuerliche Sonderregelungen zurückzuführen. Kontinuität hat dabei Vorrang vor kurzfristigen und in den Auswirkungen auf das Steuersystem nur schwer kalkulierbaren Änderungen. ..."

1128 Auch die dem Jahressteuergesetz 1996 vorausgegangenen "vollmundigen Reformversprechungen ... haben sich als bloße Worthülsen erwiesen"; vgl. *Arndt/Schumacher*, NJW 1995, 2605; *Förg*, FR 1995, 325 ff.

1129 Damit wurde zumindest die ursprüngliche Absicht, "die Steuergesetzgebung wieder "in ruhigeres Fahrwasser" zu bringen" nicht erreicht. Vgl. Allgemeine Begründung des Referentenentwurfs zum Jahressteuergesetz 1996, 9. Auch das Jahressteuer-Ergänzungsgesetz steht mittlerweile wieder vor Änderungen.

Insgesamt wird die Steuergesetzgebung dadurch zu einer Tagesgesetzgebung degradiert[1130]. Die sich ständig erneuernde Flut steuerrechtlicher Vorschriften wird mit biblischen Heuschreckenschwärmen verglichen[1131]. Zudem wird bemängelt, daß die Abstände zwischen dem Gesetzesbeschluß, der Veröffentlichung im Bundesgesetzblatt und dem Anwendungszeitpunkt des Gesetzes immer geringer werden würden, wodurch sich die Rechtsadressaten auf die geänderte Rechtslage nicht mehr rechtzeitig einstellen könnten[1132]. Dadurch entstehen unvertretbare Vollzugslücken und vor allem unnötige Belastungen des Steuerklimas, da auch die Finanzverwaltung auskunftsuchenden Bürgern meist nicht mehr weiterhelfen kann[1133]. Unternehmen sehen sich sogar gezwungen, bereits während des Gesetzgebungsverfahrens provisorische Vorbereitungen zur rechtzeitigen Umsetzung der Steuergesetze zu treffen[1134], um ihren Angestellten eine rechtmäßige Besteuerung zuteil werden zu lassen. Selbst die Verfasser der Steuergesetze nehmen hin und wieder in Gesetzesänderung Bezug auf Normen, die längst nicht mehr gelten[1135].

(2) Die Gründe für eine übereilte Steuergesetzgebung

Die Gründe für eine solche "ad hoc-Gesetzgebung" sind mannigfaltig. Als ein die politisch Verantwortlichen zu Unrecht entlastender Grund wird gerne die enge Anbindung des Steuerrechts an die wirtschaftlichen und sozialen Gegebenheiten genannt[1136]. Da sich das Steuerrecht an den wirtschaftlichen

---

1130 *Hill*, ZG 1987, 248.

1131 *Vogel*, DStJG 12 (1989), 125.

1132 Stellungnahme des *Bundes der Steuerzahler*, PROT. ÖFF. ANH. FINAUSSCHUß V. 9.3.1994, 71; vgl. auch die gemeinsame Stellungnahme der deutschen Wirtschaft (*DIHT, BDI, ZDH*), PROT. ÖFF. ANH. FINAUSSCHUß V. 9.3.1994, 107: "So wurde das Verbrauchsteuer-Binnenmarktgesetz, das 17 Steuergesetze änderte, am 21.12.1992 beschlossen und war ab dem 01.01.1993 anzuwenden. Das gleiche gilt für das StBMG, das am 21.12.1993 verkündet, am 28.12.1993 im Gesetzblatt veröffentlicht wurde und ab dem 01.01.1994 anzuwenden ist. Im letzten Jahr trat sogar die Situation ein, daß ein Gesetz, nämlich das Standortsicherungsgesetz, das noch gar nicht verkündet worden war, bereits einer Korrektur unterzogen wurde." Vgl. auch den oben erwähnten Fall der Steuerbroschüre 1996, die von einem überholten Rechtszustand ausging. Die "last minute"-Steuergesetze scheinen mittlerweile zur Gewohnheit geworden zu sein. Das Jahressteuergesetz 1997 war auch eine Woche, bevor es in Kraft treten sollte, noch nicht im Bundesgesetzblatt veröffentlicht.

1133 *Musset*, ZG 1987, 62; Stellungnahme des SV *Altehoefer*, PROT. ÖFF. ANH. FINAUSSCHUß V. 22.11.1993, 121.

1134 Gemeinsame Stellungnahme der deutschen Wirtschaft (*DIHT, BDI, ZDH*), PROT. ÖFF. ANH. FINAUSSCHUß V. 9.3.1994, 110.

1135 *Franke*, Steuerpolitik in der Demokratie, 252.

1136 So beispielsweise *H. H. Klein*, HbStaatsR, Band II, § 40, RN 17: "Schließlich bleibt einer Politik, die sich - aus welchen Gründen auch immer - verpflichtet fühlt, die

Rahmenbedingungen ausrichten müsse, die es erfassen will, und diese sich ständig wandeln würden, sei darin häufig ein Anlaß für Änderungen zu sehen.

Wird mit der Anpassung an die geänderten Gegebenheiten noch ein neuer, politisch motivierter Lenkungszweck verbunden, der in aller Regel prognosenabhängig ist, sind die Steuergesetze schon aufgrund der unvermeidlichen Ungenauigkeit der Prognosen nachbesserungsbedürftig. Hier dürfte ein Schwerpunkt der Änderungsanfälligkeit der Steuergesetze liegen. Steuerrechtsänderungen werden von Anfang an einprogrammiert, da immer die Gefahr besteht, daß das Lenkungsziel verfehlt wird, weil der Adressat durch Abgabenzahlung der Verhaltensempfehlung ausweicht[1137]. Die Beurteilung, wann sich eine wirtschaftliche Lage bereits so weit geändert hat, daß eine Korrektur notwendig ist, oder ob eine Prognose angepaßt werden muß, hängt zudem wesentlich von externen politischen Erwägungen ab.

Damit sind auch die sogenannten "Reparaturgesetze" angesprochen, mit deren Hilfe der Steuergesetzgeber "Fehlentwicklungen" im Rahmen der Steuerrechtsanwendung korrigieren will. Allerdings schlagen diese Versuche oft fehl: Häufig werden neue Rechtsprobleme geschaffen und selbst Normen, die der Finanzverwaltung die Arbeit erleichtern sollen, wirken zusätzlich belastend[1138]. Die Steuergesetzgebung wird auf diese Weise zu Experimentierzwecken mißbraucht. Aus Lenkung wird Reaktion[1139], die Steuergesetzgebung wird zur fortlaufenden Administration[1140] herabgewürdigt.

(3) *Die Folgen für Normakzeptanz und Norminternalisierung*

(a) Der Akzeptanzfaktor Zeit

Das heutige Steuerrecht konnte aufgrund der ständigen Änderungen nicht die notwendige Reife erreichen, die auch das Rechtsbewußtsein der Rechtsadressaten prägen kann. Bei einer sich immer rascher ändernden Gesetzeslage kann sich die Legitimationswirkung der Zeit nicht entfalten[1141]. Diese Legitimationswirkung

gesellschaftliche Entwicklung, vor allem die wirtschaftlichen und sozialen Abläufe, nicht nur nicht sich selbst zu überlassen, sondern in einem oft perfektionistisch verstandenen Sinne "gerecht" zu gestalten und also zu steuern, keine andere Wahl, als das Tempo der Normenproduktion dem der Sozialabläufe anzupassen".

1137 *Kirchhof*, NJW 1987, 3226.

1138 Vgl. Stellungnahme des *Bundesrechnungshofes*, PROT. ÖFF. ANH. FINAUSSCHUß V. 22.11.1993, 353, der als Beispiel die nach § 93a AO vorgesehene Kontrollmitteilungs-Verordnung nennt: diese würde zu aufwendigen Nachforschungen führen.

1139 *Hill*, ZG 1987, 248.

1140 *Hill*, ZG 1987, 240.

kann sich immer dann entfalten, wenn das lange Zeit Geübte oft als die einzig mögliche Regelung aufgefaßt wird und dadurch seine Akzeptanz steigt[1142]. Folglich wird in der Tradition und der Konstanz eine tragende Kraft des Rechtslebens gesehen[1143].

Für den Steuerzahler stellt sich - abgesehen von eventuellen Verständnisproblemen - schon die Frage, ob es überhaupt Sinn macht, sich in eine steuerrechtliche Regelung zu vertiefen, wenn diese sowieso einem unaufhörlichen Wandel unterworfen ist[1144] und vielleicht schon im nächsten Jahr ganz anders gefaßt sein könnte. Eine erstrebenswerte Norminternalisierung kann so nicht stattfinden; die ständig wechselnden Vorschriften des Besteuerungsrechts lassen die Bildung eines Gefühls für Recht und Unrecht gar nicht erst aufkommen[1145].

Anders scheint es sich bei schon länger gewährten Steuervorteilen zu verhalten, da diese, oberflächlich betrachtet, hinreichend bekannt zu sein scheinen. Mangels einer aktualisierten tragfähigen Rechtfertigung der Steuern entsprechen sie dem zeitgeistgemäßen individualbezogenen Besitzdenken, und finden daher eine besonders leichte Aufnahme im Bewußtsein der Steuerpflichtigen. Ein Beispiel könnte in dem Denken in "Abschreibungskategorien"[1146] gesehen werden, das auch heute noch viele wirtschaftlich fragwürdige Unternehmungen zu rechtfertigen vermag. Allerdings wird in diesem Bereich das hier interessierende Steuerrechtsbewußtsein nicht im Mittelpunkt der individuellen Betrachtungen stehen, sondern eher das eigene Vorteilsdenken. Insofern können solche "Gewohnheiten" zu einer Stärkung des Rechtsbewußtseins wohl nur wenig beitragen.

(b) Akzeptanz durch Rechts- und Planungssicherheit

Eng mit der Legitimationswirkung durch Zeit hängen die Sicherheitsaspekte des Rechts zusammen - Dauerhaftigkeit und Stetigkeit. Akzeptanz kann das

---

1141 *Schmölders*, Untertan, 181f.; Dann, StB 1993, 246.

1142 *Würtenberger*, FG Gesellschaft für Rechtspolitik, 549, der auf die schon früh erkannte Relation von "consuetudo" und "lex" hinweist.

1143 *Klein*, DStBTag 1991, 48.

1144 *Schelle*, FS Schmölders, 57; vgl. auch *Seer*, StuW 1995, 184: "Die Steuergesetzgebung ist jüngst in einer derart atemberaubenden Geschwindigkeit verlaufen, daß selbst ein gutwilliger Rechtsanwender überfordert ist, den Inhalt der Gesetzesänderungen intellektuell zu erfassen".

1145 *Schmölders*, Untertan, 181 f.

1146 Dieser Bereich ist aufgrund seiner relativen Bekanntheit der laienhaften Bewertung leichter zugänglich. Das zeigt der von *Tipke*, StuW 1990, 315 geschilderte Fall des BFH-Urteils, das Geldstrafen/-bußen als steuerlich absetzbar ansah. Der durchsichtige, einfache Sachverhalt, verbunden mit einem ansatzweise vorhandenen Rechtswissen, versetzt die Bevölkerung in die Lage, aus dem Rechtsgefühl heraus zu urteilen.

Recht auch dadurch erlangen, daß man sich auf dessen Existenz verlassen und unter Zugrundelegung eines bestimmten Rechtszustandes langfristige Planungen durchführen kann. Entspricht das Gesetz diesem Ordnungsinteresse, wird es akzeptiert, weil es Rechtsfrieden und Ordnung gewährleistet[1147]. Für die Wirtschaft besonders relevant ist in diesem Zusammenhang die "Planbarkeit von Steuerwirkungen"[1148], da an sie oft Investitionsentscheidungen geknüpft werden.

Durch die Gesetzgebungshektik veranlaßt, fehlt die für das Wirtschaftsleben äußerst wichtige langfristige Berechenbarkeit der Steuerpolitik, was langfristige Planungen[1149] unmöglich macht und schon als "massiver Standortnachteil"[1150] diskutiert wird. Steuerrechtssprünge gefährden somit erheblich die Planungssicherheit auf seiten der Steuerpflichtigen[1151]. Kurzfristige Steuerrechtsänderungen, die schon vor ihrem Inkrafttreten weiteren Änderungen unterworfen werden, lassen für Bürger und Unternehmen keine verläßliche kurz- oder mittelfristige Zukunftsgestaltung zu.

Die unübersehbare Existenz dieser gesetzlich veranlaßten Unsicherheit treibt eigenartige Blüten: Staatliches Handeln wird zu einem Risikofaktor erklärt, der in das Wirtschaften einzuberechnen sei. Neben das allgemeinwirtschaftliche unternehmerische Risiko sei ein besonderes steuerliches Unkalkulierbarkeitsrisiko hinzugetreten[1152], da der Kostenfaktor "Steuern" eben nicht verläßlich disponiert werden könne. Das durch die "permanente Änderei"[1153] des Steuerrechts geschaffene Risiko kann sogar dem allgemeinen wirtschaftlichen Risiko den Rang ablaufen - es sei zu einem "Hauptfaktor der Unsicherheit" geworden[1154].

(c) Die Folge: Orientierungslosigkeit der Rechtsadressaten

Zusammenfassend läßt sich feststellen, daß Akzeptanz und Norminternalisierung durch die Gesetzgebungshektik weitgehend unmöglich geworden sind.

1147 *Würtenberger*, Zeitgeist und Recht, 94.

1148 *Maier*, Steuerrecht im Wandel, 49.

1149 Stellungnahme des *Bundes der Steuerzahler*, PROT. ÖFF. ANH. FINAUSSCHUß V. 9.3.1994, 73; ein Beispiel illustriert der Sachverständige *Reim*, PROT. ÖFF. ANH. FINAUSSCHUß V. 9.3.1994, 25, mit den Änderungen des § 16 EStG für den Bereich der einstmals steuerlichen Privilegierung von Veräußerungsgewinnen bei der Veräußerung eines Betriebes oder von Beteiligungen durch einen an dem Betrieb Beteiligten.

1150 *Lang*, StBJb 1993/94, 10.

1151 *Rose*, Planungssicherheit im Steuerrecht, in: Vogelgesang (Hrsg.), Perspektiven der Finanzverwaltung, 136 ff. mit Beispielen.

1152 *Treptow*, PROT. ÖFF. ANH. FINAUSSCHUß V. 9.3.1994, 20.

1153 *Tipke*, Steuerrechtsordnung, 1449.

1154 *Lang*, PROT. ÖFF. ANH. FINAUSSCHUß V. 9.3.1994, 34.

Der Rechtsadressat verliert jegliche Orientierung. Ihm ist es nicht mehr möglich, aus seiner Erfahrung heraus zu beurteilen, wie er sich zu verhalten hat, da nur ein langfristiges Recht Rechtssinn und Rechtsbewußtsein zu erzeugen oder zu fördern vermag[1155]. Zusätzlich verstärkt wird die Orientierungslosigkeit der Rechtsadressaten durch den Anscheinsbeweis der Unzulänglichkeit des immer wieder geänderten Steuerrechts. Zwar wird im heutigen Rechtsleben grundsätzlich von dem Rechtsadressaten verlangt, daß er die Richtigkeit der Gesetze unterstellt, ohne sie im einzelnen selber zu überprüfen[1156]. Bei häufigen Revidierungen von Steuergesetzen - zumal dann, wenn dies aufgrund verfassungsgerichtlicher Weisungen geschieht - kann deren Richtigkeit vom Einzelnen allerdings nicht mehr unterstellt werden. Der Gesetzgeber verspielt so seine Autorität, er hebt damit die "Dignität des Gesetzes"[1157] auf[1158]. Die fehlende Dauerhaftigkeit und Stetigkeit des Steuerrechts kann auf diese Weise einen äußerst negativen Einfluß auf das Steuerrechtsbewußtsein und damit auch auf die Steuermoral haben[1159].

(IV) Massenhafte Steuernormen

Obwohl die Klage über die Gesetzesflut zum bundesrepublikanischen Gemeinplatz geworden ist[1160], hebt sich die Situation im Steuerrecht doch deutlich von den "üblichen" Verhältnissen ab.

(1) Zahlenbeispiele als Momentaufnahmen

Das deutsche Steuerrecht ist allein schon durch seine Masse weitgehend undurchschaubar geworden. Mitunter wird von einer "Gesetzgebungsinflation" gesprochen[1161]. Teilweise betreffen mehr als 20 % der im Bundestag beschlossenen Gesetze, deren Menge sowieso ständig wächst[1162], das

---

1155 *Tipke*, Steuerrechtsordnung, 1449.

1156 *Pichler/Giese*, JRP 1993, 117.

1157 *Tipke*, Steuerrechtsordnung, 1449.

1158 Ähnlich verhält sich der Gesetzgeber im Sozialrecht, wo er mit seiner "Widerrufsgesetzgebung" das Vertrauen der Bürger in die Sozialversicherung und das Recht der sozialen Sicherung untergräbt. Vgl. dazu *Merten*, Handbuch des Verfassungsrechts, § 20, RN 140.

1159 *Schulz*, DB 1993, 1256; *Rose*, Planungssicherheit im Steuerrecht, in: Vogelgesang (Hrsg.), Perspektiven der Finanzverwaltung, 135, möchte den Gesetzgeber an das Sprichwort erinnern: Ein Acker, der täglich gepflügt wird, trägt keine Früchte!

1160 *Isensee*, ZRP 18 (1985), 139.

1161 Gemeinsame Stellungnahme der deutschen Wirtschaft (DIHT, BDI, ZDH), PROT. ÖFF. ANH. FINAUSSCHUß V. 9.3.1994, 109.

1162 So wuchs die Seitenzahl der jährlich verabschiedeten oder geänderten Gesetze und Verordnungen von 1969-71 an von durchschnittlich 2690 auf 3690 im Durchschnitt für die Jahre 1979-81. Das bedeutet eine Steigerung von 37,2 %. *Schneider*,

Steuerrecht[1163]. Schon der Umfang der elf wichtigsten Steuergesetze (einschließlich ihrer Durchführungsverordnungen und Richtlinien) summierte sich 1994 auf 2.506 Paragraphen oder Abschnitte und umfaßte 2.892 Druckseiten[1164]. Das gesamte - sich ständig ändernde - Steuerrecht[1165] einschließlich aller zu beachtender Verwaltungsanordnungen und bedeutsamer Entscheidungen des Reichsfinanzhofs und des Bundesfinanzhofs ist unüberschaubar[1166]. Von Rechtsanwendern wird kritisiert, daß mittlerweile das Studium der Gesetzesvorschriften vielfach mehr Zeit erfordere, als deren Umsetzung[1167].

(2) Einige Gründe für die Normenflut

Auch die Normenflut läßt sich auf unzählige Gründe zurückführen. Nur die einflußreichsten Faktoren seien daher kurz vorgestellt.

(a) Instrumentalisierung des Steuerrechts

Die große Anzahl der Steuernormen beruht auf verschiedenen Faktoren. Zum einen ist die Instrumentalisierung des Steuerrechts für außerfiskalische Zwecke (z.B. zur Wirtschafts-, Sozial-, Umweltschutzpolitik) zu nennen[1168]. Wie dazu unten näher auszuführen sein wird, erhält das Steuerrecht damit neben der ihm eigenen Finanzierungsfunktion zusätzlich noch eine "Verwaltungsfunktion". Es dient in diesen Fällen nicht nur der Finanzierung des Staates, sondern auch zu dessen Lenkung oder Gestaltung. Neben dem Finanzierungszweck kann eine Steuer daher beispielsweise auch Lenkungszwecken oder Sozialzwecken dienen[1169].

Determinanten der Steuerhinterziehung und der Schwarzarbeit im internationalen Vergleich, in: Smekal/Theurl (Hrsg.), Stand und Entwicklung der Finanzpsychologie, 279, Tab. 7.

1163 *Hill*, ZG 1987, 239.

1164 Bund der Steuerzahler, Steuervereinfachung, Bestandsaufnahme - Reformvorschläge, PROT. ÖFF. ANH. FINAUSSCHUß V. 9.3.1994 69, 86 f.; vgl. auch die von *Tipke*, Steuerrechtsordnung, 1470f., genannten Zahlen aus dem Jahr 1985.

1165 Zur Zeit gibt es 38 verschiedene Steuern, 120 Gesetze und 178 Verordnungen.

1166 Vgl. nur die Stellungnahmen aus Finanzrichterkreisen bei *Vogel*, DStJG 12 (1989), 124 f.

1167 *Merkert*, PROT. ÖFF. ANH. FINAUSSCHUß V. 9.3.1994, 17.

1168 Wenig überzeugend ist die Erklärung *Herzogs*, StbKongrRep 1994, 32, der die Normenflut den vielen Individualinteressen zurechnen will, denen sich Parlament und Regierung ausgesetzt sehen. Eine wesentliche Funktion des Parlaments ist es vielmehr, die verschiedenen Interessen und Bedürfnisse aus der Bevölkerung zu erkennen und aufzunehmen, sie durch entsprechende Fragestellungen auf das Allgemeine zu vermitteln und entsprechend umzusetzen (Vgl. *Böckenförde*, Demokratie als Verfassungsprinzip, in: ders., Staat, Verfassung, Demokratie, 363 f.). Eben daran krankt aber zur Zeit der die Steuern betreffende Parlamentarismus.

(b) Perfektionsdrang und Sicherheitsbedürfnis

Auch die Neigung des Gesetzgebers, durch umfangreiche Detailregelungen, Gesetzeslückenschließungsversuche[1170] und Reparaturgesetze ein umfassend regelndes Steuerrecht zu schaffen[1171], das zudem noch mit einer Flut von Verordnungen und Verwaltungsanweisungen[1172] gegen zuviel Eigenverantwortung der Finanzverwaltung abgesichert werden muß[1173], ist für die Normenflut verantwortlich. Durch diese Aktivitäten wird nicht nur der Rechtsstoff aufgebläht, sondern auch die Ohnmacht des Gesetzgebers und der Exekutive offenbar[1174], ein überzeugendes, langfristiges Steuerrecht zu schaffen.

Die Steuerrechtsetzung ist von einem mitunter kleinlichem Perfektionsdrang beseelt. Es scheint, daß sie ob aller berücksichtigten Kleinigkeiten das Gesamtsystem aus den Augen verloren hat. Interessant ist die Erklärung der Finanzpsychologie zu diesem Thema. Danach ist Perfektionsdrang auf die Angst vor Kontrollverlust und auf ein stark ausgeprägtes Sicherheitsbedürfnis zurückzuführen[1175]. Folgt man diesem Erklärungsmodell, würde die auf Hochtouren laufende Gesetzgebungsmaschinerie das staatliche Eingeständnis bedeuten, den Kontrollverlust im Steuerrecht vor Augen zu haben - und das, obwohl oder gerade weil der Staat auf gesicherte Einnahmequellen angewiesen ist. Jedenfalls deckt sich diese Theorie mit den tatsächlichen Erfahrungen an der "Steuerfront": Um die Staatsfinanzen auch in Zeiten eines zunehmenden Steuerwiderstandes zu sichern, müssen immer perfektionistischere Regelungen angestrebt werden[1176]. Insofern nimmt der Staat im Rahmen seiner Einnahmenpolitik die weitgehend negative Aufnahme seiner Steuergesetze durch die Bevölkerung zumindest bezüglich der Steuererfolge

---

1169 Vgl. *Tipke*, Steuerrechtsordnung, 119 ff. m. Nw., der auch auf die noch nicht einheitliche Terminologie eingeht.

1170 Vgl. *Kirchhof*, FS Meyding, 13; Pohmer, FS Meyding, 24; *Helsper*, BB 1995, 22, der derartige Versuche als "ein dem Wettrüsten analoges Geschehen" bezeichnet. Die ministeriellen Experten würden mit ihrer Schlupflöchergesetzgebung "immer wieder das Unmögliche" versuchen.

1171 Stellungnahme des Sachverständigen Seeger, PROT. ÖFF. ANH. FINAUSSCHUß V. 9.3.1994, 169.

1172 Vgl. *Tipke*, Steuerrechtsordnung, 1470 f., zum Erlaßverhalten der "Spezialisten-Expertokratie", die auf diese Weise "sich voll zur Geltung bringen und Macht gewinnen [kann] über die Steuerbeamten der Finanzämter sowie über die Steuerpflichtigen und ihre Berater".

1173 *Haubrichs*, FS Schmölders, 15.

1174 *Hill*, FS Helmrich, 519.

1175 *Frey/Brandstätter/Schuster*, Das ökonomische Modell aus psychologischer Sicht, in: Smekal/Theurl (Hrsg.), Stand und Entwicklung der Finanzpsychologie, 79.

1176 Vgl. *Isensee*, StuW 1994, 5, der die Kompliziertheit des Rechts auf die hohe Steuerquote zurückführt. "Mit der Höhe der Steuer wächst die Sensibilität für Steuergerechtigkeit, mit ihr der Bedarf nach Differenzierungen".

wahr[1177]. Auch in den kleinsten staatlichen Einheiten kann das finanzpsychologische Erklärungsmodell zum Tragen kommen. Ministerialbeamte sind angesichts der immer schärferen Kritik der angesprochenen "Angst vor Kontrollverlust" gleichfalls ausgesetzt: So werden beispielsweise die ministeriellen Gesetzesautoren streng darauf achten, daß gerade "ihre" Gesetze nicht besonders "anfechtungsanfällig", d.h. gerichtlich angreifbar sind[1178] - und damit umso kompliziertere Gesetze formulieren.

Gerade auch aus diesem Grund nimmt das verständliche staatliche Sicherheitsbedürfnis vielfach unverständliche Formen an. Statt der anwendungsfreundlicheren Normierung von Typisierungen werden grundsätzlich Regelungen vorgezogen, die der Einzelfallgerechtigkeit durch Einzelfallrecht entsprechen[1179]. Die Normenklarheit spielt dann eine nur noch untergeordnete Rolle. Allzu detaillierte Regelungen widersprechen den Gedanken, die das Bundesverfassungsgericht für die Zulässigkeit und die Grenzen der Typisierungen angestellt hat[1180]. Danach ist davon auszugehen, daß das Steuerrecht Massenvorgänge erfassen soll und daher praktikabel sein muß. Deshalb müßten die Steuergesetze typisieren, d.h. Besonderheiten einzelner Fälle oder auch einzelner Fallgruppen vernachlässigen[1181]. Voraussetzung ist allerdings, daß für die Vereinfachung ein erkennbares Bedürfnis besteht[1182]. Dennoch hat sich an der Steuerrechtsetzung nicht viel geändert. Interessant würde es erst werden, wenn das Bundesverfassungsgericht sich entschließen könnte, ein Steuergesetz wegen Unverständlichkeit aufzuheben[1183], so wie es der Österreichische Verfassungsgerichtshof mitunter schon praktiziert[1184].

1177 Bezeichnenderweise spricht die Ministerialbürokratie sogar von "Kampffeldern", wie etwa dem gegen Steuersparmodelle, und versucht diese Aktivitäten mit Verstößen der Steuersparer gegen den "common sense" zu legitimieren, vgl. *Kieschke*, JbFSt 1991/92, 37.

1178 *Luetjohann*, 50, nennt die politische Notwendigkeit, Sündenböcke finden zu müssen, als einen Grund für die Ängstlichkeit der Gesetzesautoren.

1179 Vgl. *Helsper*, BB 1995, 22 f.; beispielsweise im Bereich des Art. 3 I GG, auf dessen Konkretisierungen durch das Bundesverfassungsgericht der Gesetzgeber (= Legislative und gesetzesformulierende Ministerialbürokratie) in aller Regel mit einer umfangreichen Einzelfallgesetzgebung reagiert. Vgl. dazu etwa *Hill*, JZ 1988, 379; *Hill*, ZG 1987, 244 f.; *Musset*, ZG 1987, 62; *Kirchhof*, FS Meyding, 11.

1180 Dazu ausführlich *Tipke*, Steuerrechtsordnung, 373 f.

1181 Vgl. BVerfGE 13, 331, 341; 21, 12, 27; 27, 375, 387; 65, 325, 354.

1182 BVerfGE 71, 146, 157.

1183 Darauf, daß das Bundesverfassungsgericht einen steuerrechtlichen Normenbestand schon deshalb einmal an den Gesetzgeber zurückreicht, weil die Regelung in sich unklar und insgesamt nicht hinreichend verständlich ist, hoffte *Benda*, DStZ 1984, 162 - bislang vergeblich.

1184 Vgl. *Pichler/Giese*, JRP 1993, 111, die auf das Urteil des VfGH vom 29. Juni 1990, ZAS 1990, 207 verweisen.

(3) Die Folgen

(a) Erschwerter Erwerb von Rechtskenntnissen

Da auf den Steuerrechtsanwender eine Flut von Gesetzen, Verordnungen, Erlassen, Verfügungen, Richtlinien und Anweisungen niederprasselt, ist es für ihn unmöglich, alles vollständig zu verstehen oder gar im Gedächtnis zu speichern, um es dann zur richtigen Anwendung zu bringen. Derartigem Recht, das den Erwerb von Rechtskenntnis und eine positive Einstellung zum Recht erschwert[1185], wird mitunter sogar die Rechtsqualität abgesprochen: es werde wegen seiner Unanwendbarkeit zum Unrecht[1186]. Letztendlich kann das Prinzip, daß Unkenntnis vor Unrecht nicht schütze, nicht mehr aufrechterhalten werden, wenn man richtigerweise in dem Gebot der Erfahrbarkeit des Rechts das tragende Argument dieses Prinzips sieht[1187].

(b) Akzeptanzverlust

Vor allem die Akzeptanz des Rechts durch die Bevölkerung hat unter der Normenflut zu leiden. Denn ein unverständliches Recht, und sei es auch nur aufgrund seiner Masse, wird keine Akzeptanz erringen können, da es nicht dem Ordnungsinteresse der Rechtsadressaten entspricht. Denn die Bürger akzeptieren das Recht gerade deshalb, weil es ihnen Rechtsfrieden stiftet und Ordnung gewährleistet[1188]. Einem Recht, das diese Aufgaben nicht zu bewältigen vermag, wird daher allenfalls nur geringe Akzeptanz entgegengebracht werden. In der Finanzpsychologie wurde in diesem Sinne festgestellt, daß neben der Steuerbelastung die quantitätsmäßige Belastung durch staatliche Normierungen ein wesentlicher Determinant des Steuerrechtsbewußtseins ist[1189].

(c) Nur noch partieller Gesetzesvollzug

Die festgestellte Normenflut hat zudem nicht nur Auswirkungen auf das Verhältnis der Bürger zu Gesetz und Staat, sondern auch auf den staatlichen Regelungsanspruch. Mit steigender Normenmenge nimmt nicht nur die strikte Beachtung der Normen ab[1190], sondern auch deren Kontrollierbarkeit durch die

---

1185 *Hradil/Lucke*, LdR, Stichwort "Rechtskenntnis der Bevölkerung und Einstellung zum Recht", 3/170, 2.

1186 *Haubrichs*, FS Schmölders, 15.

1187 *Pichler/Giese*, Rechtsakzeptanz, 39.

1188 *Würtenberger*, Jurist und Staatsbewußtsein, 94.

1189 *Schneider*, Determinanten der Steuerhinterziehung und der Schwarzarbeit im internationalen Vergleich, in: Smekal/Theurl (Hrsg.), Stand und Entwicklung der Finanzpsychologie, 262.

Exekutive. Die der Finanzverwaltung durch § 85 AO gestellte Aufgabe, "die Steuern nach Maßgabe der Gesetze gleichmäßig festzusetzen und zu erheben", kann nicht mehr vollständig erfüllt werden[1191]: Das geltende Steuerrecht wird von der es anwendenden Verwaltung nur noch soweit in der Besteuerungspraxis umgesetzt, als es unverzichtbar oder praktikabel ist[1192]. Die Handhabbarkeit oder Auffindbarkeit der jeweiligen Regelungen werden zu Faktoren, die die Gesetzesanwendung bestimmen.

(V) Gesetzestechnik

(1) Mangelhafte Systematik

Das geltende Steuerrecht ist kein Werk aus einem Guß[1193], es enthält weitgehend keine Systematik. Damit ist zunächst der oft gebrauchte Begriff der Systemgerechtigkeit angesprochen. Dieser bezeichnet vor allem die gesetzgeberische Folgerichtigkeit im Rahmen der Rechtsfortschreibung in einem bereits geregelten Lebensgebiet entsprechend den von ihm selbst gewählten Vernünftigkeitskriterien und Wertungen[1194]. Systemgerechtigkeit ist an sich kein unabänderliches Prinzip, weil ansonsten die Gefahr einer Verkrustung der Gesellschaftsordnung drohen würde[1195]. Der Gesetzgeber könnte nicht mehr flexibel auf die - gerade im Steuerrecht relevanten - rasch wechselnden wirtschaftlichen und gesellschaftlichen Verhältnisse reagieren. Doch ist das Recht auf ein von Prinzipien getragenes inneres System angewiesen, das die Rechtsanwendung - und damit auch die Aufnahme des Rechts - erleichtert[1196].

(a) Die äußere Systematik

Die äußere Systematik bezeichnet jenes Erscheinungsbild des gesamten Rechts oder eines Teilrechtsgebietes, das mit dem Begriff der "Einheit der Rechtsordnung" umschrieben wird. Für den Teilbereich des Steuerrechts ist insofern keine homogene Struktur erkennbar. Eine äußere Systematik ist im Steuerrecht nur äußerst schwer zu erkennen: Außersteuerrechtliche Gesetze enthalten steuererhebliche Regelungen - Steuergesetze regeln gelegentlich nichtsteuerrechtliche Fragen[1197]. Ein einheitliches, strukturiertes äußeres Erscheinungsbild des

---

1190 Vgl. *Isensee*, ZRP 1985, 139 ff.

1191 Vgl. *Tipke*, Steuerrechtsordnung, 1472 m. Nw.

1192 Vgl. oben D. V. 1. b. (B).

1193 *Tipke*, Steuerrechtsordnung, 1443.

1194 *Benda*, DStZ 1984, 161.

1195 Vgl. BVerfGE 60, 16, 42f.; 61, 138, 148; *Benda*, DStZ 1984, 160 f.

1196 *Tipke*, Steuerrechtsordnung, 1443.

Steuerrechts wird zudem aufgrund der verschiedenen zu beachtenden Rechtsgrundlagen verhindert. Die Steuergesetze werden durch eine noch größere Zahl von Rechtsverordnungen und von Verwaltungsanweisungen ergänzt, die nicht selten faktisch Gesetzeskraft erlangen.

(b) Die innere Systematik

Auch eine innere Systematik fehlt dem Steuerrecht. Darunter ist ein von Prinzipien getragenes inneres System gemeint, das Strukturen erkennen und antizipierbar werden läßt. Auf die Normierung eines "Allgemeinen Teils", der das Gesetz straffen und übersichtlicher machen könnte, wird in Steuergesetzen weitgehend verzichtet[1198]. Dadurch werden zusätzliche Verweisungen notwendig, die die Transparenz zusätzlich herabsetzen. Desweiteren werden spezifisch einkommenssteuerrechtliche Begriffe wie zum Beispiel der Tatbestand "Einnahmen" oder andere Begriffe des Einkommensteuergesetzes unterschiedlich verwendet[1199]. Beispielsweise wird das Wort "Einkünfte" in § 22 EStG zwölfmal benutzt, allerdings mit drei verschiedenen Bedeutungsgehalten[1200]. Selbst an sich einfache Gesetzespassagen sind nicht aufeinander abgestimmt[1201]. Legaldefinitionen kommen nur fragmentarisch vor, die mitunter aus anderen Rechtsgebieten entlehnte Begriffe - allerdings mit eventuell anderer Bedeutung - verwenden. Das Bundesverfassungsgericht hat in diesem Zusammenhang eine Relativität der Rechtsbegriffe[1202], die jeweils aus dem betroffenen Regelungsbereich ihren konkreten Inhalt gewinnen, im Sinne einer steuerjuristischen Betrachtungsweise für zulässig erklärt[1203]. Nimmt beispielsweise das Steuerrecht Tatbestände aus anderen Rechtsgebieten auf, so muß jeweils im Einzelfall geprüft werden, ob eine Rezeption der dem anderen Rechtsgebiet entlehnten Rechtsvorstellungen stattgefunden hat oder ob ein eigener spezifisch steuerjuristischer Bedeutungsgehalt gemeint ist[1204]. Die Notwendigkeit richterlicher Hilfestellung bei der systematischen Einpassung mancher Gesetzesbegriffe in die Gesamtrechtsordnung mag noch hingenommen werden. Sie findet ihre Grenzen dort, wo es Aufgabe des Gesetzgebers gewesen wäre, innerhalb des Steuerrechts tragende Prinzipien aufzuzeigen und

---

1197 *Kirchhof*, NJW 1987, 3217.

1198 *Borell/Schemmel*, Steuervereinfachung, 257.

1199 *Kirchhof*, NJW 1987, 3217.

1200 *Hill*, JZ 1988, 380.

1201 Vgl. etwa *Tipke*, Gleichmäßigkeit der Steuerrechtsanwendung, in: Vogelgesang (Hrsg.), Perspektiven der Finanzverwaltung, 97, der von dem Wechsel vom Plural ("Die Finanzbehörden") in § 85 I 1 AO zum Singular ("Die Finanzbehörde") in § 88 AO berichtet.

1202 *Kirchhof*, FS Meyding, 17 f.

1203 BVerfG HFR 1992, 460.

1204 *Kirchhof*, JFSt 1992/93, 14.

entsprechend gesetzlich umzusetzen. Dementsprechend wird die steuerliche Gesetzestechnik als weitgehend mangelhaft bezeichnet[1205].

(2) *Der Umfang der Steuergesetze*

Was für die Anzahl der Steuergesetze galt, gilt auch für deren Umfang. Auch er ist mitunter "massenhaft". Neben Endlosparagraphen, deren Wortzahlen leicht fünfhundert, mitunter auch tausend[1206] (z.B. § 19 a EStG) erreichen, existieren Legionen von Kleinbuchstabenparagraphen[1207], die zu der Unübersichtlichkeit des Steuerrechts beitragen (z.B. §§ 7 - 7 k EStG). So kann es vorkommen, daß das Alphabet nicht ausreicht, wie im Falle des § 51 EStG für die Untergliederung der Einzelermächtigungen des Einkommensteuergesetzes[1208].

(3) *Feststellung des maßgeblichen Rechts*

Auch in zeitlicher Hinsicht hat die hektische Gesetzgebungspraxis Konsequenzen. Durch fortwährende Gesetzesänderungen und -reparaturen erfordert die Feststellung des maßgeblichen Rechtszustandes mehr Zeitaufwand als in anderen Rechtsgebieten[1209]. Als Beispiel dafür wurde gerne der Bauherrnparagraph 10 e EStG herangezogen[1210]. Diese Regelung provozierte geradezu Mißverständnisse und Rechtsstreitigkeiten, weil in ihr zahlreiche Änderungen, fehlende Transparenz, äußerst komplizierte Regelung, schwieriges Übergangsrecht und Wertungswidersprüche enthalten waren[1211]. Sie bestand aus dreißig verschachtelten, schwer verständlichen Einzelsätzen, ist seit dem Inkrafttreten 1987 in fünf Änderungsgesetzen geändert worden und war Gegenstand von mehr als 30 Entscheidungen des Bundesfinanzhofs[1212].

1205 Ausführlich dazu: *Borell/Schemmel*, Steuervereinfachung, 256 ff.

1206 *Klein*, Gegenwart und Zukunft der Finanzverwaltung aus der Sicht der Finanzgerichtsbarkeit, in: Vogelgesang (Hrsg.), Perspektiven der Finanzverwaltung, 42.

1207 *Miehle/Kronthaler*, DStZ 1992, 261.

1208 *Kirchhof*, NJW 1987, 3217.

1209 *Musset*, ZG 1987, 62; Stellungnahme des Sachverständigen *Seeger*, PROT. ÖFF. ANH. FINAUSSCHUß V. 9.3.1994, 170.

1210 Diese Regelung des § 10 e EStG wurde abgeschafft und durch ein sog. "Baugeld" ersetzt. Dies jedenfalls kommt der Vereinfachung des Steuerrechts entgegen, da hiermit Subventionen nicht auf dem allzu komplizierten Umweg über das Steuerrecht zugestanden werden.

1211 Äußerung des Sachverständigen *Krömker*, Bund Deutscher Finanzrichter, PROT. ÖFF. ANH. FINAUSSCHUß V. 9.3.1994, 28

1212 Bund Deutscher Finanzrichter, Stellungnahme, PROT. ÖFF. ANH. FINAUSSCHUß V. 9.3.1994, 164.

Die nur relativ kurze Geltungsdauer von Steuergesetzen betrifft auch die Steuerverwaltung. Sie klagt angesichts der Tatsache, daß unterschiedliche Regelungen für verschiedene Zeiträume und Stichtage nebeneinander angewendet werden müssen, über Unsicherheiten bei der Entscheidungsfindung und Ungerechtigkeiten bei der Rechtsanwendung[1213].

(4) Die Gründe für die mangelhafte Gesetzestechnik

(a) Gesetzgebungshektik, Gesetzesflut, Perfektionsdrang

Die Gründe für die weitgehend fehlende steuergesetzliche Systematik sind bereits genannt worden: auch hier wirkt sich die hektische Steuergesetzgebung, die Massenhaftigkeit der Normen und das überzogene Bedürfnis nach der perfekten Steuernorm negativ aus. Der desolate gesetzestechnische Zustand mancher Steuergesetze ist allein schon aufgrund der zahllosen Ausnahmen, Sonder- und Einzelfallregelungen und Ergänzungen, die aus dem bereits erwähnten Perfektionsdrang resultieren, zu erklären. Gerade das Bemühen um möglichst genaue Differenzierungen bei den Steuertatbeständen ist im Zusammenwirken mit der Gesetzgebungspraxis verhängnisvoll: Differenzierungen werden durch das "Überstülpen"[1214] weiterer Differenzierungsregelungen beliebig vermehrt. Derartige Differenzierungen sind daher nicht nur in das System nicht eingepaßt, sondern auch extrem unübersichtlich.

Zur Entlastung der heutigen Gesetzgebung muß jedoch erwähnt werden, daß übermäßige Differenzierungstendenzen schon in den frühen Steuergesetzen angelegt waren, die die Auflösung des Gesamtsystems begünstigt haben. So hat sich nach der Normierung der verschiedenen Einkunftsarten im Einkommensteuerrecht im Laufe der Zeit ein zerklüftetes Einkunftsartenrecht entwickelt, das so sicherlich nicht intendiert war[1215]. Durch die unterschiedliche Behandlung der Einkunftsarten wurden das Spezialistentum und damit auch die späteren Differenzierungen gefördert, die zwangsläufig zu einer Verkomplizierung des Gesamtrechts geführt haben.

Die Anlässe für Gesetzesänderungen sind vielfältig. Oft sind sie politischer Natur. Aus rechtlichen Erwägungen veranlaßte Gesetzesänderung sind insbesondere in den notwendigen europäischen Harmonisierungsbestrebungen[1216]

1213 Vgl. Stellungnahme des SV *Altehoefer*, PROT. ÖFF. ANH. FINAUSSCHUß V. 22.11.1993, 119.

1214 *Vogel*, BB 1983, 187.

1215 *Tipke*, StuW 1993, 11.

1216 So zum Beispiel im Bereich des Umsatzsteuerrechts. *Tipke*, Steuerrechtsordnung, 1452, kann allerdings "nicht feststellen, daß gerade die EG-Richtlinien das Steuerrecht

zu sehen, aber auch die sogenannten Reparaturgesetze bieten immer öfter einen Anlaß, Gesetze zu ändern. Allerdings sind die "Reparaturen" von Steuergesetzen eine von der Steuergesetzgebung tolerierte Folge der Gesetzgebungshektik. Indem in der Regel unter einem erheblichen Zeitdruck ständig neue Gesetze erlassen werden, um Lücken zu füllen oder um Ausbesserungen vorzunehmen[1217], sind unausgereifte Gesetze die Folge. Diese müssen dann wiederum "repariert" werden, da sie häufig gesetzgebungstechnisch und sprachlich mangelhaft sind[1218]. All dies trägt nicht eben zu einer Strukturierung des Steuerrechts bei[1219].

(b) Einzelinteressen im Steuerrecht

Aber nicht nur der Hang zur Einzelfallgerechtigkeit, sondern auch die bereits geschilderten Auswüchse der Interessenpolitik[1220] tragen erheblich zu einer Verkomplizierung und Undurchschaubarkeit des Steuerrechts bei. Dies zeigte sich beispielhaft in der Diskussion um die Abschaffung der Gewerbesteuer: Statt die Gewerbesteuer abzuschaffen, wurde der gewerbesteuerlichen Sonderbelastung im Rahmen der Einkommensbesteuerung eine inkongruente Sonderentlastung entgegengestellt[1221].

(c) Die gesetzesformulierende Ministerialbürokratie

Ein Grund für die fehlende Systematik der Steuergesetze ist auch in der bereits angesprochenen Praxis der Steuergesetzgebung zu sehen. Fast alle Steuergesetze werden von speziellen Referaten der Ministerien formuliert. Dabei haben die Gesetzesautoren eine Vielzahl von rechtlichen Vorgaben zu berücksichtigen. Neben den verfassungsrechtlichen und den zunehmenden verfassungsgerichtlichen Vorgaben ist auch die Rechtsprechung des Bundesfinanzhofs[1222] und die

---

besonders kompliziert hätten."

1217 Vgl. *Uelner*, DStR 1977, 121: "Hinzu kommt, daß Gesetzgebungsarbeiten auf dem Gebiet des Steuerrechts häufig unter einem erheblichen Zeitdruck stehen, weil politische Vorankündigungen verwirklicht werden müssen. Manche Politiker haben für Zeitaufwand bei Gesetzesformulierungen wenig Verständnis."

1218 *Hill*, JZ 1988, 378.

1219 *Maier*, Steuerrecht im Wandel, 49, schließt von der Anzahl der beschlossenen und geplanten "Reparaturgesetze" auf die mangelhafte Qualität der Steuergesetze.

1220 *Lang*, FR 1993, 664 sieht in den zahlreichen gesellschaftlichen Interessen, welche die Steuergesetzgebung beeinflussen, die Determinanten des Steuerchaos.

1221 Vgl. *Lang*, FR 1993, 664 und *Pelka* (bei *Seer*, StuW 1995, 189) mit Kritik an dem neuen § 32 c EStG.

1222 Zur Verhinderung von Regelungsaktionismus, der durch die Rechtsprechung des BFH hervorgerufen werden soll, schlägt *Musset*, ZG 1987, 68, eine Eindämmung der Veröffentlichungspraxis vor. Hier zeigt sich offensichtlich, daß rechtsstaatlichen Verfahren eine Lösung der Misere nicht zugetraut wird.

übrige Steuergesetzgebung zu beachten. Dies ist angesichts der Stoffülle fast unmöglich. Damit stößt auch der ministerielle "Legislator" an die natürlichen Grenzen seiner Leistungs- und Verarbeitungsfähigkeit[1223]. Der aufgrund der kurzen Legislaturperioden veranlaßte "politische" Zeitdruck für die Ausarbeitung eines Gesetzesvorhabens begünstigt angesichts eines solchen Umfeldes die Systematik der Steuergesetzgebung nicht gerade. Das Fehlen einer Systematik muß vielmehr als ein Preis der Gesetzgebungshektik angesehen werden.

(VI) Die verwendete Rechtssprache

(1) Der Stellenwert der Rechtssprache

Ein, wenn nicht sogar der wichtigste[1224], Gesichtspunkt, der die Verständlichkeit des Steuerrechts und damit letztlich die Steuermoral maßgeblich beeinflußt, ist die in den Rechtsvorschriften gebrauchte Sprache[1225]. In ihr manifestiert sich die Bereitschaft des Gesetzgebers, den Belangen der Rechtsadressaten zu entsprechen und sich um Akzeptanz zu bemühen. Denn die Gesetzessprache ist die Nahtstelle, an der der normative Gedanke mit der Realität in Kontakt kommt. Diese zwei Parameter, rechtliche Intention und Realität, entsprechen sich in der Regel nicht, da ansonsten kein Bedürfnis für eine Rechtsnorm bestünde. Die Verständlichkeit eines Gesetzes ist daher der erste, meist aber auch schon der entscheidende, Schritt bei der Umsetzung des normativ Angestrebten in die Wirklichkeit[1226]. Das Recht ist aber - so wie alle sozialen Institutionen - nicht nur auf die Sprache angewiesen, sondern es zieht aus ihr seine Grundlagen, da es erst als sprachliche Äußerung existent wird[1227]. Folglich muß der Rechtsadressat, also der, den das Gesetz angeht, ohne größere Probleme in die Lage versetzt werden,

---

[1223] *Luetjohann*, 41. Es ist kaum anzunehmen, daß der bestimmungsmäßige Gesetzgeber, das Parlament, die Berücksichtigung aller notwendigen Parameter kontrollieren kann. Insofern werden rechtliche Defizite ohne weitere Kontrolle in die künftigen Steuergesetze übernommen.

[1224] *Hill*, JZ 1988, 379.

[1225] *Hradil/Lucke*, LdR, Stichwort "Rechtskenntnis der Bevölkerung und Einstellung zum Recht", 3/170, 2.

[1226] Dies war schon in der Aufklärung bekannt. Vgl. die Kabinettsordre *Friedrichs des Großen* vom 14.4.1780 zur Ausarbeitung des Allgemeinen Landrechts: "Was die Gesetze ... betrifft, so finde ich es unschicklich, dass solche grösstenteils in einer Sprache geschrieben sind, welche diejenigen nicht verstehen, denen sie doch zur Richtschnur dienen sollen. Ihr müsst also vorzüglich dahin sehen, dass alle Gesetze für unsere Staaten und Unterthanen in ihrer Sprache abgefasst werden." Zitiert nach *Kindermann*, Gesetzessprache und Akzeptanz der Norm, in: Öhlinger (Hrsg.), Recht und Sprache, 59.

[1227] *Moser*, Zur Kritik der Sprache von Gesetzen, in: Smekal/Theurl (Hrsg.), Stand und Entwicklung der Finanzpsychologie, 172.

sich den Rechtsinhalt selbständig - zumindest dessen tragende Prinzipien - zu erschließen[1228].

Unverständlich formulierte Gesetze deuten darüberhinaus auf das bekannte Verständigungsproblem von rechtsformulierenden Juristen und der Bevölkerung hin[1229], das allerdings nicht als Entschuldigungsgrund herangezogen werden darf.

Die grundlegende Voraussetzung für jegliche Gesetzesformulierung findet sich im Demokratie- und Rechtsstaatsprinzip[1230]. Die Gesetzessprache hat sich nach dem Adressaten des Gesetzes zu richten. Als Adressat der Gesetze ist vorrangig immer der Bürger als juristischer Laie anzusehen und nicht nur der juristisch geschulte Rechtsanwender[1231] oder gar der Parlamentarier, der die Gesetze als gesetzgeberische Entscheidungen verstehen muß[1232], da sich die Gesetze an das gesamte Volk wenden. Die Legislative muß daher berücksichtigen, daß grundsätzlich der Empfängerhorizont Maßstab aller Betrachtungen sein sollte; der "Empfänger" in dem genannten Sinne ist allerdings in den seltensten Fällen Jurist. Mitunter wird zwar angenommen, daß es ausreiche, wenn lediglich die fachkundigen Vermittler die Gesetze verstehen[1233], doch dürfte eine derartige Auffassung nicht mehr dem sich zunehmend pluralistischen Ansätzen öffnenden Demokratie- und Rechtsstaatsverständnis entsprechen.

Für das Steuerrecht zwingt allerdings eine realistische Einschätzung der Regelungsmaterie zu der Einsicht, daß manche Gesetzestexte zumindest teilweise auch fachsprachlich formuliert sein müssen, so daß sie mitunter nicht von jedem Bürger verstanden werden kann[1234]. Dafür besteht eine unabweisbare Notwendigkeit, da ansonsten manche Regelungsbereiche unverhältnismäßig aufgebläht werden würden, letztlich auch auf Kosten einer leichteren Verständlichkeit. Ein

---

1228 *Moser*, Zur Kritik der Sprache von Gesetzen, in: Smekal/Theurl (Hrsg.), Stand und Entwicklung der Finanzpsychologie, 180.

1229 Vgl. *Wassermann*, Die moderne Gesetzessprache als Ausdruck politischer Kultur, in: Öhlinger (Hrsg.), Recht und Sprache, 45f.; *Bender*, Die Sprache des Gesetzes, ein Problem der Verständlichkeit und der Regelungstechnik, in: Schäffer/Triffterer (Hrsg.), Rationalisierung der Gesetzgebung, 45.

1230 *Kindermann*, Gesetzessprache und Akzeptanz der Norm, in: Öhlinger (Hrsg.), Recht und Sprache, 63.

1231 *Wassermann*, Die moderne Gesetzessprache als Ausdruck politischer Kultur, in: Öhlinger (Hrsg.), Recht und Sprache, 46.

1232 *Kindermann*, Gesetzessprache und Akzeptanz der Norm, in: Öhlinger (Hrsg.), Recht und Sprache, 64.

1233 *Kindermann*, Gesetzessprache und Akzeptanz der Norm, in: Öhlinger (Hrsg.), Recht und Sprache, 62; *Müller*, Adressatengerechtheit und Allgemeinverständlichkeit - der Verständnishorizont des Adressaten als Kriterium der Gesetzessprache, in: Schäffer/Triffterer (Hrsg.), Rationalisierung der Gesetzgebung, 41 f.

1234 *Tipke*, Steuerrechtsordnung, 1450.

gewisser fachsprachlicher Grundstock ist daher auch für diejenigen Gesetze vertretbar, die sich nicht nur an Fachleute wenden. Denn nur mit Hilfe der Fachsprache ist ein kurzes und präzises Gesetz denkbar, was aber nicht notwendig zu Unverständlichkeit führen muß[1235]. Zumindest die mit der Rechtsmaterie ständig befaßten Rechtsanwender, also etwa Fachbeamte oder Finanzrichter, müssen die Gesetze aber unschwer verstehen können, da es vor allem ihnen obliegt, den Gesetzeszweck zu erkennen oder zu ermitteln[1236] und schließlich umzusetzen. Selbst diese Mindestanforderungen an die Verständlichkeit des Steuergesetzestextes werden derzeit oft nicht eingehalten. So wird etwa berichtet, daß selbst Finanzrichter vor einigen Textpassagen im Steuerrecht kapitulieren[1237].

(2) Sprachbrauchkritik

Die meisten Steuergesetze sind aufgrund ihrer technokratischen Kompliziertheit außerordentlich schwer verständlich[1238]. Es herrscht eine überzogene steuerliche Fachsprache[1239], so daß nur noch Eingeweihte die verklausulierten, häufig unverständlichen und mit komplizierten Verweisungen versehenen Abfassungen verstehen können. Werden dazu noch Anleihen aus anderen Fachsprachen genommen[1240], wird das Verständnis zusätzlich erschwert, da dann eine einheitliche Terminologie fehlt. Im Rahmen einer sprachwissenschaftlichen Sprachbrauchkritik[1241] zeichnet sich die steuerrechtliche Sprache durch einen hohen Abstraktionsgrad aus sowie eine Vorliebe für überlange und komplexe Schachtelsätze, eine Neigung zum Nominalstil, dem Hang zu impersonalen und passiven Konstruktionen, formelhafte Wendungen, Fachbegriffe und Abkürzungen, durch ein Festhalten an Ausdrücken, die alltagssprachlich schon längst eine andere Bedeutung haben und durch den Gebrauch von unbestimmten Rechtsbegriffen[1242].

1235 *Haubrichs*, FS Schmölders, 16; *Moser*, Zur Kritik der Sprache von Gesetzen, in: Smekal/Theurl (Hrsg.), Stand und Entwicklung der Finanzpsychologie, 178; vgl. auch *Isensee*, StuW 1994, 7.

1236 *Tipke*, Steuerrechtsordnung, 1451; *Bender*, Die Sprache des Gesetzes, ein Problem der Verständlichkeit und der Regelungstechnik, in: Schäffer/Triffterer (Hrsg.), Rationalisierung der Gesetzgebung, 45.

1237 Vgl. *Vogel*, JZ 1993, 1121.

1238 Sachverständiger *Lang*, PROT. ÖFF. ANH. FINAUSSCHUß V. 9.3.1994, 35.

1239 *Schelle*, FS Schmölders, 58, spricht von "Steuerchinesisch".

1240 *Kirchhof*, NJW 1987, 3218, kritisiert zum Beispiel die Übernahme wirtschaftswissenschaftlicher Begriffe in das Recht, die eher Verwirrung stifte.

1241 *Moser*, Zur Kritik der Sprache von Gesetzen, in: Smekal/Theurl (Hrsg.), Stand und Entwicklung der Finanzpsychologie, 174.

1242 Dazu *Borell/Schemmel*, Steuervereinfachung, 254 ff.

(3) Die Gründe für die mangelhafte Sprache der Steuergesetze

(a) Keine Berücksichtigung der Rechtsadressaten

Es spricht viel dafür, daß Steuergesetze vor allem deshalb fachsprachlich so stark belastet sind, weil von den Gesetzesautoren nicht oder nicht ausreichend an die Adressaten gedacht wird. Obwohl fachsprachliche Texte insgesamt dazu neigen, sich mit sondersprachlichen Eigenheiten anzureichern[1243], ist die Alltagsuntauglichkeit der Steuergesetze besonders auffällig. Der Verdacht liegt nahe, daß damit eine Sprachbarriere geschaffen werden soll, die den Normalbürger dazu bringen soll, auf Verständnis oder Kritik zu verzichten[1244]. Anderenfalls, und dieser Fall wäre eben die bereits öfter angesprochene Berücksichtigung des Normadressaten im Rahmen der Gesetzgebung, wäre die Bereitschaft der Gesetzesformulierer, mit den Rechtsunterworfenen und eben nicht nur mit den Fachkollegen kommunizieren zu wollen, deutlicher erkennbar.

(b) Zumeist unreflektierte Übernahme der Expertensprache

Ein weiterer Grund für die weitgehende Unverständlichkeit kann auch in der arbeitsteiligen Entstehung der Gesetzestexte gefunden werden. Die Referenten der Ministerien sind für spezielle Fachgebiete zuständig. Sie sind vielfach in ihrer Gedanken- und damit auch ihrer Sprachwelt mit der zu regelnden Materie schon so weit vertraut, daß sie es kaum noch für möglich halten, daß ihre Formulierungen nicht verstanden werden könnten. Auf diese Weise fließt des öfteren die Sondersprache der Ministerialverwaltung, ja sogar die einzelner Beamter, in die Entwürfe ein[1245]. Nach Ansicht *Tipke*s kann man manchen Gesetzespassagen sogar ihre personelle Urheberschaft ansehen[1246]. Zudem führt die Risikoscheu der

---

1243 *Moser*, Zur Kritik der Sprache von Gesetzen, in: Smekal/Theurl (Hrsg.), Stand und Entwicklung der Finanzpsychologie, 180.

1244 Man kann aber auch euphemistisch davon sprechen, daß diese Sondersprache "der Würde und Autorität des Staates angemessen sei", vgl. *Borell/Schemmel*, Steuervereinfachung, 253. Ein derartiges distanziertes Verhältnis von Staat und Bürger, wie es in dieser Formulierung zum Ausdruck kommt, widerspricht allerdings dem Gedanken der vom Grundgesetz vorausgesetzten "Staatskommunikation", vgl. *Hill*, JZ 1993, 331.

1245 *Borell/Schemmel*, Steuervereinfachung, 252 f.

1246 *Tipke*, Steuerrechtsordnung, 1450: "Ich meine, bestimmten Passagen in Steuergesetzen sehe man es an, daß sie von solchen stark spezialisierten Beamten des gehobenen Dienstes des Bundesministeriums der Finanzen formuliert worden sind, die zugleich Verwaltungsvorschriften entwerfen". Vgl. dazu auch die von *Helsper*, BB 1995, 22 geschilderte Entstehungsgeschichte von Steuernormen: "Die Erzeugung komplizierter, isolierter und deshalb unverständlicher Normen auf der Sachbearbeiterebene wird von der politischen Führung "abgenickt", wie es im Jargon der Ministerien heißt...".

formulierenden Beamten zu einem "unverdaulichen Preß- oder Stopfstil"[1247], der dann zustandekommt, wenn alle relevanten Vorgaben, etwa aus anderen Vorschriften, womöglich wortwörtlich berücksichtigt werden müssen. Kommt dann noch hinzu, daß der jeweilige Experte leicht zu einer gewissen Beharrung auf dem von ihm Entworfenen oder beherrschten Gebiet neigt[1248], wird die so spezialisierte Fachsprache zum Richtmaß der Gesetzesformulierungen. Eine verständliche, auf das Mindestmaß an Fachsprache reduzierte Sprache, ist dann nicht mehr der Ausgangspunkt aller legislativen Bemühungen.

(4) Die Folgen eines unverständlichen Steuerrechts

Sprachlich mißglücktes Steuerrecht ist weitgehend unverständlich und schließt damit einen Großteil der Rechtsadressaten von einem Verstehen und Internalisieren der Normen aus. Eine inhaltliche Reaktion der Normadressaten auf das Recht wird so verhindert. Das "Aussperren" der Rechtsadressaten aus der legislativen Kommunikation hat folgende Konsequenzen:

(a) Begünstigung der Fachkreise?

Zum einen werden dadurch die Fachkreise begünstigt, die die spezielle Sprache der Steuergesetze verstehen. Ganze steuerberatungs- und steuerinformationsintensive Dienstleistungsbereiche werden dadurch in ihrer Existenz gesichert[1249]. Die Ministerialbürokratie, die im Rahmen von Formulierungshilfen mit der textlichen Erstellung der Gesetzesentwürfe betraut ist, kann sich aber auch dem Verdacht nicht entziehen, mittelbar zu ihrem eigenen Wohl kompliziert zu formulieren. Denn damit stellen die ministeriellen Fachreferenten zunächst ihre eigene Notwendigkeit unter Beweis, da die Parlamentarier diese komplizierten juristischen Werke mangels spezifischer Fachkenntnisse nicht erschaffen könnten[1250]. Auch im verwaltungsinternen Bereich kommt es mitunter vor, daß Verwaltungsvorschriften dazu geschaffen werden, um Macht gegenüber untergeordneten Behörden und sogar gegenüber Steuerpflichtigen und ihren Beratern zu gewinnen[1251].

[1247] *Borell/Schemmel*, Steuervereinfachung, 253 f.

[1248] *Hill*, ZG 1987, 254.

[1249] *Hammerstein*, DJTag 1988, 108 nennt den Gesetzgeber den größten Sponsor der steuerberatenden Berufe. Ähnlich: Herzog, StbKongrRep 1994, 33.

[1250] *Kindermann*, Gesetzessprache und Akzeptanz der Norm, in: Öhlinger (Hrsg.), Recht und Sprache, 67, spricht in Anlehnung an Schönherr etwas vereinfachend von "Imponiergehabe" des Gesetzgebers gegenüber dem Bürger. Solches ist aber - sozusagen intralegislatorisch - auch von seiten der Gesetzesformulierer gegenüber den Parlamentariern denkbar.

[1251] Vgl. *Tipke*, Steuerrechtsordnung, 1471.

Darüber hinaus scheint der gegenwärtige Zustand der Steuergesetzgebung der "Spezialisten-Expertokratie"[1252] weitere Wirkungsmöglichkeiten zu bieten: Die "Urheber" mancher Gesetzestexte können sich als Kommentatoren von Gesetzeswerken oder durch Vorträge über neue Steuergesetze zusätzliche Verdienste materieller oder zumindest wissenschaftlicher Art erwerben[1253]. Es verwundert insofern, daß in einem derart sensiblen Bereich der Gesetzgebung das Problem einer Interessenkollision noch nicht ausführlich öffentlich diskutiert wurde.

(b) Ansonsten: Abschreckung, Enttäuschung, Mißtrauen

Zum anderen werden mit unverständlichen Gesetzestexten die weitaus meisten Normadressaten, die sich um ein Verständnis der gesetzlichen Regelung bemühen, enttäuscht, abgeschreckt, bestraft[1254], mitunter sogar erniedrigt[1255]. Eine sozialpsychologisch motivierte Ablehnung[1256] und Mißtrauen gegenüber dem Gesetzgeber ist die Folge, wenn hinter unverständlichen Vorschriften die Absicht vermutet wird, der Gesetzgeber habe deshalb etwas zu verbergen oder zu verschleiern, um willkürlich herrschen zu können[1257]. Tatsächlich entzieht sich unverständliches Recht weitgehend der Kontrolle durch die Wahlberechtigten. Denn Kritik setzt zumindest ein gewisses Maß an Verständnis voraus. Kritik an der Unverständlichkeit wird dagegen schnell von der Front der "Wissenden" mit dem Hinweis auf deren überlegenes Fachwissen zurückgewiesen - freilich ohne zu berücksichtigen, daß gerade dieses Fachwissen kein Kriterium für Verständlichkeit der Gesetzgebung sein kann.

1252 *Tipke*, Steuerrechtsordnung, 1470.

1253 Dieser Verdacht ist zwar nicht zu belegen, doch erstaunt die im Vergleich zu anderen Rechtsgebieten hohe Kommentatorendichte. So finden sich beispielsweise unter den 35 Autoren des *Blümich*, EStG - KStG - GewStG, 11 Staatsdiener. Auch im *Herrmann/Heuer/Raupach*, EStG - KStG, sowie im *Giersching/Stenger*, BewG - VStG, stellen die ministeriellen Kommentatoren eine berufsspezifische Macht dar. Als Paradebeispiele können auch der von *Strodthoff* (Regierungsdirektor im BMF) verfaßte Kommentar zur Kraftfahrzeugsteuer, das von Halaczinsky (Ministerialrat im BMF) zum Jahressteuergesetz 1997 vorgelegte Kompendium oder "Das neue Erbschaftsteuerrecht 1997" von Weinmann (Oberamtsrat im Erbschaftsteuerreferat des BMF) gelten. Auch der Eifer der Ministerialbeamten, Vorträge über "ihre" Gesetze zu halten, fiel bereits auf, vgl. *Hammerstein*, DJTag 1988, 108.

1254 *Schelle*, FS Schmölders, 62, spricht von einer "Bestrafung des gewissenhaften Staatsbürgers".

1255 *Moser*, Zur Kritik der Sprache von Gesetzen, in: Smekal/Theurl (Hrsg.), Stand und Entwicklung der Finanzpsychologie, 180, schildert den Fall eines Bürgers, der sich "wie ein Idiot" vorkomme, wenn er die Gesetze, nach denen er leben soll, nicht verstehe.

1256 Vgl. *Borell/Schemmel*, Steuervereinfachung, 253, insbes. FN 863.

1257 *Moser*, Zur Kritik der Sprache von Gesetzen, in: Smekal/Theurl (Hrsg.), Stand und Entwicklung der Finanzpsychologie, 180.

Das Steuerrecht erfüllt daher auch auf sprachlicher Ebene nicht die "Bringschuld" des Staates[1258], dem Bürger ein verständliches und zugleich auch präzises Recht zu präsentieren. Akzeptanz und Norminternalisierung setzen ein aufgeklärtes Volk voraus - aufgeklärt auch über die sie beherrschenden Gesetze[1259].

(VII)Zwischenergebnis: Die Bewertung des gegenwärtigen Steuerrechts

(1) Das Dilemma der Gesetzgebung

Die aufgezeigten Mängel des heutigen Steuerrechts sind mit dafür verantwortlich, daß ein Bemühen um Besserung zumeist scheitert. Im Endeffekt findet sich der Gesetzgeber mit seiner Gesetzgebungs- und Änderungshektik einem circulus vitiosus ausgeliefert[1260], da das von ihm Neugeschaffene wiederum Neues erfordert. Gerade im Steuerrecht hat sich erwiesen, daß der Gesetzgeber gerade nicht den großen Atem, die politische Gelassenheit und die wissenschaftliche Muße hat, um sein Ordnungswerk reifen zu lassen[1261]. Der Teufelskreis ist offenbar nur dadurch zu durchbrechen, daß die Prämissen legislativen Arbeitens grundlegend geändert werden. Wenige, gut erarbeitete Gesetze wären ein Anfang. Mittlerweile wird mit den Jahressteuergesetzen zumindest versucht, der Masse der einzelnen Gesetze Herr zu werden[1262].

(2) Die Folgen des Chaos

(a) Die Konsequenzen für das Recht

Das heutige Steuerrecht wird den selbstgesetzten Ansprüchen nicht mehr gerecht. Das Steuerchaos läßt rechtsstaatliche und demokratische Defizite geradezu gedeihen. Selbst den Anspruch, ein rechtliches Gesamtgefüge darzustellen, kann das Steuerrecht nicht erfüllen, da ein arteigenes, sachgerechtes Binnensystem fehlt[1263]. Wenn selbst die ethischen Grundlagen des Steuerrechts nicht mehr

---

1258 *Wassermann*, Die moderne Gesetzessprache als Ausdruck politischer Kultur, in: Öhlinger (Hrsg.), Recht und Sprache, 48; *Isensee*, StuW 1994, 7.

1259 *Kindermann*, Gesetzessprache und Akzeptanz der Norm, in: Öhlinger (Hrsg.), Recht und Sprache, 66 f.; *Wassermann*, Die moderne Gesetzessprache als Ausdruck politischer Kultur, in: Öhlinger (Hrsg.), Recht und Sprache, 48; *Moser*, Zur Kritik der Sprache von Gesetzen, in: Smekal/Theurl (Hrsg.), Stand und Entwicklung der Finanzpsychologie, 180.

1260 Vgl. *Hill*, ZG 1987, 239 f.

1261 Vgl. *Isensee*, ZRP 18 (1985), 142.

1262 Vgl. *Förg*, FR 1995, 327 f., der die einkommensteuerliche Vereinfachungseignung des Jahressteuergesetzes 1996 bezweifelt.

1263 *Tipke*, StuW 1990, 309.

erkennbar sind, muß davon ausgegangen werden, daß ein derartiges Recht die Rechtfertigung der Steuern den Rechtsadressaten nicht mehr vermitteln kann[1264]. Es wird daher den Anforderungen nicht mehr gerecht, die der moderne demokratische Rechtsstaat an seine Gesetze stellt.

Die Mittel der Jurisprudenz geraten so an ihre Anwendungsgrenzen. Von einem "Recht" kann nur noch formal gesprochen werden. Beispielsweise ist eine in sonstigen Rechtsgebieten übliche Auslegungsmethode[1265], die Auslegung nach objektiv-teleologischen oder systematischen Kriterien[1266], nicht mehr möglich[1267], da die Steuergesetze sehr unzureichend, manchmal gar nicht, untereinander und innerhalb der gesamten Rechtsordnung abgestimmt sind und auch innerhalb einzelner Steuergesetze Differenzen bestehen[1268]. Sachstrukturen des "Normbereichs" Steuern sind nur vereinzelt und nur unter erheblichen Mühen zu erkennen, so daß selbst Richter kaum noch die Kraft aufbringen, die Teleologie des Steuerrechts aufzudecken[1269]. Ein durch die rechtliche Tradition geprägtes Leitbild[1270] des Gesetzgebers kann unter solchen Bedingungen kaum erkannt werden. Durch die mitunter auftretenden Wertungswidersprüche ist die Ausrichtung der Auslegung an den über die Einzelregelungen hinausgreifenden rechtsethischen Prinzipien, wie etwa dem Prinzip des Vertrauensschutzes, notwendig geworden[1271]. Wie bereits oben erwähnt, ist lediglich für den Bereich der rechtsgebieteübergreifenden Begriffe das Problem verfassungsrechtlich gelöst worden. Es muß daher jeweils im Einzelfall geprüft werden, ob eine Rezeption der einem anderen

---

1264 *Tipke*, Steuerrechtsordnung, 1470: "Die Systemmängel des Steuerrechts bewirken, daß das Steuerrecht seine ethischen Grundlagen nicht mehr durchgehend erkennen läßt".

1265 Zur Gesetzesauslegung und Lückenausfüllung im Steuerrecht vgl. *Tipke*, Steuerrechtsordnung, 1229 ff. m. Nw.

1266 Dazu: *Larenz*, Methodenlehre, 333 ff.; *Zippelius*, Methodenlehre, 48 ff.

1267 *Vogel*, HbStaatsR, Band IV, § 87, RN 72, weist darauf hin, daß die eigentliche "teleologische" Gesetzesauslegung schon aufgrund der Eigenart des Steuerrechts nicht möglich sei, da der ihm zugrundeliegende Ertragszweck als Auslegungsmaßstab "maßlos" sei. Vielmehr seien daher die Wertungen des Gesetzes zu Ende zu denken; vgl. auch *Vogel*, JZ 1993, 1122.

1268 *Vogel*, DStJG 12 (1989), 125 f.; vgl. auch *Tipke*, Steuerrechtsordnung, 1255 ff., der neben den allgemeinen Voraussetzungen dieser Auslegungsmethode (etwa für die Telosermittlung: "Ergeben sich mehrere Deutungsmöglichkeiten, so gebührt derjenigen der Vorzug, die mit dem Grundgesetz vereinbar ist oder dem Grundgesetz am besten entspricht.") vor allem durch die Aufzählung einzelner Normenzwecke beweisen will, daß diese Auslegungsmethode noch möglich ist (v.a. S. 1265 f.). Dies ist hier allerdings nicht gemeint. Vielmehr wird hier vertreten, daß eine teleologische Auslegung anhand des Gesamtsystems nicht mehr möglich ist.

1269 *Lang*, StuW 1992, 22.

1270 *Zippelius*, Methodenlehre, 47.

1271 Vgl. *Larenz*, Methodenlehre, 336; *Kreibich*, Treu und Glauben.

Rechtsgebiet entlehnten Rechtsvorstellungen stattgefunden hat, oder ob ein eigener spezifisch steuerjuristischer Bedeutungsgehalt gemeint ist[1272].

Das Steuersystem gleicht somit einem "Fleckerlteppich"[1273]. Ein unsystematisches Steuerrecht ist unterstützt die "Prinzipienerosion"[1274] oder die "Erosion des Rechtsgedankens"[1275] im Steuerrecht. Mit dem "Rechtsgedanken im Steuerrecht" ist nämlich nichts anderes gemeint als die Grundfunktion des Rechts, Rechtssicherheit und Rechtsfrieden zu schaffen. Verstößt der Gesetzgeber gegen die an ihn diesbezüglich herangetragenen Erwartungen, irritiert oder zerstört er damit das Rechtsbewußtsein, den Rechtssinn, das Rechtsgefühl[1276] und schließlich auch das Recht selbst: Ubi jus incertum, ibi jus nullum.

(b) Die Konsequenzen für den Rechtsanwender

Die derzeitigen Steuergesetze führen bei den Normadressaten zu Verwirrung und Enttäuschung, da elementare Gebote der Rechtsstaatlichkeit verletzt werden: Die meisten Steuergesetze sind für den Normadressaten nicht verständlich, nachvollziehbar, voraussehbar und berechenbar. Gerade durch die fehlende innere und äußere Systematik werden Rechtsunsicherheiten geschaffen, die in einem Rechtsgebiet mit Eingriffscharakter eigentlich vermieden werden sollten. Insgesamt leidet die Normenklarheit erheblich. Der Steuerzahler sollte an sich darauf vertrauen können, daß der Tatbestand, aufgrund dessen eine Steuer erhoben wird, ausreichend präzise geregelt ist[1277]. Doch die Realität im Steuerrecht entspricht diesen rechtsstaatlichen Anforderungen weithin nicht: Der Bürger kann sich weder mit dem Recht vertraut machen, noch kann er sich auf die Stetigkeit des Rechts verlassen. Und das, obwohl er vom Staat aufgrund des Deklarationsprinzips zu Wissens- und Willenserklärungen verpflichtet wird[1278], für deren Richtigkeit er strafrechtlich in die Pflicht genommen werden kann[1279]. Der Bürger wird dieses Steuerrecht im Extremfall für ungerecht halten, eben weil er es nicht verstehen kann[1280].

1272 *Kirchhof*, JFSt 1992/93, 14.

1273 *Schelle*, FS Haubrichs, 237.

1274 *Tipke*, Steuerrechtsordnung, 1443.

1275 *Tipke*, StuW 1990, 309; *Vogel*, DStJG 12 (1989), 131.

1276 *Tipke*, Steuerrechtsordnung, 1443.

1277 *Haubrichs*, FS Schmölders, 17.

1278 Vgl. etwa §§ 149 ff. AO.

1279 Vgl. §§ 370, 378 AO. Zum strafrechtlichen Aspekt vgl. *Salditt*, FS Tipke, 476ff., der die Steuerstrafen die Zwillingsschwestern der Steuern nennt.

1280 Vgl. die bei *Seer*, StuW 1995, 186 festgehaltene Äußerung *Kirchhofs*, daß nur verstehbares Recht gerechtes Recht sei.

Die größte Gefahr eines verworrenen, uneinsichtigen, sich ständig ändernden Steuerrechts ist aber darin zu erblicken, daß die Rechtsanwender aufgrund der so entstandenen Rechtsunsicherheit frei werden, ihre eigenen Maßstäbe zu bilden und damit das Recht aufzusplittern[1281] und es zu entwerten. Die nicht mehr erlernbaren Besonderheiten und stetigen Veränderungen, Ausnahmen und Gegenausnahmen führen dazu, daß Gesetze, Verwaltungsvorschriften und Judikate vom Rechtsanwender in Verwaltung, Rechtsprechung oder Wirtschaft nicht mehr erfaßt, beachtet und umgesetzt werden können[1282], auch wenn er dies tatsächlich wollte[1283]. Die Verhältnisse in der Steuerrechtsanwendung drückt *Tipke* plastisch so aus: "Viele Steuerbeamte und Steuerberater machen sich ihr eigenes Steuerrecht zurecht, ihr eigenes law in action, indem sie negieren, was für sie mit verhältnismäßigen Mitteln nicht praktikabel ist. Sie sorgen selbst für „administrative feasability"."[1284] Die Ausführbarkeit der Steuernormen im Verwaltungsgeschehen wird damit zu einer hoheitlich tolerierten Mindestanforderung für die faktische Wirksamkeit dieser Gesetze.

Unbestreitbar ist jedenfalls, daß die externen, d.h. die nichtstaatlichen[1285] Rechtsvermittler angesichts der weitgehenden Unverstehbarkeit des Steuerrechts einen erheblichen Einfluß auf die "normalen" Steuerzahler ausüben: Der überforderte Steuerzahler ist auf die Hilfe von Spezialisten angewiesen, die das Steuerrecht zumindest zu verstehen vorgeben, da er selber sich am Gesetzestext nicht mehr orientieren kann[1286]. Ob er sich nun vertrauensvoll an seinen Steuerberater wendet oder versucht, sich selbst durch Eigenstudium von Büchern und Zeitschriften ein Bild seiner steuerrechtlichen Situation zu verschaffen: er wird schnell von den Künsten der Fachleute abhängig sein. Diese Institutionen, die wesentlich auf die Einstellung der Bevölkerung zu Recht und Staat Einfluß nehmen können, sind die "Übersetzer" des mittlerweile für den Bürger unverständlichen Rechts[1287]. Im Steuerrecht kommt ihnen eine besondere Rolle zu, da die Steuergesetze fast schon abschreckende Wirkungen entfalten und somit der Ratsuchende

---

1281 *Lang*, FS Meyding, 40; *Kirchhof*, FS Meyding, 16: "Das einfache ist meist auch das unausweichliche Steuerrecht."

1282 *Lang*, FS Meyding, 40 f.

1283 Vgl. *Tipke*, Steuerrechtsordnung, 1406: "Die Zulassung von Laien zur Abgabe von Steuererklärungen setzt im Grunde voraus, daß sie - etwa in Schulen oder Fachkursen - mindestens gewisse Grundkenntnisse über das Steuerrecht erworben haben."

1284 *Tipke*, Steuerrechtsordnung, 1473 m. Nw.

1285 Zu der besonderen Rolle der Steuerverwaltung vgl. *Tipke*, Steuerrechtsordnung, 1475.

1286 *Kindermann*, Gesetzessprache und Akzeptanz der Norm, in: Öhlinger (Hrsg.), Recht und Sprache, 63; so wohl auch *Benda*, DStZ 1984, 162; *Klein*, Gegenwart und Zukunft der Finanzverwaltung aus der Sicht der Finanzgerichtsbarkeit, in: Vogelgesang (Hrsg.), Perspektiven der Finanzverwaltung, 44.

1287 *Kindermann*, Gesetzessprache und Akzeptanz der Norm, in: Öhlinger (Hrsg.), Recht und Sprache, 62.

einen Blick in das Gesetz kaum noch riskieren wird. Er ist daher umso mehr auf Spezialisten angewiesen, die das Recht verstehen und es verständlich vermitteln können. Da die Steuergesetze allerdings selbst für Fachleute kaum noch verständlich und umsetzbar sind, kommen auch diese bei ihrer "Übersetzungstätigkeit" erheblich in Bedrängnis. Die Folge dieses Zustandes ist eine selektive Rechtsvermittlung. Nur dieses Recht wird der ratsuchenden Bevölkerungen präsentiert, das von den Vermittlern verstanden und übersetzt werden kann, da sie aus ökonomischen Gründen daran interessiert sind, weiterhin mit möglichst wenig Aufwand als fachkundig zu gelten. Gerade die "alltäglichen" Ratgeber werden sich nicht die Mühe machen, entlegene Steuerrechtsfragen in aufwendigen Recherchen zu klären, weil sich diese Arbeit für sie selten rechnet. Zwangsläufig sind Steuerratgeberbücher, Medienberichte und zuweilen auch Steuerberaterauskünfte unvollständig, ungenau oder schlichtweg falsch. Das kann im Entdeckungsfall bei den Bürgern neben der Enttäuschung über den unfähigen "Übersetzer" und die aufgewendeten Mittel[1288] den Eindruck entstehen lassen, daß das Steuerrecht mittlerweile - sowohl bei der unmittelbaren Rechtsanwendung als auch im parlamentarischen Bereich[1289] - unkontrollierbar geworden sei. Die Enttäuschung über das Versagen der "Übersetzer" kann daher zu Potenzierungseffekten führen: Die Unzufriedenheit, das jetzige Steuerrecht nicht zu verstehen und nicht optimal anwenden zu können, wird durch das Scheitern der Hilfskräfte der Rechtsadressaten verstärkt.

Das geltende Steuerrecht kann somit ein positives Steuerrechtsbewußtsein nur noch schwerlich vermitteln[1290]. Daher kann mit dem Verlust an Regelungskraft des Steuerrechts auch der Verlust an Gesetzestreue erklärt werden: Bei Irrationalität der gesetzlichen Regelung kann sich die dafür notwendige Akzeptanz nur schwer einstellen. Es entfällt dann die "ratio" als Legitimationsquelle des Gesetzes - ein derartiges Gesetz erscheint nicht mehr aufgrund jener Ordnungsfunktion als anerkennungswürdig, die die Grundbedingung für menschliche Subsistenz und menschliches Zusammenleben ist[1291]. Im Steuerrecht ist die ordnende Funktion des Rechts ein besonderer Wert, der für den Bürger bares Geld bedeuten kann: Gelingt es dem Staat per Gesetz nicht mehr, rational seine Vorstellungen von Steuergerechtigkeit durchzusetzen, verliert er seine Autorität. Ist es einmal so weit gekommen, schaffen sich die Bürger ihre Ordnung selbst. Die Folge ist ein

---

1288 *Tipke*, Steuerrechtsordnung, 1474: "Unsystematische, überkomplizierte Steuergesetze machen die anwendung des Steuerrechts durch Steuerbürger und ihre Berater, durch Steuerbeamte und Steuerrichter unnötig teuer. Letztendlich müssen die Steuerbürger selbst für die schlechten Gesetze bezahlen".

1289 Vgl. *Vogel*, BB 1983, 187, der die Unübersichtlichkeit der Steuergesetze als politisch vorteilhaft beschreibt, da selbst Mängel dem Bürger nicht begreiflich gemacht werden können.

1290 *Tipke*, Steuerrechtsordnung, 1202 m.Nw.

1291 *Würtenberger*, Jurist und Staatsbewußtsein, 94, 99.

immer weiter um sich greifender "Steuerdarwinismus", bei dem die "Steuerdummen" die Steuern für die Steuerzahler mit dem entsprechenden Durchsetzungsvermögen mitbezahlen müssen[1292].

1292 Vgl. dazu *Lang*, FS *Tipke*, 7, der die *Tipke*sche Lehre erläutert: "Ebenso wie der Erblasser keine Feindschaft zwischen den Erben säen soll, hat der Staat dafür zu sorgen, daß kein Bürger die Steuern der anderen mitbezahlt".

b. Die Instrumentalisierung des Steuerrechts

(A) Steuergesetze als außerfiskalische Zwecknormen

Steuergesetze haben neben ihrem Finanzierungszweck vielfach noch weitere Funktionen. So können Steuern zielgerichtet zur Lenkung bestimmter Verhaltensweisen bei den Bürgern eingesetzt werden[1293], indem sie entweder eine Verhaltensempfehlung überbringen, deren Nichtbefolgung Geldzahlungspflichten zur Konsequenz hat[1294], oder steuerliche Entlastungstatbestände für wohlfeiles Verhalten normieren[1295]. Ihrer Intention nach sind sie nicht auf eine gerechte, gleichmäßige Steuerlastverteilung ausgerichtet, sondern bezwecken wirtschaftliche Lenkung oder soziale Gestaltung[1296]. Derartige Steuergesetze werden daher Lenkungs-, Lastenausteilungs- oder Sozialzwecknormen genannt[1297]. Sachlich sind sie nicht dem Steuerrecht, sondern dem Wirtschaftsverwaltungsrecht zuzuordnen[1298].

Die Vorzüge, politische Ziele auch mithilfe der Besteuerung verwirklichen zu können, fanden besonders in der Nachkriegszeit Anklang, als von der deutschen Verwaltung als einzige die Finanzverwaltung noch weitgehend intakt war[1299]. Die Steuer und damit auch die Finanzverwaltung konnten auf diese Weise in den Dienst des Verwaltungsrechts gestellt werden[1300]. Allerdings wurden zu dieser Zeit die Weichen der Steuerrechtsentwicklung nicht nur von den deutschen Gesetzgebern gestellt. So wollte der Gesetzgeber zum Beispiel die hohen, auf alliierte Maßnahmen zurückgehenden, Steuertarife radikal um mehr als die schließlich bewilligten 40 Prozent senken, um die Steuermoral zu erhöhen. Dieses Vorhaben scheiterte am Widerstand der Besatzungsmächte, so daß der Gesetzgeber

---

1293 Vgl. *Kirchhof*, Finanzverwaltung und Grundgesetz, in: Vogelgesang (Hrsg.), Perspektiven der Finanzverwaltung, 5 m.w.N.; als Beispiel mag der bereits erwähnte (alte) § 10 e EStG dienen. Er ist nach *Kohler*, PROT. ÖFF. ANH. FINAUSSCHUß V. 9.3.1994, 5, ein Musterbeispiel dafür, wie außersteuerliche Zielsetzungen (hier die Wohneigentumsförderung) das Steuerrecht verunstalten.

1294 In diesem Fall würde das Steuergesetz sein Ziel im Idealfall bei einem Nullaufkommen erreichen.

1295 *Kirchhof*, NJW 1987, 3226.

1296 *Tipke*, Steuerrechtsordnung, 361.

1297 Zur Begriffswahl vgl.: *Vogel*, JZ 1993, 1123; *Tipke*, Steuerrechtsordnung, 127 ff., 361 ff.

1298 *Kirchhof*, StuW 1996, 9.

1299 *Klein*, DStBTag 1991, 48; zur Geschichte des Interventionsgedankens im Steuerrecht: *Pohmer*, DStZ 1993, 580 ff.

1300 *Kirchhof*, FS Meyding, 13.

immer mehr dazu überging, wirtschaftliche Entwicklungen weniger durch den Abbau von bestehenden Belastungen in Form von direkten Steuersenkungen zu lenken, als durch positive Leistungsanreize[1301].

Die Multifunktionalität der Steuern hat das Bundesverfassungsgericht verfassungsrechtlich anerkannt: Die Steuer muß nicht nur[1302] der Erzielung von staatlichen Einnahmen dienen, sondern darf auch andere Zwecke verfolgen[1303]. Lenkungsnormen können nach ständiger Rechtsprechung des Bundesverfassungsgerichts auch ein Rechtfertigungsgrund für die Verletzung des Gleichheitssatzes sein, wenn der Gesetzgeber dadurch das wirtschaftliche oder sonstige Verhalten des Steuerpflichtigen aus Gründen des Gemeinwohls fördern oder lenken will[1304]. Es prüfte in solchen Fällen bislang allerdings nicht, ob die jeweilige Lenkungsnorm dadurch gerechtfertigt ist, daß sie erforderlich, geeignet und verhältnismäßig ist[1305]. Dem Gesetzgeber kommt somit eine weitreichende Gestaltungsbefugnis zu, die erst dort endet, wo ein sachlicher Grund für die Gleichbehandlung oder Ungleichbehandlung fehlt[1306].

Zu den Aufgaben der Finanzpolitik wird daher - unter dem mächtigen Einfluß des Sozialstaatsprinzips[1307] - auch eine aktive Wirtschafts-, Konjunktur-, Gesellschafts- und Sozialpolitik gerechnet[1308]. Der dadurch begünstigte Gesetzgebungsaktionismus blieb nicht ohne Auswirkungen auf die Entwicklung des

---

1301 *Pleister*, LdR/StuFR, Stichwort "Steuerrechtsentwicklung in der BRD", 474 f. m. Nw.

1302 Vgl. § 3 I 1 Hbs. 2 AO für die Definition der Steuern: "...die Erzielung von Einnahmen kann Nebenzweck sein."

1303 BVerfGE 55, 274, 299; vgl. schon BVerfGE 16, 147, 161.

1304 Vgl. BVerfGE 38, 61, 79 f.; 84, 239, 274; insbes. BVerfGE 65, 325, 354: "Entschließt sich der Gesetzgeber, eine bestimmte Steuerquelle zu erschließen, andere Steuerquellen dagegen nicht auszuschöpfen, so ist der allgemeine Gleichheitssatz nicht verletzt, wenn finanzpolitische, volkswirtschaftliche, sozialpolitische oder steuertechnische Erwägungen die verschiedene Behandlung motivieren (BVerfGE 49, 343, 360). Dabei genügt es, wenn einer der genannten Gründe die verschiedene Behandlung trägt (vgl. BVerfGE 13, 181, 203)". Zum Meinungsstand in der Wissenschaft vgl. *Tipke*, Steuerrechtsordnung, 361 ff.

1305 Zu dieser Rechtsprechung des BVerfG vgl. *Tipke*, StuW 1990, 317; ders. Steuerrechtsordnung, 362.

1306 *Kirchhof*, StuW 1996, 10.

1307 Vgl. *Benda*, DStZ 1984, 164: "Die wirtschafts- und gesellschaftspolitische Lenkung und Einflußnahme des Staates sind verfassungsrechtlich zulässige und, insbesondere unter der Herrschaft der Sozialstaatsklausel, unter Umständen geradezu gebotene Funktionen des Staates."

1308 *Kreibich*, Treu und Glauben, 12.

Steuerrechts[1309]: Die Instrumentalisierung des Steuerrechts verstärkte die Gesetzgebungshektik, erhöhte die Anzahl der Steuernormen, führte zu systematischen Sprüngen und trug wenig zu einer besseren Verständlichkeit des Steuerrechts bei. Im Endeffekt wurde das ausufernde Steuerrecht somit zum Spiegelbild und Maß eines übersteigerten staatlichen Engagements[1310].

(B) Die Auswirkungen auf die Rechtfertigung der Steuern

Mit der Erweiterung des steuerlichen Aufgabenbereichs wurde der Verantwortungsbereich des Steuergesetzgebers erweitert[1311]. Neben die "Pflicht" der Staatsfinanzierung rückte immer häufiger die "Kür", außerfiskalische Zwecke mittels Steuergesetzgebung zu verwirklichen. Dadurch änderte sich der Charakter des Steuerrechts grundlegend. Von dieser Entwicklung blieben auch die Grundlagen der Besteuerung nicht unberührt. Auch die Rechtfertigung der Steuern konnte sich dieser Entwicklung nicht entziehen.

Das Steuerwesen ist nun nicht mehr nur als Instrument der Mittelbeschaffung für das Gemeinwohlunternehmen Staat zu verstehen, sondern auch als ein Instrument des Staates, durch die Lenkung der Bürger unmittelbar das Gemeinwohl zu fördern. Der Steuergesetzgeber greift damit unmittelbar in den grundrechtlichen Schutz von Privatheit und Individualität ein, wenn mit einer Steuerintervention der Wille der jeweiligen Bürger beeinflußt und gelenkt werden soll[1312]. Wegen dieser zusätzlichen Eingriffsqualität der Steuergesetze muß der Gesetzgeber sowohl den angestrebten Verwaltungszweck als auch den Einsatz des steuerrechtlichen Instrumentariums für diesen Zweck für alle Handlungsalternativen rechtfertigen können[1313].

Diese Besonderheit des Steuerinterventionismus führte zu einer grundlegenden Veränderung des Steuerwesens[1314], da die einstige steuerliche Rechtfertigung unter diesen Umständen nicht mehr aufrechterhalten werden konnte. Es mußte eine weitere Stufe jener Steuerrechtfertigung erklommen werden, die vom Bürger schon im Bereich der reinen Finanzierungsfunktion kaum nachvollzogen werden

---

1309 *Lang*, FS Meyding, 37.

1310 *Zippelius*, Allgemeine Staatslehre, 351.

1311 *Kirchhof*, NJW 1987, 3219.

1312 *Kirchhof*, NJW 1987, 3226.

1313 *Kirchhof*, NJW 1987, 3219, 3226; vgl. *Tipke/Lang*, Steuerrecht, § 4, RN 125 ff., die allerdings nur die steuerliche Prinzipdurchbrechungen gerechtfertigt sehen möchten.

1314 *Kreibich*, Treu und Glauben, 13.

konnte. Denn mit den neuen außerfiskalischen Zwecksetzungen hat sich der Charakter des Steuerrechts, gerade auch in Beziehung auf das Verhältnis zu den Bürgern, grundlegend gewandelt. Das Paradoxon liegt auf der Hand: Indem der demokratische Staat die Einsichtsfähigkeit der Bürger für die Notwendigkeit von Steuern ohne weitere konkrete Gegenleistungen auf der ersten Stufe voraussetzt und nun auf der zweiten Stufe die finanzielle Privatsphäre des Bürgers zu Lenkungszwecken instrumentalisiert, entzieht er der ersten Stufe die Rechtfertigungsbasis und stiftet Unübersichtlichkeit und Verwirrung. Der Bürger trägt mit seiner Steuerpflicht eben nicht mehr nur zur Finanzierung des Staatswesens bei, sondern gleichzeitig auch zu seiner "ordnungspolitischen" Lenkung. Das gemeinschaftsbezogene Denken wird durch die unmittelbare Betroffenheit des gelenkten Steuerzahlers praktisch verdrängt. Der Eingriffsgehalt der staatlich auferlegten Steuerpflicht wuchs so von der fremdnützig-gemeinschaftsbezogenen Beitragsleistung zu einem beliebig einsetzbaren Steuerungsinstrument. Reziprok dazu schrumpfte der Stellenwert der ursprünglichen steuerlichen Rechtfertigung[1315]. Die Steuerzahlung ist nicht mehr nur "gemeinnützig", sondern richtet sich nun auch im weiteren Sinne gegen den Zahlenden selber, wenn sie in seine Verhaltensweisen einzugreifen droht. Da das Verhalten der Abgabenpflichtigen durch einen Steuertatbestand gesteuert werden soll, der unerwünschte Verhaltensweisen belastet und erwünschte Verhaltensweisen verschont, wird dem Zahlungsfähigen die Möglichkeit gegeben, dem steuerrechtlich überbrachten Verhaltensbefehl durch Zahlung auszuweichen. Das in die Form der Steuergesetze gebettete Verwaltungsrecht bleibt daher solange unverbindlich, wie die Abgabenpflichtigen in der Lage sind, der Steuerschuld nachzukommen. Diese, dem Adressaten verbleibende formale Freiheit, sich gegen die Befolgung der von staatlicher Seite erwünschten Verhaltensweise zu entscheiden, hat somit einen Preis. Der Fortbestand dieser Freiheit muß durch Steuerzahlungen gleichsam "erkauft" werden[1316]. Wird diese den steuerlichen Lenkungsnormen innewohnende Systematik den Abgabenpflichtigen bewußt, sind Auswirkungen auf die Steuerwilligkeit noch wahrscheinlicher als bei den Steuern, die lediglich Finanzierungszwecken dienen.

Entsprechend der zweistufigen Rechtfertigungsproblematik muß auch im Rahmen der verfassungsrechtlichen Überprüfung von Lenkungsnormen zwischen der "Belastungswirkung" und der "Gestaltungswirkung" unterschieden werden[1317].

1315 *Kirchhof*, FS Meyding, 20, sieht ebenfalls die Gefahr, daß sich "der steuerliche Belastungsgrund in dieser Instrumentalisierung zu nahezu beliebigen Zwecken" auflöst.

1316 *Kirchhof*, NJW 1987, 3226.

1317 *Vogel*, HbStaatsR, Band IV, § 87, RN 86.

Somit wird auch hier erkannt, daß mehrere Rechtsbereiche der Adressaten durch diese gesetzlichen Regelungen berührt werden.

(C) Die Vorteile des steuerlichen Interventionismus

(I) Hohe Effektivität

Steuerliche Lenkungsinstrumente bestechen durch ihre außerordentliche Effektivität, die ohne einen als besonders lästig empfundenen Zwang in nahezu allen Lebensbereichen[1318] erreicht werden kann. Denn mit finanzpolitischen Instrumenten läßt sich wirksamer regulieren als mit der "moral suasion"[1319], da sie mit dem Geldbeutel des Bürgers den derzeitigen Reflexpunkt nahezu allen privaten Handelns direkt ansteuern können. Sozialzwecknormen erscheinen daher grundsätzlich freiheitlicher als subordinationsrechtliche Regelungen, wie etwa gesetzliche Ge- und Verbote, da sie die mit ihnen verbundene Steuerpflicht in der Regel auch von einem Verhalten des Bürgers abhängig machen und ihn somit scheinbar gleichberechtigt in die Entscheidung integrieren. *Kirchhof* drückt dies anschaulich aus: "Der Steuerpflichtige wird nicht zu einer Gemeinlast herangezogen, sondern vor eine Wahlschuld - Belastung oder Ausweichfolge - gestellt"[1320].

(II) Politisches Gestaltungsmittel

Ein weiterer Vorteil dieser neuen Lenkungsart, der zunehmend in den Mittelpunkt steuerrechtlicher Betrachtungen rückte, ist, daß auf diese Weise die maßgeblichen Wählerschichten direkt angesprochen werden können[1321]. Obwohl sie zumeist mit eingängigen Gesetzesbegründungen versehen wurden, avancierten Sozialzwecknormen nahezu unverhohlen zu einem besonders beliebten, da effizienten, Mittel der Interessenpolitik[1322]. Die Festigung politischer Macht ist seitdem nicht selten ein Hauptmotivationsmoment gewesen, steuerfremde Regelungen im Steuerrecht zu verankern. Diese Möglichkeit wurde aber ersichtlich

1318 Der Glaube, alles und jedes über die Steuern lenken zu können ist für *Schulz*, DB 1993, 1256 ein maßgeblicher Grund für die geringen Erfolge beim Subventionsabbau.

1319 *Pohmer*, DStZ 1993, 584.

1320 *Kirchhof*, FS Meyding, 14; ders., NJW 1987, 3226.

1321 Vgl. zu so motivierten "politischen" Entscheidungen im Finanzausschuß: *Vogel*, DStJG 12 (1989), 130.

1322 Viele Änderungen von Gesetzen werden beispielsweise schlagwortartig auf "arbeitsmarktpolitische" oder "sozialpolitische" Erwägungen gestützt, vgl. *Tipke*, Steuerrechtsordnung, 715.

überstrapaziert: Stimmen werden laut, die das Steuerrecht zum Stimmenfang der Parteien nicht nur als ge-, sondern auch als verbraucht ansehen[1323].

(D) Die Konsequenzen steuerlicher Interventionspolitik

Mit den Erfolgen wuchs auch die Beliebtheit des Steuerinterventionismus, so daß immer mehr Sozialzwecknormen in das Steuerrecht aufgenommen wurden. Nahezu jedes "moderne" Steuergesetz enthält Funktionen, die über die ursprüngliche Finanzierung des Staates hinausgehen. Heute sehen daher viele Fachleute das Steuerrecht als völlig überfrachtet mit außersteuerlichen Funktionen an[1324]. Vielfach wird das Steuerrecht sogar als ein Rechtsgebiet angesehen, das zum Vehikel dirigistischer Staatseingriffe degradiert wurde[1325].

(I) Verdrängung steuerrechtlicher Prinzipien

Unter rechtlichen Aspekten droht dem Steuerrecht zunächst die Gefahr eines Identitätsverlustes. Durch das Übergreifen des Steuergesetzgebers in die Kompetenz der Verwaltungsgesetzgebung[1326] kann der rechtliche Gehalt des Steuerrechts so stark in den Hintergrund treten, daß steuerrechtliche Prinzipien und Notwendigkeiten vergessen oder zurückgestellt werden. So kann beispielsweise das Prinzip der Gleichmäßigkeit der Besteuerung nicht mehr allgemeingültig sein, der Grundsatz der Wettbewerbsneutralität nicht mehr durchgehalten werden, der Grundsatz der Einfachheit der Besteuerung verletzt werden oder die Besteuerung insgesamt nicht mehr überschaubar und vorhersehbar sein[1327].

Der Einkommensteuer kommt dabei die Vorreiterrolle zu, da sie nicht nur zu vierzig Prozent den staatlichen Finanzbedarf deckt, sondern auch durch ihre progressive Staffelung der Verteilung des Wohlstandes dienen soll. Sie ist damit zu einem sozialpolitischen Instrument ersten Ranges geworden[1328], das der Erosion

---

[1323] Stellungnahme des *Deutschen Steuerberaterverbandes*, PROT. ÖFF. ANH. FINAUSSCHUß V. 9.3.1994, 128.

[1324] *Miehler/Kronthaler*, DStZ 1992, 261; Sachverständiger *Kohler*, PROT. ÖFF. ANH. FINAUSSCHUß V. 9.3.1994, 5; Stellungnahme der deutschen Wirtschaftsverbände (*DIHT, BDI, ZDH*), PROT. ÖFF. ANH. FINAUSSCHUß V. 9.3.1994, 110; Stellungnahme des *Deutschen Steuerberaterverbandes*, PROT. ÖFF. ANH. FINAUSSCHUß V. 9.3.1994, 128; Lang, HANDELSBLATT vom 20.8.1996.

[1325] *Haubrichs*, FS Schmölders, 14.

[1326] Vgl. dazu *Kirchhof*, FS Meyding, 14.

[1327] Vgl. *Schelle*, FS Haubrichs, 241.

des Steuerrechts als Leitfigur dient. So wird beispielsweise mit dem Einkommensteuergesetz Bevölkerungs-, Ausbildungs-, Umwelt-, Wohnungsbau-, Verkehrs-, Vermögensbildungs-, Arbeitsmarkt-, Investitions- und Sozialpolitik betrieben[1329]. Ein derart an Sozialzwecknormen orientiertes Steuerrecht ist in sich ungereimt und weist Widersprüchlichkeiten auf, da die steuerliche Lastenzuteilung und die steuerliche Verhaltenslenkung unterschiedlichen Prinzipien folgen[1330]. So ist beispielsweise die Steuergerechtigkeit grundlegend anders zu bewerten als die Vergünstigungsgerechtigkeit[1331], wie sie etwa in Form von durch Abschreibungsmöglichkeiten gewährten Subventionen erheblich werden kann.

(II) Auswirkungen auf die Steuerrechtsordnung

Die mittlerweile vielfältigen dirigistischen Regelungen im Steuerrecht werden, neben ihrer zweifelhaften Nützlichkeit[1332], als das Kernproblem der Normenflut angesehen[1333]. Da sie an tatsächliche Verhältnisse anknüpfen, müssen Steuergesetze geändert werden, sobald sich diese Verhältnisse geändert haben. Sie sind daher in besonderem Maße änderungsanfällig. Finanzfremde Regelungen machen die Besteuerung, gerade auch wegen ihrer ständigen Veränderung, unüberschaubar, was wiederum zu Belastungen für Rechtsanwender und Rechtsadressaten führt[1334]. Damit werden schließlich auch die Ziele der staatlichen Intervention unerreichbar, da die Begünstigten die ihnen zugedachten Vorteile schlimmstenfalls nicht mehr erkennen können[1335].

(III) Staatlicher Autoritätsverlust und wachsende Rechtfertigungsdefizite

Die Erscheinungsformen des Steuerdirigismus verstoßen nicht nur gegen alle Prinzipien der Steuertechnik[1336], sondern haben dem Steuerrecht insgesamt ein

---

1328 *Lang*, FR 1993, 665.

1329 *Schulz*, DB 1993, 1256.

1330 Vgl. *Kirchhof*, FS Meyding, 14; *Tipke*, Steuerrechtsordnung, 127 ff. mit ausführlichen Beispielen.

1331 *Tipke*, Steuerrechtsordnung, 129.

1332 *Pohmer*, DStZ 1993, 587.

1333 *Hill*, ZG 1987, 247 f.; *Musset*, ZG 1987, 64; *Klein*, Gegenwart und Zukunft der Finanzverwaltung aus der Sicht der Finanzgerichtsbarkeit, in: Vogelgesang (Hrsg.), Perspektiven der Finanzverwaltung, 42.

1334 *Pohmer*, FS Meyding, 26.

1335 Stellungnahme des *Deutschen Steuerberaterverbandes*, PROT. ÖFF. ANH. FINAUSSCHUß V. 9.3.1994, 131; *Lang*, FR 1993, 665.

1336 *Pohmer*, FS Meyding, 26.

wesentliches Stück seiner inneren Autorität und Überzeugungskraft genommen[1337]. Neben gesetzessystematischen Unzulänglichkeiten dürfte die verschärfte Rechtfertigungsproblematik wesentlich dazu beigetragen haben: Die Steuer wurde von einem selbstlosen Beitrag des Einzelnen für das Staatswesen zu einem Lenkungsinstrument, das darauf ausgerichtet ist, den Bürger zusätzlich fremdzubestimmen. Die für die Finanzierungsfunktion vom Staat mit der Rechtfertigung der Steuern vorausgesetzte Einsicht der Bürger und deren Verantwortungsgefühl für das "Ganze" wird mit der zusätzlichen Lenkungsfunktion praktisch nicht mehr ernst genommen. Damit werden die Grundlagen des Verhältnisses von Staat und Bürgern in Frage gestellt. Denn die Integrationswirkung der Steuern, mit ihrem nahezu sichtbaren Bezug auf das Gemeinwohl, wird von der individuellen Betroffenheit der Lenkungsadressaten überlagert. Während auf der einen Ebene Solidarität überwiegt, wird die Lenkungsebene von Differenzierungen geprägt. Es zeigt sich somit, daß eine harmonische Integration des Steuerinterventionismus nur mittels einer Rechtfertigung der Steuern möglich ist, die auch diesen Funktionsbereich einschließt. Die Widersprüchlichkeiten, die ohne eine abgestimmte Steuerrechtfertigung auftreten, werden indes vom Interventionsstaat hingenommen. Eine Anpassung der Grundlagen der Besteuerung mit Hilfe einer modernen Steuerrechtfertigung unterbleibt. Der Staat zeigt damit unverhohlen sein Desinteresse an einer tragfähigen steuerlichen Rechtfertigungsbasis, die den Bürger auch in die Finanzierungsvorgänge der staatlichen Gemeinschaft integriert. Mit zunehmender demokratischer und rechtsstaatlicher Sensibilisierung der Bevölkerung wird dieser Mangel durchaus wahrgenommen. Eine rechtsstaatliche demokratische Steuerpolitik darf, wie es Fritz Karl Mann vertrat, eben nicht nur zur "Vollstreckerin des allgemeinen politischen Willens"[1338] werden, sondern muß auch die Stellung des Individuums in einem demokratischen Staatswesen im Sinne des Responsivitätsgedankens berücksichtigen.

c. Die Verfassungsmäßigkeit der Steuergesetzgebung

(A) Der rechtliche Rahmen des Steuergesetzgebers

Das Grundgesetz schreibt dem Steuergesetzgeber nicht im Detail vor, wie das Steuerrecht rechtsdogmatisch auszugestalten ist[1339]. Direkte Vorgaben an den

---

1337 *Kirchhof*, FS Meyding, 13f.; *Kirchhof*, Finanzverwaltung und Grundgesetz, in: Vogelgesang (Hrsg.), Perspektiven der Finanzverwaltung, 5.

1338 *F.K. Mann*, Steuerpolitische Ideale, 342 ff.

1339 *Lang*, StuW 1992, 21.

Gesetzgeber existieren lediglich im Zusammenhang mit der föderativen Gliederung[1340] und der europarechtlichen Einbindung[1341] Deutschlands. Obwohl der Gesetzgeber daher weitgehend frei bestimmen kann, was Recht zu sein hat[1342], ist er dennoch an einige grundlegende Prinzipien gebunden. Diese leiten sich notwendigerweise aus der Verfassung ab. Hier sind vor allem die Staatsprinzipien und die Grundrechte angesprochen. Das Bundesverfassungsgericht sieht der Pflicht des Steuerschuldners zur gesetzmäßigen Steuerzahlung die Pflicht des staatlichen Gläubigers zur gesetzmäßigen Steuererhebung gegenübergestellt[1343]. Der Grundsatz der Verfassungsmäßigkeit spielt daher neben dem Gleichheitssatz eine entscheidende Rolle in verfassungsrechtlichen Betrachtungen. Der Gesetzgeber ist insofern darauf verpflichtet, ein verfassungsgemäßes Steuerrecht zu entwickeln. Das Steuerrecht muß, wie jedes andere Rechtsgebiet, im Kern Verfassungsvollzug sein[1344]. Diese Erkenntnis setzt sich jedoch erst allmählich durch[1345].

(B) Die allgemeine Lage und ihre Konsequenzen

(I) Der Befund

Trotz erkennbar zunehmender Anstrengungen ist die Legislative nicht in der Lage, ein der Verfassung gemäßes Steuerrecht zu schaffen. Mit bestürzender Selbstverständlichkeit werden auch verfassungsrechtliche Fundamentalwerte der Besteuerung nicht nur übersehen, sondern in die politische Manipulationsmasse "weggeworfen"[1346]. Der Steuerstaat, so *Papier*[1347], wendet sich in seiner praktischen Ausgestaltung zunehmend gegen den Rechtsstaat und seine

---

1340 Zu den finanzwissenschaftlichen Nachteilen des zentralistischen bundesdeutschen Föderalismus: *Kirchgässner/Pommerehne*, Staatsaufgaben, 149 ff.

1341 *Hill*, ZG 1987, 243.

1342 Vgl. dazu *Tipke*, StuW 1990, 309: "In der Realität des Steuerrechts der Gegenwart ... gilt aber - von der Verfassungsrechtsprechung nur wenig beeinträchtigt: Auctoritas, non veritas facit legem. Frei übersetzt mit: Wer die Mehrheit und damit die Macht hat, bestimmt frei, was Gesetz werden soll."

1343 BVerfGE 84, 239, 269.

1344 *Maier*, Steuerrecht im Wandel, 7.

1345 *Maier*, Steuerrecht im Wandel, 7.

1346 *Lang*, FR 1993, 664; Beispiele für die Mißachtung verfassungsrichterlicher Vorgaben bei *Klotz*, FS Klein, 298 f.; vgl. auch *Maier*, Steuerrecht im Wandel, 7: "Die übergroße Zurückhaltung, mit der Gesetzgebung und Verwaltung in der Bundesrepublik verfassungsrechtliche Postulate im Steuerrecht zur Kenntnis nehmen, ist angesichts der Vielzahl der in den letzten Jahren veröffentlichten wegweisenden Untersuchungen auf diesem Gebiet erstaunlich."

1347 *Papier*, Handbuch des Verfassungsrechts, § 18, RN 96.

grundgesetzlichen Verbürgungen. Mit dem Bedauern, es nicht milder ausdrücken zu können, konstatiert *Vogel* ausdrücklich den Verlust an demokratischer Legitimation und an Rechtlichkeit im deutschen Steuerrecht[1348].

Diese Entwicklung wurde spätestens durch die sich in letzter Zeit häufenden verfassungsgerichtlichen Entscheidungen offenbar, die dem Gesetzgeber bescheinigen, Grundrechte der Rechtsadressaten verletzt zu haben[1349]. Dabei ging es in Einzelfällen sogar um offenkundig verfassungswidrige Sachverhalte, wie sie beispielsweise bei der Vermögens- und Erbschaftsbesteuerung anzutreffen waren[1350]. Obwohl von der Wissenschaft[1351] und sogar dem Bundesverfassungsgericht[1352] Änderungen angemahnt worden waren, konnte sich der Gesetzgeber nicht entschließen, in Eigenverantwortlichkeit die entsprechenden Gesetze zu korrigieren. Auch die Bundesregierung veranlaßte diesbezüglich nichts weiter. Sowohl die Legislative als auch die Bundesregierung sind der Verfassung verpflichtet. Daher erstaunt es, daß beide die evidente Verletzung des Gleichheitssatzes so lange hinnahmen[1353]. Die Initiative, aber auch die politische Verantwortung, mußte schließlich das Bundesverfassungsgericht übernehmen[1354]. *Lang* nennt die Unverfrorenheit bestürzend, mit der Steuerpolitiker verfassungsrechtliches Grenzverhalten auch angesichts einer sich deutlich verschärfenden Rechtsprechung des Bundesverfassungsgerichts üben[1355]. Bei den Rechtsadressaten entsteht dadurch der fatale Eindruck, daß der Gesetzgeber sein Steuerrecht entweder selber nicht mehr beherrscht oder daß er verfassungsrechtliche Mängel bewußt in Kauf nimmt, nur um politische Ziele zu erreichen oder seine Einnahmen zu erhalten[1356].

1348 *Vogel*, DStJG 12 (1989), 123.

1349 Beispiele aus der Verfassungsrechtsprechung: BVerfGE 84, 239 (Kapitalerträge); BVerfGE 87, 153 (Existenzminimum); BVerfGE 91, 186 (Kohlepfennig); BVerfG NJW 1995, 2615 (Einheitswert und Vermögensteuer) und BVerfG NJW 1995, 2624 (Einheitswert und Erbschaftsteuer).

1350 BVerfG NJW 1995, 2615 (Einheitswert und Vermögensteuer); BVerfG NJW 1995, 2624 (Einheitswert und Erbschaftsteuer); *Flume*, DB 1995, 1779, nennt dies das "Skandalon unseres Steuerrechts".

1351 Vgl. nur *Tipke*, FS Zeidler, Band 1, 728; *Pohmer*, FS Meyding, 28 f.

1352 BVerfG BStBl. 1976 II, 637, 638.

1353 *Tipke*, MDR 1995, 1177.

1354 BVerfG NJW 1995, 2615 und 2624.

1355 *Lang*, FR 1993, 664; bezeichnenderweise hält BFH-Präsident *Offerhaus* auch das geltende Zinsabschlagsgesetz, das die Entscheidung des BVerfG zur Kapitalertragsbesteuerung (BVerfGE 84, 239) umsetzen sollte, für verfassungswidrig. Vgl. FAZ vom 24.10.1995.

1356 So wurden beispielsweise bei der Novelle des Ertragswertverfahrens für die Erbschaft- und Schenkungssteuer bereits kurz nach Veröffentlichung des Gesetzestextes

(II) Die Einflüsse auf das Rechtsbewußtsein

Verhält sich der Steuergesetzgeber nicht rechtmäßig, kann das Rechtsbewußtsein der Rechtsadressaten in erheblichem Umfang Schaden nehmen. Daß ein Verhalten, das verfassungsrechtliche Vorgaben mißachtet[1357], bei den Rechtsadressaten nicht nur kein Vertrauen aufkommen lassen, sondern Vertrauen zerstören kann, ist einsichtig. Denn hier - im Bereich der Steuern - begegnet der Bürger seinem Staat täglich, zumindest aber einmal jährlich direkt bei der Abgabe seiner Einkommensteuererklärung oder seines Lohnsteuer-Jahresausgleichs. Erlebt der Bürger hierbei den Steuerstaat nicht als Rechtsstaat, sondern als "unersättlichen Leviathan"[1358], der selbst seinen Strafanspruch gegenüber Steuerhinterziehern auf verfassungswidrige Steuergesetze stellt[1359], provoziert jener bei den mißtrauisch gewordenen Bürgern eine Gegenwehr, die im Idealfall darauf abzielt, zumindest die Legalität staatlichen Verhaltens wiederherzustellen[1360]. Diese bereits im Rahmen des Steuerwiderstandes geschilderte Protestbewegung beschleunigt nicht nur den weiteren Verfall des Rechtsbewußtseins der Bevölkerung, sondern kann auch das Ende des demokratischen Rechtsstaates bedeuten. Denn hier beruht die Rechtsbefolgung nicht auf Zwangsmaßnahmen, sondern auf gegenseitigem Vertrauen: Der Staat kann von seinen Bürgern, die Bürger können von ihrem Staat und untereinander Legalität im gegenseitigen Verhalten erwarten[1361]. Fehlt dieses Vertrauen auf seiten der Bürger, riskiert der Staat den Verlust jeglicher innerer Bindung. Die das Steuerrechtsbewußtsein prägenden Einstellungen, wie die Staatsverbundenheit oder die Opferbereitschaft der Bürger, leiden erheblich, wenn die Steuergesetzgebung sich nicht um das Recht, sondern um den politischen und finanziellen Vorteil bemüht[1362]. Rechtsstaatlichkeit jedenfalls kann ein

---

verfassungsrechtliche Bedenken geäußert. Vgl. *Balke*, in: HANDELSBLATT vom 10./11.01.1997: "Auch die neuen Immobilienwerte sind verfassungswidrig".

1357 Das erkennen mittlerweile auch Abgeordnete, wie beispielsweise *Poß*, PROT. ÖFF. ANH. FINAUSSCHUß V. 9.3.1994, 37, der davon spricht, daß die verfassungsrechtliche Streitanfälligkeit des Steuerrechts "ein Kennzeichen dafür (ist), daß die derzeitige Gesetzgebung den verfassungsrechtlichen Mindestansprüchen nicht gerecht wird."

1358 *Lang*, FR 1993, 661.

1359 Vgl. *Salditt*, FS Tipke, 475 ff.

1360 Für *Tipke*, Steuerrechtsordnung, 1407, "ist die Steuerhinterziehung ein vom Staat zu verantwortender, dem Staat anzulastender Akt rechtlicher Notwehr zur Herstellung faktischer Belastungsgleichheit".

1361 *Würtenberger*, Zeitgeist und Recht, 122.

1362 *Vogel*, DStJG 12 (1989), 131.

Staat dann nicht mehr für sich in Anspruch nehmen, wenn "seine Steuern jenseits von Rechtsbewußtsein entrichtet" werden[1363].

Das Rechtsbewußtsein und damit auch die Steuermoral der Steuerpflichtigen wird insofern auch durch die Rechtstreue des Staates bei der Besteuerung beeinflußt. Diese sogenannte "Besteuerungsmoral" beeinflußt die Steuermoral[1364]. Der Staat, der die Befolgung seiner Steuergesetze von seinen Bürgern verlangt, muß zunächst einmal selbst rechtstreu sein. Er muß durch ein an der Idee des demokratischen Rechts- und Sozialstaates orientiertes loyales Verhalten eine vertrauensvolle Atmosphäre schaffen, wenn er die bürgerliche Bereitschaft, den Steuerpflichten zu genügen, maximieren möchte[1365]. Das bedeutet aber auch, daß er unter allen Umständen vermeiden sollte, so wie es *Vogel* ausdrückt, das "Ozonloch des Rechtsstaates"[1366] selbst zu schaffen, indem er sich als illoyal erweist.

Es steht zu befürchten, daß sich legislative Läßlichkeiten wohl wesentlich stärker auswirken können, als bislang von der Steuergesetzgebung angenommen wurde. Steuerwissenschaftler jedenfalls sehen sich ob der geschilderten Zustände in ernster Sorge um die Zukunft unseres Staatswesens[1367].

(III) Weitere Konsequenzen fehlender Verfassungsmäßigkeit

Die aus dem enttäuschten Vertrauen auf einen verfassungstreuen Gesetzgeber bei den Bürgern hervorgerufene Verbitterung und Rechtsunsicherheit führt zu einer massenhaften Wahrnehmung verfahrensmäßiger Rechte und lähmt dadurch den Gesetzesvollzug. Damit leidet nicht nur die Einstellung der Bürger zum Staat unter einer unsoliden Steuergesetzgebung, sondern auch der Staat selber. Durch verfassungsgerichtliche Entscheidungen können - zumindest theoretisch[1368] - die Anspruchsgrundlagen für Steuereinnahmen beseitigt werden, was zu Einnahmeausfällen und Haushaltsrisiken führen kann. Eine unsolide Steuergesetzgebung entspricht daher auch einer unsoliden Haushaltspolitik[1369].

1363 *Lang*, FR 1993, 661.

1364 So schon *Oermann*, Steuermoral und Besteuerungsmoral, StBJb 1957/58, 79; *Tipke*, Steuerrechtsordnung, 275 f.

1365 *Kreibich*, Treu und Glauben, 16.

1366 *Vogel*, HbStaatsR, Band IV, § 87, RN 88.

1367 *Vogel*, DStJG 12 (1989), 127 m.w.N.

1368 Vor dieser Konsequenz scheut das Bundesverfassungsgericht immer noch zurück, vgl. erst jüngst den Beschluß BVerfG NJW 1995, 2615.

1369 *Neckels*, DStZ 1993, 30.

Im übrigen birgt auch verfassungstheoretisch ein gesetzgeberisches Verhalten, das sich zunehmend nicht mehr an der Verfassung orientiert, Risiken, da nach dem Grundgesetz die "Verfassungsmäßigkeit eines Gesetzes" die Quelle seiner Legitimität ist[1370]. Die im Grundgesetz normierten Konzepte gegen legislatives Fehlverhalten, insbesondere die grundrechtlichen Maßstäbe der Gesetzgebung (Art. 1 III GG), die Strukturprinzipien (Art. 20, 28 GG) und die Regeln über das Gesetzgebungsverfahren, bilden ein auf Prävention ausgelegtes Sicherungssystem. Aufgrund seiner Existenz entfaltet sich aus verfassungsmäßiger Legalität die demokratische Legitimität[1371]. Wird legislatives Verhalten nicht mehr nur von einem Großteil der Rechtsadressaten für verfassungswidrig gehalten, sondern vermehrt auch von der nach dem Grundgesetz zur verfassungsmäßigen Prüfung von Gesetzen vorgesehenen höchsten Institution, dem Bundesverfassungsgericht, für verfassungswidrig erklärt, kann es trotz oder gerade wegen aller verfassungsrechtlich vorgesehenen präventiven Sicherungsmaßnahmen zu einem Legitimitätsverlust kommen. Ob dieser dann noch auf das Steuerrecht begrenzt werden kann, scheint fraglich. Denn ein Gesetzgeber, der verfassungsrechtliche Bindungen in großem Umfang übergeht, begibt sich in einen verfassungsfreien Raum, dem nach den oben erwähnten Prinzipien keine demokratische Legitimität zukommen kann.

(IV) Die Grundrechtsproblematik im Steuerrecht

(1) Verfassungsrechtsverwirklichung durch Grundrechtsschutz

Das Bundesverfassungsgericht versucht immer offenkundiger mit Hilfe der Grundrechte, dem Verfassungsrecht im Steuerwesen zum Durchbruch zu verhelfen. Auch in der rechtswissenschaftlichen Literatur ist der Drang nach einem effektiveren Grundrechtsschutz im Steuerrecht deutlich zu verspüren[1372].

Indem der Prüfungsschwerpunkt auf der Verletzung subjektiver Rechte der Steuerpflichtigen durch die steuerliche Belastung lag, richtete das Bundesverfassungsgericht immer häufiger[1373], wenn auch nicht ausdrücklich, die

---

1370 *Würtenberger*, FG Gesellschaft für Rechtspolitik, 537.

1371 *Schmidt-Aßmann*, HbStaatsR, Band I, § 24 RN 45 m.w.N.; *Würtenberger*, FG Gesellschaft für Rechtspolitik, 539.

1372 Dazu ausführlich *Rodi*, Die Rechtfertigung von Steuern als Verfassungsproblem, 53 ff. m.Nw.

1373 Die darin liegende Gefahr einer Überbetonung gleichheitsrechtlicher Aspekte, auch für die Rechtfertigung der Steuern, kritisiert insbesondere bei Eingriffsgesetzen *Rodi*, Die Rechtfertigung von Steuern als Verfassungsproblem, 45 f.

Aufmerksamkeit der Öffentlichkeit auf das tatsächliche Zahlungsverhalten der Steuerzahler. Damit erschloß es sich zugleich auch eine neue Argumentationstechnik bei der Beurteilung des Steuerrechts. Im Zusammenhang mit der Prüfung von Art. 3 GG wurde die Relevanz der gleichen Lastenzuteilung im Steuerrecht hervorgehoben[1374]. Diese kann der Gesetzgeber nicht mehr gewährleisten, wenn er das von ihm statuierte Gesetz nicht oder nur unvollständig durchsetzen kann. Damit ist die Steuerrechtsbefolgung und gleichzeitig auch die Steuermoral zum Mittelpunkt gesetzgeberischer Beachtungspflichten geworden[1375]. Das Bundesverfassungsgericht enthebt sich mit dieser grundrechtsorientierten Argumentation der Notwendigkeit, das Gesetzgebungsverfahren verfassungsrechtlich beurteilen zu müssen, ohne am Ergebnis Abstriche machen zu müssen[1376]. Mißlich ist lediglich, daß der Gesetzgebung nicht ausdrücklich bescheinigt wird, daß ihr Verhalten zu Grundrechtsverletzungen durch Ungleichheiten bei der Lastenzuteilung beiträgt. Der große Vorteil der grundrechtlichen Überprüfung liegt aber darin, daß anhand der Symptome einer schlechten Steuermoral gesetzgeberische Handlungen erzwungen werden. Es findet insbesondere keine Fixierung auf die Mängel der Gesetzgebung statt. Stattdessen werden alle Faktoren[1377], die den Gesetzesvollzug beeinflussen können, der Legislative zur Überarbeitung anheimgestellt, mit der Möglichkeit einer tiefgreifenden Reformierung der Steuergesetzgebung.

Der Gesetzgeber zeigt sich allerdings von derartigen Überlegungen unbeeindruckt. Anstatt die Ursachen für die Misere im Steuerrecht zu beseitigen, werden Symptome behandelt. Mittlerweile wartet auch das Bundesverfassungsgericht nicht mehr auf die Einsicht der Gesetzgebung. In den jüngsten grundlegenden Entscheidungen zur Vermögen- und Erbschaftsteuer[1378] hat es neben grundsätzlichen Rechtfertigungsüberlegungen dem Gesetzgeber detaillierte Regelungsvorgaben gemacht.

1374 Vgl. BVerfGE 84, 239, 269.

1375 Wie weitgehend diese Pflichten gehen können zeigt *Salditt*, FS Tipke, 484 f., der bei einer fehlerhaften Lastenverteilung die Steuerhinterziehung im äußersten Fall als nicht strafbar ansieht: "Fehlt einer ganzen Steuerart der Gerechtigkeitswert, fällt sie durch das Netz des § 370 AO. Eine strafrechtliche Sanktion muß dann unterbleiben, weil sie gegen das Willkürverbot verstieße".

1376 Allerdings können auf diese Weise nicht grundlegende Gerechtigkeitsprobleme gelöst werden, vgl. *Tipke*, FS Zeidler, Band 1, 732.

1377 Visionär formuliert, könnte man auch sagen, daß dem Gesetzgeber die Schaffung einer neuen Rechtfertigung der Steuern aufgegeben wurde.

1378 BVerfG NJW 1995, 2615 ff.; BVerfG NJW 1995, 2624 ff.

(2) Grundrechte im Steuerrecht

Die im Steuerrecht wesentlichen Grundrechte seien kurz angeführt. Seit geraumer Zeit stützt die Verfassungsrechtsprechung Entscheidungen, die im Zusammenhang mit Steuergesetzen getroffen werden, immer häufiger auf die Schutzwirkung der Grundrechte. Ihre Bedeutung wird daher zunehmen. Grundrechtsschutz im Steuerrecht bedeutete bislang, daß die Rechte der Steuerpflichtigen gegen übermäßige und ungleichmäßige Belastung vor allem durch die verfassungsrechtlichen Kerngewährleistungen der Eigentumsgarantie[1379] (Art. 14 GG) und des Gleichheitssatzes (Art. 3 I GG) geschützt sind[1380]. Die Rechtsprechung zu beiden Normen im Zusammenhang mit steuerrechtlichen Fragestellungen ist umfassend, ließ aber bislang kein homogenes Bild erkennen[1381].

Die traditionell wichtigste grundrechtliche Gewährleistung im Steuerrecht ist Art. 3 Abs. 1 GG[1382]. Ihm entnimmt das Bundesverfassungsgericht den "Grundsatz der Steuergerechtigkeit"[1383]. Ihr kommt nach dem "Wandel"[1384] der verfassungsgerichtlichen Rechtsprechung zum Steuerrecht eine hervorgehobene Bedeutung zu, da die Besteuerungsgleichheit nun auch die Gleichheit der Lastenzuteilung umfaßt. Damit werden auch die Steuerrechtsanwendungsregelungen dem "Prinzip einer möglichst gleichmäßigen Belastung der Steuerpflichtigen"[1385] untergeordnet. Angesichts der geschilderten Verhältnisse bei der Steuerrechtsanwendung durch die Steuerverwaltung ("maßvoller Gesetzesvollzug") erlangt Art. 3 Abs. 1 GG höchste Priorität.

Seit jeher befaßte sich das Bundesverfassungsgericht mit dem grundrechtlichen Schutz von Ehe und Familie auch im Steuerrecht[1386]. Art. 6 Abs.

1379 Vgl. BVerfGE 78, 230; 78, 243; 78, 277; zu der "neuen" Dogmatik bezüglich Art. 14 Abs. 1 GG: BVerfG NJW 1995, 2617, mit Sondervotum *Böckenförde*, NJW 1995, 2620 ff.

1380 *Kirchhof*, JFSt 1992/93, 16.

1381 Vgl. nur *Schuppert*, FS Zeidler, Band 1, 692 ff., wonach beispielsweise festgestellt wurde, daß sich das Steuerrecht dem Zugriff der Grundrechte als Abwehrrechte und hier insbesondere Art. 14 GG entzogen habe

1382 Vgl. *Rodi*, NJW 1991, 2865; *Schuppert*, FS Zeidler, Band 1, 709 m. Nw. aus Rechtsprechung und Literatur.

1383 Vgl. BVerfGE 6, 70; 9, 9, 146, 244; 12, 338; 13, 202; 13, 298; 21, 27; 23, 253; 26, 310; 35, 335; 36, 330; 43, 120; 47, 29; 49, 360; 50, 391; 65, 354; 66, 223.

1384 *Tipke*, Steuerrechtsordnung, 328.

1385 BVerfGE 84, 239, 268.

1386 Vgl. dazu den von *Raupach*, FS Klein, 312, zitierten Satz von *Kanzler*: "Im Bereich

1 GG wird dabei vor allem in seiner Funktion als Benachteiligungsverbot von Ehe und Familie berücksichtigt[1387]. Die Gestaltung des Einkommensteuertarifs mit Ehegattensplitting und mit den jahrzehntelang unzureichenden Grund- und Kinderfreibeträgen ließ eine bedeutende Säule des durch die Verfassungsrechtsprechung konkretisierten grundgesetzlichen Schutzes von Ehe und Familie, die vor allem gegen gesetzgeberisches Unterlassen schützt, entstehen[1388].

Lange Zeit konnte das Eigentumsgrundrecht, obwohl es als Prüfungsmaßstab nahe liegt, in der Sache so gut wie nichts bewirken[1389]. Nach den "Juni-Beschlüssen"[1390] des Bundesverfassungsgerichts, kommt Art. 14 GG nunmehr eine große Bedeutung zu. Die bereits erwähnte Obergrenze der Gesamtsteuerbelastung "in der Nähe einer hälftigen Teilung" von Staat und Privatperson wird seine gesamten Auswirkungen erst in zukünftigen Entscheidungen des Bundesverfassungsgerichts zeigen.

Schließlich sind auch die Freiheitsgrundrechte (z.B. Art. 12 Abs. 1 S. 2 GG) bei "motivationsbestimmenden" Einwirkungen von Bedeutung, wie man sie etwa im Rahmen von Lenkungsnormen[1391] findet[1392].

(C) Die Hinnahme verfassungsrechtlicher Bedenken

Es hat sich gezeigt, daß der Gesetzgeber vielfach verfassungsrechtliche Mindestanforderungen mißachtet[1393] und damit zumindest eine entsprechende Reaktion des Bundesverfassungsgerichts billigend in Kauf nimmt. Für das Steuerrechtsbewußtsein der Bevölkerung ist dieses Verhalten mit korrumpierenden Effekten verbunden. Das verfassungsrechtliche Grenzverhalten des Gesetzgebers ist

---

der Familienbesteuerung scheint die Gesetzgebung nur noch im Auftrag der dritten Gewalt zu handeln".

1387 Vgl. BVerfGE 8, 55, 67; 9, 20, 34f.; 18, 97, 106; 16, 203ff.; 26, 321 ff.; 29, 104 ff.

1388 Vgl. *Raupach*, FS Klein, 312.

1389 Vgl. *Schuppert*, FS Zeidler, Band 1, 692 ff. m. Nw.

1390 BVerfG NJW 1995, 2615 ff.; BVerfG NJW 1995, 2624 ff.

1391 Lenkungsnormen müssen insofern sowohl mit ihrer "Gestaltungswirkung" (Eingriff in ein Freiheitsgrundrecht gerechtfertigt?), als auch mit ihrer "Belastungswirkung" (Gewährleistung des Gleichheitssatzes?) verfassungsrechtlichen Vorgaben entsprechen, *Vogel*, HbStaatsR, Band IV, § 87, RN 86; *Schuppert*, FS Zeidler, Band 1, 708; so wohl auch *Tipke*, FS Zeidler, Band 1, 733.

1392 *Vogel*, HbStaatsR, Band IV, § 87, RN 83 m.w.N.

1393 *Tipke*, StuW 1993, 9: "Daß der Steuergesetzgeber zu allem fähig ist, weiß man inzwischen".

zwar nicht zu rechtfertigen. Trotzdem lassen sich systembedingte Gründe für das gesetzgeberische Fehlverhalten finden. Diese können zumindest als Erklärungen, nicht aber als Entschuldigungen, dienen.

(I) Das Argument Finanznot

Obgleich der Gesetzgeber mit "unsoliden" Steuergesetzen Haushaltsrisiken schafft[1394], kann in der chronischen Finanznot eines überbeanspruchten Sozialstaates ein Grund für die Hinnahme von verfassungsrechtlich bedenklichen Steuergesetzen gesehen werden. Von allen Seiten werden an den Staat, das heißt an den Gesetzgeber und die Bundesregierung, Forderungen herangetragen. Diesen kann er sich, auch aus wahltaktischen Gründen, nur zum Teil entziehen. Die als "berechtigt" anerkannten Forderungen wird er indes zu erfüllen haben - zumeist in Form von finanziellen oder geldwerten Leistungen. In einem sozialstaatlichen Repräsentativsystem entsteht somit die Neigung, die Ausgaben des Staates nicht vorrangig von den Einnahmen abhängig zu machen, sondern von (politischen, gesellschaftlichen, wirtschaftlichen, etc.) anderen Maßgaben. Damit gerät die Beschaffung von Mitteln unter Druck. Das kann sogar so weit führen, daß die Steuergesetzgebung erst nachträglich zum Zweck der Verwirklichung von politischen Zusagen herangezogen wird. Wird die Steuergesetzgebung dem Druck der nachträglichen Mittelbeschaffung ausgesetzt, kann es vorkommen, daß selbst fundamentale sozialstaatliche Belange in den Steuergesetzen außer Betracht gelassen werden[1395], nur um möglichst viel Geld einzunehmen.

(II) Das Argument Zeitdruck

Eng verbunden mit der Problematik der Finanznot ist die Hektik der Gesetzgebung. Gerade die durch das Ausbleiben von Steuereinnahmen hervorgerufenen Haushaltsengpässe fordern ein schnelles Handeln des Gesetzgebers. Allerdings geschieht dies oft auf Kosten der Qualität. Ähnlich verhält es sich mit politisch wichtigen Entscheidungen des Steuergesetzgebers. Um noch rechtzeitig anstehende Wahlen positiv beeinflussen zu können, ist es vielfach erforderlich, das gesamte Gesetzgebungsverfahren in unangemessen kurzer Zeit zu durchlaufen. Insbesondere die Vorbereitung der Gesetze geschieht dann zumeist nur

---

1394 *Neckels*, DStZ 1993, 30.

1395 So zum Beispiel die Nichtberücksichtigung des Existenzminimums, vgl. BVerfG FR 1992, 810; *Lang*, FR 1993, 664.

oberflächlich[1396]. So wurde etwa die Steuerreform 1990 nach verbreiteter Ansicht[1397] aus rechtlicher Sicht nur unzulänglich vorbereitet[1398].

(III) Das Argument Machbarkeit

Ein wichtiger Gesichtspunkt der steuerrechtlichen Fehlerlehre sind die Grenzen des Machbaren. Politiker und Ökonomen können sich zwar über den Regelungsinhalt einig sein, ohne zunächst verfassungsrechtliche Vorgaben zu berücksichtigen. Das Erstrebenswerte wird dann oft unter Inkaufnahme verfassungsrechtlicher Zweifel beschlossen. Wie gezeigt wurde, werden im Rahmen der gesetzestechnischen Umsetzung dann nicht alle rechtlichen Parameter berücksichtigt. Dies kann zum einen an der Masse des zu berücksichtigenden Materials liegen, was den ministeriellen Legislator oft an die Grenzen seiner Leistungsfähigkeit treibt[1399], oder aber an einem mehr oder weniger artikulierten politischen Willen, verfassungsrechtlich streitige und allzu aufwendige Fragen außer Betracht zu lassen.

Darüberhinaus entstehen verfassungswidrige Sachlagen auch durch gesetzgeberisches Nichteingreifen. Für beide Bereiche seien Beispiele genannt:

Die einstmals so eindringlich diskutierte Vollverzinsung im Steuerrecht[1400] wurde früher mit dem Argument abgelehnt, die Berechung der fälligen Zinsen sei im Verhältnis zu dem damit verbundenen Arbeitsaufwand nicht angemessen. Mit Einführung der elektronischen Datenverarbeitung in den Finanzämtern entbehrte dieses Argument der Grundlage. Der Arbeitsaufwand war und ist auch heute noch ein gutes Argument gegen die Aktualisierung der Einheitswerte durch die Verwaltung[1401]: Die Neubewertung der schätzungsweise 20 Millionen Bewertungseinheiten würde die vorhandenen Verwaltungskapazitäten sprengen[1402].

1396 Vgl. *Uelner*, DStR 1977, 121.

1397 *Tipke*, StuW 1989, 291; *Lang*, StuW 1992, 19.

1398 Vgl. *Lang*, StuW 1992, 19.

1399 *Luetjohann*, 41.

1400 Vgl. *Koch*, FS Haubrichs, 151 ff.; *Heckmann*, Der Sofortvollzug staatlicher Geldforderungen, 207 ff.

1401 Die letzte Feststellung der Einheitswerte bezog sich auf den 1. Januar 1964. In den neuen Bundesländern greift man gar auf die Einheitsbewertung von 1936 zurück.

1402 Vgl. *Tipke*, MDR 1995, 1180; *Kruse*, FR 1995, 528 m. Nw.; *Krüger/Kalbfleisch/Köhler*, DStR 1995, 1454, weisen darauf hin, daß die

Auch für die Untätigkeit des Gesetzgebers, die ihre Gründe in Machbarkeitserwägungen hat, ist die Einheitswertbesteuerung das wohl prominenteste Beispiel. Da der Gesetzgeber vor einer Neubewertung aller Immobilien aufgrund des immensen Verwaltungsaufwandes zurückschreckte, und obwohl ihm die verfassungsrechtliche Zweifelhaftigkeit mittlerweile oft genug bestätigt worden war[1403], mußte nun das Bundesverfassungsgericht die fällige Neuregelung anmahnen[1404]. Da dem Gesetzgeber dabei noch einige andere Regelungseckpunkte aufgegeben wurden, hat er sich mit seinem Abwarten des eigenen Regelungsspielraums unnötig begeben.

d. Das Endprodukt der Steuerlegislative

(A) Zusammenfassende Analyse

Das heutige Steuerrecht stellt ein ganz besonderes Rechtsgebiet dar, das sich von der üblichen rechtswissenschaftlichen Verhältnissen schon so weit abgekoppelt hat, daß vielfach Hemmungen bestehen, es an ebendiesen hergebrachten rechtswissenschaftlichen Maßstäben zu messen[1405]. Es ist aufgrund seiner Mulitifunktionalität ein stets junges, durch politische Einflüsse extrem belastetes Recht,

---

verwaltungstechnische Umsetzbarkeit auch bei der anstehenden Neuregelung von zentraler Bedeutung sein wird. A.A. *Schmidt*, BB 1995, 1987, der eine (auch angesichts der mittlerweile möglichen maschinellen Verarbeitung) einfache im Ertragswertverfahren durchzuführende Neufestsetzung der Einheitswerte vorschlägt.

1403 Vgl. etwa die Gutachten des Wissenschaftlichen Beirates beim Bundesministerium der Finanzen "Gutachten über Probleme und Lösungsmöglichkeiten einer Bodenwertzuwachsbesteuerung" aus dem Jahr 1976, Schriftenreihe des Bundesministeriums der Finanzen Heft 22, Bonn 1976, und auch 1989 "Die Einheitsbewertung in der Bundesrepublik Deutschland, Mängel und Alternativen, Gutachten", Schriftenreihe des Bundesministeriums der Finanzen Heft 41, Bonn 1989. Zu dem gleichen Ergebnis - Diskriminierung durch das Besteuerungsverfahren - kam auch die "Kommission zur Verbesserung der steuerlichen Bedingungen für Investitionen und Arbeitsplätze" in ihrem Gutachten, in: Schriftenreihe des Bundesministeriums der Finanzen Heft 46, Bonn 1991, RN 135 - 189.

1404 BVerfG NJW 1995, 2615 ff.; BVerfG NJW 1995, 2624 ff. Allerdings hat auch das BVerfG immer wieder prozessuale Gründe gefunden, die es von einer Beschäftigung mit der schon wiederholt vorgebrachten Ungerechtigkeit der Einheitswertbesteuerung absehen ließ, vgl. *Tipke*, MDR 1995, 1177. Es wurde nun seiner ihm allmählich zuwachsenden Aufgabe als "politischer Blockadebrecher" (*Leisner*, NJW 1995, 2593) gerecht.

1405 So kritisiert *Tipke*, Steuerrechtsordnung, 1561, die bisherigen Usancen der Steuerrechtswissenschaft, "sich gesetzesunkritisch nur der Tatbestandsmäßigkeit, der begriffsgläubigen Anwenderei hinzugeben".

das zu einer juristischen Konsolidierung bislang keine Zeit gefunden hat[1406] und dessen Wertmaßstäbe dementsprechend gering im Rechtsbewußtsein der Bevölkerung verankert sind[1407]. Die Evolution des Steuerrechts ist maßgeblich geprägt von der Finanzierungsfunktion der Steuern[1408]. Aber auch die Instrumentalisierung des Steuerrechts zu Lenkungszwecken, die den Bedürfnissen einer an Individualinteressen orientierten Politikgestaltung in idealer Weise entgegenkommt, hat entscheidend dazu beigetragen, daß die Idee des Rechts bei der Fortentwicklung des Steuerrechts oft vernachlässigt wurde. Daraus resultiert heute ein Rechtsgebiet, das ein bedeutender Steuerrechtler wie folgt beschreibt: "Es gibt kaum einen prominenten Steuerjuristen, der das Steuerrecht nicht chaotisch nennt oder es als Dschungel bezeichnet, der nicht über systematische Verwerfungen, ungerechtfertigte, insbesondere überholte Befreiungen und sonstige Vergünstigungen spricht"[1409].

Das Steuerrecht ist auch aufgrund seiner "fettleibigen Technokratie"[1410] für die Bürger und weitgehend auch für den Rechtsstab[1411] nicht mehr überschaubar, verständlich und beherrschbar. Dauerhaftigkeit und Verbindlichkeit fehlen, Rechtsunsicherheit und das Gefühl, einem anonymen Apparat hilflos ausgeliefert zu sein[1412], sind die Folge. Dieses Gefühl begünstigt einen Zerfall des bürgerlichen Steuerrechtsbewußtseins, der durch eine dem Gemeinwohlpostulat fremde Selbstbedienungsmentalität des Steuerstaates, mancher Parlamentarier und Lobbyisten unterstützt wird[1413]. Das Vertrauen der Bürger in die Rationalität und unverbrüchliche Richtigkeit des Gesetzes auf Grund parlamentarischen Verfahrens wurde durch die Steuergesetzgebung nachhaltig gestört[1414].

1406 *Lang*, StuW 1992, 20, der als politischen Belastungsfaktor insbesondere die Politik gesellschaftlicher Umverteilung nennt.

1407 *Pezzer*, Bundesverfassungsgerichtsgesetz, 68, RN 3.

1408 Als ein Beispiel dafür kann die einseitige Ertragsorientiertheit der Finanzverwaltung gelten, die Steuerpolitiker und Steuertechniker über die Ungleichmäßigkeit der Besteuerung im Verhältnis der Steuerpflichtigen zueinander gern hinwegsehen läßt. Vgl. *Tipke*, Gleichmäßigkeit der Steuerrechtsanwendung, in: Vogelgesang (Hrsg.), Perspektiven der Finanzverwaltung, 98f.

1409 *Tipke*, FS Zeidler, Band 1, 732.

1410 *Lang*, FS Tipke, 24.

1411 *Musset*, ZG 1987, 67, stellt beispielsweise fest, daß die Finanzrechtsprechung Parallelen zur Gesetzgebung aufweist: Änderungshäufigkeit, Widersprüchlichkeit, fehlende Kontinuität und Berechenbarkeit.

1412 *Schelle*, FS Schmölders, 62.

1413 *Czybulka*, Die Verwaltung 1993, 30.

1414 *Würtenberger*, Jurist und Staatsbewußtsein, 86.

(B) Die Grenzen einer verbesserten Steuergesetzgebung

Angesichts der geschilderten Verhältnisse stellt sich die Frage, ob allein schon eine bessere Gesetzgebung - sollte sie einmal möglich sein - die Misere beenden könnte.

Vergleicht man heute das Bild der Steuergesetzgebung mit der Einstellung der Steuerbürger, so scheint gerade auf der zeitlichen Ebene eine Beziehung zwischen der Zunahme des Steuerchaos und der Abnahme der Steuermoral der Bundesbürger zu bestehen. Der Satz, "Herr ist, wer uns Ordnung schafft"[1415], wandelt sich unter diesen Umständen zu einem bedrohlichen Szenario für den Bestand des Staatswesens. Der Staat verliert nicht nur das bürgerliche Vertrauen in die "Unverbrüchlichkeit" des Gesetzes[1416], er verliert auch an Autorität, die er gerade auch für unliebsame, aber notwendige gesetzliche Regelungen benötigt[1417]. Denn sie entscheidet innerhalb des individuellen Akzeptanzbereichs der Normadressaten darüber, ob der Bürger eine unliebsame Regelung trotz allem akzeptiert. So kann es dann zu jenen Reaktionen der Steuerbürger kommen, die durch ein gekränktes Rechtsgefühl veranlaßt werden: Die Bürger versuchen im Wege der Selbsthilfe eine Belastungsgleichheit herzustellen, die ihnen von der Gesetzgebung, aber auch von der Exekutive bislang vorenthalten wird[1418].

Die psychologische Reichweite derartiger Vorgänge könnte sogar eine grundlegende Reform infragestellen: Es scheint fraglich, ob allein eine geläuterte Gesetzgebung die Krise des Steuerwesens überwinden könnte. Denn es besteht die Gefahr, daß der schlechte Ruf des Steuerzahlungen verlangenden Staats zu einer bewußtseinsprägenden festen Größe wird, die die Einstellung der Steuerbürger und deren Handlungen auch in Zukunft maßgeblich bestimmen wird. Dies jedenfalls legt die bereits erwähnte Hypothesentheorie der sozialen Wahrnehmung[1419] nahe. Danach können erlebte steuerliche Mißstände zu einer negativen

---

1415 *Zippelius*, Rechtsphilosophie, 153.

1416 *Würtenberger*, FG Gesellschaft für Rechtspolitik, 537.

1417 Anders *Isensee*, in: Weigelt (Hrsg.), Freiheit-Recht-Moral, 19, der heutigen Gesetzen jegliche Autoritätsnotwendigkeit abspricht.

1418 *Pleister*, LdR/StuFR, Stichwort "Steuerrechtsentwicklung in der BRD", 482.

1419 Vgl. *Bruner*, On perceptual readiness, Psychological Review 64 (1957), 123 ff.; *Lilli/Frey*, Die Hypothesentheorie der sozialen Wahrnehmung, in: Frey/Irle (Hrsg.), Theorien der Sozialpsychologie 1, 49 ff.; *Frey/Brandstätter/Schuster*, Das ökonomische Modell aus psychologischer Sicht, in: Smekal/Theurl (Hrsg.), Stand und Entwicklung der Finanzpsychologie, 72.

Erwartungshypothese führen, die die unvoreingenommene Aufnahme eines "geläuterten" Steuerrechtssystems verhindern könnte. Eine objektive Beurteilung der tatsächlichen Lage durch die Rechtsadressaten wäre dann nicht mehr möglich. Ein einmal etabliertes negatives Steuerrechtsbewußtsein könnte auf diese Weise sogar so starke Beharrungseffekte entfalten, daß eine Reform scheitern könnte, sollte sie tatsächlich in Angriff genommen werden.

Mithilfe der Hypothesentheorie der sozialen Wahrnehmung läßt sich auch die des öfteren festgestellte **irreversible Eigendynamik einer sinkenden Steuermoral**[1420] erklären. Danach soll sich bei sinkender Steuermoral und damit bei Verteilung der Steuerlast auf immer weniger Steuerzahler der Trend zur Steuerhinterziehung und Schattenwirtschaft beschleunigen. Diese Beschleunigung kann darauf zurückgeführt werden, daß die immer wieder nach unten korrigierte Erwartungshypothese der noch rechtstreuen Steuerzahler ihr Steuerrechtsbewußtsein schließlich doch entsprechend beeinflußt und zu einer vermehrten Mißachtung der Steuergesetze führt.

Vor der Schaffung eines neuen Steuersystems müssen daher zunächst die negativen Erwartungshypothesen abgebaut werden. Dieses Vorhaben wird hohe Anstrengungen und einige Zeit erfordern[1421]. Diesem Ziel kann insbesondere eine breit angelegte[1422] öffentliche Rechtfertigungsdiskussion dienen, die dann auch das neu zu schaffende Steuerrecht maßgeblich beeinflussen würde. Die Steuerrechtswissenschaft hat hierzu bereits wertvolle Pionierarbeit geleistet[1423]. Allein die mit einer zeitgemäßen Rechtfertigungstheorie unterlegte steuerliche Responsivität könnte helfen, den kritischen Zustand des deutschen Steuerrechts zu beenden. Das Ansinnen nach Responsivität wäre kein bloßer "Gemeinplatz"[1424] mehr, wenn es mit Hilfe einer von den Adressaten akzeptierten Steuerrechtfertigung unterstützt werden würde.

1420 Vgl. etwa *Tipke*, Gleichmäßigkeit der Steuerrechtsanwendung, in: Vogelgesang (Hrsg.), Perspektiven der Finanzverwaltung, 102 m. Nw.

1421 Vgl. *Mackscheidt*, Die Entwicklung der Kölner Schule der Finanzpsychologie, in: Smekal/Theurl (Hrsg.), Stand und Entwicklung der Finanzpsychologie, 51: "Einmal verlorengegangene positive Steuermentalität und gute Steuermoral lassen sich so leicht nicht wiederherstellen, wenn sie durch leichtsinnige Steuerpolitik verdorben worden sind".

1422 Zu dem Einfluß der modernen Formen der Massenkommunikation auf das Rechtsbewußtsein vgl. *Würtenberger*, Zeitgeist und Recht, 31 f, 218 f.; ders., Rechtsbewußtsein und Staatsverständnis der Parteien, 19.

1423 Vgl. nur *Lang*, Entwurf eines Steuergesetzbuches; *Tipke*, Die Steuerrechtsordnung.

1424 *Würtenberger*, Zeitgeist und Recht, 206.

E. Die akzeptanzorientierte Weiterentwicklung des Steuerrechts

Es hat sich gezeigt, daß sowohl das Steuerrecht als auch die Steuerrechtsanwendung in weiten Bereichen nicht die Anforderungen erfüllt, die der Bürger an ein demokratisches, rechtsstaatliches und freiheitliches Staatswesen stellt. Selbst seiner Ordnungsfunktion wird das deutsche Steuerrecht nicht mehr gerecht. Der massenhafte Steuerwiderstand und die Überlastung der Steuerverwaltung belegen dies eindrucksvoll. Der Steuerstaat befindet sich nicht mehr nur in einer theoretischen Krise, die eine Beschäftigung auf lediglich akademischen Niveau rechtfertigen würde, sondern diese Krise wird von immer weiteren Bevölkerungskreisen real miterlebt.

Der Ruf nach einer grundlegenden Steuerreform wird angesichts der Krisenerscheinungen im deutschen Steuerwesen immer lauter. Die bisherige Steuerrechtsentwicklung hat deutlich gezeigt, daß gleichermaßen eine rechtssoziologische und verfassungsrechtliche Fundierung des Steuerrechts notwendig ist. Ein Steuerrecht, das fast ausschließlich von ökonomischen, sozialpolitischen und budgetären Parametern geprägt wird, entspricht nicht mehr dem Geist der Zeit. Gerade weil der Akzeptanzgedanke, also das Bestreben nach einem von den Bürgern akzeptierten Steuerrecht, vielfach keine Berücksichtigung durch die Steuergesetzgebung findet, werden die verfassungsrechtlichen Schwächen des geltenden Steuerrechts immer häufiger aufgedeckt. Ohne eine Berücksichtigung der Belange der Rechtsanwender und Rechtsadressaten kann das Steuerrecht die Aufgabe, den Kontakt zu den Rechtsadressaten aufrechtzuerhalten und zu gestalten, bald nicht mehr erfüllen. Anders gewendet: Die fehlende "Staatskommunikation" im Steuerwesen provoziert den Steuerwiderstand. Eine adressatenbezogene Steuerrechtfertigung könnte dazu beitragen, dem Steuerrecht und der Steuerrechtsanwendung den Weg aus der Krise zu zeigen. Allerdings bedarf eine derartige Rechtfertigung der Steuern mächtiger Fürsprecher, um die tief eingefahrenen Wege der heutigen Steuerrechtsentwicklung verlassen zu können. Das letzte Kapitel unternimmt daher den Versuch, die möglichen Initiatoren eines neuen Steuerrechts zu untersuchen und den aussichtsreichsten Weg vorzustellen.

I. Anstöße für ein Tätigwerden des Gesetzgebers

Steuergesetze sind Angelegenheit des parlamentarischen Gesetzgebers. Daher ist zunächst zu erörtern, welche Umstände den Gesetzgeber zu einer grundlegenden Reform des Steuerrechtssystems veranlassen könnten. Denn bislang hat sich der Gesetzgeber - entgegen anderslautender politischer Beteuerungen - wenig durch grundlegende Fortschritte im Steuerrecht ausgezeichnet[1425]. Zwar wurde die Abgabenlast stetig und zumeist unmerklich

---

1425 Vgl. etwa *Tipke*, FS Zeidler, Band 1, 734: "Es zeigt sich, zur Schaffung von

angehoben, doch ein für die Rechtsadressaten akzeptables und damit auch einer besseren Steuermoral zuträgliches Steuerrecht wurde nicht geschaffen. An dieser Entwicklung konnte auch die immer merklicher werdende Notwendigkeit einer Reform wenig ausrichten. Denn durch die Reformunfähigkeit der Gesetzgebung hat die Rechtsqualität stetig abgenommen hat. Der "Verlust des Rechtsgedankens im Steuerrecht"[1426] wurde immer offensichtlicher. Für die Rechtswissenschaft stellte sich daher die Frage nach einem Ausweg aus dem heutigen Steuerrecht als dem "Ghetto des Rechts"[1427]: Welche Faktoren könnten zu einer grundlegenden Änderung der bisherigen Gesetzgebungspraxis führen?

1. Steuerausfälle, Finanznot

Anlaß für eine grundlegende Reform könnten die zunehmenden Steuerausfälle aufgrund des wachsenden Steuerwiderstandes sein, die letztlich die Leistungsfähigkeit des Sozialstaates beeinträchtigen[1428] und erhebliche soziale Kosten zur Normendurchsetzung verursachen[1429]. Aber auch die sich aus anderen Gründen[1430] ständig verschärfende Finanznot der öffentlichen Kassen könnte zu einem Umdenken der Gesetzgebung führen. Die Finanzminister, die bislang immer mehr Haushaltsminister als Steuerminister waren[1431], wären gezwungen, ihr politisches Engagement von den Haushalten auf das Steuerrecht zu lenken[1432], da mittlerweile Einigkeit herrscht, daß die Expansion der Haushalte nicht mehr durch die Aufnahme immer neuer Kredite zu bewältigen ist. Dabei käme den politischen Akteuren auch das "Diktat der leeren Kassen"[1433] entgegen, das die Einwände einflußreicher Interessengruppen gegen den dann notwendigen Vergünstigungsabbau neutralisieren könnte. Allerdings lassen die bislang gemachten haushaltspolitischen Erfahrungen keinen allzu großen Reformimpuls aufgrund der Finanznot erwarten.

Steuergerechtigkeit und Steuervereinfachung, zu Steuerreform und Steuergesetzrevision ist und bleibt in erster Linie der Gesetzgeber aufgerufen. Wer seine Tätigkeit in Steuersachen über die letzten Jahrzehnte beobachtet hat, kann allerdings leider nur resignieren."; zu den bisherigen Reformanstrengungen vgl. oben D. V. 2. b. (B) (IV) (1).

1426 *Vogel*, DStJG 12 (1989), 123 ff.

1427 So *Felix*, BB 1995, 2293.

1428 *Hill*, ZG 1987, 240.

1429 *Würtenberger*, Zeitgeist und Recht, 149.

1430 z.B. durch Schuldendienste, sozialstaatliche Leistungspflichten etc.

1431 *Musset*, ZG 1987, 72. Sowohl dem Steuerrecht, als auch der Steuerverwaltung wird eine "einseitige Ertragsorientierung" vorgehalten, vgl. *Tipke*, Steuerrechtsordnung, 1218.

1432 *Musset*, ZG 1987, 72.

1433 *Raupach*, FS Klein, 315.

2. *Autoritätsverlust des Staates*

Die maßgeblichen Organe der Legislative und der Exekutive könnten sich zu einer grundlegenden Wende in ihrer Steuergesetzgebungspolitik auch durch den zunehmenden staatlichen Autoritätsverlust gezwungen sehen. Wie anfangs erwähnt, wird sich die im Steuerrecht üblich gewordene Bereitschaft der Steuerpflichtigen, gegen die Gesetze zu verstoßen, nicht auf das Steuerrecht beschränken lassen. Aber auch im Steuerrechtsbereich sind die hier herrschenden Zustände untragbar geworden: Der wachsende Steuerwiderstand, die Rechtsbehelfsflut und der zunehmende Unmut der Steuerzahler müßten die staatlichen Stellen zu sofortigem Handen zwingen, da der Staat hier einen massiven Wertschätzungsverlust erleidet[1434]. Das Steuerrechtsbewußtsein, die Steuermoral und auch das Staatsbewußtsein werden dadurch in ihrem Verfall zusätzlich beschleunigt. Der Zustand des Steuerrechts gefährdet so die Autorität des Staates und letztlich auch das Vertrauen in das Recht[1435] und den Staat insgesamt. Bislang wurden diese Zustände allerdings weitgehend hingenommen.

3. *Der Druck der "öffentlichen Meinung"*

Für Politiker ist die Entwicklung der öffentlichen Meinung von besonderem Interesse[1436]. Ohne Zweifel wäre die Bevölkerung selber der mächtigste Verfechter eines neuen, auf einer zeitgemäßen Steuerrechtfertigung beruhenden Steuerrechts. Würde sich auch in der Bevölkerung die - notwendigerweise von den Medien[1437] zu unterstützende - Erkenntnis durchsetzen, daß das Steuerrecht nicht nur Eigengesetzlichkeiten[1438] unterliegt, sondern zu einem Großteil von seiten der Politik instrumentalisiert wird, könnte sich die bereits bestehende Protestbewegung verschärfen. Vor allem, wenn Verwaltung und Rechtsprechung es nicht mehr schaffen sollten, das Funktionieren des Steuerrechtswesens aufrechtzuerhalten, wäre dieser Effekt unvermeidbar[1439]. Ließen sich auf einer öffentlichen Meinung,

---

1434 Vgl. *Mack*, DStR 1981, 23.

1435 *Hill*, ZG 1987, 240.

1436 Man beachte nur die in der politischen Administration von vielen Autoren festgestellte "Sucht nach aktuellen Umfrageergebnissen", vgl. *Brettschneider*, Öffentliche Meinung und Politik, 23 f. m. Nw.

1437 Zur Rolle der Medien im demokratischen Prozeß vgl. *Zeh*, Kodifikation oder Kommunikation - Rechtssetzung in der Mediendemokratie, in: Merten/Schreckenberger (Hrsg.), Kodifikation gestern und heute, 139 f.

1438 So sah es bis vor kurzem auch noch die Rechtswissenschaft - eine Sichtweise, die zu der bereits erwähnten Resignation im Schrifttum beigetragen hat. Vgl. *Hill*, ZG 1987, 241.

1439 Vgl. *Isensee*, StuW 1994, 4 und bes. 14: "Rigoristen, die lieber den Funktionsausfall riskieren, als auch nur um Haaresbreite von ihren rechtsstaatlichen Idealen abzuweichen, bedauern vielleicht, daß die Finanzgerichtsbarkeit die Krise des Steuerstaats vermeidet und daß ihre kleinen pragmatischen Lösungen den Gesetzgeber

die die Verantwortlichkeit der Politik für das derzeitige Steuersystem einfordert, parlamentarische Mehrheiten gründen, die zudem stark genug wären, individueller Interessenpolitik zu trotzen, wäre einer grundlegenden Reformierung des Steuerrechtssystems der Weg bereitet. Zwar scheinen sogenannte "Steuerprotestparteien" in einer pluralistischen Gemeinschaft nicht dazu geeignet, Mehrheiten auf sich zu vereinigen[1440], doch kann das durch die öffentliche Meinung artikulierte kollektive Steuerrechtsbewußtsein durchaus zu einem Mosaiksteinchen in der Bewertung der Parteien werden, das den Ausschlag für eine bestimmte Wahlentscheidung geben könnte. Allerdings nutzt die Politik auch schon heute die bürgerliche Sehnsucht nach Änderungen bei der Besteuerung und entwertet sie dadurch. Das Bedürfnis der Gesellschaft nach Veränderungen im Steuerbereich verlor durch die wahlpolitische Instrumentalisierung an Durchschlagskraft. Gerade in Wahlkampfzeiten haben Steuerreformmodelle Konjunktur und bringen Hoffnung auf Besserung mit sich. Dahingegen hält sich die Enttäuschung, falls diese Reformmodelle nach der Wahl nicht verwirklicht werden, oft nicht sehr lange. Da es beinahe schon zur Gewohnheit geworden ist, der Ankündigung von Steuerreformen in den seltensten Fällen die Umsetzung folgen zu lassen[1441], wird der Druck der öffentlichen Meinung allein eine grundlegende Änderung des Steuerrechtssystems nicht hervorbringen können.

4. *Die Europäische Lösung*

Vereinzelt wurden in der Literatur Stimmen laut, die die Chance zu einer grundlegenden Reformierung des Steuersystems in der Einigung Europas sahen[1442]. Mit der dazu notwendigen Steuerharmonisierung innerhalb der EU würde ein "von oben" gesteuerter Gesetzgebungsimpuls auch den deutschen Gesetzgeber erreichen. Zweifel mögen aber nicht zuletzt aufgrund der vielfältigen Einwände, die allein im föderalen deutschen Steuersystem Einigungen bei der Steuergesetzgebung erschweren, gestattet sein. Angesichts der Schwierigkeiten, die die einzelnen Mitgliederstaaten bereits bei der Aufgabe nationaler Souveränitätsrechte haben, die den Finanzbereich berühren[1443], erfuhr das

ein wenig von dem faktischen Druck entlasten, die überfällige große, die systematische Lösung heraufzuführen".

1440 Vgl. etwa die sozialpsychologische Untersuchung von *Sears/Funk*, The role of self-interest in social und political attitudes, in: Zanna (Hrsg.), Advances in experimental social psychology, vol. 24 (1991), 46, die herausfanden, daß das Eigeninteresse grundsätzlich nur schwach in Korrelation zu einer bestimmten Politik oder der Wahl eines bestimmten Politikers steht. Steuerprotestparteien haben daher nur dann Erfolgsaussichten, wenn sie es schaffen würden, Wahlanreize über die individuelle Unzufriedenheit der Steuerzahler hinaus zu vermitteln.

1441 Vgl. oben D. V. 2. b. (B) (IV) (1).

1442 Vgl. *Maier*, Steuerrecht im Wandel, 33 f.

1443 Vgl. etwa die Schwierigkeiten bei der Abschaffung der als "Übergangsregelung"

Subsidiaritätsprinzip einen erheblichen Substanzgewinn. Dadurch wurde immer deutlicher, daß Brüssel nicht eben zur Vereinfachung des Steuerrechts beiträgt[1444]. Die Lösung der nationalen Steuerrechtsprobleme durch eine europäisch initiierte Reform wird daher, falls sie überhaupt durchgeführt werden sollte, zumindest sehr lange Zeit in Anspruch nehmen.

5. *Der Gesetzgebungsdruck der Wissenschaft*

Die Forderungen der Wissenschaft nach einem vereinfachten und systematischen Steuerrecht fanden auf seiten der Gesetzgebung bislang nur eine äußerst zögerliche Aufnahme. Wissenschaftliche Lösungsansätze wurden zwar gerne als Diskussionsgrundlagen benutzt, doch selten umgesetzt[1445]. Trotzdem kann von der Steuerwissenschaft ein gewisser Reformdruck ausgehen. Ihre Vertreter sitzen in Sachverständigenkommissionen, wissenschaftlichen Beiräten, werden als Gutachter in Anspruch genommen oder als Sachverständige in Ausschußsitzungen gehört. Damit finden sie sowohl bei der Legislative als auch bei der ministeriellen Exekutive Gehör für ihre Vorschläge. Bei einer kritischen Betrachtung des bislang Erreichten muß allerdings zugestanden werden, daß ihr Einfluß sehr gering ist[1446]. Dies mag daran gelegen haben, daß noch zu viele Vertreter der Steuerwissenschaft in besonders fachspezifischen Strukturen denken und daher von einer grundlegenden Reform nicht überzeugt waren[1447]. Allerdings ist auch hier ein Wandel festzustellen: Zumindest die Steuerrechtswissenschaft drängt zunehmend auf Reformen des unübersichtlichen und unsystematischen Steuerrechts, die sich der Tradition der Jurisprudenz gemäß in einer immer mehr Anhänger findenden Kodifikationsbewegung niederschlägt[1448].

---

gedachten Umsatzbesteuerung im innergemeinschaftlichen Handel oder die Probleme bei der Schaffung einer harmonisierten Kapitalbesteuerung. Aufgrund der im Ministerrat für Steuerfragen notwendigen Einstimmigkeit werden die Chancen auf eine Systemumstellung bzw. Harmonisierung allgemein als gering bewertet. Vgl. etwa die Äußerungen des EU-Binnenmarktkommissars *Mario Monti* in FAZ vom 7.2.1996.

1444 *Lang*, StBJb 1993/94, 11.

1445 *Felix*, JZ 1995, 34, spricht folglich von dem "Elend des Steuerrechts, daß generell seine Wissenschaftler und kritischen Praktiker nur *reagieren* (können) und nicht agieren". Auch *Pezzer*, Bundesverfassungsgerichtsgesetz, 73, RN 17, schätzt die Erfolge der Steuerrechtswissenschaft als gering ein: "Die Vorarbeiten, welche die Steuerrechtswissenschaft seit längerem dazu geleistet hat, sind von Steuerrechtspraxis und Steuerpolitik bisher im wesentlichen ignoriert worden".

1446 Vgl. *Raupach*, FS Klein, 314.

1447 Auch heute noch gibt das "Schubladendenken" (*Vogel*, JZ 1996, 44) oder die "Betriebsblindheit" mancher Spezialisten Anlaß zur Beschwerde. So kritisiert beispielsweise *Felix*, BB 1995, 2244, die Reaktionen einiger Steuerrechtler auf die jüngste verfassungsrechtliche Entwicklung: Das Bundesverfassungsgericht "hat das Steuerübermaß zurückgeschnitten - eine Verfassungsentfaltung, die dem Blick mancher Steuerrechtler noch verschlossen zu sein scheint".

Ein wesentliches "Einfallstor" wissenschaftlicher Überlegungen - zumindest was den rechtswissenschaftlichen Bereich anbelangt - stellt die Verfassungsrechtsprechung dar. Die Offenheit für wissenschaftliche Lösungsvorschläge in Form von gewandelten Rechtsinterpretationen ist im Rahmen der Verfassungsgerichtsbarkeit wesentlich ausgeprägter als im Parlament. Die Aussichten, daß Verfassungsrichter wissenschaftliche Erkenntnisse in ihre Rechtsprechungspraxis einfließen lassen, sind daher höher. Wie sogleich zu zeigen ist, kommt derartigen Vorgängen für das deutsche Steuerrecht heute eine herausragende Bedeutung zu.

6. *Die Rolle der Verfassungsrechtsprechung*

Das Bundesverfassungsgericht hat die Macht, ein an der Verfassung ausgerichtetes Steuerrecht zu erzwingen. Allerdings konnte es sich bis vor kurzem nicht dazu entschließen, entschieden gegen den legislativen Wildwuchs im Steuerrecht vorzugehen. Steuergesetze wurden - gemessen an ihrem tatsächlichen Zustand - selten für verfassungswidrig erklärt, da das Bundesverfassungsgericht in seiner Rechtsprechung Verfassungsgrundsätze auf Steuerfragen nur mit Zurückhaltung angewandt hat[1449]. Auf diese Weise konnte sich für das Steuerrecht eine vom üblichen verfassungsrechtlichen Standard losgelöste Verfassungsrechtsprechung entwickeln[1450], die durch große Rücksichtnahme auf fiskalische oder allgemeinstaatliche Interessen geprägt war[1451]. Indes honorierte

1448 Vgl. *Tipke*, Steuerrechtsordnung, 1497 ff. m.w.N.; *Kirchhof*, Finanzverwaltung und Grundgesetz, in: Vogelgesang (Hrsg.), Perspektiven der Finanzverwaltung, 9; *Lang*, FS Meyding, 39: "Das deutsche Steuerrecht befindet sich in einem Zustand, der für das Entstehen des höchsten Bedürfnisses nach rechtlicher Ordnung typisch ist, dem Bedürfnis nach einer Kodifikation des Steuerrechts. Alle großen Kodifikationen des Rechts hatten einen Zustand gesteigerter Unordnung des geltenden Rechts zu überwinden, dienten der Rechtsbereinigung, -vereinheitlichung und -vereinfachung, so das Corpus juris civilis Justinians I., der Code civil Napoleons und das Bürgerliche Gesetzbuch, das die Verschiedenheit der deutschen Land und Provinzrechte ablöste". Zu den heutigen Chancen derartiger Kodifikationsbewegungen vgl. *Zeh*, Kodifikation oder Kommunikation - Rechtssetzung in der Mediendemokratie, in: Merten/Schreckenberger (Hrsg.), Kodifikation gestern und heute, 135ff.

1449 Vgl. *Vogel*, DStJG 12 (1989), 132 m. Nw.; *Schuppert*, FS Zeidler, Band 1, 692 ff., der auf die sog. "Immunisierungsstrategien", mit deren Hilfe sich das Steuerrecht dem Zugriff des Verfassungsrechts entzieht, hinweist.

1450 Vgl. *Vogel*, DStJG 12 (1989), 133: "... zeigt doch, wie weit sich das Steuerrecht vom üblichen Verfassungsstandard entfernt hat"; *Benda*, DStZ 1984, 160, der die spezielle steuerrechtliche Ausprägung des Gleichheitssatzes (Art. 3 Abs. 1 GG), die sog. Steuergerechtigkeit erwähnt.

1451 Beispielhaft ist BVerfGE 87, 153, 178 ff.: "Die Verfassungswidrigkeit des § 32 a Abs. 1 Satz 2 EStG hätte nach diesen Grundsätzen zur Folge, daß die noch anfechtbaren Steuerbescheide für die von den Vorlagen erfaßten Zeiträume aufzuheben wären. Eine solche Konsequenz ist jedoch wegen der Besonderheiten des Steuer- und Haushaltsrechts und der Eigenart des Falles nicht angezeigt."; *Herzog*, StbKongrRep

die Legislative die Rücksichtnahmen durch das Bundesverfassungsgericht nicht: Viele Appellentscheidungen, in denen zweifelhafte Normen aus übergeordneten Gründen "noch hingenommen" wurden, blieben vom Gesetzgeber unbeachtet[1452]. Selbst verfassungsgerichtlich ausgesprochene Verpflichtungen des Gesetzgebers zur Rechtsänderung blieben - auch hier wieder vom Bundesverfassungsgericht toleriert - ohne legislative Reaktion[1453].

Das Bundesverfassungsgericht hat aus dieser Entwicklung Konsequenzen gezogen. Etwa seit dem "Zinssteuer-Urteil"[1454] geht es dazu über, - zunächst vor allem unter Gleichheitsaspekten - strengere verfassungsrechtliche Prüfungen vorzunehmen. *Tipke* konnte insofern Anzeichen dafür erkennen, "daß die "Darf alles"-"Ethik" des juristischen Positivismus überwunden" werden könne[1455]. Nicht nur für den Gleichheitsgedanken im Steuerrecht "besteht offenbar Aussicht auf eine Wende"[1456].

7. *Das verbindende Element: Zäsurbewußtsein*

Um die Gesetzgebung zu einem Tätigwerden zu bewegen, ist allen genannten Anstoßgebern einer grundlegenden Reform eine Voraussetzung gemein: Das Zäsurbewußtsein der Akteure muß deutlich erkennbar sein, um einen ausreichenden Druck auf die Legislative ausüben zu können. Allein durch diesen Druck wird das deutsche Gesetzeserzeugungssystem gezwungen werden

1994, 29, erklärt die verfassungsgerichtliche Zurückhaltung mit den Schwierigkeiten, "gleich ganze Rechtsgebiete mit einer ins Verfassungsrechtliche hochgestylten Methodenkritik über die Wupper gehen zu lassen"; vgl. auch *Salditt*, FS Tipke, 478: "In den Beispielsfällen wird die Erhebung verfassungswidriger Steuern geduldet, um fiskalische Notlagen zu vermeiden, die nicht schnell genug repariert werden könnten, und weil sich dem Gesetzgeber verschiedene Wege der Abhilfe eröffnen. Solche Steuern genügen aber keinem Gerechtigkeitsmaßstab, außer daß sie öffentlichen Finanzbedarf decken. Dies reicht vorübergehend zu ihrer Legitimation, obwohl sie Ungleichheit bewirken".

1452 Vgl. *Miehler/Kronthaler*, DStZ 1992, 259.

1453 So BVerfGE 54, 11, 39, worin der Gesetzgeber 1980 verpflichtet wurde, Verzerrungen infolge der unterschiedlichen Besteuerung der Beamtenpensionen und der Renten aus der gesetzlichen Rentenversicherung zu beseitigen. Bis heute blieb die Legislative untätig. Dieser Zustand wurde vom Bundesverfassungsgericht (BVerfGE 86, 369) erstaunlicherweise hingenommen. Vgl. zu dem Phänomen, daß sich der Gesetzgeber durch die Nichtverwerfung eines Gesetzes aus seinem Obligo entlassen fühlt, eine Verbesserung anzustreben, Äußerungen aus dem Kreis der Verfassungsrichter bei *Luetjohann*, 47 f., insbes. Fußnote 221: "Nur, ein Gesetz, das Karlsruhe schon einmal durchlaufen hat, wird oft so behandelt, als ob es ein Gütesiegel in jeder Beziehung hat, und davon ist überhaupt nicht die Rede."

1454 BVerfGE 84, 239 ff.

1455 *Tipke*, StuW 1993, 12.

1456 Ebd.

können[1457], "aus dem Konsens des Unbehagens einen Konsens der positiven Rechtsgestaltung zu schaffen"[1458]. Die politischen und ministeriellen Entscheidungsträger, die Steuerzahler, die Vertreter der Wissenschaft oder der Judikative müssen mehrheitlich der Auffassung sein, daß der derzeitige Zustand des Steuerrechts nicht mehr tragbar ist und ein dementsprechendes kollektives Rechtsbewußtsein erkennen lassen[1459]. Ihre Forderungen und Handlungen werden dann von einem Bewußtsein bestimmt, das auf Veränderung und auf Verbesserung abzielt. Jene "politische Durchschlagskraft" wäre dann möglich, die notwendig ist, um einen ausreichenden Reformimpuls zu geben. Eine Politik der kleinen Schritte[1460], die nur noch tiefer in das Chaos führt, wäre so zu vermeiden, eine "Generalbereinigung"[1461] möglich.

In weiten Bereichen läßt sich eine tiefgreifende Unzufriedenheit mit dem herrschenden Steuerwesen feststellen[1462]. Ein steuerrechtliches Zäsurbewußtsein ist im Entstehen begriffen: Bürger, Wissenschaftler, staatliche Rechnungsprüfung, Finanzbeamte und selbst Finanzrichter fordern grundlegende Steuerrechtsänderungen[1463], da schonende Korrekturen offenbar nicht mehr weiterhelfen. Selbst die Berufsstände, die sich täglich mit dem Steuerrecht auseinandersetzen und bisher von den undurchsichtigen Verhältnissen im Steuerrecht eher profitiert haben, drängen nun auf Reformen[1464]. Daß nicht mehr weiter wie bisher verfahren werden kann, wird lediglich von einigen für die Steuerpolitik und die Steuergesetzgebung Verantwortlichen geleugnet[1465].

[1457] Der notwendige bewußtseinsmäßige "Druck von außen" ist allerdings alleine kein Garant für eine positive Evolution des Steuerrechts durch die Legislative, vgl. *Helsper*, StuW 1991, 400, der von der Tendenz des Gesetzeserzeugungssystems spricht, "törichter" zu handeln als die Institutionen, denen ein Interpretationssystem zur Verfügung steht, in dem das Hinzulernen institutionalisiert ist (Gerichte, Wissenschaft).

[1458] So *Kirchhof* in einem Interview in Focus Nr. 10, 4. März 1996, 96.

[1459] Vgl. *Würtenberger*, Zeitgeist und Recht, 152 f.

[1460] Für eine "Steuerreform der kleinen Schritte" tritt *Uelner*, Niedergang, 191, ein; vgl. aber *Maier*, Steuerrecht im Wandel, 50: "Eine Politik der kleinen Schritte führt nur vermeintlich nach vorn, in Wirklichkeit aber zum Verlust des Rechtsgedankens im Steuerrecht und damit viele Schritte zurück"; vgl. auch *Kirchhof*, Finanzverwaltung und Grundgesetz, in: Vogelgesang (Hrsg.), Perspektiven der Finanzverwaltung, 9.

[1461] *Klein*, DStBTag 1991, 51.

[1462] Vgl. etwa für den wissenschaftlichen Bereich die bei *Seer*, StuW 1995, 191 ff. dargestellte Diskussion.

[1463] Vgl. *Lang*, StuW 1995, 1; *Kirchhof*, FS Meyding, 4; *Schulz*, DB 1993, 1255.

[1464] Vgl. *Dann*, StB 1993, 247, der das "Es reicht!" der Steuerberater formuliert; *Seer*, StuW 1995, 189.

[1465] Vgl. *Raupach*, FS Klein, 313 f. m. Nw.; *Neckels*, DStZ 1993, 31: "Je früher die für die Steuerpolitik und die Steuergesetzgebung Verantwortlichen vor dem Scherbenhaufen ihrer Fehlentscheidungen, Halbherzigkeiten und Unterlassungen stehen und die Ausweglosigkeit der Lage erkennen, desto eher ist auch auf eine Wende zu hoffen".

II. Die Evolution des Rechts

Auch das Steuerrecht ist evolutionären Wandlungen unterworfen, wobei die juristische Methodik als Treibsatz dieser Fortentwicklung dienen kann[1466]. Die deutsche Steuergesetzgebung ist allerdings durch eine Vernachlässigung methodengerechter Rechtsevolution geprägt. Juristische Methodik wurde schon bald von finanzwissenschaftlich dominierten Erwägungen überrollt. Weil die Finanzierung des wachsenden Sozialstaates und die Lenkung der Wirtschaft die parlamentarische Auseinandersetzung beherrschten, dominierten nichtjuristische Impuls- und Formgeber die Entwicklung der Steuergesetzgebung[1467]. Die Vernachlässigung juristischer Systematik und Prinzipien sowie die fehlende legislative Weiterentwicklung einer am Grundgesetz ausgerichteten Steuerrechtfertigung zeigen dies anschaulich. Zudem wurde das Steuerrecht als das Wundermittel zur Politikgestaltung überbeansprucht. Der Verlust des Rechtsgedankens im Steuerrecht[1468], ein Recht ohne Idee[1469] war die Folge und zugleich die Voraussetzung für den Autoritätsverfall der Steuergesetze. Da evolutionäre Lerneffekte von einem Steuerrecht ohne materiellen Rechtsgehalt nicht mehr ausgehen können[1470], muß die auf eine Steigerung der Steuerrechtsqualität bedachte Restrukturierung bei den Wurzeln ansetzen. Die Grundlagen der Besteuerung sind in der Rechtfertigung der Steuern zu finden und längst nicht mehr in den sogenannten "Grundstrukturen" des heutigen Steuerrechts[1471]. Nur aus der zeitgemäßen Steuerrechtfertigung können jene "radikalen" Ansatzpunkte gewonnen werden, die es ermöglichen, mithilfe der juristischen Methodenlehre als dem "Motor" der Rechtsentwicklung[1472] zu einem besseren Steuerrecht zu gelangen.

Anders gewendet bedeutet diese Erkenntnis, daß es wenig Sinn macht, das heutige Steuerrecht zur Grundlage der Weiterentwicklung zu machen. Radikale Ansätze sind gefragt. Andererseits sollte das Bestreben, systemkonform zu bleiben, beachtet werden. Denn nur Verbesserungen auf der Grundlage verfassungsrechtlicher Konstanz werden die Einbindung aller Errungenschaften des

[1466] Vgl. *Oeser*, Evolution und Selbstkonstruktion des Rechts, 120 ff. m. Nw.

[1467] Daher ist der Forderung von *Rodi*, Die Rechtfertigung von Steuern als Verfassungsproblem, 240f., insbesondere Anleihen aus der Finanzwissenschaft auf ihre verfassungsrechtliche Tragfähigkeit hin zu überprüfen, zuzustimmen.

[1468] *Vogel*, DStJG 12 (1989), 123.

[1469] *Kirchhof*, Finanzverwaltung und Grundgesetz, in: Vogelgesang (Hrsg.), Perspektiven der Finanzverwaltung, 6.

[1470] *Helsper*, StuW 1991, 400 m.w.N., geht sogar von einer völligen Unfähigkeit der Gesetzgebung zu evolutionären Prozessen aus. Selbst demokratische Rechtsordnungen würden den Untertanen jede realistische Falsifizierungsmöglichkeit für verfehlte Gesetze zu verweigern pflegen.

[1471] Gerade die Grundstrukturen des heutigen Steuerrechts sind es, die Prozesse auslösen, vgl. *Raupach*, FS Klein, 316 m. Nw.

[1472] Vgl. *Helsper*, StuW 1991, 399.

Grundgesetzes gewährleisten können. Daher wird die Evolution des Steuerrechts nur von einer grundlegenden Ebene gelingen können, die aber immer noch hinreichend systemkonform ist, um die juristische Methodenlehre zur Anwendung bringen zu können: Die Evolution des Steuerrechts muß von der Verfassung ausgehen. Erleichtert wird dieses Vorgehen durch das mit der Verfassung verbundene Rechtsbewußtsein der Steuerrechtsadressaten. Denn gerade die für die Akzeptanz des Steuerrechts unerläßlichen sozialethischen Grundentscheidungen des Grundgesetzes sind allen Rechtsadressaten bewußt[1473], da sich auf ihnen aufbauend ein Basiskonsens, hier also der Verfassungskonsens entfaltet[1474]. Der Verfassungskonsens vereint in sich all jene mit dem Recht verbundenen "tiefsten Quellen geistigen Lebens"[1475], jene ethischen Grundwerte[1476], die die Einstellungen der Bevölkerung zu Staat und Recht prägen. Nicht selten erhoffen sich gerade die "normalen" Steuerbürger von der Verfassung jene Maßstäbe, die ihnen im Steuerrecht ein Minimum an Orientierung ermöglichen können[1477]. Daher verwundert es auch nicht, wenn mittlerweile selbst Finanzwissenschaftler die Lösung mancher Steuerprobleme in einer juristischen "Wiederaufbereitung" des Steuerrechts durch die Verfassung sehen[1478].

[1473] Zum sog. "sozialethischen Bewußtsein", das beispielsweise Werte wie Leben, Menschenwürde, Gleichheit und Autonomie des Einzelnen umfaßt, vgl. *Würtenberger*, Zeitgeist und Recht, 97 f.

[1474] Vgl. *Würtenberger*, Zeitgeist und Recht, 96 f.; *Isensee*, Freiheit - Recht - Moral, 23 f.

[1475] Vgl. *Enno Beckers*, zitiert bei *Weber-Grellet*, StuW 1993, 104.

[1476] Die Verfassung übernimmt dadurch eine "Entlastungsfunktion". Sie entlastet die Institutionen (Familie, Schule, Kirche, Vereine, Parteien und Verbände) von der ständigen Erneuerung und Aktivierung der Staatsethik. Denn sie enthält - ansatzweise - den von der Gesellschaft akzeptierten Kodex der Staatsethik. Vgl. *Stolleis*, KritV 1995, 64 m. Nw.

[1477] Vgl. *Pezzer*, Bundesverfassungsgerichtsgesetz, 69.

[1478] Allerdings sollte dies nicht so weit führen, unnötige Verfassungsänderungen einzufordern, vgl. etwa aus volkswirtschaftswissenschaftlicher Sicht *Schemmel*, Zur Aufnahme des Leistungsfähigkeitsprinzips und anderer Grenzen für den Steuerstaat in das Grundgesetz, StuW 1995, 39 ff. Die bisherige Verfassungsrechtsentwicklung hat gezeigt, daß sich auch in den Bereichen, in denen sich das Grundgesetz mit konkreten Anweisungen zurückhält, eine auf dem Basiskonsens gründende akzeptierte Verfassungsrechtsdogmatik entwickeln kann (sog. Verfassungswandlung bei gleichbleibendem Text, vgl. dazu *Hesse*, Handbuch des Verfassungsrechts, § 1, RN 22 f.). Zu nennen sind beispielhaft die vom Bundesverfassungsgericht aus dem Grundgesetz abgeleiteten "modernen Grundrechte", wie die Gewährleistung des allgemeinen Persönlichkeitsrechts (BVerfGE 54, 148, 153), des Rechts auf informationelle Selbstbestimmung (BVerfGE 65, 1, 41 ff.) oder die des verfassungsrechtlichen Eigentumsschutzes (vgl. etwa BVerfGE 53, 157, 290 ff. - sozialversicherungsrechtliche Positionen als Gegenstand des Schutzes durch Art. 14 GG). Auch *Oechsle*, Die steuerlichen Grundrechte in der jüngeren deutschen Verfassungsgeschichte, 201, setzt auf die Entwicklung steuerlicher Grundrechte aus dem vorhandenen Bestand an Grundrechtsnormen, wobei er diese allerdings auch

III. Die Genese einer modernen Steuerrechtfertigung durch die Verfassungsrechtsprechung

Sind Legislative und Exekutive als die grundsätzlich zuständigen Institutionen der Steuergesetzgebung auch auf externen Druck hin nicht in der Lage, die Qualität der Steuergesetze zumindest zu erhalten, bleibt als ultima ratio einer systemkonformen Verbesserung die Verfassungsrechtsprechung[1479]. Den grundsätzlichen Bedenken von Teilen der Staatsrechtslehre gegen eine weitreichende politische Gestaltungsfunktion des Bundesverfassungsgerichts wird somit die im Steuerrecht offenbar gewordene Notwendigkeit gegenübergestellt, das zu einer Lösung der Probleme nicht fähige Politische durch eine Entscheidung des Bundesverfassungsgerichts zu ersetzen[1480], wenn dies im Rahmen einer Konkretisierung von Verfassungsprinzipien notwendig ist[1481].

Mitunter hofft selbst die Legislative auf ein "Machtwort" aus Karlsruhe[1482]. Die Verfassungsgerichtsbarkeit garantiert dem Steuerpflichtigen gegenüber dem

außerhalb des Verfassungsgesetzes beheimatet sieht (ebd., 28).

1479 Vgl. *Luetjohann*, 147 ff., der insbesondere die Legitimation der sog. "obiter dicta" hervorhebt; *Herzog*, StbKongrRep 1994, 30 f.; *von Arnim*, Gemeinwohl, 241 f., 254 f.; *Pezzer*, Bundesverfassungsgerichtsgesetz, 74, RN 18; *Vogel*, Der offene Finanz- und Steuerstaat, 708 f.: "Wenn aber die Gesetzgebung zur Wegwerfware verludert, wenn das Parlament im Widerstreit von Meinungen und Interessen, im Geflecht von wahltaktischen Überlegungen und Verantwortungsscheu, unter dem Druck der Profilierungsbedürfnisse selbst noch von Landespolitikern die Kraft zur Gerechtigkeit nicht mehr findet, dann gehört es zur Aufgabe des Bundesverfassungsgerichts, den Gesetzgeber zu seiner Verantwortung zurückzuführen. Sie besteht darin, Einheit zu stiften, *volonté générale* zu bilden - und das geht nicht ohne Klarheit in den Prinzipien und deren einigermaßen folgerichtige Durchführung."; *Würtenberger*, Zeitgeist und Recht, 162; *Würtenberger*, Rechtsprechung und sich wandelndes Rechtsbewußtsein, in: Hoppe/Krawietz/Schulte (Hrsg.), Rechtsprechungslehre, 550 ff., insbes. 557: "So ist die Entwicklung verfassungsrechtlicher Regelungsaufträge an den Gesetzgeber besonders dort legitim, wo Regelungsbedürftiges von der politischen Mehrheit nicht geregelt wird, weil man befürchtet, eine wie auch immer geartete Regelung würde den rechtspolitischen Vorstellungen in Teilen der Bevölkerung zuwiderlaufen und damit Wählerschichten verprellen". Was für die rechtspolitischen Vorstellungen gilt, gilt umso mehr für den Geldbeutel der Bürger; vgl. auch die Rolle der Verfassungsrichter bei der Optimierung des "gelebten" Verfassungsrechts, wie sie *Dworkin*, Law's Empire, 399, sieht und dementsprechend "judicial activism" von ihnen fordert.

1480 Vgl. etwa Sondervotum *Böckenförde*, NJW 1995, 2620 ff.; *Bull*, NJW 1996, 281 ff. m.w.N. Zur juristischen Substituierung des Politischen vgl. *Bubner*, ZRP 1993, 399 ff., der davon ausgeht, daß eine Blockade des Betreibens und Weiterbetreibens von Politik, die dadurch hervorgerufen wird, daß die üblichen politischen Prozeduren gar keine überzeugende Entscheidung erbringen können, in der modernen Gesellschaft durch juristische Mittel erreicht wird.

1481 Vgl. *Kirchhof*, NJW 1996, 1503; *Vogel*, NJW 1996, 1258.

besteuernden Gesetzgeber und der Finanzverwaltung Waffengleichheit[1483], weshalb dieser sozusagen als Katalysator der Rechtsentwicklung die Verfassungsgerichtsbarkeit zum Zwecke der Rechtsverbesserung aktivieren kann. Manifestiert sich in dem erwähnten "externen Druck" ein Zäsurbewußtsein, das die gesellschaftliche Grundstimmung hinreichend stark wiedergibt, werden sich diesem Wandel, wenn schon die Legislative ihn nicht umsetzen kann, so doch jedenfalls Rechtswissenschaft und Rechtsprechung nicht entziehen können[1484]. Denn kollektive Wert-, Gerechtigkeits- und Richtigkeitsvorstellungen haben auf die Norminterpretation einen nicht zu unterschätzenden Einfluß[1485]. Auch die gerichtliche Rechtsfortbildung ist immer wieder gezwungen, sich vor dem Forum der Öffentlichkeit zu legitimieren[1486]. Rechtsmethodisch wird dabei die verfassungsgerichtliche Korrektur über die Entwicklung des Verfassungsverständnisses erfolgen[1487]: Das Bundesverfassungsgericht wird in Reaktion auf bürgerliche Impulse[1488] (z.B. eine Verfassungsbeschwerde) immer dann eingreifen, wenn das einfache Gesetzesrecht in seiner Entwicklung nicht mit der Entwicklung der Verfassung[1489]

1482 Vgl. *Luetjohann*, 160 m. Nw., der von "von Parlament und Regierung gewünschte[n] Entlastungsfunktionen" spricht.

1483 *Kirchhof*, Finanzverwaltung und Grundgesetz, in: Vogelgesang (Hrsg.), Perspektiven der Finanzverwaltung, 4.

1484 Vgl. *Würtenberger*, Rechtsprechung und sich wandelndes Rechtsbewußtsein, in: Hoppe/Krawietz/Schulte (Hrsg.), Rechtsprechungslehre, 563 (Diskussion). Zum Verhältnis von Verfassungsrechtsprechung und Zeitgeist vgl. auch *Stürner*, FS Gernhuber, 979 ff., der die Rechtsprechung stets als ein Spiegelbild der Gesellschaft ansieht (ebd., 983). Treffend stellt *Schreckenberger*, in: FAZ vom 3.3.1995, das Verhältnis von Bundesverfassungsgericht und Öffentlichkeit dar: "Die Rechtsprechung läßt bei allem Bedacht auf kontinuierliche Entscheidungspraxis zwar Entwicklungslinien erkennen, die Orientierungsrichtung wird aber doch deutlich vom Fortgang des allgemeinen Willensbildungsprozesses beeinflußt... Die allgemeine Öffentlichkeit hat keinen Verfahrensvertreter. Sie ist aber als Meinungsmedium, zumal in den Verfahren, die hohe Publizität genießen, stets gegenwärtig. Die Spruchpraxis spiegelt durchaus allgemeine Meinungsbewegungen wider. Verfassungsrechtsprechung und Öffentlichkeit stehen in einem pragmatischen Wechselbezug".

1485 *Würtenberger*, Zeitgeist und Recht, 157 ff., insbes. 166 und auf den Konnex zur Autorität der hohen Gerichte bezogen 173.

1486 *Würtenberger*, Jurist und Staatsbewußtsein, 79, der auf die verfassungsgerichtliche Entwicklung eines Grundrechts auf "informationelle Selbstbestimmung" hinweist, die auch in Reaktion auf das weitverbreitete Engagement der Öffentlichkeit zustande kam. Vgl. auch *Würtenberger*, Zeitgeist und Recht, 219, zur "Methode" des BVerfG, die herrschenden Wert- und Gerechtigkeitsvorstellungen in erster Linie aus der Wertordnung des Grundgesetzes herzuleiten.

1487 Vgl. *Würtenberger*, Zeitgeist und Recht, 182 f.

1488 *Luetjohann*, 17, erwähnt in diesem Zusammenhang die faktisch-positive Auswahlkompentenz des Bundesverfassungsgerichts, sich der Fälle annehmen zu können, zu denen es sich äußern wolle.

1489 Vgl. *Isensee*, Freiheit - Recht - Moral, 25, der die Umsetzung und Aneignung der Verfassung durch die Interpretation aller Staatsbürger als einen ständigen Prozeß

mithalten kann und dies zu unerträglichen Spannungen führen würde[1490]. Insbesondere mit der Durchsetzung der Grundrechte trägt das Bundesverfassungsgericht zur Verwirklichung nicht nur der "formalen Demokratie", sondern auch des "inhaltlichen Rechtsstaates"[1491] bei. Wie dieses Eingreifen geschieht, hängt von dem Zustand des betreffenden Rechtsgebietes und der Aktionsfähigkeit der Legislative ab.

Für den Steuerrechtsbereich muß insofern mit zunehmenden verfassungsgerichtlichen Interventionen gerechnet werden: Das Steuerrecht genügt in großen Teilen weder verfassungsrechtlichen Anforderungen, noch entspricht es den herrschenden gesellschaftlichen Grundstimmungen, noch ist die Legislative aus eigenen Kräften willens und in der Lage, diesem Mißstand abzuhelfen[1492]. Es liegt daher nahe, dem Bundesverfassungsgericht weitreichende "Klärungskompetenzen" zuzugestehen. Diese werden auch wahrgenommen werden. Das unter anderem im Steuerwiderstand der Bevölkerung sichtbar gewordene Steuerrechtsbewußtsein von Großteilen der Bevölkerung[1493], die wissenschaftliche Diskussion über steuergesetzliche Verbesserungen, das den Rechtsstaat gefährdende staatliche Bedürfnis nach immer mehr Geld und andere Faktoren haben einen "Legitimationsdruck" auf das Verfassungsgericht[1494] entstehen lassen, der zu eingehenden verfassungsrechtlichen Prüfungen Anlaß geben wird. Dem Druck der kollektiven Erwartungen und staatlichen Notwendigkeiten, dem sich das Bundesverfassungsgericht von vielen Seiten ausgesetzt sieht, wird es zumindest in einigen Bereichen

betrachtet, der notwendig ist, um die in der Verfassung verkörperte Ordnungssubstanz im Rechtsbewußtsein der Bevölkerung und in der Rechtspraxis ständig zu erneuern.

1490 Der Vorwurf eines "autoritären Staatsverständnisses", wie ihn *Bull*, NJW 1996, 282, formuliert oder einer "bedauerlichen Tendenz hin zum BVerfG als Ersatzgesetzgeber" (*Arndt/Schumacher*, NJW 1995, 2603) ist bei derartigen "Entwicklungsstillständen" unbegründet. Das Bundesverfassungsgericht muß zur faktischen Aufrechterhaltung des Verfassungsrechts das einfache - bei erwiesener Reformunfähigkeit eventuell auch das erst noch zu setzende - Recht beeinflussen können. Vgl. dazu auch *Tipke*, StuW 1990, 315.

1491 *Tipke*, StBJb 1993/94, 8.

1492 *Flume*, DB 1995, 1779, spricht von der "seit Jahrzehnten bestehenden Pflichtvergessenheit und Unfähigkeit von Regierung und Parlament"; *Schmidt*, BB 1995, 1986: "Schließlich haben sie freiwillig schon mehrfach gravierende politische Entscheidungen nicht selbst getroffen, sondern sie dem Bundesverfassungsgericht überlassen, so daß es nur recht und billig ist, wenn die Verfassungsrichter nun den Politikern unaufgefordert nicht nur Grenzen aufzeigen, sondern klarmachen, was sie zu tun und zu lassen haben. Weil Politiker dazu offensichtlich allein nicht fähig sind". Insofern hat sich der Gesetzgeber durch seine erwiesene Unfähigkeit selber zum "Mündel des BVerfG" (*Bull*, NJW 1996, 282) gemacht.

1493 Vgl. zu der Orientierung der Rechtsprechung am sich wandelnden Rechtsbewußtsein *Würtenberger*, Rechtsprechung und sich wandelndes Rechtsbewußtsein, in: Hoppe/Krawietz/Schulte (Hrsg.), Rechtsprechungslehre, 552 ff.

1494 Vgl. *Zippelius*, Rechtsphilosophie, 148.

nachgeben müssen, um die staatliche und nicht zuletzt auch seine eigene Autorität zu wahren.

1. Die Möglichkeiten des Bundesverfassungsgericht

Das Bundesverfassungsgericht setzt sich in der Regel auch mit den Grundlagen der Besteuerung auseinander[1495], wenn es die konkreten verfassungsrechtlichen Unzulänglichkeiten des Steuerrechts am Maßstab der Verfassung überprüft. Auf diese Weise formuliert es vor allem die verfassungsrechtlich geprägten Bestandteile einer modernen Steuerrechtfertigungslehre, die aufgrund der besonderen Autorität, die sowohl das Grundgesetz als auch das Bundesverfassungsgericht genießt, auch bei den Rechtsadressaten auf eine weitreichende Akzeptanz stoßen. Speziell für die Grundlagen der Besteuerung, also auch für die Steuerrechtfertigung, ist es angeraten, zwischen einem spezifisch verfassungsrechtlich geprägtem Bereich und allen übrigen Belangen zu unterscheiden: Alle verfassungsrechtlichen Vorgaben an das Recht müssen in einer Steuerrechtfertigung berücksichtigt werden. Dies wird den Großteil einer künftigen Rechtfertigung der Steuern ausmachen. Für einen kleineren Teil wird die Verfassung dem Gesetzgeber aber einen gewissen Freiraum belassen, in dem er eigenverantwortlich die Entwicklung bestimmen kann. So kann er den Steuergegenstand auswählen oder den konkreten Steuersatz bestimmen. Stehen etwa mehrere gleichermaßen verfassungsgemäße und geeignete Besteuerungsverfahren zur Auswahl, kann sich der Gesetzgeber grundsätzlich frei entscheiden[1496]. In diesem Fall könnten auch außerverfassungsrechtliche Überlegungen für eine optimale bürgerbezogene Steuerrechtfertigung zum Tragen kommen. Zu denken wäre etwa an finanz- oder sozialpsychologische Erkenntnisse, an technische Machbarkeitserwägungen, Verwaltungskosten oder auch finanzwissenschaftliche Erwägungen.

Im folgenden seien die besonderen Umstände dieser teilweisen - da auf das Verfassungsrecht begrenzten - Genese einer bürgerbezogenen Steuerrechtfertigung kurz dargestellt.

a. Der rechtliche Rahmen

Das Bundesverfassungsgericht ist grundsätzlich streng an seine Bestimmung, die Umsetzung der Verfassung im gesamten Staatsleben zu überprüfen,

---

1495 Die gefestigte Rechtsprechung des Bundesverfassungsgericht bietet nach Ansicht von *Kirchhof*, FS Meyding, 14, den Maßstab, die Steuertatbestände wieder auf den "einfachen, unausweichlichen Belastungsgrund" zurückzuführen.

1496 So wie beispielsweise in der Entscheidung BVerfG NJW 1995, 2615ff. offengelassenen Frage nach der richtigen Besteuerungsweise von Grundbesitzvermögen (Ertrags- oder Verkehrswerte?). Vgl. *Vogel*, JZ 1996, 45.

gebunden. Dennoch bieten die ihm zur Verfügung stehenden Mittel eine große Machtfülle, die es den Umständen entsprechend einzusetzen befugt ist.

(A) Die besondere Rolle des Verfassungsrechts

Das Bundesverfassungsgericht urteilt anhand des Verfassungsrechts, das den normativen Rahmen der politischen Kultur einer Gemeinschaft bildet[1497]. Das Verfassungsrecht ist die Basis, auf der alle seine Entscheidungen zu ruhen haben. Dies gilt auch für das Steuerrecht. Dieser Umstand muß für die Neugestaltung des Steuerrechts strikt beachtet werden, da das Verfassungsrecht bei der Formulierung der bürgerbezogenen Steuerrechtfertigung die Mindestanforderungen stellt und eine wichtige Orientierungshilfe[1498] für deren konkrete Ausgestaltung ist. Darauf wurde bereits eingegangen[1499].

Auch unter Berücksichtigung der verfassungsexternen Einflüsse auf die Steuerrechtfertigung, nimmt das Verfassungsrecht bei den Grundlagen der Besteuerung die wichtigste Rolle ein. Die Rechtfertigung der Steuern kann daher nur unter ständiger verfassungsrechtlicher Rückkopplung formuliert und den Bürgern durch ständige Kommunikation nahegebracht werden. Dabei kommt der höchsten Autorität im Verfassungsrecht, dem Bundesverfassungsgericht, wie bereits ausgeführt wurde, die Vorreiterrolle bei der Genese der Besteuerungsgrundlagen zu, wenn die Legislative nicht in der Lage ist, eine verfassungsgemäße Steuerrechtfertigung zu schaffen und umzusetzen.

Die Möglichkeit, wissenschaftliche Lösungsansätze in die Verfassungsrechtsprechung zu übernehmen und die relative Unabhängigkeit der Verfassungsrichter von dem politischen Alltag[1500] wirken sich positiv auf die Steuerrechtsfortbildung aus. Auf diese Weise konnte beispielsweise die in der Rechtswissenschaft verbreitete Kodifikationsbewegung aufgenommen und modifiziert umgesetzt werden: Das sich in der Kodifikationsbewegung manifestierende Bedürfnis nach einem Steuerrecht, das nicht nur als ein herkömmliches Recht gehandhabt werden soll, sondern in seinen Grundgedanken und Belastungsideen gerechtfertigt ist[1501], setzte das Bundesverfassungsgericht in Form von Grundzügen einer modernen Steuerrechtfertigungslehre um[1502].

1497 *Würtenberger*, Jurist und Staatsbewußtsein, 87.

1498 Vgl. *Kirchhof*, Finanzverwaltung und Grundgesetz, in: Vogelgesang (Hrsg.), Perspektiven der Finanzverwaltung, 3 ff.

1499 Vgl. oben B. VII. 1. d.

1500 Vgl. *Würtenberger*, Rechtsprechung und sich wandelndes Rechtsbewußtsein, in: Hoppe/Krawietz/Schulte (Hrsg.), Rechtsprechungslehre, 557 m. Nw.; *Luetjohann*, 156 m. Nw.

1501 *Kirchhof*, Finanzverwaltung und Grundgesetz, in: Vogelgesang (Hrsg.), Perspektiven der Finanzverwaltung, 10.

(B) Die Entscheidungsmöglichkeiten

Ein weiterer Aspekt, der die Rolle des Bundesverfassungsgericht in diesem Zusammenhang besonders prägt, ist die direkte Zugriffsmöglichkeit des Gerichts auf Gesetze. Dabei bringt das Bundesverfassungsgericht verfassungsrechtliche Bedenken gegen Steuergesetze grundsätzlich in drei verschiedenen Entscheidungstypen zur Geltung, die die tatsächlichen Gegebenheiten berücksichtigen und den "Übergang vom Verfassungsunrecht zum Verfassungsrecht"[1503] schonend und harmonisch gestalten können: Zum einen kann es Gesetze für nichtig erklären[1504]. Das Gericht kann in derartigen Fällen allerdings nur mittels obiter dicta Einfluß auf die künftige Gesetzgebung nehmen. Es kann aber auch Steuergesetze für unvereinbar mit dem Grundgesetz erklären und dabei den Gesetzgeber zu einer Beseitigung des verfassungswidrigen Zustandes verpflichten[1505]. Diese Entscheidung wird immer dann fallen, wenn es die Ordnungsfunktion des überprüften Gesetzes erfordert oder wenn das Gesetz jemanden verfassungswidrig von einer Berechtigung ausschließt, die übrigen Berechtigungen aber verfassungsmäßig sind und mit der Rechtsgrundlage die gesetzliche Bezugsgröße der Gleichheitsrüge erhalten werden muß[1506]. Schließlich kann das Bundesverfassungsgericht ein Steuergesetz als "noch verfassungsmäßig" bezeichnen und an den Gesetzgeber appellieren, einen voll verfassungsmäßigen Zustand herzustellen oder eine in Zukunft drohende Verfassungswidrigkeit abzuwenden[1507]. Diese Entscheidungsvariante wird gewählt, wenn einzelne Mängel einer umfassenden Neuregelung schwieriger und komplexer Sachverhalte erst dann Anlaß zum verfassungsgerichtlichen Einschreiten geben, wenn der Gesetzgeber eine spätere Überprüfung und Verbesserung trotz ausreichender Erfahrung für eine sachgerechtere Lösung unterläßt[1508]. Ein weiterer wesentlicher Aspekt der beiden letztgenannten Tenorierungsformen ist, daß aufgrund der dadurch notwendigen "Kooperation der Staatsgewalten", der Gesetzgeber dazu gezwungen wird, die Entscheidungsbegründungen in die Umsetzung des Verfassungsgerichtspruches mit einzubeziehen[1509]. Das

---

1502 Vgl. dazu unten E. III. 4.

1503 *Kirchhof*, Finanzverwaltung und Grundgesetz, in: Vogelgesang (Hrsg.), Perspektiven der Finanzverwaltung, 19.

1504 Z.B. BVerfGE 66, 214.

1505 Z.B. BVerfGE 61, 319; 73, 40; 78, 350 sowie jüngst BVerfG NJW 1995, 2615 ff. und 2624 ff.

1506 Vgl. *Kirchhof*, Finanzverwaltung und Grundgesetz, in: Vogelgesang (Hrsg.), Perspektiven der Finanzverwaltung, 18.

1507 Z.B. BVerfGE 54, 11, 37 (hier wurde der "Appell" an den Gesetzgeber, die Besteuerung der Beamtenpensionen neu zu regeln, immer noch nicht verwirklicht), BVerfGE 55, 274, 308.

1508 *Kirchhof*, Finanzverwaltung und Grundgesetz, in: Vogelgesang (Hrsg.), Perspektiven der Finanzverwaltung, 19.

1509 *Mayer*, DB 1995, 1832; zu den "Neben-Wirkungen" einer zu häufigen Verschonung

Bundesverfassungsgericht kann auf diese Weise seine Vorstellungen von einer verfassungsmäßigen Regelung durchsetzbar präzisieren.

Mit diesen drei Entscheidungsvarianten steht dem Bundesverfassungsgericht ein hinreichend differenziertes Instrumentarium zur Verfügung, um die tatsächlichen Schwierigkeiten der Gesetzgebung ausreichend zu berücksichtigen. Wie bereits ausgeführt wurde, zeigt sich in der verfassungsgerichtlichen Rechtsprechung zum Steuerrecht allerdings die Tendenz zu weniger Rücksichtnahme auf die Legislative[1510]. Es scheint, als ob die Gesetzgebung die Zurückhaltung des Verfassungsgerichts zur Genüge strapaziert habe und sich nun auf härtere Verdikte einstellen müsse.

b. Der staatspsychologische Einfluß des Bundesverfassungsgerichts

Das Bundesverfassungsgericht spielt eine herausragende Rolle im Staatsbewußtsein der Bürger[1511]. Sein Ansehen und damit sein Einfluß auf die in der Gemeinschaft herrschenden Rechtsauffassungen[1512] steigt ständig an und übertrifft auch heute noch - trotz oder gerade wegen seiner seitens der Politik oft kritisierten Entscheidungen[1513] - die meisten anderen Bundesinstitutionen[1514]. Das Bundesverfassungsgericht ist somit das mit direktem Einfluß auf das Wirken der Legislative ausgestattete Verfassungsorgan, das seinem eigenen "Legitimationsdruck" gegenüber der Rechtsgemeinschaft[1515] am besten gerecht wird. Es wird als die einzige neutrale Instanz des Staates angesehen, der Vertrauen und Sachkompetenz zugebilligt und zuerkannt wird[1516].

Mit diesem bürgerlichen Vertrauensbonus ausgestattet, kann das Bundesverfassungsgericht mit breiter Unterstützung rechnen, wenn es das gegenwärtige Steuerrecht kritisch und zunehmend weniger kompromißbereit behandelt. Bewähren sich die vom "Kontrolleur der Gesetzgebung"[1517] gesetzten

des Gesetzgebers, die Gewöhnungseffekte hervorrufen könne: Luetjohann, 154.

1510 Vgl. schon *Miehler/Kronthaler*, DStZ 1992, 259.

1511 Vgl. *Luetjohann*, 130 m. Nw.

1512 Vgl. *Zippelius*, Rechtsphilosophie, 148.

1513 *Luetjohann*, 130 m.Nw., sieht in der gelassenen Reaktion des Bundesverfassungsgerichts auf überzogene Angriffe aus den Reihen der Politik gerade den Grund für seine herausragende Stellung. Es stelle sich gleichsam über die Dinge, was die Bürger, "die oft ein untrügliches Gefühl für Gerechtigkeit und Sachlichkeit haben, als ihnen seitens der Politik gemeinhin zugetraut wird" überzeuge.

1514 1974 und 1980 hatten 47 Prozent der Bevölkerung eine sehr gute oder gute Meinung über das Bundesverfassungsgericht. 1988 waren es schon 53 Prozent. Vgl. Allensbacher Jahrbuch, Band 9, 652f.; *Würtenberger*, Zeitgeist und Recht, 144 f. leitet daraus eine breite Akzeptanz der Verfassung ab.

1515 *Zippelius*, Rechtsphilosophie, 148.

1516 *Neckels*, DStZ 1993, 27.

vertrauensbildenden und konsensfördernden Maßstäbe auch in der Praxis, kann das Steuersystems und sogar der Staat, dessen Macht durch dieVerfassungsrechtsprechung erkennbar begrenzt wird, wieder an Akzeptanz gewinnen[1518]. Das Bundesverfassungsgericht könnte so im Steuerrecht dazu beitragen, die von Parlament und Exekutive verspielte Autorität auszugleichen und den Bürger schließlich mit der staatlichen Gewalt zu versöhnen[1519]. Führt man sich diese Funktion der Verfassungsrechtsprechung, einen Konnex zwischen gesellschaftlichen Wert- und Gerechtigkeitsüberzeugungen und der Idee vom richtigen Recht anzustreben[1520], im gesamtstaatlichen Zusammenhang vor Augen, läßt sich ein weiterer Grund dafür erkennen, warum das Bundesverfassungsgericht im Vermögensteuer-Beschluß[1521] einen begrenzten "steuertechnischen" Anlaß[1522] genutzt hat, um den Geltungsbereich der Verfassung im Steuerrecht grundsätzlich und weitreichend klarzustellen.

2. *Die Rückbesinnung auf die Grundrechte*

a. Das Eingreifen der Verfassungsgerichtsbarkeit im Steuerrecht

Daß eine offenbare Änderung bürgerlicher Bewußtseinslagen auch das Bundesverfassungsgericht nicht unbeeindruckt läßt, zeigt die Entwicklung der Rechtsprechung zum Steuerrecht: Bis vor kurzem wurde die vor allem seitens der Steuerrechtswissenschaft[1523] gehegte starke Hoffnung, daß das Bundesverfassungsgericht dem Steuergesetzgeber höhere verfassungsrechtliche Schranken setzt, regelmäßig enttäuscht[1524]. Verfassungsgerichtliche Bemühungen um Steuergleichheit endeten oft in einem "Gestrüpp von einzelnen Steuertatbestandsvergleichen"[1525]. Das Bundesverfassungsgericht betonte ständig die weitgehende Gestaltungsfreiheit des Gesetzgebers[1526]. Dabei lief Art. 3 GG als das primäre Abwehrgrundrecht im Steuerrecht weitgehend leer[1527]. Aber auch die äußerst zurückhaltende Interpretation des Eigentumsgrundrechts in Art. 14 GG[1528] führte zu einer

1517 *Kirchhof*, JFSt 1992/93, 31.

1518 *Luetjohann*, 132.

1519 Vgl. *Luetjohann*, 166.

1520 Vgl. *Würtenberger*, Zeitgeist und Recht, 207.

1521 BVerfG NJW 1995, 2615 ff.

1522 *Leisner*, NJW 1995, 2592.

1523 Vgl. *Tipke*, StBJb 1993/94, 7 f.: "Der Paradigmenwechsel von der bloß formalen hin zur inhaltlichen Rechtsstaatlichkeit und damit auch zur Steuergerechtigkeit ist möglich, zumal mit Unterstützung des Bundesverfassungsgerichts".

1524 Vgl. nur *Hill*, ZG 1987, 241; *Vogel*, BB 1983, 187; *Tipke*, Steuerrechtsordnung, 359 f. m.w.N.

1525 *Leisner*, NJW 1995, 2591 m. Nw.

1526 Vgl. nur BVerfGE 19, 356, 367 f.; 29, 327, 335; 42, 263, 294; 49, 343, 360f.; 50, 386, 391; 65, 325, 356; 74, 182, 200.

1527 Vgl. *Leisner*, NJW 1995, 2591 m. Nw.

"laufenden 'Steuerentwertung' zentraler Grundrechte"[1529]. Nicht zuletzt diese Verweigerung des Bundesverfassungsgerichts, dem Steuerbürger gegen einen immer übermäßiger werdenden Staat zur Seite zu stehen, beschleunigte den Abbau des Steuerrechtsbewußtseins und der Steuermoral.

Seit einigen Jahren jedoch entwickelt sich das Bundesverfassungsgericht immer mehr zu einem effizienten Kontrollgremium des Steuergesetzgebers[1530]. Die von ihm ausgehenden Steuervereinfachungsimpulse lassen den "Zug zur großen Neuordnung" erkennen[1531]. Die Dogmatisierung des Steuerrechts ist im Gange[1532]. Auffällig ist dabei, daß die vom Bundesverfassungsgericht eingeleitete Rechtsprechungsänderung - hin zu einer schärferen Kontrolle des Gesetzgebers - in eine Zeit fällt, in der die "Rückbesinnung auf die Tugenden des Rechtsstaates" nicht mehr zu übersehen war[1533]. Die Überbetonung der Idee des Sozialstaates[1534], die ihr steuerstaatliches Gegenstück in der weitgehenden Gestaltungsfreiheit des Steuergesetzgebers fand, wurde von der Bevölkerung und, als verfassungsrechtliche Grenzen erreicht wurden, schließlich auch von seiten des Bundesverfassungsgerichts nicht mehr hingenommen[1535]. Die Betonung eines in seinem Kernbestand geschützten vermögensrechtlichen Freiheitsbereichs als Ausdruck der grundsätzlichen Privatnützigkeit des Erworbenen und der grundsätzlichen Verfügungsbefugnis über die geschaffenen vermögenswerten Rechtspositionen[1536], der gerade durch die öffentlich-rechtliche Abgabenlast unmittelbar berührt wird[1537], macht deutlich: Die dominierenden Anschauungen über die gerechte Sozialordnung, die Inhalt und Schranken des Eigentums mitbestimmen[1538], haben sich zu Lasten des

---

1528 Vgl. dazu sogleich unten E. III. 3. a. (A).

1529 *Leisner*, NJW 1995, 2592; *Vogel*, JZ 1996, 44 nennt das bisherige Vorgehen des BVerfG in Gleichheitsfragen im Steuerrecht "oberflächlich".

1530 Dies stellte schon 1992 *Tipke*, StuW 1993, 19, fest. Vgl. auch *Lang*, StuW 1992, 22. Allerdings ist die se Entwicklung noch nicht sehr weit fortgeschritten, vgl. *Tipke*, StuW 1990, 317.

1531 *Isensee*, StuW 1994, 6. Insofern läßt die Feststellung von *Arndt/Schumacher*, NJW 1995, 2603, daß die Ausführungen des Bundesverfassungsgerichts zu einer Belastungsobergrenze im Vermögensteuerbeschluß "von keiner Seite" erwartet wurden, auf eine gewisse Betriebsblindheit schließen.

1532 *Lang*, StuW 1992, 22.

1533 Vgl. *Würtenberger*, Zeitgeist und Recht, 108.

1534 Vgl. *Lang*, FR 1993, 665, der von der "Überspannung einer Sozialrevolution" spricht.

1535 Der Verdacht liegt nahe, daß die weitgehende Freiheit des Steuergesetzgebers vor allem durch die aufkommende "Sozialstaats- und Planungseuphorie" (*Würtenberger*, Zeitgeist und Recht, 108) gestützt wurde. Auch heute noch lehnen engagierte Befürworter eines umfassenden Sozialstaats die Beschränkung des Steuergesetzgebers durch das Eigentumsgrundrecht (Art. 14 GG) als eine "unverantwortliche Fesselung des Steuergesetzgebers" (*Bull*, NJW 1996, 282) ab.

1536 BVerfG NJW 1995, 2615, 2617.

1537 Vgl. *Papier*, Handbuch des Verfassungsrechts, § 18, RN 98; BVerfGE 87, 153, 169.

mittlerweile übergewichteten Sozialstaates verschoben. Damit hat die zunehmende Verschlechterung der Steuermoral, so paradox dies anmuten mag, jenen "Leidensdruck" geschaffen, der die Wende zum Rechtsstaat auch im Steuerrecht ermöglicht hat.

Ist die Entwicklung zu einer Neubewertung eines Rechtssystems schon derart weit fortgeschritten, können sogar bislang für unüberwindbar gehaltene dogmatische Hürden überwunden werden. Es werden Kräfte mobilisiert, die grundlegende Neubewertungen vornehmen und so neue Wege eröffnen können. Bestes Beispiel für eine derartige Entwicklung ist die sogleich ausführlicher zu schildernde neuere Rechtsprechung des Bundesverfassungsgerichts. Bis vor kurzem wurde es als unfähig angesehen, ein gerechtes Steuersystem vom Gesetzgeber zu erzwingen, "weil in der Verfassung die Steuerrechtsordnung zu wenig konkret festgeschrieben ist"[1539]. Daß die vorhandenen Normierungen des Grundgesetzes zu einer an den Grundrechten orientierten Verfassungsrechtsprechung im Steuerrecht ausreichen, hat hingegen das Bundesverfassungsgericht bewiesen, indem es den Grundsatz einer näherungsweisen "hälftigen Teilung zwischen privater und öffentlicher Hand", der eine "Belastungsobergrenze" für den Staat darstellt, auf den bislang unbeachteten Art. 14 Abs. 2 Satz 2 GG gestützt hat[1540].

b. Die Rolle des Berichterstatters

Die angesprochene Rechtsprechung des Bundesverfassungsgericht trägt ohne jeden Zweifel die Handschrift des zuständigen Berichterstatters *Paul Kirchhof*[1541]. Er ist ein ausgewiesener Steuerrechtsexperte, der in seinen wissenschaftliche Arbeiten und vor allem in seiner Tätigkeit als Verfassungsrichter immer eine enge Beziehung von Verfassungs- und Steuerrecht zu knüpfen versucht hat[1542]. Es erhebt sich zwangsläufig die Frage, ob er es war, der die Entwicklung eines Steuerverfassungsrechts maßgeblich vorangetrieben hat[1543]. Auffällig ist jedenfalls, daß alle wegweisenden Entscheidungen des Bundesverfassungsgerichts der

1538 *Badura*, Handbuch des Verfassungsrechts, § 10, RN 3.

1539 *Tipke/Lang*, Steuerrecht, § 4, RN 62.

1540 BVerfG NJW 1995, 2615, 2617; vgl. zur Interpretation des in der Entscheidung angesprochenen Art. 14 Abs. 2 GG auch *Leisner*, NJW 1995, 2594: ""Zugleich - grundsätzlich zu gleichen Teilen" - gewiß eine konstruktive Auslegung; doch welche andere Interpretation kann diesem Schlüsselwort gerecht werden, über das mehr als vier Jahrzehnte einfach hinweggelesen wurde?" Die Privatnützigkeit sei mit der nunmehr vorgenommenen Interpretation endlich mehr als eine "Begriffsmolluske".

1541 *Tipke*, MDR 1995, 1177; vgl. auch *Felix*, BB 1995, 2243; *Leisner*, NJW 1995, 2596.

1542 Vgl. etwa für den Grundsatz der hälftigen Teilung: *Kirchhof*, HbStaatsR, Band IV, § 88, RN 78; *Kirchhof*, Neuordnung, 82 f.

1543 So *Tipke*, MDR 1995, 1177: "... dürfte das Verdienst des Berichterstatters Paul Kirchhof sein, der als Verfassungsrichter im Steuerrecht in relativ kurzer Zeit mehr bewegt hat als alle seine Vorgänger zusammen".

letzten Jahre in die Amtszeit *Kirchhofs* fallen. Seine Berufung zum Verfassungsrichter mag sich im Nachhinein als Glücksfall für das deutsche Steuerrecht darstellen. Dennoch: Ohne das entsprechende Umfeld, sowohl im Bundesverfassungsgericht selber, als auch im Steuerrechtsalltag, aus dem die zu judizierenden Fälle stammen, wäre eine derartige Rechtsprechung nicht möglich geworden.

3. *Das neue "Steuerverfassungsrecht"*

Das Bundesverfassungsgericht hat mit seinen jüngsten Beschlüssen zur Vermögensteuer[1544] und zur Erbschaftsteuer[1545] das Signal für eine rechtliche Neubewertung des gesamten Steuerrechts gegeben[1546]. Das Aufatmen der mit dem Steuerrecht befaßten Rechtswissenschaftler war deutlich hörbar: Die Entscheidungen wurden allgemein begrüßt, mitunter sogar euphorisch aufgenommen[1547]. Qualitativ wurde mit ihnen der "Übergang vom Steuerstaat zum Verfassungssteuerstaat" eingeleitet[1548]. War im sonstigen Verfassungsrecht das Spannungsverhältnis von

---

1544 BVerfG NJW 1995, 2615 ff.

1545 BVerfG NJW 1995, 2624 ff.

1546 Vgl. dazu auch *A. Klein*, BB 1996, 1807 ff.

1547 Die Zustimmung der Steuerrechtswissenschaft kennzeichnen folgende Bewertungen: "Gleichheitssatzverletzung vom Verfassungsgericht nun endlich verbindlich festgestellt" (*Tipke*, MDR 1995, 1177), "Quantensprung der Qualitätsverbesserung unseres Steuerrechts" (*Felix*, BB 1995, 2241), "wichtiger Einschnitt in der Entwicklung des Steuerrechts" (*Krüger/Kalbfleisch/Köhler*, DStR 1995, 1453), "geradezu sensationell" (*Arndt/Schumacher*, NJW 1995, 2603), "teilweise revolutionierend" (*Rose*, DB 1995, 1879), "Grundsatzentscheidung..., in der das BVerfG erstmals umfassend seine Vorstellungen zu einer Besteuerungskonzeption darstellt, die dem GG entspricht" (*Rose*, DB 1995, 2387), "verfassungsrechtliche Steuer-Wende vollzogen", "bedeutende Evolution" (*Leisner*, NJW 1995, 2591); "die an Rang und Gewicht hinter denen der "klassischen" großen Entscheidungen des BVerfG etwa zur Berufsfreiheit ("Apotheken-Urteil"), zur Meinungsfreiheit ("Erich Lüth"), zur Enteignung ("Naßauskiesung") oder zur Bundestreue ("Deutschland-Fernsehen-GmbH") nicht zurückstehen" (*Vogel*, JZ 1996, 44); "Lichtblicke in dieser düsteren Landschaft, weil sie auf Rechtsprinzipien dort beharren, wo sonst zu häufig nur noch politische Opportunität regiert" (*Vogel*, NJW 1996, 1259). Allerdings waren auch kritische Anmerkungen zu vernehmen: vgl. Sondervotum *Böckenförde*, NJW 1995, 2620 ff.; *Bull*, NJW 1996, 281 ff., die unter anderem auch auf die Fragwürdigkeit derart weitreichender verfassungsgerichtlicher Weisungen abheben, die das gewaltenteilig organisierte Verfassungsgefüge sprengen würden. Die Reaktion der Steuergesetzgeber auf die jüngsten Beschlüsse war ungläubiges Entsetzen (*Schmidt*, BB 1995, 1986: "Die Steuerpolitiker aller Couleur sind mehr oder minder sauer"). Deutlich wurde dies auch in der ausführlichen Diskussion der Bindungswirkung der Beschlüsse für den Gesetzgeber, vgl. nur *Mayer*, DB 1995, 1831 ff.. Daß diese Diskussion grundsätzlich überflüssig ist, zeigt *Luetjohann*, 38, 65, da im verfassungsrechtlichen Alltag der Legislative die Entscheidungen des Bundesverfassungsgerichts in toto als verbindlich angesehen werden. Grund ist oft das Streben nach Verhaltenssicherheit durch verfassungsgerichtsfeste Gesetzgebung.

Staat und Bürger eine gängige Betrachtungsperspektive, so findet diese nun erstmalig auch in der Rechtsprechung zum Steuerwesen ihren Niederschlag: Dem Steuerstaat wurde der mit eigenen Rechten ausgestattete "Steuerbürger" gegenübergestellt. Beide Seiten haben sich im Extremfall maximaler steuerlicher Belastung die Erfolge des privaten Wirtschaftens nach dem Prinzip der Hälfte zu teilen[1549]. Mit der sogleich näher zu erläuternden Effektivierung der Freiheitsrechte hat das Verfassungsgericht erstmals den Grundstock für ein umfassendes Steuerverfassungsrecht gelegt[1550]. Damit hat es die insbesondere im Steuerrecht verloren geglaubte Staatsethik durch das Verfassungsrecht wiederbelebt[1551]. Zugleich hat das Bundesverfassungsgericht aber auch die Rückeroberung des Steuerrechts durch die Rechtswissenschaft eingeläutet.

Bei näherer Betrachtung läßt die Rechtsprechung des Bundesverfassungsgerichts im Steuerrecht neben der weiterhin bestehenden Tendenz zu einer weiteren Konkretisierung des Gleichheitsgedankens vor allem eine starke Betonung freiheitlicher, die Individualität des Steuerzahlers schützender Aspekte erkennen, die dem Bürger den ihm zukommenden Wert zurückgewährt. Schon die Grundvoraussetzung grundrechtlichen Schutzes ist ein für das Steuerwesen immenser Fortschritt: Der Steuergesetzgeber muß bei jeder Besteuerungsentscheidung die tatsächlichen Verhältnisse berücksichtigen, unter denen er Zugriff auf das Geld des Bürgers nehmen möchte, um einen eventuellen Grundrechtseingriff vermeiden zu können.

a. Der Schutz des Steuerrechtsadressaten in seiner Gesamtbelastung

(A) Die überholte Rechtsprechung

Bislang konnte der Abgabengesetzgeber frei die Abgabenhöhe bestimmen, da Steuern nach verfassungsgerichtlicher Auffassung nur in Extremfällen enteignend wirken konnten. Das Bundesverfassungsgericht interpretierte Art. 14 GG so, daß das Vermögen, aus dem die Abgaben zu erfüllen sind, nicht gegen Eingriffe durch Auferlegung von Geldleistungspflichten geschützt wurde[1552]. Lediglich konkrete Eigentumspositionen wurden vom Schutzbereich des Art. 14 GG umfaßt. Einschränkungen erfuhr das gesetzgeberische Belieben, Steuern zu

1548 *Felix*, BB 1995, 2243. Dies ist qualitativ viel mehr als nur die von *Krüger/Kalbfleisch/Köhler*, DStR 1995, 1453, festgestellten "wichtigen Besteuerungsgrundsätze".

1549 BVerfG NJW 1995, 2615, 2617, vgl. *Felix*, BB 1995, 2243.

1550 *Leisner*, NJW 1995, 2591; *Arndt/Schumacher*, NJW 1995, 2604.

1551 Vgl. *Stolleis*, KritV 1995, 64 f., der insofern unter Verweis auf *Carl Schmitt* von "Verfassungsethik" spricht.

1552 St. Rspr., vgl. nur BVerfGE 30, 250, 271; 65, 196, 209; 74, 129, 148; weitere Nachweise bei *Tipke*, Steuerrechtsordnung, 443 f.

erheben, lediglich, "wenn die Geldleistungspflichten den Betroffenen übermäßig belasten und seine Vermögensverhältnisse grundlegend beeinträchtigen (Erdrosselungswirkung)"[1553]. Auf die heftige Kritik der Staatsrechtslehre, die die Bedeutung der Freiheitsrechte für die Besteuerung seit langem intensiv diskutierte[1554], wurden zwar noch die eher theoretischen Schranken der "konfiskatorischen Steuer"[1555] und der Vermeidung von Substanzeingriffen[1556] hinzugefügt, doch effektiv änderte diese Rechtsprechung nichts an dem weitgehenden Belieben des Steuergesetzgebers hinsichtlich der Abgabenhöhe.

(B) Die neue Rechtsprechung

Nunmehr hat das Bundesverfassungsgericht die Einwirkung des Gleichheitssatzes und der Eigentumsgarantie auf das Steuerrecht allgemeingültig[1557] formuliert:

Maßgeblich für die Anwendung des Gleichheitssatzes sei der "Belastungserfolg" des Steuergesetzes in seiner Einbindung in das gesamte Steuersystem. Die einzelnen Steuergesetze seien daher vom Gesetzgeber so aufeinander abzustimmen, daß das Belastungsgleichmaß gewahrt und eine übermäßige Last vermieden wird[1558]. Es ist also eine steuerliche Gesamtschau vorzunehmen[1559].

Für das Eigentumsgrundrecht aus Art. 14 Abs. 1 und 2 GG gilt nunmehr folgende Betrachtungsweise: Jeder Steuerpflichtige hat "von Verfassungs wegen einen Anspruch darauf..., daß ihm die Privatnützigkeit des Erworbenen und die Verfügungsbefugnis über geschaffene vermögenswerte Rechtspositionen jedenfalls im Kern erhalten bleiben"[1560]. Dies gilt auch, wenn dem Bürger

---

1553 BVerfGE 30, 250, 272; umfassende Rechtsprechungsnachweise bei *Tipke*, Steuerrechtsordnung, 444.

1554 Einen Überblick über die Entwicklung und die umfängliche Literatur gibt *Tipke*, Steuerrechtsordnung, 444ff. m. Nw.; vgl. auch die Beispiele aus jüngster Zeit bei *Arndt/Schumacher*, NJW 1995, 2604 sowie bei *Schemmel*, StuW 1995, 39 ff.

1555 Vgl. BVerfGE 23, 288, 315.

1556 Vgl. BVerfGE 50, 57, 104; 63, 343, 368.

1557 Vgl. *Vogel*, JZ 1996, 44; *Leisner*, NJW 1995, 2593; *Felix*, BB 1995, 2241; *Arndt/Schumacher*, NJW 1995, 2604.

1558 Vgl. BVerfG NJW 1995, 2615, 2616 f.

1559 Vgl. *Vogel*, JZ 1996, 44, der darin eine Kampfansage gegen das "Schubladendenken besonders der Spezialisten für einzelne Steuern, die nur jeweils "ihre" Steuer sehen und nicht deren Zusammenwirken mit anderen Steuern" sieht.

1560 BVerfG NJW 1995, 2615, 2617. Dieser verfassungsrechtliche Anspruch verpflichtet nach *Rose*, DB 1995, 2388, den Steuerfiskus, die Abgaben auf ein angemessenes Maß zu reduzieren. Er ist im Sinne von Art. 1 Abs. 3 und Art. 20 Abs. 3 GG für alle staatlichen Gewalten eine streng zu beachtende verfassungsrechtliche Schranke. Jedenfalls können der Verfassung widersprechende Steuern nicht geschuldet werden.

"lediglich" Geldleistungspflichten auferlegt werden[1561]. Aus Art. 14 Abs. 2 Satz 2 GG, wonach der Eigentumsgebrauch zugleich dem privaten Nutzen und dem Wohl der Allgemeinheit dient, schließt das Bundesverfassungsgericht, daß die Gesamtbelastung des unversteuerten Ertragsrestes "bei **typisierender** Betrachtung von Einnahmen, abziehbaren Aufwendungen und sonstigen Entlastungen **in der Nähe einer hälftigen Teilung zwischen privater und öffentlicher Hand**"[1562] verbleiben müsse. Lediglich in "staatlichen Ausnahmelagen" erlaube die Verfassung auch unter den geltenden steuerrechtlichen Rahmenbedingungen einen Zugriff auf die Vermögenssubstanz[1563]. Das Bundesverfassungsgericht hat somit den vor dem fiskalischen Zugriff geschützten "Vorhof des Höchstpersönlichen"[1564] erstmalig konkretisiert. Der "Unersättlichkeit des Leviathan"[1565] wird eine verfassungsrechtliche "Belastungsobergrenze"[1566] gesetzt[1567]. Für die Allgemeingültigkeit dieser Belastungsobergrenze spricht neben der Herleitung dieses Grundsatzes aus Art. 14 Abs. 2 GG[1568] auch die Erwähnung

---

Allerdings ergeben sich in der Praxis bei der konkreten Feststellung der Gesamtbelastung und der Feststellung, welche Steuer nun die Belastungsobergrenze übersteigt, erhebliche Probleme, vgl. *Schuppert*, FS Zeidler, Band 1, 704 m. Nw.

1561 *Arndt/Schumacher*, NJW 1995, 2604 begrüßen die Abkehr vom alten Eigentumsbegriff, da die Gefahr einer Entwertung der Eigentumsgarantie drohe: "Die herkömmliche Interpretation des Art. 14 I GG durch das BVerfG stößt in einer Geldwirtschaft, in der der Staat in das Vermögen der Bürger überwiegend nicht durch Beeinträchtigung konkreter Eigentumspositionen, sondern durch die Auferlegung von Geldleistungspflichten eingreift, an ihre Grenzen". Auch *Leisner*, NJW 1995, 2594 m. Nw., begrüßt die Abkehr vom alten "bürgerlichrechtlichen" Eigentumsbegriff, nach dem das Vermögen grundsätzlich nicht Schutzgut ist.

1562 BVerfG NJW 1995, 2615, 2617.

1563 BVerfG NJW 1995, 2615, 2617, mit dem Reichsnotopfergesetz vom 31.12.1919 zur Finanzierung der mit dem Versailler Vertrag auferlegten Lasten oder dem Lastenausgleichsgesetz vom 14.8.1952 als Beispielen. Ob der "normale" selbstgemachte Staatsbankrott unter diese Aufzählung "staatlicher Ausnahmelagen" fällt, ist zu bezweifeln.

1564 *Kirchhof*, Finanzverwaltung und Grundgesetz, in: Vogelgesang (Hrsg.), Perspektiven der Finanzverwaltung, 10.

1565 *Vogel*, JZ 1996, 44.

1566 BVerfG NJW 1995, 2615, 2617.

1567 Die darin gesehene politische Funktion des BVerfG wird besonders kontrovers beurteilt, vgl. etwa das Sondervotum *Böckenförde*, NJW 1995, 2620 ff. oder die Ausführungen von *Bull*, NJW 1996, 281 ff. Allerdings ist ein Eingreifen und Gestalten des BVerfG immer dann als zulässig anzuerkennen, wenn eine erhebliche Rechtsgutgefährdung - insbesondere elementarer Grundrechte - eine Interventionspflicht des Gerichts erfordert, vgl. den Entwurf einer "modernen Rechtsprechungskultur" bei *Kirchhof*, NJW 1996, 1505. Auch *Vogel*, NJW 1996, 1258 hält das "Beschreiten von Neuland" durch das BVerfG (hier die Quantifizierung) für verfassungsgemäß, wenn es im Gefolge der dem Gericht aufgegebenen Konkretisierung von Verfassungsprinzipien erfolgt.

1568 So *Vogel*, JZ 1996, 44.

einkommensteuerrechtlich veranlaßter Abzugstatbestände im Zusammenhang mit dem Begriff der "Belastungsobergrenze"[1569].

(C) Die Folgerungen für das gesamte Steuersystem

Führt man die vom Bundesverfassungsgericht angesprochene Beachtlichkeit der Vorbelastung durch indirekte Steuern[1570] gedanklich fort, ergeben sich einschneidende Konsequenzen: Um eine "schrittweise Konfiskation"[1571] durch das Zusammenwirken aller Steuerbelastungen zu vermeiden, ist die Summe aller Hauptsteuerlasten aus Einkommen-, Gewerbe-, Kirchen-, Vermögensteuer und Solidaritätszuschlag in ihrem Zusammenwirken mit den indirekten Steuern ebenfalls zu begrenzen[1572]. Manche gehen sogar noch weiter und fordern, alle hoheitlichen Belastungen zu berücksichtigen: Selbst die Einbeziehung sozialrechtlicher Abgaben[1573] oder von Umweltschutzbelastungen[1574] wird angesprochen. Wie auch immer sich die konkrete Gestalt der "Belastungsobergrenze" im steuerlichen wie auch im außersteuerlichen Bereich darstellen wird[1575], auf eines muß sich der Gesetzgeber in Zukunft einrichten: Der staatliche Zugriff auf die Wertschöpfungen seiner Bürger wird streng kontrolliert werden. Denn nur auf diese Weise können die Anforderungen an eine gerechte Steuer gewährleistet bleiben: Sozialpflichtigkeit von Einkommen und Nachfragekraft, ohne die Individualität und Freiheit des Steuerpflichtigen fiskalisch zu binden[1576]. Allerdings ist bei allen

---

1569 Vgl. auch den diese Gedanken einleitenden Satz in BVerfG NJW 1995, 2617: "Die verfassungsrechtlichen Schranken der Besteuerung des Vermögens durch Einkommen- und Vermögensteuer begrenzen den steuerlichen Zugriff auf die Ertragsfähigkeit des Vermögens". Mit der Einführung der verfassungsrechtlichen "Belastungsobergrenze" hat das Bundesverfasssungsgericht die vormalige "Erdrosselungsgrenze" aufgegeben, vgl. *Felix*, BB 1995, 2241.

1570 BVerfG NJW 1995, 2615, 2617. *Krüger/Kalbfleisch/Köhler*, DStR 1995, 1454, nennen als Beispiele für indirekte Steuern die Umsatzsteuer sowie weitere Verkehrs- und Verbrauchsteuern wie Mineralöl- und Tabaksteuern, Grunderwerb- und Versicherungsteuer.

1571 BVerfG NJW 1995, 2615, 2617.

1572 *Vgl. Rose*, DB 1995, 2388; *Arndt/Schumacher*, NJW 1995, 2605; *Felix*, BB 1995, 2244, der in Anlehnung an den vormals üblichen "Zehnten" nun von dem "Hälften" spricht.

1573 Vgl. *Leisner*, NJW 1995, 2593, der auf den Erbschaftsteuer-Beschluß verweist; *Bull*, NJW 1996, 284, sieht uns darin einen "verfassungsrechtlichen Bürgerkrieg" drohen.

1574 *Leisner*, NJW 1995, 2594, stellt eine weitaus schwerere Legitimationslast des eingreifenden Staates fest, bei Umweltschutzeingriffen etwa aus der "Situationsgebundenheit".

1575 Zu den Problemen bei der Suche nach einer "verfassungspraktikablen" Belastungsobergrenze vgl. *Felix*, NJW 1996, 703 f. m.w.N.

1576 *Kirchhof*, Finanzverwaltung und Grundgesetz, in: Vogelgesang (Hrsg.), Perspektiven der Finanzverwaltung, 10.

freiheitsdienlichen Tendenzen der Verfassungsrechtsprechung auch die angesprochene Möglichkeit zur Typisierung zu berücksichtigen. Diese muß im Interesse der Vollziehbarkeit des Gesetzes bei Massenerscheinungen[1577] weiterhin möglich sein und ist gerade auch hier anzuwenden[1578]. Es kann daher sein, daß aufgrund einer am Regelfall orientierten, realitätsgerechten Typisierung Unterschiedlichkeiten vergröbert werden[1579], die eine - auch gar nicht angestrebte - punktgenaue Anwendung des "Halbteilungsgrundsatzes" verhindern.

b. Weitere aus der Verfassung abgeleitete steuerliche Freiräume

In dem Vermögensteuer-Beschluß setzt das Bundesverfassungsgericht seine Rechtsprechung zugunsten eines Freiheitsraumes fort, der der eigenverantwortlichen Gestaltung des persönlichen Lebensbereichs dienen soll. Ein besonders geschütztes Vermögen soll hier die persönliche Freiheit des einzelnen sichern. Diese Sicherheit tritt neben diejenige, die "durch Arbeitseinkommen und Sozialversicherungsanspruch sowie durch Gewerbe und andere selbständige Tätigkeit" gewährt wird[1580]. Die konkrete Festlegung sowohl des geschützten Vermögens als auch der anderen Faktoren, die die individuelle Lebensgrundlage sichern sollen, wird ebenso wie der Halbteilungsgrundsatz sicherlich zu einer "Umsetzungsschlacht"[1581] führen, da die Vorgaben des Bundesverfassungsgerichts noch konkretisiert werden müssen. Dies mag manchen Steuerpolitikern und Steuerrechtlern Unbehagen bereiten[1582]. Der Vorteil der dazu notwendigen Diskussionen wird aber sein, daß nun endlich bürgerbezogene Überlegungen in den Reformprozeß einfliessen müssen[1583]. Denn es würde wenig Sinn machen, die persönlichen

---

1577 Vgl. BVerfGE 78, 214, 227 f.

1578 BVerfG NJW 1995, 2615, 2617: "... bei typisierender Betrachtung von Einnahmen, abziehbaren Aufwendungen und sonstigen Entlastungen in der Nähe einer hälftigen Teilung..."

1579 Vgl. dazu *Kirchhof*, FS Meyding, 9 f.

1580 BVerfG NJW 1995, 2615, 2618.

1581 *Leisner, NJW 1995, 2596.* In die Umsetzungsschlacht haben sich etwa schon geworfen: *Felix*, BB 1995, 2243 f.; *Felix*, DStR 1995, 1619ff.; *Felix*, NJW 1996, 703 f.; *Arndt/Schumacher*, DStR 1995, 1813 ff.; *Arndt/Schumacher*, NJW 1995, 2603 ff.; *Halaczinsky*, DStZ 1995, 622ff.; *Flume*, DB 1995, 1779 f., *Rose*, DB 1995, 1879 ff.; *Rose*, DB 1995, 2387 ff.; *Jebens*, BB 1995, 2085 ff.

1582 Vgl. etwa *Krüger/Kalbfleisch/Köhler*, DStR 1995, 1454, die eine "Prozeßlawine" auf die deutsche Finanzgerichtsbarkeit und das BVerfG herniedergehen sehen; *Flume*, DB 1995, 1780: "Bei der Umsetzung wird der Teufel nun im Detail stecken."; vgl. auch den Bericht von *Niemann*, StB 1996, 61, über ein von *Lang* gehaltenes Referat, in dem dieser weitere Verfassungsbeschwerden, insbes. aufgrund des Halbteilungsgrundsatzes, erwartet.

1583 So auch *Schmidt*, BB 1995, 2137, der dazu den Weg beschreiten will, den einige Parteien als Mitgliederbefragung bereits begangen haben.

Freiräume ohne einen Blick auf die konkreten Lebensumstände der von ihnen profitierenden Bürger festzulegen.

(A) Das Gebrauchsvermögen

Geschützt ist die "wirtschaftliche Grundlage persönlicher Lebensführung"[1584], die an den in einer Rechtsgemeinschaft erreichten ökonomischen und kulturellen Standards auszurichten ist. Anders gewendet bedeutet diese Rechtsprechung, daß nunmehr der Gesetzgeber die tatsächlichen Verhältnisse, die die Lebensführung der Bürger prägen, zu berücksichtigen hat[1585]. Das Bundesverfassungsgericht sieht es als naheliegend an, als Maßstab für das Gebrauchsvermögen sich "an den Werten durchschnittlicher Einfamilienhäuser" zu orientieren[1586]. Hiermit hat es einen Eckwert gesetzt, unterhalb dessen ein staatlicher Zugriff ausgeschlossen sein soll. Nach der verfassungsrechtlichen Konkretisierung der persönlichen Freiheit durch die Rechtsprechung zu den sog. Abwehrgrundrechten, statuiert das Bundesverfassungsgericht nun also auch für die "wirtschaftliche Privatsphäre" einen Freiheitsraum, der dem staatlichen Zugriff entzogen ist. Das auf diese Weise von der Vermögens- und Erbschaftsbesteuerung freigestellte persönliche Gebrauchsvermögen[1587] ergänzt die vom Bundesverfassungsgericht bereits ausgesprochene Freistellung des Existenzminimums von der Einkommensbesteuerung[1588]. Beiden Freistellungen liegt der allgemeine Steuerrechtsgedanke der Nichtsteuerwürdigkeit des Existenzminimums zugrunde[1589], wenn man wie das Bundesverfassungsgericht davon ausgeht, daß auch die wirtschaftliche Grundlage der persönlichen Lebensführung eine verfassungsrechtlich geschützte Existenznotwendigkeit ist[1590].

1584 BVerfG NJW 1995, 2615, 2618.

1585 Der Bürger und sein wirtschaftliches Umfeld rücken also - erstmalig - in den Mittelpunkt steuerlicher Begrenzungen. *Leisner*, NJW 1995, 2595, nennt diesen Aspekt "eine beispiellose Realitätsöffnung der Rechtsprechung" und sieht den Steuerstaat nunmehr als Folgegewalt des Marktes. Diese Realitätsöffnung konnte bereits in BVerfGE 87, 153 festgestellt werden: "Die Höhe des steuerlich zu verschonenden Existenzminimums hängt von den allgemeinen wirtschaftlichen Verhältnissen und dem in der Rechtsgemeinschaft anerkannten Mindestbedarf ab."

1586 BVerfG NJW 1995, 2615, 2618.

1587 Der Ausdruck "Gebrauchsvermögen" soll nach *Schmidt*, BB 1995, 2137, die Legislative dazu zwingen, grundlegende Überlegungen anzustellen: "Wenn sich das BVerfG dennoch neuer Wörter und Begriffe bedient, soll das wohl Zeichen setzen, soll den Gesetzgeber zwingen, eingefahrene Gleise zu verlassen".

1588 Vgl. BVerfGE 87, 153, 169 f.

1589 *Felix*, BB 1995, 2241; vgl. auch *Krüger/Kalbfleisch/Köhler*, DStR 1995, 1455; *Leisner*, NJW 1995, 2595.

1590 Da nur das Erworbene diesem verfassungsrechtlichem Bestandschutz unterliegt, muß man nicht wie *Tipke*, MDR 1995, 1178 f., den Erwerb (einkommen-, grunderwerb-) steuerfrei gestellt sehen.

(B) Die zusätzliche Berücksichtigung von Familie, Kindern und Altersversorgung

Auch den verfassungsrechtlichen Schutz von Familie und Ehe hat das Bundesverfassungsgericht weiter ausgestaltet[1591]: Da die wirtschaftliche Grundlage für die individuelle Lebensgestaltung jedem Steuerpflichtigen persönlich zusteht, wird eine Ehe an diesem Freiraum nichts ändern. Jedem Ehegatten steht die Freistellung seines Gebrauchsvermögens zu: Aus der Ehe dürfen den Ehegatten keine steuerlichen Nachteile erwachsen[1592]. Zusätzlich sind eventuelle Kinder zu berücksichtigen, da diese mit ihren Unterhaltsansprüchen die "Grundlage der persönlichen Lebensführung" mitbestimmen[1593]. Das Bundesverfassungsgericht geht aber noch weiter: es fordert eine spezielle altersbezogene Festlegung des ökonomischen Standards, der die wirtschaftliche Grundlage der persönlichen Lebensführung prägt, da dieser Standard nach dem Ableben eines Ehegatten vom Überlebenden in der Regel beibehalten wird[1594]. Das Altersvermögen soll also verschont werden zur Gewährleistung einer typisierten Kontinuität des Lebensstandards[1595]. Gerade diese verfassungsrechtlich begründete Herausnahme eines Vermögens aus dem staatlichen Steuerzugriff zum Zwecke der Zukunftssicherung bei verminderter Arbeitsfähigkeit entspricht geradezu beispielhaft den demographischen, ökonomischen und kulturellen Bedingungen, unter denen auch in Zukunft das Alter eine gewisse materielle Sicherheit finden kann. Dementsprechend lobend äußert sich das Schrifttum[1596].

(C) Die erbrechtlichen Konsequenzen

Im Erbschaftsteuer-Beschluß hat das Bundesverfassungsgericht seine Ansicht eines unantastbaren Gebrauchsvermögens auch auf das Erbrecht ausgedehnt. Denn auch das Erbrecht hat die Funktion, das Privateigentum als Grundlage der eigenverantwortlichen Lebensgestaltung mit dem Tode des Eigentümers nicht untergehen zu lassen, sondern seinen Fortbestand im Wege der Rechtsnachfolge zu sichern[1597]. Der persönliche Freiraum erstreckt sich also auch auf die

---

1591 Hier lag bis vor kurzem der Schwerpunkt verfassungsgerichtlicher Aktivitäten im Steuerrecht, vgl. *Tipke*, StuW 1990, 316.

1592 BVerfG NJW 1995, 2615, 2618; BVerfGE 6, 55, 76; 69, 188, 205.

1593 *Felix*, BB 1995, 2244, spricht insofern von dem "erweiterten Familien-Existenz-Vermögen".

1594 BVerfG NJW 1995, 2615, 2618.

1595 Vgl. *Felix*, BB 1995, 2244, der treffend von "Altersversorgungsvermögen" spricht.

1596 Vgl. *Felix*, BB 1995, 2244: "Dieser steuerbegrenzende Verfassungssatz ist äußerst einfühlsam, kultiviert und steuerzivilisiert".; A.A. *Flume*, DB 1995, 1779, der vor allem die Machbarkeit anzweifelt.

1597 BVerfG NJW 1995, 2624, 2625; BVerfGE 83, 201, 208.

erbschaftliche Weitergabe und deren Entgegennahme durch den Erben. Eine Steuerbelastung darf insbesondere das Vererben vom Standpunkt eines wirtschaftlich denkenden Eigentümers nicht als ökonomisch sinnlos erscheinen lassen[1598]. Die Vererbung ist demnach auch als die Fortführung der grundrechtlich geschützten wirtschaftlichen Grundlage persönlicher Lebensführung zu sehen.

Insbesondere die Position der Familienangehörigen erfuhr aus Art. 6 Abs. 1 GG eine starke Berücksichtigung[1599]. So ist der erbschaftsteuerliche Zugriff bei unmittelbaren Angehörigen, die der Steuerklasse I zugehören, "derart zu mäßigen, daß jedem dieser Steuerpflichtigen der jeweils auf ihn überkommene Nachlaß - je nach dessen Größe - zumindest zum deutlich überwiegenden Teil oder, bei kleineren Vermögen, völlig steuerfrei zugute kommt". Für die Konkretisierung dieser Freibeträge beruft sich der Senat ausdrücklich auf seine Ausführungen zum persönlichen Gebrauchsvermögen. Auch hier wird die Fortführung des während der Lebenszeit geschützten Gebrauchsvermögens über den Erbfall hinaus deutlich. Und auch für die Erbschaftsteuer werden Ehegatten und Kinder mit zusätzlichen Freiräumen vor dem erbschaftsteuerlichen Zugriff geschützt, da sie entweder an dem Ergebnis der ehelichen Erwerbsgemeinschaft oder an der Mitberechtigung am Familiengut partizipieren können sollen[1600].

c. Die steuerverfassungsrechtlichen Pflichten der Gesetzgebung

(A) Die Erkennbarkeit der Entscheidung für steuerlichen Interventionismus

Das Bundesverfassungsgericht hat die Unterscheidung von Fiskalzwecknormen und Lenkungsnormen im Steuerrecht nunmehr unmißverständlich klargestellt und sie auch verfassungsrechtlich unterschiedlichen Voraussetzungen unterworfen[1601]: Der Gesetzgeber hat die Entscheidung, das Steuerrecht in den Dienst

1598 BVerfG NJW 1995, 2624, 2625. Gesondert erwähnt werden daher die Existenzgefährdungen von besonders gemeinwohlverpflichteten Betrieben - namentlich von mittelständischen Unternehmen - durch zusätzliche finanzielle Belastungen, wie sie durch die Erbschaftsteuer auftreten. Diese müssen daher bei Weiterführung durch den Erben in ihrer gesellschaftlichen und gemeinwohlverpflichteten Einbindung eigenständig bewertet und dürfen nicht durch die Erbschaftsteuerlast "steuerlich gefährdet" werden.

1599 BVerfG NJW 1995, 2624, 2625.

1600 *Felix*, BB 1995, 2242, schließt daraus, daß der erbrechtliche Pflichtteil von Ehegatten und Kindern nicht mehr erbschaftsteuerwürdig ist, da diese den angesprochenen eigenen Rechten am Nachlaß entsprechen.

1601 Auch hier ist ein erstaunlicher Wandel festzustellen. Vor gut einem Jahrzehnt schilderte *Tipke*, FS Zeidler, Band 1, 733, die Lage wie folgt: "Unser Verfassungsgericht hat bisher nicht zwischen Fiskalzwecknormen und Sozialzwecknormen unterschieden. Würde es das tun, würde die Verfassungskontrolle m.E. effizienter und rechtssicherer".

außerfiskalischer Verwaltungsziele zu stellen, erkennbar zu treffen. Er muß sich allein schon aus kompetenzrechtlichen Gründen darüber bewußt sein, welche Funktion das Steuerrecht einnehmen soll: Ertragswirkungen oder Lenkungswirkungen. Darüberhinaus muß der Gesetzgeber prüfen, ob er das Handlungsmittel der Besteuerung für außerfiskalische Zwecke auch aus grundrechtlichen Gesichtspunkten einsetzen darf und will[1602]. Damit wird der steuerliche Interventionismus zwei (an sich selbstverständlichen) verfassungsrechtlichen Vorgaben unterworfen: Zum einen müssen die Gesetzgebungskompetenzen beachtet werden, wenn Steuerrecht (auch) als Interventionsrecht (d.h. insbesondere als Verwaltungsrecht zum Zweck der Sozialgestaltung oder Wirtschaftslenkung) eingesetzt wird. Zum anderen gelten - auch falls etwa das Verwaltungsrecht in das Kleid des Steuerrechts gehüllt ist - uneingeschränkt die Grundrechte. Die Wirtschaftslenkung allein wirkt daher nicht steuerrechtfertigend[1603].

(B) Die gesetzgeberische Pflicht zu einer realitätsnahen Besteuerung

Obwohl das Bundesverfassungsgericht dem Gesetzgeber grundsätzlich freie Hand bei der Wahl des Besteuerungsverfahrens läßt, schränkt es seine Wahlmöglichkeiten dennoch stark ein. Da die Vermögensteuer als Sollertragsteuer verstanden wird, muß für die Zwecke der Besteuerung ein erwarteter Ertrag die Grundlage für die Steuerbemessung sein, so daß die Werte der einzelnen wirtschaftlichen Einheiten auch in ihrer Relation realitätsgerecht abgebildet werden können[1604]. Haben sich die steuererheblichen Werte im Verhältnis der einzelnen Gruppen wirtschaftlicher Werte zueinander deutlich auseinanderentwickelt, so muß der Gesetzgeber aktiv werden. Er hat dabei auch Wertverschiebungen zwischen den einzelnen Vermögensarten und innerhalb des Gesamtvermögens zu beachten[1605]. Mit diesen Anforderungen hat das Bundesverfassungsgericht im Steuerrecht die Realitätsnähe zum prinzipiellen Inhalt der Gleichheit gemacht[1606]. Nicht nur die rechtliche Gleichheit der Lastenzuteilung ist zu verwirklichen, sondern vorrangig die tatsächliche.

1602 BVerfG NJW 1995, 2615, 2619 f.

1603 Vgl. *Leisner*, NJW 1995, 2595 m. Nw.: "Damit ist der allzu billigen Steuerbegründung aus Wirtschaftslenkung der Boden entzogen".

1604 BVerfG NJW 1995, 2615, 2617 m.w.N.

1605 BVerfG NJW 1995, 2615, 2617 m.w.N.

1606 *Leisner*, NJW 1995, 2593 m. Nw., zieht daraus den Schluß auf ein Verbot marktblinder Besteuerung. Daher sei beispielsweise auch die Geldentwertung als die "Realität Inflation" zu berücksichtigen.

(C) Art. 14 Abs. 2 Satz 2 GG als Gemeinwohlbindungspostulat steuerlicher Einnahmen?

Ein weiterer Aspekt der Verfassungsrechtsprechung, der bislang wenig Beachtung fand, könnte das künftige Ausgabenverhalten des Staates beeinflussen. Das "Wohl der Allgemeinheit", das für die Begründung einer näherungsweise hälftigen Teilung des privat erwirtschafteten Erfolgs herangezogen wurde, könnte auch Einfluß auf die staatliche Verwendung der Steuereinnahmen haben. Denn die Steuern hat das Bundesverfassungsgericht nun unmittelbar mit dem "Wohl der Allgemeinheit" gerechtfertigt. Vorher wurde die abstrakte Gemeinwohlverpflichtung des Staates den grundgesetzlichen Staatsaufgaben und den daraus abgeleiteten Staatszielen entnommen[1607]. Der steuereinnehmende Staat ist dem "Wohl der Allgemeinheit" auf der vereinnahmenden Seite nunmehr ebenso direkt verpflichtet, wie der steuerzahlende Bürger. Mit der konkreten Bezugnahme auf Art. 14 Abs. 2 Satz 2 GG im Vermögensteuer-Beschluß hat das Bundesverfassungsgericht den Gesetzgeber nunmehr auch zum Adressaten dieser verfassungsrechtlichen Weisung gemacht[1608].

4. Auf dem Weg zu einer modernen Rechtfertigung der Steuern

Die Sehnsucht der Steuerpflichtigen nach Kontinuität und Stabilität, nach Regelhaftigkeit, Plausibilität und Gerechtigkeit vermag nur ein dogmatisch ausgereiftes Steuerrecht[1609] zu befriedigen. Die Grundlage einer steuerlichen Dogmatik, die zeitgemäß alle an sie gestellten Forderungen umsetzen kann, ist dabei eine aktuelle Rechtfertigung der Steuern. Nicht nur das "Ob", sondern auch das "Wie" der Abgabenerhebung muß geklärt sein, bevor die dogmatische Feinarbeit geleistet werden kann.

Die moderne Rechtfertigung der Steuern stellt aber nicht nur das Rüstzeug einer zeitgemäßen Steuerdogmatik zur Verfügung, sondern sie schafft auch ein der Besteuerung freundliches Klima innerhalb der Bevölkerung. Ihre notwendigerweise responsiv ausgerichtete Entstehung wäre die Grundlage der von manchen geforderten neuen "Bürgergesinnung"[1610]. Mithilfe der bislang unterbliebenen Kommunikation zwischen dem Staat und den Steuerpflichtigen könnte

1607 Vgl. *Rodi*, Die Rechtfertigung von Steuern als Verfassungsproblem, 140 ff. m. Nw.

1608 A.A. *Bull*, NJW 1996, 283.

1609 *Lang*, StuW 1992, 23.

1610 Vgl. *Klotz*, FS Klein, 301 ff., der allerdings zu einseitig, d.h. auf hoheitliche Weise, die Einstellungen der Steuerzahler ändern will (z.B. durch eine Änderung der Berichterstattung in den Medien). Gegen die in ethischer Hinsicht verhängnisvolle hohle Forderung des "Positiven", eines neuen moralischen Bewußtseins oder neuer Werte wendet sich *Otto*, Rechtsidee, 31.

Mißtrauen abgebaut und die Akzeptanz der reformierten Regelungen erreicht werden.

Obwohl die bahnbrechenden Entscheidungen des Bundesverfassungsgerichts noch eine relativ große Rücksichtnahme auf den Gesetzgeber enthalten und vor allem fiskalischen Erwägungen zugeneigt sind[1611], setzen sie Marksteine für eine bürgerbezogene grundsätzliche Rechtfertigung der Steuern. Diese Marksteine sind nun gegeben. Aufgabe der Gesetzgebung und der Wissenschaft wird es sein, das gesamte Steuersystem mit einer lebendigen, d.h. von den Rechtsadressaten akzeptierbaren Steuerrechtfertigungslehre zu füllen.

a. Die verfassungsgerichtlichen Marksteine der Steuerrechtfertigung

Das Bundesverfassungsgericht hat Zeichen gesetzt, die, sollten sie den Steuerbürgern verständlich übermittelt werden, das Steuerrechtsbewußtsein und auch die Steuermoral nachhaltig stärken könnten. Neben der gesetzlichen Umsetzung ist dazu allerdings eine gewisse Zeit notwendig[1612]. Dennoch: diese Zeichen sind die Marksteine einer modernen, am Grundgesetz orientierten Steuerrechtfertigungslehre.

Sie sind für sich genommen einfach und verständlich[1613], da sie sich aus Verfassungsgrundsätzen ableiten, die vom Basiskonsens der Bevölkerung umfaßt werden. Sie sollen in ihrer Einfachheit daher kurz vorgestellt werden. Allerdings ist darauf hinzuweisen, daß auch diese Aspekte der Steuerrechtfertigung nicht unveränderlich sind. Die Zeit wird zeigen, wie sie aufgenommen und umgesetzt werden.

(A) Klarstellung des Steuerzahlerstatus

Alle Mittel, die der Staat benötigt, finden ihren Ursprung in den Leistungen der einzelnen Bürger. Dies stellt das Bundesverfassungsgericht unmißverständlich klar: "In der freiheitlichen Ordnung des Grundgesetzes deckt der Staat seinen Finanzbedarf grundsätzlich durch steuerliche Teilhabe am Erfolg des privaten Wirtschaftens"[1614]. Damit trägt jeder einzelne Bürger die Verantwortung für das

---

[1611] Vgl. etwa die Übergangsfristen oder die von *Felix*, BB 1995, 2242 als mehr als rechtsenttäuschend bezeichnete rückwirkende Besteuerung der Erbfälle des Jahres 1996 nach der Neuregelung des Erbschaftsteuerrechts. Vgl. auch *Krüger/Kalbfleisch/Köhler*, DStR 1995, 1457, die von dem "Damoklesschwert unbekannter Steuerlasten" sprechen.

[1612] Vgl. die Darlegungen zur Durchbrechung negativer Erwartungshypothesen oben D. V. 3. d. (B).

[1613] Vgl. *Leisner*, NJW 1995, 2596: "Die Realitätsöffnung der Abgaben ist durchgesetzt; dem bisher nahezu allmächtigen Belastungsgesetzgeber sind klare Schranken gezogen".

wirtschaftliche Wohlergehen des Staates, und zwar gleichmäßig "je nach seiner finanziellen Leistungsfähigkeit"[1615]. Zugleich wird aber auch deutlich, daß der Sozialstaat, der großen Anteil am staatlichen Finanzbedarf hat, auf dem Erfolg des privaten Wirtschaftens beruht[1616]. Neben den bereits 1991 vom Bundesverfassungsgericht klargestellten Ansprüchen des Staates gegen den Bürger ("Der - auch strafrechtlich sanktionierte - Steueranspruch des Staates begründet sich aus dem Umstand, daß der Betroffene am staatlichen Leben teilnimmt, ihm insbesondere Schutz, Ordnung und Leistungen der staatlichen Gemeinschaft zugute kommen")[1617], die das steuerrechtfertigende "Ob" behandelten, tritt nun in einer bürgerorientierten verfassungsrechtlichen Betrachtungsweise das "Wie" der Steuererhebung in den Vordergrund, das ebenfalls ein wichtiger Bestandteil der steuerlichen Rechtfertigung ist.

(B) Begrenzung der staatlichen Teilhabe

Der Grundsatz der hälftigen Teilung des wirtschaftlichen Erfolgs zwischen privater und öffentlicher Hand begrenzt die steuerliche Teilhabe des Staates. Falls das Leistungsfähigkeitsprinzip es zuläßt, kann der Steuerpflichtige mit maximal der Hälfte seines wirtschaftlichen Erfolges zu Zahlungen an den Staat zum "Wohl der Allgemeinheit" verpflichtet werden[1618]. Dabei sind alle Besteuerungsmöglichkeiten (z.B. Besteuerung des Vermögenserwerbs, des Vermögensbestands, der Vermögensverwendung, durch direkte oder indirekte Steuern) im Sinne einer Gesamtbelastungsrechnung so aufeinander abzustimmen, daß sowohl das Belastungsgleichmaß (Art. 3 Abs. 1 GG) gewahrt, als auch eine übermäßige Steuerlast (Art. 14 GG) vermieden wird.

Eine derartige steuerliche Gesamtschau ist zudem geeignet, in Ansätzen das Steuerwesen aus wahlpolitischen Erwägungen herauszunehmen. Wird auch bei den Steuerzahlern ein Denken in steuerlichen "Gesamtbelastungszusammenhängen" etabliert, verlieren bislang so wirksame Gestaltungsmittel der Wahlkampfpolitik, wie etwa die sog. Steuervorteile, ihre Wirkung auf die Wähler. Dies könnte zu einer erheblichen Versachlichung der Steuerpolitik beitragen.

Konkret gibt die klare Belastungsgrenze den Steuerpflichtigen die Sicherheit, von den eigenen Leistungen profitieren und sie eigenverantwortlich einsetzen zu können. Damit wurde das Gebot der Erhaltung der Steuerquelle auf

---

1614 BVerfG NJW 1995, 2615, 2616.

1615 BVerfG NJW 1995, 2615, 2617.

1616 Vgl. *Isensee*, FS Ipsen, 410 m. Nw., der die Angewiesenheit des Sozialstaates auf den "Steuerstaat als Vehikel" betont.

1617 BVerfGE 84, 239, 280.

1618 BVerfG NJW 1995, 2615, 2617.

eindeutige Werte festgelegt[1619]. Die (im Extremfall) vom Steuerstaat vereinnahmte Hälfte dient nach Art. 14 Abs. 2 Satz 2 GG dem Wohl der Allgemeinheit. Ob aus dieser steuerrechtfertigenden Feststellung weitergehende Konsequenzen für die Verwendung der Steuereinnahmen zu ziehen sind, bleibt abzuwarten. Denn obwohl die Durchsetzung dieses Ziels an sich wünschenswert wäre, ist der gesamte Staat naturgemäß schon dem Allgemeinwohl - dem bonum commune - verpflichtet. Daß es dennoch zu gemeinwohlschädlichen Auswüchsen kommt, läßt sich auch mit Art. 14 Abs. 2 GG nicht verhindern.

(C) Wirtschaftlicher Freiraum

Mit der Einführung des sogenannten Gebrauchsvermögens werden die Hauptfreiheitsgrundrechte der Artikel 2 Abs. 1 GG und 14 GG auch im steuerlichen Bereich mit Leben erfüllt. Der Bürger erhält einen vermögensrechtlichen Freiraum, in den der Staat mit seinen Steueransprüchen nicht eingreifen darf. Damit kann der Einzelne eigenverantwortlich die Grundlagen der individuellen Lebensgestaltung bilden. Er wird dadurch im Idealfall weitgehend unabhängig von staatlichen Hilfen, etwa in Form von Sozialhilfen und anderen Unterstützungen. Er gewinnt so auch im finanziellen Bereich jene Freiheit zurück, die ihm der allmächtige Sozialstaat durch Bevormundung und Besteuerung genommen hat[1620].

(D) Berücksichtigung von Ehe und Familie

Der Schutz von Ehe und Familie erfährt durch die Rechtsprechung des Bundesverfassungsgerichts jenen vermögensrechtlichen Schutz, den die ursprünglichste Solidareinheit benötigt, um ihre Aufgaben - auch über die Generationen hinweg - erfüllen zu können. Es zeigt sich also auch hier ein dem Subsidiaritätsprinzip verpflichtetes Denken zu mehr Eigenverantwortlichkeit und Freiheit. Dabei sind die nun festzulegenden Freibeträge im Rahmen der Vermögens- und Erbschaftsbesteuerung nur ein Aspekt. Der Gedanke wird seine Fortführung etwa in der einkommensteuerlichen oder sozialversicherungsrechtlichen Berücksichtigung der Kinder finden müssen[1621].

1619 Vgl. für das "Gebot der Erhaltung der Steuerquelle" *Isensee*, FS Ipsen, 418 f.

1620 Vgl. die von *Kirchhof*, NJW 1987, 3226, sogenannte "Fähigkeit zur Freiheit", die auch durch ein alle Details berücksichtigendes Steuerrecht korrumpiert werden könne.

1621 Als Mindeststandard der Steuerrechtfertigung ist daher die Aussage von BVerfGE 89, 346, 352 f. zu betrachten: "Die unvermeidbare Sonderbelastung durch Unterhaltsverpflichtungen, vor allem für Kinder, mindert die Leistungsfähigkeit des Steuerpflichtigen. Der Gesetzgeber verstößt daher gegen Art. 3 Abs. 1 GG, wenn er solche Verpflichtungen unberücksichtigt läßt (vgl. zuletzt BVerfGE 82, 60, 86 f.)."

(E) Schutz persönlich zugeordneter Existenzen

Nicht nur das Gebrauchsvermögen zur Gestaltung der individuellen wirtschaftlichen Lebensgrundlage ist vor dem steuerlichen Zugriff zu schützen, sondern auch jene "Lebenswerke", wie sie sich vor allem in mittelständischen Unternehmen zeigen. Der geschaffene Grundstock darf nicht nur aus verfassungsrechtlicher und wirtschaftlicher Sicht mit dem Tode des "Gründers" "steuerlich nicht gefährdet"[1622] werden, sondern ist auch aus emotionalen und gesamtstaatlichen Gründen bewahrenswert. Denn vielfach gibt gerade die Aussicht auf generationenübergreifenden Bestand jenen Anreiz, das Risiko der Unternehmerschaft auf sich zu nehmen. Nicht ohne Grund erwähnt zudem das Bundesverfassungsgericht den Mittelstand "als Garant von Produktivität und Arbeitsplätzen"[1623]. Die eigenverantwortliche Stärkung der kleinen Einheiten auch auf wirtschaftlichem Gebiet zeigt auch hier eine schlüssige, verfassungsrechtlich auch durch das dem Sozialstaat immanente Subsidiaritätsprinzip begründete[1624], wirtschaftspolitische Grundlinie.

(F) Besteuerungsgleichheit

Der für das Steuerrecht bereichsspezifisch anzuwendende Gleichheitssatz aus Art. 3 Abs. 1 GG bleibt nach wie vor das Königsgrundrecht des Steuerzahlers. Denn er beansprucht seine Gültigkeit nicht erst aus der Normierung in Art. 3 GG, sondern schon aus der Eigenart der Steuer: Die Steuer ist eine Gemeinlast, die alle Inländer je nach ihrem Einkommen, Vermögen und ihrer Nachfragekraft zur Finanzierung der allgemeinen Staatsaufgaben heranzieht[1625]. Daher lebt auch die Rechtfertigung der Steuern von der Gleichheit der Lastenzuteilung. Das Bundesverfassungsgericht wiederholt seine Ausführungen zum sog. "Zinsurteil": "Der steuerliche Eingriff in die Vermögens- und Rechtssphäre des Einzelnen gewinnt seine Rechtfertigung auch und gerade aus der Gleichheit dieser Lastzuteilung"[1626]. Entscheidend ist daher für die Verfassungsmäßigkeit eines Steuergesetzes und gerade auch für die Steuerrechtfertigung, daß das gebotene Gleichmaß sich in dem Belastungserfolg, den die Anwendung der Steuergesetze beim einzelnen Steuerpflichtigen erreicht, verwirklicht[1627]. Die allgemein gleiche Durchsetzung der Steuergesetze muß somit gewährleistet sein. Auch wenn der Systematik und Rechtsprinzipien leugnende Zustand der meisten Steuergesetze nicht konkret

---

1622 BVerfG NJW 1995, 2624, 2625 f.

1623 BVerfG NJW 1995, 2624, 2625.

1624 Vgl. dazu *Isensee*, Subsidiaritätsprinzip und Verfassungsrecht. Eine Studie über das Regulativ des Verhältnisses von Staat und Gesellschaft.

1625 Vgl. BVerfG NJW 1995, 2615, 2616.

1626 BVerfG NJW 1995, 2615, 2616 mit Verweis auf BVerfGE 84, 239, 268 f.

1627 BVerfG NJW 1995, 2615, 2616; BVerfGE 84, 239, 268 f.

angesprochen wurde, so sind doch die Normenklarheit, Systematik und Prinzipientreue wesentliche legislative Beiträge zu einem gleichmäßigen Belastungserfolg. Nicht zuletzt auch deshalb weist das Bundesverfassungsgericht unermüdlich auf die folgerichtige Umsetzung der vom Gesetzgeber einmal getroffenen Belastungsentscheidung hin[1628].

(G) Typisierungen

Indem das Bundesverfassungsgericht dem Bürger seine wirtschaftliche Freiheit in Form des "Halbteilungsgrundsatzes" zurückgegeben hat, hat es gleichzeitig aber auch die Typisierung erwähnt[1629]. Sie ist notwendig, um Massenerscheinungen im Besteuerungsverfahren vollziehbar zu gestalten und die Einfachheit steuerlicher Normen zurückzugewinnen. Voraussetzung ist aber, daß die gesetzliche Typisierung die Wirklichkeit realtitätsgerecht erfaßt, was wiederum auch eine Anpassungspflicht an veränderte Umstände voraussetzt. Dem Interesse des Einzelnen wird also auch hier das Gemeinwohlinteresse der Vollziehbarkeit der Steuergesetze gegenübergestellt. Der Bürger muß daher auch in seinem eigenen Interesse auf eine überspitzte Einzelfallgerechtigkeit[1630] verzichten und vergröbernde Verallgemeinerungen von Besteuerungstatbeständen zulassen.

b. Die Chancen für eine neue Steuerrechtfertigung und ein "besseres" Steuerrecht

Klaus Vogel spricht offen aus, welche Möglichkeiten die jüngsten verfassungsgerichtlichen Entscheidungen für die Entwicklung des Steuerrechts in Deutschland bieten: "Wenn der Gesetzgeber die Grundsätze dieser beiden Beschlüsse beherzigt und sie nicht, wie heute so vieles, im Parteienstreit zerredet werden, könnten sie Ausgangspunkt für eine Rekonstruktion des deutschen Steuerrechts sein, die es gestatten würde, es ernsthaft wieder als 'Recht' zu bezeichnen"[1631]. Allerdings überschätzt er bei dieser Beurteilung die

---

1628 Vgl. BVerfGE 23, 242, 256; 84, 239, 271; 87, 153, 170; BVerfG NJW 1995, 2615, 2617; BVerfG NJW 1995, 2624, 2625. Im Vermögensteuer-Beschluß, BVerfG NJW 1995, 2615, 2617, wurde beispielsweise die gesetzgeberische Pflicht angesprochen, die Entwicklung steuererheblicher Werte zu verfolgen und nötigenfalls für die Besteuerung gesetzlich zu berücksichtigen.

1629 BVerfG NJW 1995, 2615, 2617. Die gesetzlichen Typisierungen wurden schon öfters vom BVerfG als zulässig und notwendig erachtet, allerdings immer unter der Voraussetzung der Realitätsnähe, vgl. BVerfGE 78, 214, 227 f.; BVerfGE 85, 264, 316 f.; BVerfGE 89, 15 ff.

1630 Vgl. *Kirchhof*, FS Tipke, 30, der dem gegenwärtigen Steuerrecht attestiert, von einer Besteuerung der aus der Distanz erkennbaren typisierten Leistungsfähigkeit völlig abgekommen zu sein.

1631 *Vogel*, JZ 1996, 44; ähnlich *Arndt/Schumacher*, NJW 1995, 2605, die den Traum von

Möglichkeiten der Politik bzw. unterschätzt er den Einfluß bürgerlicher Bewußtseinslagen und der Verfassungsrechtsprechung auf die Rechtsentwicklung. Zumindest die vom Bundesverfassungsgericht gesetzten Maßstäbe werden als steuerverfassungsrechtlicher Standard sowohl von den Fachgerichten als auch von der Verwaltung Beachtung finden. Selbst der Steuergesetzgeber wird sich ihnen in gewissen Maßen nicht verschließen können. Dafür wird allein schon der Druck des nunmehr verfassungsgerichtlich unterstützten kollektiven Steuerrechtsbewußtseins sorgen, dem sich keine staatliche Institution auf Dauer entziehen können wird. Denn eines ist gewiß: Die verfassungsgerichtlichen Vorgaben werden - sollten sie der Bevölkerung in ihrer vollen Tragweite bewußt werden - geradezu begierig aufgesogen werden. Sie entsprechen dem in der Verfassung ausgedrückten Basiskonsens und sind daher geeignet, das Steuerrechtsbewußtsein, und mit einiger Verzögerung auch die Steuermoral, zu beeinflussen. Der beste Beweis für diese bürgerliche Bewußtseinslage kann in der stark emotionalen Auseinandersetzung der Bürger mit dem Steuerwesen gesehen werden. Sie ist auch ein Zeichen dafür, daß die sich im Verfassungskonsens widerspiegelnde Idee des Staates diesen, sich gegen das chaotische Steuerrecht wehrenden Bürgern, besonders am Herzen liegt[1632]. Gerade die an das Bundesverfassungsgericht gestellten Erwartungen offenbaren ein bürgerliches Bewußtsein, das sich nur in einem weitgehend intakten Rechtsstaat entwickeln kann. Es ist das Bewußtsein, einen Anspruch auf Gerechtigkeit zu haben[1633]. Die nunmehr diesen Anspruch einlösenden Entscheidungen des Bundesverfassungsgericht erfüllen daher tiefliegende Sehnsüchte.

Das Bundesverfassungsgericht wird nach diesen ersten grundlegenden Entscheidungen auf dem Weg zu einem umfassenden Steuerverfassungsrecht den eingeschlagenen Pfad ohne Not nicht verlassen. Die maßgeblichen Akteure bleiben jedenfalls für gewichtige Steuerteilbereiche zuständig. Der die Entscheidungen fällende 2. Senat kann auch nach der Änderung der internen Zuständigkeiten[1634] seine Auffassungen beispielsweise im Rahmen der Überprüfung des einkommensteuerlichen Tarifs, für die er weiterhin zuständig ist, konkretisieren[1635].

Die Aufgabe der Steuerwissenschaften ist es nun, die verfassungsgerichtlichen Vorgaben in konkrete Vorschläge umzusetzen und an der Genese eines Steuerverfassungsrechts mitzuarbeiten. Dabei ist das gesamte verfassungsrechtliche Spektrum zu berücksichtigen. Eine als Geheimwissenschaft behandelte Steuerrechtswissenschaft sollte daher der Vergangenheit angehören.

---

der grundlegenden Steuerreform durch die Entscheidung des Bundesverfassungsgerichts doch ein kleines Stück näher gerückt sehen.

1632 *Schmölders*, Finanzpsychologie, 75.

1633 *Lang*, FS Tipke, 10 f.

1634 Vgl. den Beschluß des Plenums des BVerfG, BGBl I 1993, 2492.

1635 Vgl. *Arndt/Schumacher*, NJW 1995, 2603.

Die Durchsetzungschancen einer neu zu schaffenden Steuerrechtfertigung hängen entscheidend von der Tätigkeit der bereits angesprochenen "Rechtsübersetzer" ab. Medien, insbesondere die Massenmedien, und Steuerfachleute sind für das Rechtsbewußtsein der Bevölkerung mitverantwortlich[1636]. Folglich tragen sie auch heute Verantwortung für das Gelingen der verfassungsgerichtlich initiierten "Rechtfertigungsoffensive". Bislang scheint allerdings die Tragweite der Beschlüsse des Bundesverfassungsgerichts auch in diesen Bereichen weitgehend unbekannt zu sein. Gerade diejenigen "Übersetzerbereiche", die direkt die breite Masse der Bevölkerung ansprechen (Fernsehen, Funk, Zeitungen), konnten oder wollten bislang den verfassungsgerichtlichen Rechtfertigungswandel den Bürgern nicht vermitteln[1637]. Im Gegenteil: Das Schweigen der Medien hierzu fällt geradezu auf. Während beispielsweise der Kruzifix-Beschluß des Bundesverfassungsgerichts über Monate hinaus medienwirksam behandelt wurde, gingen die bahnbrechenden Entscheidungen in Steuerrechtssachen in der sonstigen Themenvielfalt unter. Dazu mag auch die Politik beigetragen haben, die ersichtlich kein Interesse daran haben kann, im Steuerwesen ein Aufleben bürgerlicher Freiheitsbestrebungen zu entfachen. Das Thema wurde von seiten der Politik nur im nötigsten Umfang - teilweise mit Ängsten unterlegt[1638] - behandelt. Die grundlegenden Entscheidungen des Bundesverfassungsgerichts dagegen wurden verschwiegen. Ihrem grundgesetzlichen Informationsanspruch wird daher die Berichterstattung erst dann gerecht werden, wenn sie sich über wirtschaftliche und politische Zwänge hinwegsetzend für das Gemeinwohl bewußtseinsprägend einsetzen wird.

Nicht zuletzt liegt es auch an den Bürgern, wie sie auf die neu gewonnene Freiheit reagieren werden. Kann das weitreichende Ansehen der grundgesetzlichen Verbürgungen in eine ähnlich angesehene Steuerrechtfertigung übernommen werden und nehmen die Bürger die ihnen daraus erwachsenden

---

1636 *Lucke/Schwenk*, Rechtssoziologie 1992, 197 m. Nw.; *Felix*, Der Steuerjurist der Zukunft aus der Sicht der steuerberatenden Berufe, in: Vogelgesang (Hrsg.), Perspektiven der Finanzverwaltung, 181, spricht von der Bedeutung der Steuerjuristen im Wirtschaftsjournalismus: "Zu beachten ist der gehobene Meinungs- und Informationsjournalismus einerseits und der Konsumjournalismus andererseits. Diese Bereiche werden in ihrer Bedeutung für das Besteuerungsgeschehen unterschätzt".

1637 Auffällig ist insofern das Bemühen *Kirchhofs*, die Massenmedien auf den zu leistenden Anstoß aufmerksam zu machen, vgl. die von ihm gegebenen Interviews in dem Wirtschafts-Magazin Capital, Heft 11/1995, 25, sowie in Focus, Nr. 10/1996, 94 ff., das auf der Titelseite mit "Verfassungsrichter Kirchhof fordert die radikale Steuerreform" angekündigt wird. Zur Rolle der Massenmedien bei der Bewußtseinsbildung von Bevölkerung und Gesetzgeber vgl. *Zeh*, Kodifikation oder Kommunikation - Rechtssetzung in der Mediendemokratie, in: Merten/Schreckenberger (Hrsg.), Kodifikation gestern und heute, 138 ff. (insbes. 140).

1638 Vgl. etwa die Diskussion um die Erhöhung der Grundsteuer und deren sozialpolitisch problematische Weitergabe an die Mieter, die sich aus dem Beschluß des Bundesverfassungsgerichts ergeben müsse.

Möglichkeiten wahr, wird sich das Steuerrecht sicherlich grundlegend ändern. Verharrt der Großteil aber weiterhin in Resignation, werden die bekannten Mißstände im Steuerrechtswesen lediglich modifiziert werden. Insofern drängt sich auch am Schluß dieser Betrachtungen die Erkenntnis auf, die bereits am Anfang vorgestellt wurde: Nicht nur das Recht beeinflußt die Einstellungen der Bürger zum Recht, sondern ebenso können kollektive Wert- und Gerechtigkeitsvorstellungen die Entwicklung des Rechts beeinflussen. Daher ist ein Abschieben der Verantwortung für konkrete Mißstände im Steuerrechtswesen nicht zulässig. In einem demokratischen Verfassungsstaat sind die Rechtsadressaten dem Recht unterworfen, dessen sie sich dadurch würdig erweisen, daß sie es ihren Wert- und Gerechtigkeitsvorstellungen entsprechend gestalten und leben. Eine bürgerbezogene Steuerrechtfertigung wird daher erst dann konkrete Auswirkungen auf das Steuerrecht zeigen können, wenn die Rechtsadressaten sie akzeptieren, und damit die Bereitschaft offenbaren, als mündige[1639] Staatsbürger für ihren Staat einzustehen. Oder anders gewendet: Übernehmen und akzeptieren die Bürger eine Steuerrechtfertigung, wird sich nicht nur das Steuerrecht ändern, sondern auch die Steuermoral.

1639 Vgl. zur Notwendigkeit der Mündigkeit als ethisches Leitbild im heutigen Staatswesen: *Stolleis*, KritV 1995, 66.

Literaturverzeichnis

Adams, J. Stacy

- Inequity in social exchange, in: Berkowitz, Leonard (Hrsg.), Advances in experimental social psychology, vol. 2, New York 1965, S. 267 - 299

Arndt, Hans-Wolfgang/ Schumacher, Andreas

- Die verfassungsgerichtlich zulässige Höhe der Steuerlast - Fingerzeig des BVerfG an den Gesetzgeber?, NJW 1995, S. 2603 - 2605

- Das vorläufige und das endgültige Nichts - Wegfall der Rechtsgrundlage für die Erhebung der Erbschaft- und Vermögensteuer bei Untätigkeit des Gesetzgebers?, DStR 1995, S. 1813 - 1816

Arnim, Hans Herbert von

- Gemeinwohl und Gruppeninteressen. Die Durchsetzungsschwäche allgemeiner Interessen in der pluralistischen Demokratie. Ein Beitrag zu verfassungsrechtlichen Grundfragen der Wirtschaftsordnung, Frankfurt 1977
  Zitierweise: von Arnim, Gemeinwohl

- Strukturschwächen der finanzpolitischen Willensbildung, in: Schmölders, Günter/ Wöhe, Günther/ Buchholz, Edwin H. (Hrsg.), Der Bürger als Objekt der staatlichen Finanzpolitik, Festschrift für Willy Haubrichs zum 65. Geburtstag, 2. Auflage, Bad Wörishofen 1977, S. 199 - 212
  Zitierweise: von Arnim, FS Haubrichs

- Ist "der rationale Staat" möglich?, in: Arnim, Hans Herbert von/ Lüder, Klaus (Hrsg.), Wirtschaftlichkeit in Staat und Verwaltung, Berlin 1993, S. 67 - 80

- Staat ohne Diener - Was schert die Politiker das Wohl des Volkes?, München 1993,
  Zitierweise: von Arnim, Staat ohne Diener

Badura, Peter

- Eigentum, in: Benda, Ernst/ Maihofer, Werner/ Vogel, Hans-Jochen (Hrsg.), Handbuch des Verfassungsrechts, 2. Auflage, Berlin 1994, § 10
  Zitierweise: Badura, Handbuch des Verfassungsrechts

Benda, Ernst

- Die Wahrung verfassungsrechtlicher Grundsätze im Steuerrecht, DStZ 1984, S. 159 - 164

- Der soziale Rechtsstaat, in: Benda, Ernst/ Maihofer, Werner/ Vogel, Hans-Jochen (Hrsg.), Handbuch des Verfassungsrechts, 2. Auflage, Berlin 1994, § 17
  Zitierweise: Benda, Handbuch des Verfassungsrechts

Bender, Rolf

- Die Sprache des Gesetzes, ein Problem der Verständlichkeit und der Regelungstechnik, in: Schäffer, Heinz/ Triffterer, Otto (Hrsg.), Rationalisierung der Gesetzgebung, Baden-Baden 1984, S. 45 - 57

Benzner, Bodo

- Ministerialbürokratie und Interessengruppen, Eine empirische Analyse der personellen Verflechtung zwischen bundesstaatlicher Ministerialorganisation und gesellschaftlichen Gruppeninteressen in der Bundesrepublik Deutschland im Zeitraum 1948-1984, Baden-Baden 1989

Beutter, Friedrich

- Stichwort "Steuermoral", in: Görres-Gesellschaft (Hrsg.), Staatslexikon, Fünfter Band, 7. Auflage, Freiburg 1989, Spalten 309 - 311
  Zitierweise: Beutter, Staatslexikon, Band V, "Steuermoral"

Bilsdorfer, Peter

- Das Bankgeheimnis, DStR 1984, S. 498 - 507

- Die Entscheidung des Bundesverfassungsgerichts zu den Grundfreibeträgen - Einladung zum Erlaß verfassungswidriger Gesetze, INF 1993, S. 10 - 13

Bisani, Fritz

- Personalwesen und Personalführung, 4. Aufl., Wiesbaden 1995

Böckenförde, Ernst-Wolfgang

- Demokratie als Verfassungsprinzip, in: ders., Staat, Verfassung, Demokratie, Frankfurt 1991, S. 289 - 378

- Demokratie und Repräsentation, in: ders., Staat, Verfassung, Demokratie, Frankfurt 1991, S. 379 - 405

Borell, Rolf/ Schemmel, Lothar

- Steuervereinfachung. Notwendigkeit, Grundlagen, Vorschläge, in: Karl-Bräuer-Institut des Bundes der Steuerzahler e.V. (Hrsg.), Wiesbaden 1986
  Zitierweise: Borell/Schemmel, Steuervereinfachung

Brandstätter, Herrmann

- Determinanten der Steuerhinterziehung: Ergebnisse der experimentellen Psychologie, in: Smekal, Christian/ Theurl, Engelbert (Hrsg.), Stand und Entwicklung der Finanzpsychologie, Baden-Baden 1994, S. 213 - 245

Brehm, Jack W.,

- A theory of psychological reactance, New York 1966

Brettschneider, Frank

- Öffentliche Meinung und Politik. Eine Empirische Studie zur Responsivität des Deutschen Bundestages zwischen 1949 und 1990, Opladen 1995

Bruner, J. S.

- On perceptual readiness, Psychological Review 64 (1957), S. 123 - 152

Bubner, Rüdiger

- Zur juristischen Substituierung des Politischen, ZRP 1993, S. 399 - 401

Bull, Hans Peter

- Vom Eigentums- zum Vermögensschutz - ein Irrweg, NJW 1996, S. 281 - 284

Bydlinski, F.

- Juristische Methodenlehre und Rechtsbegriff, Wien/New York 1982

Czybulka, Detlef

- Akzeptanz als staatsrechtliche Kategorie?, Die Verwaltung 1993, S. 27 - 37

Dann, Wilfried

- Steuerchaos in Deutschland - Komplizierung des Steuerrechts, StB 1993, S. 244 - 247

Deckert, Martina R.

- Zur Methodik der Folgenantizipation in der Gesetzgebung, ZG 1995, S. 240 - 254

Deutscher Bundestag, 7. Ausschuß - Finanzausschuß

- Unkorrigiertes stenographisches Protokoll: Öffentliche Anhörung des Finanzausschusses am Mittwoch, dem 22. September 1993, Öffentliche Anhörung zur Lage in der Finanzverwaltung
Zitierweise: ÖFF. ANH. FINAUSSCHUß V. 22.11.1993

Deutscher Bundestag, 7. Ausschuß - Finanzausschuß

- Protokoll der öffentlichen Anhörung des Finanzausschusses am Mittwoch, dem 9. März 1994, Öffentliche Anhörung zu den Auswirkungen des Steuerrechts in der Praxis
Zitierweise: ÖFF. ANH. FINAUSSCHUß V. 9.3.1994

Dickenberger, Dorothee/ Gniech, Gisela/ Grabitz, Hans-Joachim

- Die Theorie der psychologischen Reaktanz, in: Frey, Dieter/ Irle, Martin (Hrsg.), Theorien der Sozialpsychologie, Band 1, Kognitive Theorien, 2. Auflage, Bern 1993, S. 243 - 273

Dworkin, Ronald

- Law's Empire, Cambridge (Mass.) 1986

Ebling, Klaus/ Freericks, Wolfgang

- Autorenverzeichnis, in: Ebling, Klaus/ Freericks, Wolfgang (Hrsg.), Blümich, Einkommensteuergesetz - Körperschaftsteuergesetz - Gewerbesteuergesetz, Kommentar, Loseblattsammlung, 15. Auflage, 50. Ergänzungslieferung, München, Stand Juni 1995
Zitierweise: Blümich, EStG - KStG - GewStG

Ehrlicher, Werner

- Stichwort "Steuer", in: Görres-Gesellschaft (Hrsg.), Staatslexikon, Fünfter Band, 7. Auflage, Freiburg 1989, Spalten 294 - 309
Zitierweise: Ehrlicher, Staatslexikon, Band V, "Steuer"

Eichenberger, Kurt

- Gesetzgebung im Rechtsstaat, VVDStRL 40 (1982), S. 7 - 36

Ellwein, Thomas/ Hess, Joachim Jens

- Der überforderte Staat, Baden-Baden 1994

Engelhardt, Gunther/ Hegmann, Horst/ Panther, Stefan

- Fiskalillusion aus der Sicht der Neuen Institutionenökonomik, in: Smekal, Christian/ Theurl, Engelbert (Hrsg.), Stand und Entwicklung der Finanzpsychologie, Baden-Baden 1994, S. 121 - 152

Felix, Günther

- Der Steuerjurist der Zukunft aus der Sicht der steuerberatenden Berufe, in: Vogelgesang, Horst (Hrsg.), Perspektiven der Finanzverwaltung: Analysen und Prognosen im Spiegel von Wissenschaft und Praxis, Köln 1992, S. 179 - 193

- Vom Elend des Steuerrechts, JZ 1995, S. 33 - 34

- Diskussionsbeitrag: Weitergeltung des Schenkungsteuerrechts bis zur Neuregelung des Erbschaftsteuerrechts?, DStR 1995, S. 1619 - 1620

- Konsequenzen aus den Entscheidungen des Bundesverfassungsgerichts zur Vermögens- und Erbschaftsbesteuerung, BB 1995, S. 2241 - 2244

- Steuerrechtsordner Klaus Tipke, BB 1995, S. 2293 - 2296

- Zur steuerlich gemäßigten Belastungsobergrenze - Steine statt Brot vom BVerfG?, NJW 1996, S. 703 - 704

- Zur Diskussion um die steuerlich gemäßigte Belastungsobergrenze, NJW 1997, S. 304 - 305

Festinger, Leon

- Theorie der kognitiven Dissonanz, hrsg. von Irle, Martin/ Möntmann, Volker, Bern 1978

Flämig, Christian

- Stichwort "Steuerprotest", in: Strickrodt, Georg/ Wöhe, Günter/ Flämig, Christian/ Felix, Günther/ Sebiger, Heinz, Handwörterbuch des Steuerrechts, 2 Bände, 2. Auflage, München 1981, Zweiter Band, S. 1312
  Zitierweise: Flämig, HwStR II, "Steuerprotest"

Flume, Werner

- Die Beschlüsse des Bundesverfassungsgerichts zu den Einheitswerten in Hinsicht auf die Vermögen- und Erbschaftsteuer, DB 1995, S. 1779 - 1780

Förg, Rudolf

- Komplizierte Steuervereinfachung, FR 1995, S. 325 - 329

Förster, Martin

- Datenschutz und Abgabenordnung, DStZ 1995, S. 621 - 622

Folkers, Cay

- Begrenzungen von Steuern und Staatsausgaben in den USA, Baden-Baden 1983

- Politische Präferenzen und institutionelle Bedingungen der Interessenpolitik, in: Grimm, Dieter (Hrsg.), Staatsaufgaben, Baden-Baden 1994, S. 125 - 148
Zitierweise: Folkers, Staatsaufgaben

Forschungsstelle für empirische Sozialökonomik (Prof. Dr. G. Schmölders) e.V.

- Die öffentliche Finanzkrise im Urteil der Bürger, Eine empirisch-finanzpsychologische Untersuchung der Wahrnehmung und Bewertung der öffentlichen Einnahmen- und Ausgabenpolitik, Köln 1994, - nicht veröffentlicht -

Franke, Siegfried Franz

- Steuerpolitik in der Demokratie, Das Beispiel der Bundesrepublik Deutschland, Berlin 1993.

Frey, Dieter/ Dauenheimer, Dirk/ Parge, Olaf/ Haisch, Jochen

- Die Theorie sozialer Vergleichsprozesse, in: Frey, Dieter/ Irle, Martin (Hrsg.), Theorien der Sozialpsychologie, Band 1, Kognitive Theorien, 2. Auflage, Bern 1993, S. 81 - 121

Frey, Dieter/ Brandstätter, Veronika/ Schuster, Beate

- Das ökonomische Modell aus psychologischer Sicht, in: Smekal, Christian/ Theurl, Engelbert (Hrsg.), Stand und Entwicklung der Finanzpsychologie, Baden-Baden 1994, S. 41 - 63

Friauf, Karl Heinrich

- Steuergleichheit, Systemgerechtigkeit und Dispositionssicherheit als Prämissen einer rechtsstaatlichen Einkommensbesteuerung, StuW 1985, S. 308 - 318

Galles, Gary M./ Long, James E./ Sexton, Robert L.

- Restricting Taxation: The Impact of Proposition 13 on California Tax and Expenditure Trends, The Journal of Social, Political and Economic Studies 1995, S. 81 - 92

Gattermann, Hans H.

- Aufgaben und Arbeitsstil des Finanzausschusses, StuW 1988, S. 170 - 174

Geis, Max-Emanuel

- Das revidierte Konzept der "Gerechtigkeit als Fairneß" bei John Rawls - materielle oder prozedurale Gerechtigkeitstheorie?, JZ 1995, S. 324 - 331

Giersching, Lorenz/ Stenger, Alfons

- Autorenverzeichnis, in: Giersching, Lorenz/ Stenger, Alfons (Hrsg.), Kommentar zum Bewertungsgesetz und Vermögensteuergesetz, 9. Auflage, Köln 1992
  Zitierweise: Giersching/Stenger, BewG - VStG

Gretschmann, Klaus

- Die Struktur öffentlicher Ausgaben im Lichte der Bürgerpräferenzen, in: Smekal, Christian/ Theurl, Engelbert (Hrsg.), Stand und Entwicklung der Finanzpsychologie, Baden-Baden 1994, S. 153 - 169

Grimm, Dieter

- Politische Parteien, in: Benda, Ernst/ Maihofer, Werner/ Vogel, Hans-Jochen (Hrsg.), Handbuch des Verfassungsrechts, 2. Auflage, Berlin 1994, § 14
  Zitierweise: Grimm, Handbuch des Verfassungsrechts

Grune, Jörg

- Präklusion im Zwielicht, DStZ 1995, S. 463 - 464

Grunow, D./ Hegner, F./ Kaufmann, F.X.

- Empirische Sozialforschung in der Verwaltung: Zum Verhältnis von Steuerzahler und Finanzamt, Verwaltungsarchiv 66 (1975), S. 1 - 33

Gusy, Christoph

- Parlamentarischer Gesetzgeber und Bundesverfassungsgericht, Berlin 1985

Haegert, Lutz

- Eine empirische Widerlegung der gängigen Thesen über die Ursachen für die Überlastung der Finanzgerichte, BB 1991, S. 36 - 46

Hage, Jerald/ Hanneman, Robert/ Gargan, Edward T.

- State responsiveness and state activism. An examination of the social forces and state strategies that explain the rise in social expenditures in Britain, France, Germany and Italy 1870 - 1968, London 1989

Halaczinsky, Raymond

- Verfassungswidrigkeit und Bestandskraft, DStZ 1995, S. 622 - 624

- Jahressteuergesetz 1997, München 1997

Hammerstein, Christian von

- Verbesserung der Gesetzgebung durch neue Instrumente und Methoden, in: Hill, Hermann (Hrsg.), Zustand und Perspektiven der Gesetzgebung, Berlin 1989, S. 141 - 147

Hammerstein, Rolf H.

- Diskussionsbeitrag, in: Verhandlungen des siebenundfünfzigsten Deutschen Juristentages Mainz 1988, Band II (Sitzungsbericht), München 1988, Abteilung N, S. 108 - 110
  Zitierweise: Hammerstein, DJTag 1988

Haubrichs, Willy

- Der ausgebeutete Steuerzahler, in: Haubrichs, Willy (Hrsg.), An den Grenzen der Belastbarkeit, Festschrift für Günter Schmölders zum 75. Geburtstag, Frankfurt 1978, S. 11 - 27

Heck, Bruno

- Rechtssicherheit als Fundament eines freiheitlichen Gemeinwesens, in: Weigelt, Klaus (Hrsg.), Freiheit - Recht - Moral, Bonn 1988, S. 11 - 13

Heckmann, Dirk

- Der Sofortvollzug staatlicher Geldforderungen. Ein Beitrag zur Rechtfertigung der Vorleistungspflicht des Bürgers im Spiegel des Verfassungs-, Prozeß- und materiellen Rechts, Berlin 1992

Hegel, Georg Wilhelm F.

- Grundlinien der Philosophie des Rechts, Berlin 1821

Heilmann, Martin

- Lorenz von Stein und die Grundprobleme der Steuerlehre, Heidelberg 1984

Heldrich, Andreas

- Die Bedeutung der Rechtssoziologie für das Zivilrecht, AcP 186 (1986), S. 74 - 114

Helmrich, Herbert

- Rechtsprechung, Gesetzgebung und Rechtsbewußtsein - Thesen, in: Weigelt, Klaus (Hrsg.), Freiheit - Recht - Moral, Bonn 1988, S. 193 - 196
  Zitierweise: Helmrich, Freiheit - Recht - Moral

Helmrich, Herbert

- Politische Grundsatzdiskussion oder Verbesserung der Regelungstechnik als Aufgabe der Bundestagsausschüsse, in: Hill, Hermann (Hrsg.), Zustand und Perspektiven der Gesetzgebung, Berlin 1989, S. 149 - 176

Helsper, Helmut

- Rezension von: Oeser, Erhard: Evolution und Selbstkonstruktion des Rechts, StuW 1991, S. 399 - 400

Helsper, Helmut

- Die Chaotisierung der Steuerrechtsordnung als Folge eines verfehlten Zusammenspiels von politischer Führung und juristischer Expertenkompetenz, BB 1995, S. 17 - 25

Herzog, Roman

- Allgemeine Staatslehre, Frankfurt 1971

- Von der Akzeptanz des Rechts, in: Rüthers, Bernd/ Stern, Klaus (Hrsg.), Freiheit und Verantwortung im Verfassungsstaat, Festgabe zum 10jährigen Jubiläum der Gesellschaft für Rechtspolitik, München 1984, S. 127 - 138
Zitierweise: Herzog, FG Gesellschaft für Rechtspolitik

- Rechtsetzung durch Rechtsprechung? - Ein Problem der Gewaltenteilung -, in: Steuerberaterkongress-Report 1994, München 1994, S. 23 - 33

Hesse, Konrad

- Verfassung und Verfassungsrecht, in: Benda, Ernst/ Maihofer, Werner/ Vogel, Hans-Jochen (Hrsg.), Handbuch des Verfassungsrechts, 2. Auflage, Berlin 1994, § 1
Zitierweise: Hesse, Handbuch des Verfassungsrechts

Hill, Hermann

- Steuerreform als Chance zur Verbesserung der Steuergesetzgebung, ZG 1987, S. 238 - 267

- Akzeptanz des Rechts - Notwendigkeit eines besseren Politikmanagements, JZ 1988, S. 377 - 381

- Staatskommunikation, JZ 1993, S. 330 - 336

- Politikverdrossenheit - auch durch schlechte Gesetzgebung?, in: Letzgus, Klaus/ Hill, Hermann/ Klein, Hans Hugo/ Kleinert, Detlef/ Oschatz, Georg-Berndt/ De With, Hans (Hrsg.), Für Recht und Staat, Festschrift für Herbert Helmrich zum 60. Geburtstag, München 1994, S. 513 - 523
Zitierweise: Hill, FS Helmrich

Hillenbrand, Josef/ Brosig, Manfred

- Steuerflucht und ihre Bekämpfung, BB 1997, S. 445 - 451

Hradil, Stefan/ Lucke, Doris

- Rechtskenntnis der Bevölkerung und Einstellung zum Recht, in: Reifferscheid, Adolf/ Benseler, Frank (Hrsg.), Lexikon des Rechts, 3/170, Neuwied 1991, S. 1 - 6

Institut für Demoskopie Allensbach,

- Begründungen und tatsächliche Gründe für einen Austritt aus der Katholischen Kirche, 1993, - nicht veröffentlicht -

Isensee, Josef

- Subsidiaritätsprinzip und Verfassungsrecht. Eine Studie über das Regulativ des Verhältnisses von Staat und Gesellschaft, Berlin 1968

- Steuerstaat als Staatsform, in: Stödter, Rolf/ Thieme, Werner (Hrsg.), Hamburg, Deutschland, Europa, Festschrift für Hans Peter Ipsen zum 70. Geburtstag, Tübingen 1977, S. 409 - 436
  Zitierweise: Isensee, FS Ipsen

- Mehr Recht durch weniger Gesetze?, ZRP 18 (1985), S. 139 - 145

- Freiheit - Recht - Moral - Das Dilemma des Rechtsbewußtseins im deutschen Verfassungsstaat, in: Weigelt, Klaus (Hrsg.), Freiheit - Recht - Moral, Bonn 1988, S. 14 - 40
  Zitierweise: Isensee, Freiheit - Recht - Moral

- Vom Beruf unserer Zeit für Steuervereinfachung, StuW 1994, S. 3 - 14

Jebens, Carsten Thomas

- Aus der Entscheidung des Bundesverfassungsgerichts zur Erbschaft- und Schenkungsteuer, BB 1995, S. 2085 - 2088

Kewenig, Wilhelm

- Kommentar zu Forum III, in: Weigelt, Klaus (Hrsg.), Freiheit - Recht - Moral, Bonn 1988, S. 197 - 203
  Zitierweise: Kewenig, Freiheit - Recht - Moral

Kieschke, Hans-Ulrich

- Aktuelle Fragen zur Steuerpolitik und zum Steuerrecht, in: Jahrbuch der Fachanwälte für Steuerrecht 1991/92, Herne 1992, S. 23 - 39, *Zitierweise: Kieschke, JbFSt 1991/92*

Kindermann, Harald

- Gesetzessprache und Akzeptanz der Norm, in: Öhlinger, Theo (Hrsg.), Recht und Sprache, Fritz Schönherr - Gedächtnissymposium 1985, Wien 1986, S. 53 - 68

Kirchgässner, Gebhard/ Pommerehne, Werner W.

- Die Entwicklung der öffentlichen Finanzen in föderativen Systemen, in: Grimm, Dieter (Hrsg.), Staatsaufgaben, Baden-Baden 1994, S. 149 - 176
Zitierweise: Kirchgässner/Pommerehne, Staatsaufgaben

Kirchhof, Paul

- Gesetz und Billigkeit im Abgabenrecht, in: Achterberg, Norbert/ Krawietz, Werner/ Wyduckel, Dieter (Hrsg.), Recht und Staat im sozialen Wandel, Festschrift für Hans Ulrich Scupin, Berlin 1983, S. 775 - 795
Zitierweise: Kirchhof, FS Scupin

- Die Kunst der Steuergesetzgebung, NJW 1987, S. 3217 - 3226

- Empfiehlt es sich, das Einkommensteuerrecht zur Beseitigung von Ungleichbehandlungen und zur Vereinfachung neu zu ordnen? Gutachten F für den 57. Deutschen Juristentag, München 1988
Zitierweise: Kirchhof, Neuordnung

- Einwirkungen des Verfassungsrechts auf das Steuerrecht, in: Jahrbuch der Fachanwälte für Steuerrecht 1992/93, Herne 1993, S. 11 - 31
Zitierweise: Kirchhof, JbFSt 1992/93

- Finanzverwaltung und Grundgesetz, in: Vogelgesang, Horst (Hrsg.), Perspektiven der Finanzverwaltung: Analysen und Prognosen im Spiegel von Wissenschaft und Praxis, Köln 1992, S. 1 - 25

* Der verfassungsrechtliche Auftrag zur Steuervereinfachung, in: Bühler, Wilhelm/ Kirchhof, Paul/ Klein, Franz (Hrsg.), Steuervereinfachung, Festschrift für Dietrich Meyding zum 65. Geburtstag, Heidelberg 1994, S. 3 - 20
  Zitierweise: Kirchhof, FS Meyding

* Steueranspruch und Informationseingriff, in: Lang, Joachim (Hrsg.), Die Steuerrechtsordnung in der Diskussion, Festschrift für Klaus Tipke zum 70. Geburtstag, Köln 1995, S. 27 - 45
  Zitierweise: Kirchhof, FS Tipke

* Die Steuerrechtsordnung als Wertordnung, StuW 1996, S. 3 - 11

* Die Aufgaben des Bundesverfassungsgerichts in Zeiten des Umbruchs, NJW 1996, S. 1497 - 1505

Klages, Helmut

* Häutungen der Demokratie, Zürich 1993

Klein, Alexander

* Das neue Steuerverfassungsrecht - Eine Chance für den Steuerzahler?!, BB 1996, S. 1807 - 1810

Klein, Franz

* Ist die Steuerpolitik auf dem richtigen Weg?, in: Protokoll 14. Deutscher Steuerberatertag 1991, Bonn 1992, S. 43 - 51
  Zitierweise: Klein, DStBTag 1991

* Gegenwart und Zukunft der Finanzverwaltung aus der Sicht der Finanzgerichtsbarkeit, in: Vogelgesang, Horst (Hrsg.), Perspektiven der Finanzverwaltung: Analysen und Prognosen im Spiegel von Wissenschaft und Praxis, Köln 1992, S. 41 - 54

* Bund und Länder nach der Finanzverfassung des Grundgesetzes, in: Benda, Ernst/ Maihofer, Werner/ Vogel, Hans-Jochen (Hrsg.), Handbuch des Verfassungsrechts, 2. Auflage, Berlin 1994, § 23
  Zitierweise: Klein, Handbuch des Verfassungsrechts

Klein, Hans Hugo

- Aufgaben des Bundestages, in: Isensee, Josef/ Kirchhof, Paul (Hrsg.), Handbuch des Staatsrechts, Band II, Heidelberg 1987, § 40
Zitierweise: H.H. Klein, HbStaatsR, Band II, § 40

- Status des Abgeordneten, in: Isensee, Josef/ Kirchhof, Paul (Hrsg.), Handbuch des Staatsrechts, Band II, Heidelberg 1987, § 41
Zitierweise: H. H. Klein, HbStaatsR, Band II, § 41

Kloepfer, Michael

- Gesetzgebung im Rechtsstaat, VVDStRL 40 (1982), S. 63 - 68

Klos, Joachim

- Reichweite von Bankgeheimnis und Verwertungsverbot nach dem Erpressungsfall der Commerzbank Luxemburg, INF 1995, S. 609 - 612.

Klotz, Werner

- Über den Verfall der guten Sitten im Steuerrecht, in: Kirchhof, Paul (Hrsg.), Steuerrecht, Verfassungsrecht, Finanzpolitik: Festschrift für Franz Klein, Köln 1994, S. 289 - 307
Zitierweise: Klotz, FS Klein

Knobbe-Keuk, Brigitte

- Das Steuerrecht - eine unerwünschte Rechtsquelle des Gesellschaftsrechts?, Köln 1986

Krawietz, Werner

- Akzeptanz von Recht und Richterspruch? Geltungsgrundlagen normativer Kommunikation im Bereich des Rechts, in: Hoppe, Werner/ Krawietz, Werner/ Schulte, Martin (Hrsg.), Rechtsprechungslehre, Köln 1992, S. 455 - 519

Kreibich, Roland

- Der Grundsatz von Treu und Glauben im Steuerrecht, Heidelberg 1992
Zitierweise: Kreibich, Treu und Glauben

Kretschmer, Gerald

- Hilfsdienste im Deutschen Bundestag - Beratung durch Ausschußsekretariate, in: Schäffer, Heinz/ Triffterer, Otto (Hrsg.), Rationalisierung der Gesetzgebung, Baden-Baden 1984, S. 347 - 352

Krüger, Dirk/ Kalbfleisch, Eberhard/ Köhler, Stefan

- Die Entscheidungen des Bundesverfassungsgerichts zu den Einheitswerten - Analyse und erste Beratungshinweise, DStR 1995, S. 1452 - 1459

Kruse, Heinrich Wilhelm

- Zwei Steuerrechtsprobleme bis zum Jahr 2000, FR 1995, S. 525 - 529

Kunig, Philip

- Das Rechtsstaatsprinzip, Tübingen 1986
  Zitierweise: Kunig, Rechtsstaatsprinzip

Lang, Joachim

- Reaktionen der Finanzverwaltung auf mißliebige Entscheidungen des Bundesfinanzhofs, StuW 1992, S. 14 - 24

- Einkommensteuer - quo vadis?, FR 1993, S. 661 - 670

- Entwurf eines Steuergesetzbuchs, Schriftenreihe des Bundesministeriums der Finanzen, Heft 49, Bonn 1993

- Das Standortsicherungsgesetz auf dem Prüfstand, in: Herzig, Norbert/ Günkel, Manfred/ Niemann, Ursula (Hrsg.), Steuerberaterjahrbuch 1993/94, Köln 1994, S. 9 - 30
  Zitierweise: Lang, StbJb 1993/94

- Steuergerechtigkeit durch Steuervereinfachung, in: Bühler, Wilhelm/ Kirchhof, Paul/ Klein, Franz (Hrsg.), Steuervereinfachung, Festschrift für Dietrich Meyding zum 65. Geburtstag, Heidelberg 1994, S. 33 - 48
  Zitierweise: Lang, FS Meyding

- Geleitwort, StuW 1995, S. 1- 2

- Klaus Tipke zum 70. Geburtstag, NJW 1995, S. 2971

- Über das Ethische der Steuertheorie von Klaus Tipke, in: Lang, Joachim (Hrsg.), Die Steuerrechtsordnung in der Diskussion, Festschrift für Klaus Tipke zum 70. Geburtstag, Köln 1995, S. 3 - 24
  Zitierweise: Lang, FS Tipke

Larenz, Karl

- Methodenlehre der Rechtswissenschaft, 6. Auflage, Berlin 1991
  Zitierweise: Larenz, Methodenlehre

Lehner, Moris

- Einkommensteuerrecht und Sozialhilferecht, Bausteine zu einem Verfassungsrecht des sozialen Steuerstaates, Tübingen 1993

Leisner, Walter

- Steuer- und Eigentumswende - die Einheitswert-Beschlüsse des Bundesverfassungsgerichts, NJW 1995, S. 2591 - 2596

Lilli, Waldemar/ Frey, Dieter

- Die Hypothesentheorie der sozialen Wahrnehmung, in: Frey, Dieter/ Irle, Martin (Hrsg.), Theorien der Sozialpsychologie, Band 1, Kognitive Theorien, 2. Auflage, Bern 1993, S. 49 - 78

Limbach, Jutta

- Theorie und Wirklichkeit der GmbH - die empirschen Normaltypen der GmbH und ihr Verhältnis zum Postulat von Herrschaft und Haftung, Berlin 1966

Linck, Joachim

- Indexierung der Abgeordnetendiäten. Das Thüringer Modell gegen den bösen Schein der Selbstbedienung, ZParl 1995, S. 372 - 379

Lucke, Doris/ Schwenk, Otto G.

- Rechtsbewußtsein als empirisches Faktum und symbolische Fiktion. Methoden- und modernisierungskritische Anmerkungen zur Erfassung der Rechtskenntnis und Einstellung zum Recht, Zeitschrift für Rechtssoziologie 1992, S. 185 - 204
  Zitierweise: Lucke/Schwenk, Rechtssoziologie

Luetjohann, Eberhard

- Nicht-normative Wirkungen des Bundesverfassungsgerichts, Heidelberg 1991
  Zitierweise: Luetjohann

Mack, Hans

- Möglichkeiten und Grenzen einer bürgerfreundlichen Besteuerung, DStR 1981, 23 - 28

Mackscheidt, Klaus

- Die Entwicklung der Kölner Schule der Finanzpsychologie, in: Smekal, Christian/ Theurl, Engelbert (Hrsg.), Stand und Entwicklung der Finanzpsychologie, Baden-Baden 1994, S. 41 - 63

Maier, Walter

- Steuerreform in Theorie und Praxis, in: Eisele, Paul/ Zimmermann, Reimar (Hrsg.), Steuerrecht im Wandel, Festschrift zum 10jährigen Bestehen der Fachhochschule für Finanzen Baden-Württemberg, Stuttgart 1989, S. 1 - 51
  Zitierweise: Maier, Steuerrecht im Wandel

Maihofer, Werner

- Prinzipien freiheitlicher Demokratie, in: Benda, Ernst/ Maihofer, Werner/ Vogel, Hans-Jochen (Hrsg.), Handbuch des Verfassungsrechts, 2. Auflage, Berlin 1994, § 12
  Zitierweise: Maihofer, Handbuch des Verfassungsrechts

- Kulturelle Aufgaben des modernen Staates, in: Benda, Ernst/ Maihofer, Werner/ Vogel, Hans-Jochen (Hrsg.), Handbuch des Verfassungsrechts, 2. Auflage, Berlin 1994, § 25
  Zitierweise: Maihofer, Handbuch des Verfassungsrechts

Major, Brenda

- From social inequality to personal entitlement: The role of social comparisons, legitimacy appraisals, and group membership, in: Zanna, Mark P. (Hrsg.), Advances in experimental social psychology, vol. 26, New York 1994, S. 293 - 355

Mann, Fritz Karl

- Steuerpolitische Ideale, Jena 1937

Mayer, Christian

- Der Umfang der Nachbesserungspflicht des Gesetzgebers bei der Vermögens-, Erbschafts- und Schenkungsbesteuerung - Konsequenzen aus den Beschlüssen des BVerfG vom 22.6.1995, DB 1995, S. 1831 - 1836

Meister, Edgar

- Einfluß der Steuerpolitik auf die Effizienz der Rechtsanwendung, DStZ 1991, S. 673 - 677

Merten, Detlef

- Optimale Methodik der Gesetzgebung als Sorgfalts- oder Verfassungspflicht?, in: Hill, Hermann (Hrsg.), Zustand und Perspektiven der Gesetzgebung, Berlin 1989, S. 81 - 98

- Sozialrecht, Sozialpolitik, in: Benda, Ernst/ Maihofer, Werner/ Vogel, Hans-Jochen (Hrsg.), Handbuch des Verfassungsrechts, 2. Auflage, Berlin 1994, § 20
  Zitierweise: Merten, Handbuch des Verfassungsrechts

Miehler, Kurt/ Kronthaler, Ludwig

- Das Steuerrecht und die Gerechtigkeit, DStZ 1992, S. 257 - 262

Moser, Hans

- Zur Kritik der Sprache von Gesetzen - Anmerkungen eines Sprachwissenschaftlers, in: Smekal, Christian/ Theurl, Engelbert (Hrsg.), Stand und Entwicklung der Finanzpsychologie, Baden-Baden 1994, S. 171 - 184

Müller, Georg

- Adressatengerechtheit und Allgemeinverständlichkeit - der Verständnishorizont des Adressaten als Kriterium der Gesetzessprache, in: Schäffer, Heinz/ Triffterer, Otto (Hrsg.), Rationalisierung der Gesetzgebung, Baden-Baden 1984, S. 35 - 44.

Müller, Günter F./ Hassebrauck, Manfred

- Gerechtigkeitstheorien, in: Frey, Dieter/ Irle, Martin (Hrsg.), Theorien der Sozialpsychologie, Band 1, Kognitive Theorien, 2. Auflage, Bern 1993, S. 217 - 240

Musset, Karl Heinz

- Normenflut im Steuerrecht - Ursachen und Möglichkeiten ihrer Eindämmung, ZG 1987, S. 60 - 72

Neckels, Peter

- Ist die Einspruchsflut aufzuhalten?, DStZ 1993, S. 23 - 31

Nieland, Hubert

- Der Einfluß des § 30 a AO auf die Besteuerung von Kapitalanlagen bei Banken, DStZ 1990, S. 192 - 193

Niemann, Ursula

- Revolutionierung des deutschen Steuerrechts durch den Vermögensteuerbeschluß des Bundesverfassungsgerichts?, StB 1996, S. 61 - 63

Noelle-Neumann, Elisabeth/ Köcher, Renate

- Allensbacher Jahrbuch der Demoskopie 1984 - 1992, Band 9, München 1993,
  Zitierweise: Allensbacher Jahrbuch, Band 9

Oberreuter, Heinrich

- Entmachtung des Bundestages durch Vorentscheider auf höchster politischer Ebene, in: Hill, Hermann (Hrsg.), Zustand und Perspektiven der Gesetzgebung, Berlin 1989, S. 121 - 139

Oechsle, Klaus

- Die steuerlichen Grundrechte in der jüngeren deutschen Verfassungsgeschichte - Zugleich eine Untersuchung über das historische Verhältnis von Steuerverfassungsrecht und Finanzwissenschaft, Berlin 1993

Oermann, Josef

- Steuermoral und Besteuerungsmoral, Steuerberater-Jahrbuch 1957/58, S. 57 - 84
  Zitierweise: Oermann, StbJb 1957/58

Oeser Erhard

- Evolution und Selbstkonstruktion des Rechts, Wien 1990
  Zitierweise: Oeser, Evolution

Ossenbühl, Fritz

- Rechtsverordnungen und Verwaltungsvorschriften als Neben- oder Ersatzgesetzgebung, in: Hill, Hermann (Hrsg.), Zustand und Perspektiven der Gesetzgebung, Berlin 1989, S. 99 - 112

Osterloh, Lerke

- Gesetzesbindung und Typisierungsspielräume bei der Anwendung der Steuergesetze, Baden-Baden 1992
  Zitierweise: Osterloh, Gesetzesbindung

Otto, Harro

- Der Niedergang der Rechtsidee im utilitaristischen Zeitgeist, Kassel 1981
  Zitierweise: Otto, Rechtsidee

Page, Benjamin I./ Shapiro, Robert Y.,

- The Rational Public, Fifty Years of Trends in Americans´ Policy Preferences, Chicago 1992

Papier, Hans-Jürgen

- Eigentumsgarantie und Geldentwertung, AöR 98 (1973), S. 528 - 567

- Kommentierung zu Art. 14 GG, in: Maunz, Theodor/ Dürig, Günter/ Herzog, Roman/ Scholz, Rupert/ Lerche, Peter/ Papier, Hans-Jürgen/ Randelzhofer, Albrecht/ Schmidt-Assmann, Eberhard (Hrsg.), Grundgesetz - Kommentar, Band II, München 1993, Stand 1983.
  Zitierweise: Papier, Maunz-Dürig, Art. 14

- Grundgesetz und Wirtschaftsordnung, in: Benda, Ernst/ Maihofer, Werner/ Vogel, Hans-Jochen (Hrsg.), Handbuch des Verfassungsrechts, 2. Auflage, Berlin 1994, § 18
  Zitierweise: Papier, Handbuch des Verfassungsrechts

Petrick-Rump, Barbara

- Ökonomische Wirkungen von Steueramnestien, Frankfurt 1996

Pezzer, Heinz-Jürgen

- Familienbesteuerung und Grundgesetz, StuW 1989, S. 219 - 226

- Ausgewählte verfassungsprozessuale und verfassungsrechtliche Probleme der Finanzgerichtsbarkeit, in: Umbach, Dieter C./ Clemens, Thomas (Hrsg.), Bundesverfassungsgerichtsgesetz und Mitarbeiterkommentar, Heidelberg 1992, S. 67 - 74
  Zitierweise: Pezzer, Bundesverfassungsgerichtsgesetz

Pichler, Johannes W./ Giese, Karim J.

- Die Akzeptanz des Rechts im Spiegel der Rechtsstaats- und Demokratie(un-) zufriedenheit in der österreichischen Öffentlichkeit, Österreichisches Jahrbuch für Politik 1992, S. 745 - 768
  Zitierweise: Pichler/Giese, ÖJP 1992

- Rechtsakzeptanz, Wien 1993
  Zitierweise: Pichler/Giese, Rechtsakzeptanz

- Rechtskenntnis, Rechtsbewußtsein und Rechtsgesinnung, Journal für Rechtspolitik 1993, S. 108 - 118
  Zitierweise: Pichler/Giese, JRP 1993

Pleister, Wolfgang

- Stichwort "Steuerrechtsentwicklung in der BRD", in: Klein, Franz (Hrsg.), Lexikon des Rechts, Steuer- und Finanzrecht, 2. Auflage, Neuwied 1993, S. 472 - 486
  Zitierweise: Pleister, LdR/StuFR, Stichwort "Steuerrechtsentwicklung in der BRD"

Pohmer, Dieter

- Die Steuern als Instrument der Staatsfinanzierung oder Wirtschaftslenkung?, DStZ 1993, S. 577 - 587

- Steuervereinfachung und "gerechte" Steuerlastverteilung, in: Bühler, Wilhelm/ Kirchhof, Paul/ Klein, Franz (Hrsg.), Steuervereinfachung, Festschrift für Dietrich Meyding zum 65. Geburtstag, Heidelberg 1994, S. 21 - 31
  Zitierweise: Pohmer, FS Meyding

Pommerehne, Werner W./ Weck-Hannemann, Hannelore

- Steuerhinterziehung: Einige romantische, realistische und nicht zuletzt empirische Befunde, ZWS 112 (1992), S. 433 - 466

Posser, Diether

- Grenzen für den Steuerstaat, DStZ 1983, S. 155 - 157

Puviani, Amilcare

- Die Illusionen in der öffentlichen Finanzwirtschaft, Berlin 1960.

Raupach, Arndt

- Autorenverzeichnis, in: Raupach, Arndt (Hrsg.), Herrmann/Heuer/Raupach, Einkommensteuer- und Körperschaftsteuergesetz, Kommentar, 20. Auflage, Köln 1992
  Zitierweise: Herrmann/Heuer/Raupach, EStG - KStG

- Wege aus dem Chaos, in: Kirchhof, Paul (Hrsg.), Steuerrecht, Verfassungsrecht, Finanzpolitik: Festschrift für Franz Klein, Köln 1994, S. 309 - 328
  Zitierweise: Raupach, FS Klein

- Darf das Steuerrecht andere Teile der Rechtsordnung stören?, in: Lang, Joachim (Hrsg.), Die Steuerrechtsordnung in der Diskussion, Festschrift für Klaus Tipke zum 70. Geburtstag, Köln 1995, S. 105 - 124
Zitierweise: Raupach, FS Tipke

Rehbinder, Manfred

- Rechtskenntnis, Rechtsbewußtsein und Rechtsethos als Probleme der Rechtspolitik, in: Zur Effektivität des Rechts, Jahrbuch für Rechtssoziologie und Rechtstheorie, 1972, Band 3, S. 25 ff.

- Die Rechtstatsachenforschung im Schnittpunkt von Rechtssoziologie und soziologischer Jurisprudenz (1970), in: Würtenberger, Thomas (Hrsg.), Abhandlungen zur Rechtssoziologie, Berlin 1995, S. 31 - 66

- Demoskopie als Beweismittel im Markenrecht (1990), in: Würtenberger, Thomas (Hrsg.), Abhandlungen zur Rechtssoziologie, Berlin 1995, S. 209 - 222

- Ist Theodor Geigers Demokratietheorie realistisch? (1994),in: Würtenberger, Thomas (Hrsg.), Abhandlungen zur Rechtssoziologie, Berlin 1995, S. 223 - 234

- Rechtspluralismus und Rechtseinheit (1995), in: Würtenberger, Thomas (Hrsg.), Abhandlungen zur Rechtssoziologie, Berlin 1995, S. 235 - 252

Reis, Karl Eugen

- Fesseln für den Leviathan. Die Steuerrevolte in den Vereinigten Staaten und die Problematik budgetärer Schranken, Pfaffenweiler 1987

Riempp, Dieter

- Entwicklungslinien der Finanzverwaltung aus der Sicht des Verwaltungspraktikers, in: Vogelgesang, Horst (Hrsg.), Perspektiven der Finanzverwaltung: Analysen und Prognosen im Spiegel von Wissenschaft und Praxis, Köln 1992, S. 26 - 40

Robbers, Gerhard

- Obsoletes Verfassungsrecht durch sozialen Wandel?, in: Klein, Eckart (Hrsg.), Grundrechte, soziale Ordnung und Verfassungsgerichtsbarkeit: Festschrift für Ernst Benda zum 70. Geburtstag, Heidelberg 1995, S. 209 -219
  Zitierweise: Robbers, FS Benda

Rodi, Michael

- Verfassungskonforme Besteuerung von Kapitalerträgen, NJW 1991, S. 2865 - 2870

- Die Rechtfertigung von Steuern als Verfassungsproblem - dargestellt am Beispiel der Gewerbesteuer, München 1994

Rößler, Gerhard

- Nochmals: Bundesrepublik Deutschland - Rechtsstaat oder Steuer-(un)rechtsstaat mit Rechtsweggarantie, DStZ 1993, 172 f.

Rosch, Marita/ Frey, Dieter

- Soziale Einstellungen, in: Frey, Dieter/ Greif, Siegfried (Hrsg.), Sozialpsychologie - Ein Handbuch in Schlüsselbegriffen, 2. Auflage, München 1987, S. 296 - 305

Rose, Gerd

- Planungssicherheit im Steuerrecht - ein unerfüllbarer Wunschtraum?, in: Vogelgesang, Horst (Hrsg.), Perspektiven der Finanzverwaltung: Analysen und Prognosen im Spiegel von Wissenschaft und Praxis, Köln 1992, S. 132 - 145

- "In der Nähe einer hälftigen Teilung", DB 1995, S. 1879 - 1880

- Zum Anspruch auf Erlaß von "Übermaß-Steuern" und zu seiner Durchsetzung, DB 1995, S. 2387 - 2390

- Über die Entstehung von "Dummensteuern" und ihre Vermeidung, in: Lang, Joachim (Hrsg.), Die Steuerrechtsordnung in der Diskussion, Festschrift für Klaus Tipke zum 70. Geburtstag, Köln 1995, S. 153 - 164
  Zitierweise: Rose, FS Tipke

Salditt, Franz

- Die Hinterziehung ungerechter Steuern, in: Lang, Joachim (Hrsg.), Die Steuerrechtsordnung in der Diskussion, Festschrift für Klaus Tipke zum 70. Geburtstag, Köln 1995, S. 475 - 485
  Zitierweise: Salditt, FS Tipke

Schelle, Klaus

- Psychologische Grenzen der Belastbarkeit, in: Haubrichs, Willy (Hrsg.), An den Grenzen der Belastbarkeit, Festschrift für Günter Schmölders zum 75. Geburtstag, Frankfurt 1978, S. 57 - 66
  Zitierweise: Schelle, FS Schmölders

- Mit Steuern steuern, in: Schmölders, Günter/ Wöhe, Günther/ Buchholz, Edwin H. (Hrsg.), Der Bürger als Objekt der staatlichen Finanzpolitik, Festschrift für Willy Haubrichs zum 65. Geburtstag, 2. Auflage, Bad Wörishofen 1977, S. 235 - 244
  Zitierweise: Schelle, FS Haubrichs

Schemmel, Lothar

- Zur Aufnahme des Leistungsfähigkeitsprinzips und anderer Grenzen für den Steuerstaat in das Grundgesetz, StuW 1995, S. 39 - 57

Schmidt, Eberhard

- Eine einmalige Gelegenheit nutzen, BB 1995, S. 1986 - 1987

- Fragt die Betroffenen!, BB 1995, S. 2137

Schmidt, Karsten

- Die Rechtspflicht des Staates zur Stabilitätspolitik und der privatrechtliche Nominalismus, in: Festschrift zum 125jährigen Bestehen der Juristischen Gesellschaft zu Berlin, Berlin 1984, S. 665 - 689

Schmidt-Aßmann, Eberhard

- Der Rechtsstaat, in: Isensee, Josef/ Kirchhof, Paul (Hrsg.), Handbuch des Staatsrechts, Band I, Heidelberg 1987, § 24
  Zitierweise: Schmidt-Aßmann, HbStaatsR, Band I, § 24

Schmidtchen, Dieter

- Vom nichtmarginalen Charakter der Steuermoral, in: Smekal, Christian/ Theurl, Engelbert (Hrsg.), Stand und Entwicklung der Finanzpsychologie, Baden-Baden 1994, S. 185 - 211

Schmölders, Günter

- Der verlorene Untertan, 1. Auflage, Düsseldorf 1971
  Zitierweise: Schmölders, Untertan

- Einführung in die Geld- und Finanzpsychologie, Darmstadt 1975
  Zitierweise: Schmölders, Finanzpsychologie

- Stichwort "Ethische Betrachtungsweise", in: Strickrodt, Georg/ Wöhe, Günter/ Flämig, Christian/ Felix, Günther/ Sebiger, Heinz (Hrsg.), Handwörterbuch des Steuerrechts, 2 Bände, 2. Auflage, München 1981, Erster Band, S. 445
  Zitierweise: Schmölders, HwStR I

- Stichwort "Finanzpsychologie und Steuerpsychologie", in: Strickrodt, Georg/ Wöhe, Günter/ Flämig, Christian/ Felix, Günther/ Sebiger, Heinz (Hrsg.), Handwörterbuch des Steuerrechts, 2 Bände, 2. Auflage, München 1981, Erster Band, S. 501 - 506
  Zitierweise: Schmölders, HwStR I

- Stichwort "System der Steuern", in: Strickrodt, Georg/ Wöhe, Günter/ Flämig, Christian/ Felix, Günther/ Sebiger, Heinz (Hrsg.), Handwörterbuch des Steuerrechts, 2 Bände, 2. Auflage, München 1981, Zweiter Band, S. 1399 - 1400
  Zitierweise: Schmölders, HwStR II

* Stichwort "Steuermoral", in: Beckerath, Erwin von/ Bente, Hermann/ Brinkmann, Carl/ Gutenberg, Erich/ Haberler, Gottfried/ Jecht, Horst/ Jöhr, Walter Adolf/ Lütge, Friedrich/ Predöhl, Andreas/ Schaeder, Reinhard/ Schmidt-Rimpler, Walter/ Weber, Werner/ Wiese, Leopold von (Hrsg.), Handwörterbuch der Sozialwissenschaften, Zehnter Band, Stuttgart, 1959, S. 119 - 124
Zitierweise: Schmölders, HWBSW, Band X.

* Allgemeine Steuerlehre, 5. Auflage, Berlin 1980
Zitierweise: Schmölders, Steuerlehre

Schneider, Friedrich

* Determinanten der Steuerhinterziehung und der Schwarzarbeit im internationalen Vergleich, in: Smekal, Christian/ Theurl, Engelbert (Hrsg.), Stand und Entwicklung der Finanzpsychologie, Baden-Baden 1994, S. 247 - 288

Schneider, Hans-Peter

* Das parlamentarische System, in: Benda, Ernst/ Maihofer, Werner/ Vogel, Hans-Jochen (Hrsg.), Handbuch des Verfassungsrechts, 2. Auflage, Berlin 1994, § 13
Zitierweise: H.-P. Schneider, Handbuch des Verfassungsrechts

Schulz, Gerhard

* Zurück zur Berechenbarkeit der Steuerpolitik!, DB 1993, S. 1255 - 1257

Schuppert, Gunnar Folke

* Verfassungsrechtliche Prüfungsmaßstäbe bei der verfassungsgerichtlichen Überprüfung von Steuergesetzen, in: Fürst, Walther/ Herzog, Roman/ Umbach, Dieter (Hrsg.), Festschrift für Wolfgang Zeidler, Berlin 1987, Band 1, S. 691 - 715
Zitierweise: Schuppert, FS Zeidler, Band 1

Schwartz, Richard D./ Orleans, Sonya

* On legal sanctions, in: The University of Chicago Law Review, vol. 34 (1966-67), S. 274 - 300

Sears, David O./ Citrin, J.

- Tax revolt. Something for nothing in California, 2. Auflage, Cambridge (Mass.) 1985

Sears, David O./ Funk, Carolyn L.

- The role of self-interest in social and political attitudes, in: Zanna, Mark P. (Hrsg.), Advances in experimental social psychology, vol. 24, New York 1991, S. 2 - 91

Seer, Roman

- Steuergerechtigkeit durch Steuervereinfachung, StuW 1995, S. 184 - 193

Siegert, Alice

- Das Arbeiten mit der Präklusion: Wie verfahren im Verfahren, wenn es um die Fristen geht?, DStZ 1995, S. 517 - 521

Simon, Helmut

- Verfassungsgerichtsbarkeit, in: Benda, Ernst/ Maihofer, Werner/ Vogel, Hans-Jochen (Hrsg.), Handbuch des Verfassungsrechts, 2. Auflage, Berlin 1994, § 34
  Zitierweise: Simon, Handbuch des Verfassungsrechts

Smekal, Christian/ Theurl, Engelbert

- Menschenbilder in der Ökonomie - Ein Streifzug durch den "Stammbaum" des Homo Oeconomicus, in: Smekal, Christian/ Theurl, Engelbert (Hrsg.), Stand und Entwicklung der Finanzpsychologie, Baden-Baden 1994, S. 15 - 39

Spanner, Hans

- Steuer und Geldentwertung - Verfassungsprobleme, DStR 1975, S. 475 - 483

Stadler, Gerhard

- Begleitmaßnahmen anläßlich des Inkrafttretens von Gesetzen, in: Schäffer, Heinz/ Triffterer, Otto (Hrsg.), Rationalisierung der Gesetzgebung, Baden-Baden 1984, S. 276 - 278

Stahlberg, Dagmar

- Assimilation und Kontrast, in: Frey, Dieter/ Greif, Siegfried (Hrsg.), Sozialpsychologie - Ein Handbuch in Schlüsselbegriffen, 2. Auflage, München 1987, S. 111 - 121

Stein, Lorenz von

- Lehrbuch der Finanzwissenschaft. Als Grundlage für Vorlesungen und zum Selbststudium, 5. Auflage, Erster Theil und Zweiter Theil, Erste Abtheilung, Leipzig 1885, Zweite und Dritte Abtheilung Leipzig 1886

Stolleis, Michael

- >>Staatsethik<<, oder: Vom sittlichen Staat zu den Bürgertugenden, KritV 1995, S. 58 - 68

Streck, Michael

- Der Steuerhinterzieher als Mandant, Deutscher Steuerberatertag 1984, S. 109 - 121
  Zitierweise: Streck, DStBTag 1984

- Auswirkungen der Ertrags- und Verwaltungshoheit auf die steuerliche Belastung, in: Friauf, Karl Heinrich (Hrsg.), Steuerrecht und Verfassungsrecht, Veröffentlichungen der Deutschen Steuerjuristischen Gesellschaft e.V., Köln 1989, Band 12, S. 187 - 204
  Zitierweise: Streck, DStJG 12 (1989)

Streck, Michael/ Mack, Alexandra

- Banken und Bankkunden im Steuerfahndungsverfahren, BB 1995, S. 2137 - 2146

Strempel, Dieter

- Empirische Rechtsforschung, Entwicklung und Beitrag für die Rechtspolitik, in: Broda, Christian/ Deutsch, Erwin/ Schreiber, Hans-Ludwig/ Vogel, Hans-Jochen, Festschrift für Rudolf Wassermann zum sechzigsten Geburtstag, Neuwied 1985, S. 223 - 233
  Zitierweise: Strempel, FS Wassermann

- Rechtssoziologie heute, in: Letzgus, Klaus/ Hill, Hermann/ Klein, Hans Hugo/ Kleinert, Detlef/ Oschatz, Georg-Berndt/ De With, Hans (Hrsg.), Für Recht und Staat, Festschrift für Herbert Helmrich zum 60. Geburtstag, München 1994, S. 1151 - 1159
  Zitierweise: Strempel, FS Helmrich

Strodthoff, Bernhard

- Kraftfahrzeugsteuer, Kommentar, Loseblattsammlung, 24. Lieferung, Neuwied 1995

Stückrath, Birgitta

- Art. 146 GG: Verfassungsablösung zwischen Legalität und Legitimität (Typoskript), Freiburg 1996

Stürner, Rolf

- Justiz und Zeitgeist, in: Festschrift für Joachim Gernhuber zum 70. Geburtstag, Tübingen 1993, S. 975 - 983
  Zitierweise: Stürner, FS Gernhuber

Sullivan, Harry R.

- Walter Bagehot, Boston 1975

Teubner, Gunther

- Folgenkontrolle und responsive Dogmatik, in: Rechtstheorie 6 (1975), S. 179 - 204

Teufel, Günther

- Inflation und Steuerrecht, Kiel 1974

Timm, Herbert

- Wandlungen der Besteuerung seit dem vorigen Jahrhundert, in: Häuser, Karl (Hrsg.), Wandlungen der Besteuerung, Berlin 1987, S. 11 - 57

Tipke, Klaus

- Über Steuerreform und Steuergerechtigkeit, in: Fürst, Walther/ Herzog, Roman/ Umbach, Dieter (Hrsg.), Festschrift für Wolfgang Zeidler, Berlin 1987, Band 1, S. 717 - 734
  Zitierweise: Tipke, FS Zeidler, Band 1

- Über Steuergesetzgebung und Verfassungsgerichtsbarkeit, StuW 1990, S. 308 - 321

- Gleichmäßigkeit der Steuerrechtsanwendung. Ein Postulat im Interesse der Solidargemeinschaft der Steuerzahler, in: Vogelgesang, Horst (Hrsg.), Perspektiven der Finanzverwaltung: Analysen und Prognosen im Spiegel von Wissenschaft und Praxis, Köln 1992, S. 95 - 131

- Steuerlegislative unter Verfassungsdruck, StuW 1993, S. 8 - 19

- Die Steuerrechtsordnung, 3 Bände, Köln 1993
  Zitierweise: Tipke, Steuerrechtsordnung

- Dankesworte anläßlich der Verleihung des "Gerhard-Thoma-Ehrenpreises 1993", in: Steuerberaterjahrbuch 1993/94, Köln 1994, S. 5 - 8
  Zitierweise: Tipke, StbJb 1993/94

- Vermögen- und Erbschaftsteuer-Gerechtigkeit: Anmerkungen zu den BVerfG-Beschlüssen vom 22.6.1995, MDR 1995, S. 1177 - 1181

Tipke, Klaus/ Lang, Joachim

- Steuerrecht, 14. Auflage, Köln 1994

Tipke, Klaus/ Kruse, H. W.

- Abgabenordnung/ Finanzgerichtsordnung, Kommentar zur AO 1977 und FGO (ohne Steuerstrafrecht), 16. Auflage, Köln 1994

Tretter, Bertram

- Die Steuermentalität, Ein internationaler Vergleich, Berlin 1974

Triesch, Günter/ Ockenfels, Wolfgang

- Interessenverbände in Deutschland: ihr Einfluß in Politik, Wirtschaft und Gesellschaft, München 1995
  Zitierweise: Triesch/Ockenfels, Interessenverbände

Tyler, Tom R.

- Why People Obey the Law, New Haven/ London 1990

Uelner, Adalbert

- Über Niedergang oder Neuordnung des deutschen Einkommensteuerrechts aus der Sicht der Gesetzgebungspraxis, in: Raupach, Arndt/ Tipke, Klaus/ Uelner, Adalbert (Hrsg.), Niedergang oder Neuordnung des deutschen Einkommensteuerrechts?, Münsteraner Symposion, Band I, Köln 1985, S. 175 - 192
  Zitierweise: Uelner, Niedergang

- Die Steuergesetzgebung in der Bundesrepublik Deutschland aus der Sicht des Ministerialbeamten, DStR 1977, S. 119 - 126

Vallender, Klaus

- Die Auslegung des Steuerrechts, 2. Auflage, Bern/Stuttgart 1988

Vogel, Klaus

- Verfassungsgrenzen für Steuern und Staatsausgaben?, in: Lerche, Peter/ Zacher, Hans/ Badura, Peter (Hrsg.), Festschrift für Theodor Maunz zum 80. Geburtstag, München 1981, S. 415 - 428

- Verbot des Verlustausgleichs für bestimmte ausländische Verluste, BB 1983, S. 180 - 188

- Zwangsläufige Aufwendungen - besonders Unterhaltsaufwendungen - müssen realitätsgerecht abziehbar sein (StuW 1984, S. 197 - 203), in: Kirchhof, Paul (Hrsg.), Klaus Vogel - Der offene Finanz- und Steuerstaat, Heidelberg 1991, S. 708 - 722
  Zitierweise: Vogel, Der offene Finanz- und Steuerstaat

- Rechtfertigung der Steuern: Eine vergessene Vorfrage, Der Staat, 25. Band (1986), S. 481 - 519

- Der Verlust des Rechtsgedankens im Steuerrecht als Herausforderung an das Verfassungsrecht, in: Friauf, Karl Heinrich (Hrsg.), Steuerrecht und Verfassungsrecht, Veröffentlichungen der Deutschen Steuerjuristischen Gesellschaft e.V., Köln 1989, Band 12, S. 123 - 144
  Zitierweise: Vogel, DStJG 12 (1989)

- Grundzüge des Finanzrechts des Grundgesetzes, in: Isensee, Josef/ Kirchhof, Paul (Hrsg.), Handbuch des Staatsrechts, Band IV, Heidelberg 1990, § 87
  Zitierweise: Vogel, HbStaatsR, Band IV, § 87

- Steuerrechtswissenschaft als Steuergerechtigkeitswissenschaft, JZ 1993, S. 1121 - 1125

- Anmerkung zu den Beschlüssen des BVerfG vom 22.6.1995 - 2 BvL 37/91 und 2 BvR 552/91, JZ 1996, S. 43 - 45

- Vom Eigentums- zum Vermögensschutz - eine Erwiderung, NJW 1996, S. 1257 - 1259

Voß, Reimer

- Über vermeintliche und wirkliche Ursachen der Belastung der Finanzgerichte, BB 1991, S. 247

Wassermann, Rudolf

- Die moderne Gesetzessprache als Ausdruck politischer Kultur, in: Öhlinger, Theo (Hrsg.), Recht und Sprache, Fritz Schönherr - Gedächtnissymposium 1985, Wien 1986, S. 37 - 52
  Zitierweise: Wassermann, Recht und Sprache

- Rechtsstaat ohne Rechtsbewußtsein?, Hannover 1988

Weber-Grellet, Heinrich

- Die Bedeutung der Rechtsnatur des Steuerrechts für dessen Anwendung und Auslegung, StuW 1993, S. 97 - 104

Weck-Hannemann, Hannelore/ Pommerehne, Werner W.

- Einkommensteuerhinterziehung in der Schweiz: Eine empirische Analyse, Schweizerische Zeitschrift für Volkswirtschaft und Statistik 1989, S. 515 - 556

Weinmann, Norbert

- Das neue Erbschaftsteuerrecht 1997, München 1997

Westphalen, Raban Graf von

- Parlamentslehre, 2. Auflage, München 1996

Woerner, Lothar

- Der Bundesfinanzhof zwischen Stetigkeit und Wandel, in: Kirchhof, Paul (Hrsg.), Steuerrecht, Verfassungsrecht, Finanzpolitik: Festschrift für Franz Klein, Köln 1994, S. 1025 - 1039
  Zitierweise: Woerner, FS Klein

Wolf, Rainer

- Der Mops, die Macht und das Recht. Eine rechtspolitische Analyse des Staatshaushaltsrechts, in: Nahamowitz, Peter/ Breuer, Stefan (Hrsg.): Politik - Verfassung - Gesellschaft: Traditionslinien und Entwicklungsperspektiven; Otwin Massing zum 60. Geburtstag, Baden-Baden 1995, S. 233 - 255
  Zitierweise: Wolf, FS Massing

Wortmann, Camille B./ Brehm, Jack W.

- Responses to uncontrollable outcomes: An integration of reactance theory and the learned helplessness model, in: Berkowitz, Leonard (Hrsg.), Advances in experimental social psychology, vol. 8, New York 1975

Würtenberger, Thomas

- Legitimität und Gesetz, in: Rüthers, Bernd/ Stern, Klaus (Hrsg.), Freiheit und Verantwortung im Verfassungsstaat, Festgabe zum 10jährigen Jubiläum der Gesellschaft für Rechtspolitik, München 1984, S. 533 - 550
  Zitierweise: Würtenberger, FG Gesellschaft für Rechtspolitik

- Akzeptanz von Recht und Rechtsfortbildung, in: Eisenmann, Peter/ Rill, Bernd (Hrsg.), Jurist und Staatsbewußtsein, Heidelberg 1987, S. 79 - 103
  Zitierweise: Würtenberger, Jurist und Staatsbewußtsein

- Zeitgeist und Recht - die Verantwortung der Parteien, in: Eisenmann, Peter/ Rill, Bernd (Hrsg.), Rechtsbewußtsein und Staatsverständnis der Parteien, Regensburg 1991, S. 12 - 34
  Zitierweise: Würtenberger, Rechtsbewußtsein und Staatsverständnis der Parteien

- Zeitgeist und Recht, 2., ergänzte Auflage, Tübingen 1991
  Zitierweise: Würtenberger, Zeitgeist und Recht

- Rechtsprechung und sich wandelndes Rechtsbewußtsein, in: Hoppe, Werner/ Krawietz, Werner/ Schulte, Martin (Hrsg.), Rechtsprechungslehre, Köln 1992, S. 545 - 558
  Zitierweise: Würtenberger, Rechtsprechungslehre

- Beständigkeit im Wandel - Unser Rechtsstaat und der Zeitgeist, in: Hanns-Seidel-Stiftung e.V. (Hrsg.), Politische Studien, Sonderheft 5/1993, S. 13 - 21
  Zitierweise: Würtenberger, Beständigkeit im Wandel

- Die Akzeptanz von Verwaltungsentscheidungen, 1. Auflage, Baden-Baden 1996

Zeh, Wolfgang

- Kodifikation oder Kommunikation - Rechtssetzung in der Mediendemokratie, in: Merten, Detlef/ Schreckenberger, Waldemar (Hrsg.), Kodifikation gestern und heute, Berlin 1995, S. 135 - 144

Zeitler, Franz-Christoph

- Stand der parlamentarischen Beratungen des Standortsicherungsgesetzes - Zinsabschlag: Erfahrungen und praktische Probleme, DStZ 1993, S. 354 - 359

Zippelius, Reinhold

- Allgemeine Staatslehre, 12.Auflage, München 1994

- Grundbegriffe der Rechts- und Staatssoziologie, 2. Auflage, München 1991

- Juristische Methodenlehre, 6. Auflage, München 1994
  Zitierweise: Zippelius, Methodenlehre

- Rechtsphilosophie, 2. Auflage, München 1989

Printed by
CPI books GmbH, Leck

FSC
www.fsc.org
MIX
Papier | Fördert gute Waldnutzung
FSC® C083411

Kolibri 360 GmbH
Ferdinand-Jühlke-Straße 7
99095 Erfurt, Deutschland
produktsicherheit@kolibri360.de